La EXPERIENCIA DE VIDA

VIDA

WITNESS LEE

Living Stream Ministry
Anaheim, California • www.lsm.org

Primera edición: enero de 1992.

ISBN 978-0-87083-632-9

Traducido del inglés
Título original: *The Experience of Life*
(Spanish Translation)

Publicado por
Living Stream Ministry
2431 W. La Palma Ave., Anaheim, CA 92801 U.S.A.
P. O. Box 2121, Anaheim, CA 92814 U.S.A.

Impreso en los Estados Unidos de América

13   14   15   16   17   18   /   12   11   10   9   8   7   6

CONTENIDO

PROLOGO

Este libro es una traducción de varios mensajes dados originalmente en chino por el hermano Witness Lee en Taipéi, Taiwán, a principios de la década de los cincuentas.

PREFACIO

Sabemos que el deseo y propósito del corazón de Dios es obtener un hombre corporativo, que tenga Su imagen, que manifieste Su gloria y que ejerza Su autoridad para que se encargue de Su enemigo, todo esto con el propósito de que El mismo pueda obtener descanso eterno. Muy poca gente, sin embargo, sabe que este gran deseo de su corazón y propósito sólo puede ser logrado por la misma vida de Dios, y son menos aún los que entienden cómo puede uno experimentar esta vida y de esta manera cumplir el deseo del corazón de Dios. Los santos son muy débiles e infantiles. Aunque son muchos los que buscan, son pocos los que encuentran el camino de vida. Incluso hay muchos que confunden el entusiasmo, el conocimiento, la habilidad y los dones, con la vida.

Gracias a Dios que en estos últimos días, días de tal necesidad espiritual, El ha revelado a través de nuestro hermano Su maravilloso y misterioso camino de vida, de tal manera que todo creyente pueda comprenderlo y hacerlo suyo. Podemos decir que estos mensajes contienen la esencia del entendimiento y experiencia de vida de los santos durante dos mil años, además de los treinta años de pruebas y experiencias personales que capacitaron a nuestro hermano para recopilar estos escritos preciosos. Es en verdad grandioso. El contenido muestra la experiencia de vida en diecinueve puntos, explicando la experiencia de las varias etapas de vida espiritual y la manera de seguir al Señor. Si se busca y se practica la experiencia de cada asunto, se puede seguir adelante en un curso directo y llegar a la etapa de la madurez en vida muy rápidamente.

Estos mensajes hacen real aquella ciencia de vida que no es fácil ver ni entender. Ningún santo que ama al Señor y busca crecer en vida debe dejar de leerlo.

Dr. Y. L. Chang

Taipéi, Taiwán
Noviembre de 1956

INTRODUCCION

De las experiencias de los santos a través de las edades y de la luz que hemos visto delante del Señor en estos últimos años, podemos decir que la experiencia de vida puede ser dividida en cuatro etapas con un total de diecinueve puntos.

De acuerdo con nuestra experiencia, estas cuatro etapas pueden ser designadas como sigue: la primera etapa puede ser llamada la etapa de la salvación; la segunda, la etapa de avivamiento; la tercera, la etapa de la cruz y la cuarta, la etapa de la lucha espiritual. Pero de acuerdo con nuestra relación con Cristo, estas cuatro etapas deben ser designadas en esta forma: la primera etapa, estar en Cristo; la segunda, permanecer en Cristo; la tercera, Cristo mora en nosotros y la cuarta, Cristo plenamente formado en nosotros. Las experiencias en estas cuatro etapas están basadas en nuestra relación con Cristo.

La vida es Dios mismo, sin embargo, para que Dios pueda ser nuestra vida es menester que esta vida esté en Cristo. Es por esto que la Escritura dice: "Cristo es nuestra vida" (Col. 3:4). Ya que la vida es Cristo, cuando experimentamos vida, experimentamos a Cristo. De esta manera, la experiencia de vida puede ser expresada como nuestra relación con Cristo.

PRIMERA ETAPA: ESTAR EN CRISTO

La primera etapa de la experiencia de vida es estar en Cristo. Esto se debe al hecho de que nuestra primera relación con Cristo resulta en que estemos en Cristo. Antes de ser salvos, estábamos fuera de Cristo; estábamos en Adán. Pero cuando somos regenerados, Dios nos traslada a Cristo (2 Co. 5:17). Desde nuestro punto de vista, puede decirse que la experiencia de esta etapa es la etapa de la salvación o la etapa de la regeneración; pero desde el punto de vista de nuestra relación con Cristo, es simplemente estar en Cristo.

CAPITULO UNO

REGENERACION

La primera experiencia de la primera etapa es la regeneración.

Desde el punto de vista de conocer la vida, la regeneración significa que además de su vida original, el hombre obtiene la vida de Dios. Pero desde el punto de vista de la experiencia, ¿qué es en realidad la regeneración, y cuáles son sus condiciones?

I. LA REGENERACION ES:

1. Aquella parte de la experiencia de salvación que es un asunto de vida

La historia de cómo fuimos salvos es la historia de cómo experimentamos la salvación de Dios. La salvación de Dios es sumamente abundante y completa. Esta incluye el perdón de pecados, el lavamiento, la santificación, la justificación, la liberación de la esclavitud, la regeneración, etc.; todas éstas son parte de la salvación de Dios. De todas estas partes, solamente la regeneración es la parte de vida. El perdón de nuestros pecados no es un asunto de vida; ni tampoco lo es el lavamiento de nuestros pecados, ni la santificación de nuestro ser, ni nuestra justificación. Ni siquiera el ser libre de la esclavitud es un asunto absolutamente de vida, ya que parte de esta experiencia tiene que ver con ser liberado de la ley y otra parte, con ser liberado del cautiverio del pecado, y estas partes no son enteramente de vida. Todo esto es sólo lo que Dios ha hecho con nosotros. Solamente la regeneración es la parte de vida en la salvación de Dios. Por eso, en cuanto a nuestra experiencia de la salvación de Dios, sólo la regeneración es la experiencia de aquella parte que es de vida.

2. El centro de la experiencia de la salvación

Puesto que la regeneración es la parte que pertenece a la vida en la experiencia de la salvación, ésta es, entonces, el centro de la experiencia de la salvación, porque el propósito central de Dios en salvarnos es que podamos tener Su vida. Es para esto que El ha perdonado nuestros pecados; es para esto que El nos ha limpiado; es para esto que El nos ha santificado; es para esto que El nos ha justificado; y es para esto que El nos ha libertado. El ha hecho todo esto con un propósito: que seamos regenerados. La regeneración, por ende, es la parte central de la salvación de Dios y también es la parte central de nuestra experiencia de la salvación de Dios.

3. El comienzo de la experiencia de vida

La primera experiencia de vida es la regeneración. Sin la regeneración no hemos empezado todavía nuestra experiencia de vida. Cuando somos regenerados, entonces empezamos a experimentar la vida. Por lo tanto, desde el punto de vista de la experiencia, la regeneración es el comienzo de la experiencia de vida.

4. La entrada de la vida de Dios a nosotros

Puesto que la regeneración es obtener la vida de Dios además de nuestra vida original, el momento en que somos regenerados es el momento mismo de la entrada de la vida de Dios en nosotros. La regeneración, por lo tanto, es la entrada de la vida de Dios a nosotros.

5. El nacimiento de Cristo dentro de nosotros

La regeneración no es solamente la entrada de la vida de Dios a nosotros, sino que también es el nacimiento de Cristo en nosotros. Cuando la vida de Dios en Cristo entra en nosotros y nos regenera, por un lado es la vida de Dios la que entra en nosotros, y por otro, se puede decir que Cristo nace en nosotros. El nacimiento de Cristo en nosotros significa que Cristo ha nacido otra vez. Cada vez que un hombre es regenerado, Cristo nace una vez más en la humanidad. Así que, la regeneración es el nacimiento de Cristo en nosotros.

6. El comienzo del nuevo hombre

La regeneración es también el comienzo del nuevo hombre dentro de nosotros. Todas las experiencias que tenemos de la vida espiritual son asuntos del nuevo hombre dentro de nosotros, y este nuevo hombre comienza a existir en el momento de nuestra regeneración. Antes de ser regenerados, estamos en Adán, que es un pecador caído, el viejo hombre. Una vez que somos regenerados, la vida de Dios en Cristo entra en nosotros. Esta vida es un nuevo elemento, y cuando se mezcla con nuestro espíritu, se convierte en el nuevo hombre dentro de nosotros. En consecuencia, cada uno de nosotros que ha sido regenerado es un hombre doble: por un lado somos el viejo hombre en Adán, somos hombres caídos; y por otro, somos el nuevo hombre en Cristo, somos salvos. Este nuevo hombre comienza a existir en el momento de nuestra regeneración. Por lo tanto, la regeneración es el comienzo del nuevo hombre.

II. LAS CONDICIONES DE LA REGENERACION

La experiencia de la regeneración está especialmente relacionada con cuatro cosas: nuestra naturaleza, nuestro corazón, nuestro espíritu y la vida de Dios. Por eso, a partir de estas cuatro cosas, consideraremos nuestra condición antes de la regeneración, durante la regeneración y después de la regeneración.

1. La condición antes de la regeneración

Primeramente, nuestra naturaleza es corrupta. Jeremías 17:9 dice: "Engañoso es el corazón más que todas las cosas, y perverso; ¿quién lo conocerá?" Aunque este versículo habla del corazón del hombre, se refiere realmente a la naturaleza del hombre. Así que vemos que antes de la regeneración nuestra naturaleza original es engañosa y torcida, extremadamente corrupta e incompatible con la naturaleza de Dios.

En segundo lugar, el corazón es endurecido hacia Dios. Ezequiel 36:26 habla de nuestro corazón original como un "corazón de piedra". Esto significa que antes de la regeneración nuestro corazón hacia Dios es siempre rebelde, obstinado y duro como una piedra.

En tercer lugar, delante de Dios nuestro espíritu está muerto. Antes de la regeneración, debido a los pecados (Ef. 2:1), nuestro espíritu está muerto delante de Dios y ha perdido su función de tener contacto con Dios. Por lo tanto, no podemos tener comunión con Dios, ni tampoco podemos entender las cosas espirituales de Dios.

En cuarto lugar, el hombre está separado de la vida de Dios. Debido a que la naturaleza de un hombre no regenerado es corrupta, a que su corazón está endurecido hacia Dios, y a que delante de Dios su espíritu está muerto, toda su persona, está separada de la vida de Dios (Ef. 4:18).

Esta es nuestra condición antes de la regeneración.

2. La condición durante nuestra experiencia de regeneración

Primeramente, vemos que nuestra naturaleza es corrupta. A pesar de que antes de la regeneración nuestra naturaleza era corrupta, nosotros no lo sabíamos. Es en el momento de experimentar la regeneración, debido a la iluminación del Espíritu Santo, que vemos que somos corruptos. Es en ese momento que vemos que no solamente nuestras obras externas son corruptas, sino que también nuestra naturaleza interna es corrupta.

En segundo lugar, nuestro corazón se contrista y se arrepiente ante Dios. Cuando experimentamos la regeneración, y el Espíritu Santo nos ilumina, nos vemos a nosotros mismos corruptos, pecando contra Dios y contra el hombre. Nuestro corazón entonces nos reprocha y se contrista y se arrepiente delante de Dios.

En tercer lugar, nuestro espíritu se contrista para con Dios. Debido al arrepentimiento de nuestro corazón, nuestro espíritu, en lo profundo de nosotros, también se siente extremadamente contrito. Nuestro espíritu, en ese momento, es como el que se describe en Salmos 51:17, "un espíritu quebrantado". Cuando el Espíritu Santo nos regenera, nuestro espíritu, muy dentro de nosotros se siente contrito. En realidad, es como si estuviera quebrantado.

En cuarto lugar, el hombre tiene contacto con la vida de Dios. Desde que el hombre pecó y cayó y fue echado del huerto del Edén, los querubines con la espada encendida han guardado el camino del árbol de la vida (Gn. 3:24) a fin de que el hombre ya no pudiera tener contacto con Dios y así obtuviera la vida de Dios. No fue sino hasta que el Señor Jesús derramó Su sangre y murió en la cruz, satisfaciendo así la demanda de la gloria, santidad y justicia de Dios, que el camino que conducía a la vida de Dios fue abierto. Por lo tanto, en el momento de nuestra regeneración, debido a nuestra contrición, arrepentimiento y fe en recibir al Señor Jesucristo como nuestro Salvador, es que entonces podemos tener contacto en nuestro espíritu con la vida de Dios, la cual está en El. Porque la vida de Dios está en Su Hijo, el Señor Jesucristo (1 Jn. 5:11).

3. La condición después de la regeneración

Primeramente, sentimos que nuestra naturaleza es corrupta. En el momento de la regeneración, *vemos* que nuestra naturaleza es corrupta. Después de la regeneración, debido a esa visión inicial, sentimos siempre que nuestra propia naturaleza es corrupta.

En segundo lugar, nuestro corazón es ablandado para con Dios. Nuestro corazón, que es duro como una piedra antes de la regeneración, habiendo experimentado arrepentimiento en el momento de la regeneración, es ablandado para con Dios y se convierte en "un corazón de carne" (Ez. 36:26). Nuestro corazón, habiendo sido ablandado, desea amar a Dios y acercarse a Dios; nuestro corazón anhela tener contacto con las cosas espirituales, y de buena gana recibe y obedece los mandamientos de Dios; no es obstinado ni rebelde; a pesar de que a veces es incapaz de obedecer, con todo y eso, está dispuesto a hacerlo.

En tercer lugar, nuestro espíritu es avivado para con Dios. El espíritu que estaba muerto antes de la regeneración, al tener contacto con la vida de Dios en la regeneración, ha sido vivificado por el poder de resurrección de Dios. El espíritu una vez vivificado puede tener contacto con Dios, tener comunión con Dios, percibir las cosas espirituales de Dios, y también tiene la fortaleza para hacer la voluntad de Dios.

En cuarto lugar, tenemos la vida de Dios. Puesto que hemos tenido contacto con Dios y recibido Su vida durante la regeneración, tenemos la vida de Dios dentro de nosotros. Al mismo tiempo, tenemos también la naturaleza de Dios, ya que la naturaleza de Dios está en la vida de Dios.

Por eso, cuando hablamos de la experiencia de la regeneración en relación con estas cuatro cosas —nuestra naturaleza, nuestro corazón, nuestro espíritu y la vida de Dios— los cambios que han ocurrido antes y después de la regeneración están todos bien definidos. Antes de la regeneración nuestra naturaleza es corrupta; en el momento de la regeneración, vemos que es corrupta; y después de la regeneración, siempre sentimos que es corrupta. Nuestro corazón es duro para con Dios antes de la regeneración; en el momento de la regeneración viene a ser un corazón profundamente arrepentido; y después de la regeneración es ablandado para con Dios. Antes de la regeneración nuestro espíritu está muerto; éste se contrista en el momento de la regeneración; y es avivado para con Dios después de la regeneración. Antes de la regeneración, estamos separados de la vida de Dios; en el momento de la regeneración, tenemos contacto con la vida de Dios; y después de la regeneración tenemos la vida de Dios. Si solamente estos puntos están claros para nosotros, entonces tendremos un entendimiento cabal de la experiencia de la regeneración.

Capitulo dos

DAR RESOLUCION AL PASADO

Ahora consideraremos directamente la segunda experiencia de vida, a saber, la de terminar con el pasado.

Hablando con propiedad, terminar con el pasado en sí mismo no puede ser considerado como una experiencia de vida. Sólo puede ser considerado un apéndice de la experiencia de la regeneración, puesto que el hombre que ha sido verdaderamente regenerado y salvo espontáneamente pone fin a todo lo relacionado con su vida pasada. Por lo tanto, la experiencia normal de la regeneración, ciertamente incluye el aspecto de poner fin al pasado. Sin embargo, hay algunos que si bien han sido regenerados y salvos, no manifiestan claramente este hecho, el problema radica en que inmediatamente después de ser salvos, ellos no dieron fin a su vida pasada. No es sino hasta que el Señor vuelve a avivarlos, que ellos aprenden esta lección. Por eso es correcto que separemos la regeneración y la experiencia de terminar con el pasado y los consideremos como dos diferentes experiencias que tenemos en la vida divina.

I. BASE BIBLICA

No hay una enseñanza clara en las Escrituras con relación a poner fin al pasado, pero hay dos buenos ejemplos: uno se encuentra en Lucas 19:1-10, la historia de cómo Zaqueo después de haber sido salvo afrontó su antigua manera de vivir; el otro está en Hechos 19:18-19, el relato de cómo los efesios pusieron fin con su pasado luego de haber sido salvos.

En Lucas 19 se nos dice que tan pronto como Zaqueo fue salvo, se percató inmediatamente de que había extorsionado a otros en el pasado y que por lo tanto era injusto; también se dio cuenta de que era uno que amaba el dinero y que tenía una manera de vivir llena de avaricia. Por eso, él le dijo al Señor que si había tomado algo de alguien por métodos fraudulentos, voluntariamente lo devolvería cuadruplicado. Además, estaba dispuesto a dar la mitad de sus bienes a los pobres. Esta fue la manera en que él terminó con su pasado. En Hechos 19 se nos dice que muchos de los santos de Efeso, habiendo sido salvos por medio de Pablo, vinieron a confesar sus hechos, muchos de ellos trajeron voluntariamente sus libros de hechicería y los quemaron delante del pueblo. Así dieron fin a su pasado.

II. ASUNTOS DE NUESTRO PASADO
A LOS CUALES DEBEMOS PONER FIN

¿Cuáles son los asuntos de nuestro pasado que debemos poner fin después que somos salvos? ¿Cuáles son los asuntos que debemos dejar atrás y dar fin? En total, hay cuatro categorías: 1) actos ilícitos, 2) asuntos indebidos, 3) asuntos malignos e impuros, 4) pasada manera de vivir. Después de ser salvos es necesario que pongamos fin a estos asuntos y les demos conclusión.

1) Actos ilícitos. Ilícito hace referencia a lo que no es permitido o que es ilegal. Todo lo que hemos obtenido en el pasado por medios ilícitos, ilegales, tales como robar, estafar, tomar por la fuerza, apoderarse de propiedades ajenas, retener cosas que otros han perdido, no devolver cosas prestadas y sacar provecho de los demás mediante transacciones ilegítimas e injustas, todos estos actos ilícitos son cosas que tenemos que poner fin.

2) Asuntos indebidos. Ilícito e indebido tienen significados cercanos, sin embargo, son palabras diferentes. Ilícito significa que el método por el cual se obtiene alguna cosa o lo relacionado con cierto asunto, es ilegal o injusto. Indebido significa que la naturaleza misma de cierta cosa o asunto es indebida o indecente. Por ejemplo, cosas usadas para juegos de azar y para el licor pueden comprarse y obtenerse por medios legales, pero estas cosas son usadas para juegos de azar y para beber licor. Puesto que los juegos de azar y la bebida son prácticas indebidas e indecentes, la misma naturaleza de estas cosas es también indebida e indecente. Aún más, fumar o leer novelas

obscenas no se les puede considerar cosas ilícitas, pero ciertamente son inmorales e impropias. Todos estos asuntos indebidos son cosas a las que debemos poner fin.

3) Asuntos malignos e impuros. Asuntos malignos e impuros son cosas relacionadas con ídolos, tales como ídolos tallados o imágenes, velas e incensarios usados para adorar ídolos; adornos, muebles y vestimenta con la imagen de dragón, escritos de religiones mundanas, artículos impuros relacionados con artes raras, tales como libros de horóscopo, fisiognomía, amuletos, etc.; también prácticas malignas e impuras, tales como adorar ídolos, adorar a los antepasados, adivinar, decir el futuro, etc. Dios aborrece estas cosas aún más que aquellas de las primeras dos categorías, y éstas son ciertamente intolerables para la vida que hay dentro de nosotros, la cual es santa y limpia. En consecuencia, con mayor razón todas estas cosas deben ser erradicadas totalmente.

4) Pasadas maneras de vivir. Nuestra pasada manera de vivir se refieren a todas nuestras antiguas costumbres antes de ser salvos. Luego de que somos salvos, no solamente debemos poner fin a todos los actos ilícitos, indebidos, malignos e impuros, sino que también debemos poner fin a nuestra pasada manera de vivir y tener un nuevo comienzo.

Normalmente, cuando hablamos de terminar con el pasado, damos especial énfasis a terminar con los actos ilícitos, indebidos y malignos e impuros, pero por lo general no prestamos atención a poner fin a nuestra pasada manera de vivir. Esto es insuficiente. De hecho, cuando un hombre es regenerado, en ese momento acaba su pasada manera de vivir. Puesto que la regeneración hace posible que el hombre reciba una nueva vida, ésta espontáneamente también hace posible que él experimente una nueva manera de vivir. La pasada manera de vivir termina junto con la vieja vida y la nueva manera de vivir comienza junto con la nueva vida. De este modo, el hombre empieza a llevar una vida humana que es totalmente nueva. Por lo tanto, se puede decir que lo que realmente pone fin a nuestra pasada manera de vivir es la salvación del Señor. Todo aquel que recibe la salvación del Señor llega a su fin en lo que se refiere a su pasada manera de vivir y empieza a experimentar una nueva vida humana, la cual continúa desarrollándose.

Entonces, ¿cómo debemos considerar la terminación de nuestro viejo vivir humano y el comienzo del nuevo? No estamos diciendo que luego que una persona es regenerada debe cambiar su oficio, o que debe dejar de ir a la escuela, cerrar su negocio, despreocuparse de su familia, e irse a predicar. La terminación del viejo vivir humano significa que luego que una persona es regenerada, puede continuar con su profesión original, siempre y cuando ésta esté dentro de lo debido, pero su gusto no es el mismo, su estado de ánimo cambia y su sentimiento cambia. No importa lo que hace una persona antes de ser regenerada, su gusto, su estado de ánimo y sus sentimientos están inclinados hacia el mundo, todo su deseo es lograr algo en el mundo. Cuanto más trabaja, más le gusta su trabajo y más se adentra en él. Pero después de la regeneración, al entrar la vida de Dios en esta persona, ese sabor por dentro se vuelve insípido, su estado de ánimo cambia y su sentimiento también cambia. Aun tiene un gusto diferente por la comida, el vestir y otras necesidades diarias. En este sentido, su vieja manera de vivir es finalizada y su vieja vida concluye.

Nos hemos referido a cómo Zaqueo solucionó el problema de su vida pasada. Esto incluyó la conclusión de su vieja manera de vivir. Anteriormente él había tomado dinero de otros por falsa acusación y, por ende, era injusto; así que puso fin a sus actos ilícitos restituyendo cuadruplicado. Además, también dio la mitad de sus bienes a los pobres; ésta fue la conclusión de su vieja manera de vivir. ¿Habría sido injusto que él no hubiese dado a los pobres? ¿Habría sido impropio? ¿Habría sido maligno e impuro? ¡Claro que no! Su indisposición para dar era su vieja manera de vivir. En su antigua vida, él daba muchísimo valor al dinero; su filosofía de la vida era la codicia, y su vieja manera de vivir era el amor al dinero. Cuando fue salvo y la vida de Dios entró en él, su concepto con respecto al dinero fue cambiado inmediatamente; él lo estimó de poco valor, estuvo dispuesto a dar. Esto muestra que su vida fue cambiada y su vieja forma de vida codiciosa fue terminada. Desde luego, esto no significa que después de poner fin a su vieja manera de vivir no tenía ni gastaba dinero. Es posible que después todavía tuviera mucho dinero y lo gastara. Pero su interés por poseer dinero era diferente; su interés al gastar el dinero era diferente. Su vida vieja había sido cambiada; su vieja forma de vivir finalizó.

Recuerdo mi propia experiencia de finalizar la vieja forma de vivir. También fue un cambio muy evidente. Cuando yo tenía cerca de veinte años, buscaba el conocimiento de este mundo, estaba lleno de ambición, y tenía grandes propósitos. En ese entonces una hermana vino a predicar el evangelio a mi localidad y fui salvo cuando la escuché por primera vez. En esa ocasión ella habló de Exodo, diciendo cómo Faraón se había apoderado de los israelitas y cómo no les permitió salir de Egipto. Dijo que éste era un tipo de cómo Satanás se había apoderado del hombre, no permitiéndole adorar a Dios. Sus palabras fueron en verdad inspiradas por el Espíritu y me conmovieron grandemente. En ese entonces tuve un sentimiento en mí que decía: "Nunca más querré este mundo. Debo servir a Dios". Desde entonces este sentimiento dentro de mí nunca ha muerto. Por un lado, sentí que no podía seguir andando en el camino de este mundo y en lo sucesivo no era posible lograr mi ambición ni mis grandes propósitos con relación al mundo. Por otro lado, sentí que un nuevo camino, una nueva vida, estaba delante de mí, haciéndome seguir al Señor e ir adelante. En esta forma mi gusto por las cosas fue cambiado, mi estado de ánimo fue cambiado, y mi sentimiento fue también cambiado. Mi vieja forma de vivir llegó a su fin.

Parece difícil encontrar palabras para expresar estos cambios en gusto, estado de ánimo y sentimiento, pero son indudablemente el resultado de ser uno regenerado. Además, cuanto más profundamente sea regenerada una persona, más drásticos serán estos cambios. En aquellos que tienen más futuro en sus empresas o más logros en la sociedad, el cambio será más evidente. Aun aquellos que escasamente son salvos pueden sentir que estos cambios han ocurrido en sus vidas, a pesar de que su experiencia de regeneración no es muy clara. Una vez que hay tales cambios dentro de ellos, la vieja manera de vivir llega a su fin.

Aunque esta terminación de la vieja manera de vivir es una experiencia preliminar del cristiano, no obstante, tiene un efecto profundo sobre su caminar futuro con el Señor. Cuando nuestra vieja manera de vivir termina, nuestra ambición e interés en el mundo son cambiados, nuestra estima y punto de vista hacia los hombres y hacia todo asunto son cambiados, y nuestro propósito en la vida ya no es el mismo. Así que podemos escapar de todas las ansiedades, dejar todas las cargas y correr la carrera en el camino del Señor.

Ya que este asunto de terminar con la vieja manera de vivir es tan importante, tenemos que atender a este asunto de dar resolución al pasado, ya sea por examen propio o dirigiendo a otros, para ver que la vieja manera de vivir ha terminado y que hay tal cambio en gusto, en estado de ánimo y en sentimiento. Si estos cambios no son suficientemente grandes, debemos buscar una operación más profunda del Espíritu Santo para hacerlos más fuertes y de mayor peso. Cuanto más drásticos sean estos cambios, más completa será la finalización de nuestra vieja manera de vivir.

Hablando con propiedad, no es necesario esperar a que una persona sea salva para que pueda ser guiada a considerar este cambio en su vieja manera de vivir. Cuando predicamos el evangelio, también es necesario incluir este punto para facilitar que otros vean que la regeneración implica un cambio en su vivir humano. Cierto tipo de vida debe tener cierto tipo de vivir. Si un hombre es regenerado, obtiene una nueva vida y entonces su vida vieja finaliza espontáneamente. Así que, una vez que el hombre sea salvo, tendrá este cambio de afecto y después tendrá una buena finalización del pasado.

III. LA BASE PARA DAR RESOLUCION AL PASADO

Dar resolución al pasado no está basado en la demanda de regulaciones externas, sino en el sentir de vida interno. Aunque hemos señalado previamente cuatro asuntos que sin lugar a dudas tenemos que terminar; sin embargo, éstos sólo nos ayudan a reconocer principios. Estas no son reglas que nos exigen que pongamos fin a tales asuntos. Cuando ponemos en práctica esto de dar resolución al pasado, en realidad aquello a lo que hay que poner término depende del sentir de vida interno. Por consiguiente, el sentir de vida interno es la base para que solucionemos el problema de nuestro pasado.

Sabemos que todas las religiones del mundo están estructuradas según sus diferentes preceptos religiosos. Sus seguidores

viven y se comportan de acuerdo a esas reglas. Pero la salvación del Señor no es así. La salvación del Señor, mediante
la regeneración del Espíritu Santo, nos da una nueva vida.
Puesto que tenemos esta nueva vida, podemos vivir y comportarnos en la presencia de Dios, por medio del sentir de esta
nueva vida. Este es el principio de todo nuestro vivir como
cristianos. La resolución de nuestra vida pasada también está
basada en este principio. Cuando una persona es regenerada
y obtiene la vida de Dios, esta vida se mueve dentro de ella
haciéndole que sienta que en su pasado ha habido muchos
actos ilícitos, impropios y malignos, y que todos estos asuntos
y toda su vieja manera de vivir son totalmente incompatibles
con su estado actual de cristiano. Así que él procede a solucionar el problema de su vida pasada, de acuerdo con este sentir
interno.

Los ejemplos de Zaqueo y de los cristianos efesios, que
pusieron fin a su pasado, nos muestran que ni el Señor Jesús
ni el apóstol Pablo enseñaron expresamente ninguna cosa en
cuanto a tratar con el pasado; ellos no dieron ninguna regla
que dijera lo que uno tiene que hacer para terminar con su
pasado. La "finalización" de Zaqueo y de los cristianos de Efeso
fue tal que cuando la salvación del Señor vino a ellos y la vida
del Señor entró en ellos, tuvieron cierto sentir hacia las cosas
injustas e impuras del pasado y hacia su vieja manera de vivir;
por lo tanto, ellos le dieron fin a todo aquello. Su "finalización"
prueba que este asunto no está basado en reglas ni enseñanzas
externas, sino en el sentir de vida interno.

Sin embargo, al principio de nuestra salvación, no siempre
nos damos cuenta de todas las cosas a las que debemos dar fin.
A pesar de que hay muchos asuntos que necesitan ser solucionados, aún así, sólo estamos conscientes de una parte de ellos.
En todo caso, tenemos que poner fin a la parte de la cual estamos conscientes. De todos modos, a cualquier cosa de la cual
estemos conscientes, debemos ponerle fin. El alcance del sentir
de nuestra conciencia debe ser el límite de lo que solucionemos.
En cuanto a aquellas cosas de las cuales aún no estamos conscientes, sólo necesitamos avanzar y crecer en la vida del Señor;
en el futuro, el Señor hará que nosotros naturalmente lo sintamos. En ese entonces, habrá más trato y habrá más limpieza.

Una vez había una hermana avanzada en años en cuya casa había dos cosas: una pantalla de una lámpara, hecha de seda con un dragón bordado, y un juego de té con un diseño de dragón impreso. Mucho después de haber experimentado la salvación, ella no sentía nada en relación a ésta. Entonces fue alumbrada por el Señor y tuvo un profundo sentir interno hacia esas cosas. Ella no tenía paz cada vez que veía estos artículos con diseños de dragón. Más tarde procedió a destruirlos de acuerdo a su sentir interior.

De igual forma, había un hermano que tenía una fábrica de tejidos, especializada en la confección de ropa de dormir con diseños de dragón. Al principio, él no tenía ningún sentir al respecto. Luego, un día, repentinamente me dijo: "Hermano Lee, creo que no puedo continuar operando mi fábrica. Yo soy cristiano. ¿Cómo puedo continuar vendiendo ropa con diseños de dragón?" El procedió a cambiar de negocio según ese sentir.

Estos dos ejemplos muestran cómo estas personas originalmente vivían en medio de cosas impuras sin preocuparse en absoluto por ello. Un día, por causa de su amor al Señor y de seguirle y permitir que la vida de El se moviera activamente en ellos, sintieron la necesidad de quitar de en medio estos asuntos. Como correspondía, ellos obedecieron el sentir interno y dieron fin a su pasado. Esto prueba que la base para deshacerse del pasado es el sentir interno de vida.

Puesto que la conclusión de nuestro pasado está basada en el sentir de vida interno, debemos continuar asiéndonos a este principio cuando estamos dirigiendo a otros a terminar con el pasado. Nunca les establezcamos ninguna regla externa para enseñarles que deben terminar con esto o con aquello; más bien procuremos despertar el sentir de vida interno y dirigirles a ese sentir. Necesitamos primero hacer que otros sepan que la vida de Dios está dentro de ellos y guiarlos a que conozcan el sentir de vida. Luego, en segundo lugar, con la ayuda del ministerio de la Palabra, literatura espiritual y los testimonios de otros santos respecto a la terminación de su vida pasada, hagan que ellos tengan algún sentir o un sentir más profundo con respecto a lo que necesita ser terminado en su propia vida pasada. Una vez que este sentir ha comenzado y se ha profundizado en ellos, podemos guiarlos a que den resolución a su vida pasada de acuerdo con su propio sentir. Esta forma de despejar el camino está de acuerdo con el principio de la salvación del Señor y puede ayudar a otros a crecer verdaderamente en vida.

IV. EL GRADO DE TERMINAR CON EL PASADO

¿Cuán lejos debemos ir en poner fin a las cosas del pasado? ¿Hasta qué grado debemos proceder? El grado está expresado en Romanos 8:6 como "vida y paz".

Ya hemos visto que la terminación del pasado está basada en el sentir de vida interno. Este sentir de vida interno es un sentir dado a nosotros a través de la unción interna del Espíritu Santo. Puesto que la terminación de nuestro pasado está basada en el sentir de vida dentro de nosotros, el procedimiento es el mismo que se menciona en Romanos 8:5-6, es decir, seguir el Espíritu u ocuparse del Espíritu. El resultado, por consiguiente, será naturalmente el mismo: "vida y paz". Así que, vida y paz son el grado que se nos requiere para solucionar el pasado. Si seguimos la demanda de nuestro sentir interno de hacer restitución, de confesar nuestros pecados, de eliminar las cosas impropias e impuras y de poner fin a nuestra vieja manera de vivir, sin duda nos sentiremos fortalecidos, iluminados, satisfechos y vivificados; también nos sentiremos en paz, seguros y llenos de la presencia del Señor. Si hemos quitado de en medio las cosas del pasado y todavía no nos sentimos llenos ni sentimos la manifestación de vida y paz, podemos estar seguros que no hemos seguido al Espíritu hasta el final; no hemos satisfecho suficientemente la demanda del sentir interno. Debemos acudir al Señor para obtener gracia para que podamos poner fin a las cosas cabalmente, hasta que estemos llenos de vida y paz.

Por supuesto, el testimonio interno de vida y paz no es suficiente para probar que toda nuestra vida pasada, la cual necesita ser solucionada, haya sido ya tratada. Sólo indica que hemos prestado atención a todo según la demanda de nuestro sentir interno. Es posible, que más adelante, cuando nuestra vida haya crecido y nuestro sentir se haya incrementado, nos percatemos de que hay más cosas que necesitan ser terminadas. En ese momento debemos nuevamente seguir el guiar de este sentir y tratar con estos asuntos hasta que nuevamente sintamos vida y paz. Después de varias limpiezas y tratos exhaustivos, nos habremos limpiado en un más alto grado de las cosas, las acciones, las relaciones y los conceptos del pasado que no agradan al Señor. Podremos entonces seguir al Señor y seguir adelante sin arrastrar nada del pasado.

LA SEGUNDA ETAPA — PERMANECER EN CRISTO

Lo que hemos visto en los capítulos anteriores es la primera etapa de la vida espiritual, esto es, la experiencia de "estar en Cristo". Ahora pasaremos a mirar la segunda etapa de la vida espiritual, la experiencia de "permanecer en Cristo".

"Permanecer en Cristo" y "estar en Cristo" son dos cosas diferentes. Aunque ambas hablan de nuestra relación con la vida de Cristo, aún así, los asuntos a que se refieren son diferentes. "Estar en Cristo" se refiere a que nosotros participamos de lo que Cristo es y a que somos uno con Cristo. "Permanecer en Cristo" se refiere a la experiencia de nuestra comunión con Cristo y de nuestro disfrute de Cristo.

Originalmente estábamos en Adán y participábamos de lo que era de Adán. Sin embargo, cuando recibimos al Señor como nuestro Salvador, Dios nos trasladó de Adán a Cristo. Esta es la primera etapa de nuestra experiencia de vida, así que, llamamos esta etapa "estar en Cristo". Después de ser salvos y atraídos por el amor del Señor, seguimos más al Señor, nos consagramos, y tenemos varias clases de tratos. Así que, entramos en la segunda etapa de la experiencia de vida. Comenzamos a permanecer en Cristo en una manera práctica, a tener comunión con El, a disfrutarle y a experimentarle. Por lo tanto, llamamos a esa segunda etapa, la etapa de "permanecer en Cristo".

Se ha designado la primera etapa como "la etapa de la salvación", y la segunda como "la etapa de avivamiento". Esto implica que en la primera etapa el hombre sólo tiene la salvación del Señor, siendo regenerado por el Espíritu Santo. En cuanto a las otras experiencias de vida, son muy vagas y débiles en él; así que esta etapa sólo puede ser llamada "la etapa de la salvación". En la segunda etapa, él es constreñido por el amor del Señor y es avivado. El ama al Señor, sigue al Señor y gradualmente obtiene las diferentes experiencias de vida que vienen después de la regeneración. Por eso, esta etapa es llamada "la etapa de avivamiento".

No podemos evitar dividir las experiencias de la vida temprana del cristiano en estas dos etapas. No obstante, conforme a la verdad, estas dos etapas no deben ni pueden ser divididas. Consideremos primeramente la división, de "estar en Cristo" y "permanecer en Cristo". Cuando un hombre es salvo es trasladado a Cristo y debe entonces permanecer en Cristo. Una vez que participamos de lo que Cristo es, nos unimos con Cristo, y poseemos el hecho de que estamos en Cristo, debemos tener comunión con Cristo, disfrutar a Cristo y tener la experiencia de permanecer en Cristo. Nadie se muda a una casa sin vivir en ella y disfrutarla. De la misma manera, una vez que un hombre está en Cristo, debe permanecer en Cristo; estos dos eventos están conectados íntimamente y ocurren casi simultáneamente. Debido a esto, "estar en Cristo" y "permanecer en Cristo" sólo pueden ser consideradas una sola etapa. "Permanecer en Cristo" debe ser la primera etapa, y "estar en Cristo" es sencillamente el comienzo de esta primera etapa.

En cuanto a la división de la "etapa de la salvación" y de la "etapa de avivamiento", el caso también es el mismo. La regeneración en la etapa de la salvación es, en realidad, un "avivamiento". Originalmente, el hombre vivía en la presencia de Dios, pero a causa de su transgresión, vino a estar muerto y cayó en pecados. Ahora, a causa de la liberación del Señor él es avivado juntamente con el Señor y levantado juntamente con El. Esto es regeneración y esto es avivamiento. Por lo tanto, un hombre regenerado y salvo debe ser también un hombre avivado. Es anormal que un hombre sea salvo y no avivado, puesto que el punto central de la salvación es la regeneración, esto es, el avivamiento. Solamente en la salvación que no alcanza la meta de Dios es donde no existe la condición de avivamiento; en la salvación que alcanza la meta no hay sólo regeneración, sino también avivamiento. Por esta razón, la etapa de la salvación es la etapa del avivamiento, y las dos no deben ser divididas.

Por consiguiente, hablando con propiedad, las cuatro etapas de la vida espiritual son en realidad sólo tres etapas, pues las primeras dos etapas son consideradas como una sola. Sin embargo, hay muchos que aunque son salvos, no demuestran tener avivamiento; aunque en verdad están en Cristo, con todo, no tienen una experiencia práctica de permanecer en Cristo. Aún necesitan la misericordia del Señor para ser atraídos por El, para que le amen, le sigan, y vayan en pos de El, de manera que sea manifiesto el avivamiento que hay en ellos y comiencen a disfrutar y a experimentar a Cristo. Por esta razón, entonces, dividimos la experiencia de vida temprana del cristiano en dos etapas.

Capitulo tres

CONSAGRACION

La segunda etapa de la experiencia de vida normalmente comienza con la consagración. Muchos cristianos esperan consagrarse antes de permanecer en Cristo, antes de tener comunión con El y así disfrutarle y experimentarle. Por esto, podemos decir que la primera experiencia de la segunda etapa de la vida espiritual es la consagración.

Estas dos experiencias, la salvación y la consagración, en condiciones normales, están estrechamente relacionadas. Una persona salva debe ser una persona consagrada. Una vez que una persona es salva, debe consagrarse al Señor. Ser salvo sin estar consagrado es una condición bastante anormal. Nuestra obra de evangelización debe ser realizada con solidez a tal grado que las personas se consagren inmediatamente después de ser salvas.

Con respecto a la experiencia de consagración hay cinco aspectos principales: la base de la consagración, el motivo de la consagración, el significado de la consagración, el propósito de la consagración y el resultado de la consagración. Estos cinco aspectos comprenden todo el contenido de la consagración. Examinemos ahora esta experiencia de la consagración de acuerdo con estos cinco aspectos.

I. LA BASE DE LA CONSAGRACION: DIOS NOS COMPRO

El primer aspecto principal es la base de la consagración. ¿Sobre qué base tenemos que consagrarnos al Señor? ¿Sobre qué base requiere Dios que nos consagremos a El? Necesitamos tener una base para todo lo que hacemos. Por ejemplo, cuando nos mudamos a una casa y vivimos en ella, es porque hemos pagado un precio y la hemos alquilado o comprado.

Este alquiler o compra es la base sobre la cual vivimos allí. Cuando un acreedor toma medidas para obtener el pago de una deuda, es porque la otra parte le adeuda. La deuda es la base para que el acreedor procure que le paguen. Nuestro Dios es muy recto y actúa muy razonablemente. Todas Sus obras son legales y tienen una base. El no puede obtener nada en el universo sin pagar un precio; tampoco puede demandar algo de nosotros sin tener una base. Por lo tanto, cuando Dios demanda que nos consagremos a El, no puede hacerlo sin una base. En este asunto, El tiene una base muy sólida, ésta es Su compra. El ya nos ha comprado. Por lo tanto, El puede demandar que nos consagremos a El.

En 1 Corintios 6:20 se dice: "Habéis sido comprados por precio". Nuestra consagración está basada en esta compra de parte de Dios. Por ejemplo, usted puede ir a la librería y ver un gran número de libros exhibidos, sin embargo, no puede tomar ninguno de ellos porque usted no tiene ninguna base para hacerlo. Pero si usted paga tres dólares por uno de los volúmenes, entonces puede pedir que se le entregue y puede reclamar que le pertenece. Esta demanda está basada en la compra que usted hizo. La base de la consagración es exactamente igual. ¿Cómo puede Dios demandar que nos consagremos a El? La razón es que El nos ha comprado. Algunos piensan que la razón por la cual nos consagramos a Dios es que El nos ha creado. Esto no es correcto. La consagración no está basada en la creación de Dios, está basada en la compra que El hizo. En Exodo 13:2 vemos que después de la pascua, Dios ordenó a los israelitas diciéndoles: "Consagradme todo primogénito". La razón de esta orden era que todos los primogénitos habían sido redimidos por Dios por la muerte del cordero. Ellos fueron comprados por Dios con la sangre del cordero. Comprar es adquirir el derecho de propiedad. Cuando Dios nos compra, entonces El tiene el derecho de propiedad, esto es, tiene la base para demandar que nos entreguemos a El para que seamos Suyos. Por eso, la base de la consagración es la compra de Dios.

Dios nos ha comprado no con ninguna otra cosa sino con la sangre preciosa derramada por Su amado Hijo en la cruz (1 P. 1:19). ¡Qué gran "precio" (1 Co. 6:20) es esta sangre preciosa! Dios usó esta sangre preciosa como precio para comprarnos a fin de que le pertenezcamos.

Tal vez usted se pregunte: ¿De dónde nos compró Dios? Algunos piensan que Dios nos compró del dominio de Satanás o que Dios nos ha comprado de la esclavitud del pecado o que Dios nos ha comprado del mundo. Pero estos conceptos no concuerdan con la verdad. Comprar algo implica que el reconocimiento del derecho original de propiedad es legal, por lo tanto, uno debe usar los medios legales —comprar en este caso— para obtener el derecho de propiedad. El dominio de Satanás, la esclavitud del pecado y la usurpación del mundo son ilegales. Dios nunca ha admitido que éstos sean legales. En consecuencia, no es necesario que Dios nos compre de Satanás, del pecado y del mundo, por precio. Satanás, el pecado y el mundo nos han apresado por medios ilegales; nos capturaron y nos dominaron. Dios nos salvó de éstos por la obra salvadora del Señor en la cruz. Por eso, en este aspecto aquello es una salvación y no una compra.

Entonces, ¿de dónde nos ha comprado Dios? Gálatas 4:5 dice: "Para que redimiese a los que estaban bajo la ley". Este versículo revela que Dios nos ha redimido de la ley; Dios nos ha comprado de estar bajo la ley. ¿Por qué nos ha redimido Dios de la ley? La razón es que cuando pecamos y caímos, no sólo quedamos bajo Satanás, el pecado y el mundo, y llegamos a ser sus cautivos, sino que también ofendimos la justicia de Dios, transgredimos Su ley y llegamos a ser pecadores. Puesto que vinimos a ser pecadores, caímos bajo la ley de Dios, y fuimos guardados y retenidos por esta ley. El hecho de que fuéramos así retenidos por la ley de Dios es del todo justo y legal. Por consiguiente, si Dios quería librarnos de Su ley justa, debía pagar el precio total para satisfacer la demanda de Su ley. Este precio es la sangre preciosa derramada por Su Hijo. Puesto que esta sangre satisfizo las demandas de la ley, fuimos redimidos del yugo de Su justa ley; esto es, fuimos comprados de estar bajo la ley. Desde el día que obtuvimos redención, hemos sido liberados del dominio de la ley; ya no estamos bajo su autoridad. Anteriormente pertenecíamos a la ley, pero ahora pertenecemos a Dios. El derecho de propiedad sobre nosotros ha sido transferido de la ley a las manos de Dios. Es sobre la

base de esta transferencia de derecho que Dios demanda que
nos consagremos a El. Por lo tanto, el derecho de propiedad
que Dios tiene sobre nosotros por medio de Su compra es la
base sobre la cual nos debemos consagrar a Dios.

Cuando guiamos a otros a consagrarse o cuando examinamos nuestra propia consagración, debemos prestar atención
a la base de la consagración. Debemos darnos cuenta de que
fuimos comprados por Dios y de que el derecho de propiedad
sobre nosotros ha sido transferido a Dios. Por eso, ya no estamos en nuestras propias manos. Ya no somos nuestros. Así que,
cuando nos damos cuenta de la base de la consagración, nuestra consagración se hace estable y segura.

Si fuésemos a investigar las experiencias de la consagración de los cristianos, descubriríamos que la mayoría fueron
constreñidos por el amor del Señor. Este motivo es ciertamente
bueno y razonable. Pero si fuésemos a consagrarnos al Señor
sólo por sentirnos constreñidos por Su amor, ¿sería suficientemente estable esta consagración? La experiencia nos dice que
no. La razón es que el amor es la manifestación del estado de
ánimo y del deseo de nuestro corazón. Cuando estamos contentos, amamos; cuando no estamos contentos, no amamos.
Hoy nos place amar, así que nos consagramos; mañana no nos
place amar, así que no nos consagramos. Por consiguiente, si
la consagración es un asunto puramente de amor, no será lo
suficientemente estable. Estaría sujeta a tantos cambios cuan-
tos tenga nuestro inestable estado de ánimo. Cuando entendemos la base de la consagración y nos damos cuenta de que
ella está basada en la compra, entonces será estable y segura.
Una compra no es un asunto de estado de ánimo sino de propiedad. Dios ya nos compró y tiene el derecho de poseernos.
Por eso, sea que estemos alegres o no, debemos consagrarnos.

Tengo la profunda sensación de que muy pocos hermanos
entre nosotros que se han consagrado verdaderamente, se dan
cuenta del derecho de propiedad que Dios tiene. Por esto, debemos volver a revisar esta lección. Nuestra consagración no
debe ser sólo debido al amor del Señor; debemos darnos cuenta
de que ciertamente Dios tiene el derecho de poseernos. Seguir
al Señor no siempre es emocionante, y servirle no siempre es
placentero. Aun los que hemos servido al Señor por muchos

años, algunas veces sentimos que no es tan fácil servir al Señor, pero la urgencia dentro de nosotros nos impide hacer lo contrario. Muchas veces queremos darnos por vencidos pero no podemos. La razón es que nos damos cuenta de que Dios tiene derecho sobre nosotros. Fuimos comprados por Dios y le pertenecemos; por consiguiente, sea que nos guste o no, tenemos que consagrarnos y servirle. En el mundo actual, la gente se casa cuando le place y se divorcia cuando le viene en gana. Ellos actúan de acuerdo a su estado de ánimo sin reconocer ningún derecho de propiedad. Nuestra consagración no debe ser así. Tarde o temprano, la consagración verdadera descansará sobre la comprensión del derecho que Dios tiene sobre nosotros, con base en que El nos ha comprado. Sea que nos sintamos alegres o no, este hecho permanece invariable. Cuando estemos delante del tribunal para ser juzgados por el Señor en cuanto a nuestra consagración, el juicio no se basará en si le amamos o no, o si nos gustaría estar consagrados o no; estará basado en el hecho de si fuimos comprados por El o no. Si fuimos comprados por El, no podemos hacer otra cosa que consagrarnos; no tenemos nada que decir. Por lo tanto, de ahora en adelante, cada vez que hablemos sobre consagración, no debemos descuidar esta base.

Cuando leemos estas palabras en cuanto a la base de la consagración, puede ser que entendamos con nuestra mente y recibamos con nuestro corazón, pero aún esto no sería suficiente. No podemos decir que de este modo tenemos la base de la consagración. Necesitamos experimentar esta base en la práctica en nuestra vida diaria. Cada vez que ocurra algo que haga que nosotros discutamos con Dios, debemos inclinarnos delante de El y decir: "Señor, soy el esclavo que Tú compraste. Mi derecho de propiedad fue adquirido por Ti. Aquí y ahora declaro Tu derecho. Aun en este asunto te dejaré ser el Señor y decidir por mí". Cada vez que nos alejemos de la posición de consagración, debemos sentir que estamos en un estado de rebelión similar al de Onésimo, el esclavo que huyó de su amo Filemón. Cada vez que nos hallamos confrontados con la oportunidad de escoger, debemos considerar dicha base de consagración, esta compra, como la roca de fundamento bajo nuestros pies. Debemos pararnos firmes en esa roca sin osar alejarnos de ella nunca. Si experimentamos la consagración en una forma tan sincera, ciertamente nos asiremos de la base de la consagración.

En el momento en que Juan Bunyan, el autor de *El progreso del peregrino*, era martirizado, expresó que no importaba la forma en que Dios le tratara, de todos modos le adoraría. Se dio cuenta de que no era sino un esclavo comprado, del cual Dios tenía completo derecho de propiedad. No importa la manera en que Dios le tratara, él no tenía nada que decir; sólo le adoraba. Sabía que hacer su propia elección significaba escapar y que aceptar la voluntad de Dios significaba consagración. Por esta causa, dejó que Dios escogiera todo por él y estuvo dispuesto a aceptar lo que Dios dispusiera, fuese lo que fuese. Hasta la muerte se mantuvo en la roca fundamental de la base de la consagración. En verdad, él fue uno que conoció el derecho de Dios y la base de la consagración. Nuestra comprensión de la base de la consagración debe alcanzar el mismo grado.

II. EL MOTIVO DE LA CONSAGRACION: EL AMOR DE DIOS

El motivo de la consagración se refiere al interés de una persona cuando se consagra. Para tener una buena consagración, no sólo debemos conocer la base para la misma; también necesitamos tener un motivo. Aunque uno sepa que la base de la consagración es que uno ha sido comprado y redimido por Dios, sin embargo, esta comprensión puede no ser suficiente para tocar su sentimiento, conmover su corazón y hacer que se consagre voluntariamente a Dios. Si las cosas que Dios compra fueran objetos inanimados, tales como una silla o ropa, podría proceder a usarlas directamente como El quisiera. Pero lo que Dios ha redimido hoy son personas vivientes, cada una con una mente, con emociones y con una voluntad. Aunque Dios desea poseernos, puede ser que nosotros no estemos contentos en dejar que nos posea. Aun cuando Dios tiene el derecho legal y la base para poseernos, puede ser que nosotros no tengamos el deseo de dejar que lo haga. Por lo tanto, cuando Dios desea que nos consagremos a El, El debe conmover nuestro corazón. El debe darnos el motivo del amor para que podamos estar dispuestos a consagrarnos a El.

El motivo de la consagración es el amor de Dios. Cada vez que el Espíritu Santo derrame abundantemente el amor de Dios en nuestros corazones, estaremos naturalmente dispuestos a convertirnos en prisioneros de amor y a consagrarnos a Dios. Este tipo de consagración, motivada por el amor de Dios, se menciona claramente en dos lugares de las Escrituras: 2 Corintios 5:14-15 y Romanos 12:1.

En 2 Corintios 5:14-15 se dice: "Porque el amor de Cristo nos constriñe (constreñir, en el original griego, tiene el significado de torrentes de aguas) ... y por todos murió, para que los que viven, ya no vivan para sí, sino para aquél que murió y resucitó por ellos". En otras palabras, estos versículos nos dicen que el amor de Cristo que llega hasta la muerte es como la corriente impetuosa de muchas aguas que llega hasta nosotros, impulsándonos a consagrarnos a Dios y a vivir por El más allá de nuestro control.

Romanos 12:1 dice: "Así que, hermanos, os ruego por las misericordias de Dios, que presentéis vuestros cuerpos en sacrificio vivo". Las misericordias aquí mencionadas son el amor de Dios. Por eso, aquí también Pablo está procurando conmover nuestros corazones con el amor de Dios. El hará que tengamos el motivo de amor, para que nos consagremos voluntariamente a Dios como un sacrificio vivo. De estos dos pasajes, vemos que el amor de Dios es el motivo de la consagración.

En una consagración normal, este motivo de amor es muy necesario. Si nuestra consagración descansa únicamente en la base de la consagración y en la comprensión del derecho que Dios tiene sobre nosotros, estará basada solamente en la razón; le faltará dulzura e intensidad. Pero si nuestra consagración tiene el amor como su motivo, es decir, si nuestros sentimientos han sido tocados por el amor de Dios, el constreñir de este amor hará que nos consagremos voluntariamente a Dios. Entonces, esta consagración será dulce e intensa.

La relación matrimonial entre esposo y esposa es un caso en el que vemos este punto. Si sólo descansa en la base del derecho, será difícil que ellos tengan una vida armoniosa y dulce. Una relación matrimonial verdadera no sólo descansa en la base del derecho, sino, aún más, en el amor. Puesto que la esposa ama a su esposo, ella viene a ser uno con él y vive con él. Es lo mismo en una verdadera consagración a Dios. Cuando tocamos el amor de Dios y vemos que El es en verdad amoroso, entonces nos consagramos a El. Siendo así, aunque la consagración basada en el amor cambia de acuerdo con nuestro estado de ánimo, aún así, por otro lado, la consagración intensa es el resultado del amor que constriñe. Aquellos que no han tenido la experiencia de haber sido constreñidos por el amor del Señor, no tendrán una consagración buena e intensa. Esto es bastante evidente.

Uno de nuestros himnos *(Cuando contemplo la maravillosa cruz)* relata una historia de consagración que se basa en el amor del Señor. Dice que cada vez que pienso en ese amor que me salvó, cuento todo por pérdida, porque este amor es muy grande. Continúa diciendo que yo veo Su condición en la cruz, Su cabeza, Sus manos y Sus pies de donde fluyen dolor, amor y sangre. ¡Todo esto porque El me ama! Habiendo visto tal amor, si yo le ofreciera el universo entero, todavía me sentiría avergonzado, porque Su amor es tan noble, tan excelente. Si yo procuro pagar Su amor, entonces no reconozco Su amor; y hasta lo mancharía. Su amor es como una perla sin precio, mientras que mi consagración es como trapos de inmundicia; simplemente somos indignos de El. Un día, cuando el Espíritu derrame abundantemente Su amor en nuestros corazones, nosotros también tendremos esa intensa consagración.

Además, después de habernos consagrado y de haber seguido al Señor en el camino de la consagración, necesitamos incesantemente que Su amor nos constriña para que podamos tocar Su dulzura. En el camino de la consagración, muchas veces sufrimos dolor y pérdida, y sólo aquellos que frecuentemente tocan el amor del Señor, pueden encontrar dulzura en su dolor. Aunque los primeros apóstoles fueron menospreciados y encarcelados, ellos consideraban su sufrimiento como algo glorioso y disfrutable, puesto que ellos fueron estimados dignos de ser ultrajados por el nombre del Señor (Hch. 5:40-41). Los mártires, a través de las generaciones, podían aceptar gozosamente el sufrimiento de la muerte y no estaban dispuestos a abandonar el nombre del Señor, porque ellos habían tocado la dulzura del Señor y estaban constreñidos por Su amor. Por lo tanto, el amor entre nosotros y el Señor, siempre debe ser renovado. El motivo del amor debe ser mantenido en nosotros a fin de que nuestra consagración y servicio se mantengan siempre frescos y dulces.

En conclusión, una consagración estable e intensa requiere estos dos aspectos: tener una base, esto es, darme cuenta de que yo he sido comprado por Dios, que le pertenezco y que tengo que consagrarme a El; y tener un motivo, esto es, ver que el amor de Dios hacia mí es ciertamente muy grande y que me constriñe tanto que voluntariamente me consagro a El.

III. EL SIGNIFICADO DE LA CONSAGRACION: SER UN SACRIFICIO

Cuando alguien ve la base de la consagración y tiene también el motivo de la misma, está dispuesto a consagrarse a Dios. ¿Qué es entonces la consagración? ¿Cuál es el significado de la consagración? Romanos 12:1 dice: "Así que, hermanos, os ruego por las misericordias de Dios que presentéis vuestros cuerpos en sacrificio vivo". Este versículo nos muestra que el significado de la consagración es ser un "sacrificio".

¿Qué significa la frase "ser un sacrificio"? ¿Qué es un sacrificio? La Escritura nos muestra que cada vez que una cosa es separada de su posición y uso original y es puesta en el altar de Dios, específicamente para El, entonces ésta es un sacrificio. En el Antiguo Testamento los hombres ofrecían bueyes y carneros como sacrificios. El principio es este: el buey originalmente vivía en el corral y era utilizado para arar el campo y arrastrar carretas. Después era sacado del corral y traído junto al altar. Había un cambio en su posición. Luego era degollado, colocado en el altar y consumido por el fuego para ser olor fragante para Dios. Esto era un cambio en su uso. De este modo, este buey se convertía en un sacrificio. En consecuencia, un sacrificio no es otra cosa que algo que es apartado para Dios y puesto en el altar con un cambio en posición y un cambio en uso. Ya sea un buey o un carnero, ya sea flor de harina o aceite, una vez que es ofrecido como un sacrificio, abandona las manos del que lo ofrece y ya no puede ser utilizado para su provecho y disfrute propio. Todos los sacrificios puestos en el altar pertenecen a Dios y son para su uso y disfrute. Ser un sacrificio simplemente significa ofrecerse a Dios para Su uso.

Cuando nos presentamos a Dios como un sacrificio vivo, también existen estos dos aspectos: uno es un cambio en nuestra posición y el otro es un cambio en nuestra utilidad. Cuando entendemos este significado de la consagración, podemos entonces discernir lo genuino de la consagración de otros. Cuando una persona dice que está consagrada, podemos preguntar si ha cambiado su posición y si ha cambiado su utilidad. Si no es así, él no es un sacrificio y no hay verdadera consagración. Nada es ofrecido como un sacrificio sin un cambio de posición y utilidad. Por eso, aquellos que verdaderamente se ofrecen a sí mismos, deben pasar completamente de sus propias manos a las manos de Dios para Su uso.

Esta clase de consagración es similar a cuando se hacen regalos. Cuando hacemos un regalo a otros, el obsequio cambia de posición, de nuestras manos a las de ellos. Ya no es más para nuestro uso sino para el uso de ellos. De la misma manera, el día en que nos consagramos verdaderamente, nuestra posición es cambiada. Anteriormente, estábamos en nuestras propias manos; ahora estamos en las manos de Dios. Anteriormente andábamos en nuestro propio camino; ahora yacemos sobre el altar de Dios. Al mismo tiempo, también nuestra utilidad es cambiada. Anteriormente vivíamos para nosotros mismos y éramos para el mundo; ahora hemos sido separados exclusivamente para Dios. Sólo este tipo de consagración es verdadera.

De este modo cuando nos presentamos nosotros mismos a Dios como un sacrificio, nos convertimos en comida para Dios; somos para Su satisfacción. Entre las ofrendas de los israelitas, algunas eran para el uso de Dios, tales como oro, plata, piedras preciosas, hilos de todos los colores, lana y piel de ovejas (Ex. 25:2-7); y algunas eran ofrecidas a Dios para comida, tales como los bueyes, carneros, palomas y tórtolas usadas en los holocaustos. Cuando éstos eran ofrecidos como holocausto, eran quemados en el altar y se convertían en olor fragante, comida para Dios (Lv. 3:11). Cuando Dios aceptaba el olor fragante de estos sacrificios, Él era satisfecho.

La ofrenda de estos sacrificios es tipo de nuestra consagración. Por ende, el significado de ofrecernos como sacrificio es ofrecernos a Dios como comida la cual El se complacerá en aceptar, y encontrará así satisfacción. Somos personas que éramos originalmente como un montón de arroz crudo, el cual podía ser utilizado para una cosa u otra. Un día, debido a la necesidad de Dios, fuimos separados del montón de arroz original y procesados de tal manera que fuimos cocidos y colocados en la mesa de Dios —el altar— y llegamos a ser la comida de Dios para Su satisfacción. Este es el significado de ser un sacrificio y éste es el significado de la consagración.

Ya que el significado de la consagración es ofrecernos nosotros mismos a Dios como un sacrificio vivo para Su satisfacción, debemos hacernos esta pregunta: Desde que nos consagramos, ¿cuánto de nuestro vivir y experiencias presentes prueban que verdaderamente nos hemos puesto en el altar para ser un sacrificio para Dios? ¿Estamos verdaderamente dispuestos a ser la comida de Dios de modo que El pueda ser satisfecho? La verdadera consagración nunca es impuesta por Dios, ésta proviene de nuestra disposición voluntaria. Dios no toma nada por la fuerza, todo es ofrecido por el hombre voluntariamente. De la misma manera, nuestra consagración hoy debe salir de nuestra disposición voluntaria. Somos nosotros los que voluntariamente nos ponemos sobre el altar y no nos atrevemos a movernos. Otros pueden moverse libremente, pero nosotros no nos atrevemos a actuar de una manera común. Otros pueden calcular entre lo dulce y lo amargo, pero cuando nos enfrentamos a una dificultad, no nos atrevemos a considerar la posibilidad de escapar. Otros pueden razonar y argumentar con Dios; nosotros no nos atrevemos a decir ni siquiera una frase. Otros pueden evadir la voluntad de Dios y evitar el estar atados y limitados; nosotros preferimos estar restringidos por Su voluntad y dispuestos a estar aprisionados en Su mano. Todo esto es porque ya nos hemos ofrecido a Dios y hemos sido puestos en el altar. Ya somos personas consagradas. Debemos ser capaces de decir continuamente a Dios: "Oh Dios, no tengo alternativa; ya me he consagrado a Ti; estoy en Tus manos". Cada vez que algo nos suceda, debemos expresarnos en esta forma a Dios. Debemos permanecer en las manos de Dios y realmente ser un sacrificio para El. Sólo éste es el verdadero significado de la consagración.

IV. EL PROPOSITO DE LA CONSAGRACION: TRABAJAR PARA DIOS

Ya que el significado de la consagración es venir a ser un sacrificio, lo ofrecido es algo que es enteramente para Dios. El propósito de la consagración es, en consecuencia, ser usado por Dios, trabajar para Dios. Pero a fin de que podamos trabajar *para* Dios, primero debemos *permitir* que Dios trabaje. Sólo aquellos que han permitido que Dios trabaje primero pueden trabajar para Dios. Sólo podemos trabajar para Dios en el grado que permitamos que Dios trabaje. Si no permitimos que Dios trabaje primero, nuestra labor no puede agradarle ni ser aceptada por El, no importa cuán diligentes y persistentes seamos. Aquellas cosas que hacemos para Dios que le agradan y le placen, nunca pueden ir más allá de lo que le permitamos a El obrar. "Permitir" es la base y "para" es el resultado. Cuando tenemos la base de "permitir" entonces podemos tener el resultado de "para". Este es un principio inalterable. Por lo tanto, cuando nos consagramos a Dios, a pesar de que ello tiene como fin que trabajemos para El, desde nuestra posición, el énfasis queda en permitir que Dios trabaje. El propósito de la consagración es, entonces, permitir que Dios trabaje a fin de que podamos alcanzar la etapa de poder trabajar para El.

La ofrenda de los sacrificios en el Antiguo Testamento también imparte luz en este asunto. Cuando los bueyes y carneros eran sacrificados y ofrecidos a Dios como holocausto, primero era necesario que Dios hiciera Su trabajo completo sobre ellos, esto es, consumirlos por fuego, si es que iban a serle aceptables y agradables a El. Si los sacrificios no eran consumidos por el fuego, permanecían crudos y mal olientes y nunca podrían ser aceptables y agradables a Dios. Nuestra consagración hoy es semejante. Ya nosotros nos hemos ofrecido, sin embargo, si no permitimos que Dios trabaje primero, sino que salimos a trabajar para El y a servirle directamente, ese trabajo y ese servicio estará crudo, sin temple y mal oliente. Nunca podrá ser aceptado por Dios, y menos aún satisfacerle.

Cuando Nadab y Abiú ofrecieron fuego extraño delante de Jehová, fueron consumidos por Dios como consecuencia de aquello (Lv. 10). Ofrecer fuego extraño es el principio de trabajar directamente para Dios. Cuando alguien que no ha sido

tratado por Dios y en quien Dios no ha obrado trata de trabajar para Dios directamente, está ofreciendo fuego extraño.
Esto no sólo está crudo, falto de temple, mal oliente y, por lo
tanto, inaceptable para Dios, sino que también es peligroso
y tiende a meterlo a uno en muchas dificultades en la obra
de Dios. Esta es la razón por la cual, por un lado, esperamos
ansiosamente que los hermanos y hermanas amen al Señor y
se ofrezcan a Dios; pero por otro, estamos realmente temerosos
de que cuando las personas amen al Señor y se ofrezcan a El,
deseen trabajar directamente para Dios y servirle. Todo este
trabajo y servicio es peligroso. Creo que si en nuestro medio
hubiera cien hermanos y hermanas, quienes por el amor cons-
treñidor del Señor se consagraran a El, deseando trabajar
para El, pero sin permitirle a El obrar primero, estas cien personas se pelearían todos los días. Uno desearía servir al Señor
de una manera, y otro de otra. La iglesia, inevitablemente, se
dividiría.

Una de las razones principales de que la iglesia esté en
confusión hoy, es precisamente ésta. Cada vez que alguien
se ofrece a Dios, su propósito es trabajar para Dios; pero él o
ignora o pasa por alto permitir que Dios trabaje en él primero.
Cuando las personas no aman al Señor o no se consagran a
El, parece que todo está en paz; pero cuando hay aquellos que
aman al Señor y se consagran a El, deseando trabajar directamente para Dios, surgen muchos problemas y se tiene mucha
confusión.

El mismo principio aplica aun a la lectura de la Biblia. Si
Dios no ha trabajado en nuestra mente, y ésta permanece en
su estado natural, nos es peligroso leer la Biblia. Si lo hacemos,
en cada lectura y en cada interpretación permitiremos que
nuestra imaginación vuele. Si una persona no es fervorosa
en la lectura de la Biblia, el peligro no es tanto; pero una vez
que su lectura adquiere este fervor viene a ser desmesurada y
extrae de ésta muchas ideas erróneas y extrañas. Su fervor es
bueno, pero su lectura indomable es realmente temible.

Es extremadamente peligroso que un hombre entre en
contacto directo con las cosas espirituales sin experimentar
la obra de Dios. Si deseamos tocar cosas espirituales, ya sea
trabajar para Dios, estudiar la Biblia, predicar el evangelio o

cuidar de la iglesia, debemos primero permitir que Dios trabaje en nosotros para que podamos ser quebrantados, subyugados y disciplinados por El. Entonces podremos tocar las cosas espirituales y trabajar para Dios; entonces estaremos seguros y no seremos un peligro.

Por esto, debemos ser severos con nosotros mismos y preguntar si nuestra consagración a Dios tiene como fin trabajar para Dios directamente, o permitir que Dios trabaje en nosotros primero. Si no estamos dispuestos a permitir que Dios trabaje en nosotros primero, no podemos alcanzar el objetivo de trabajar para Dios. Por consiguiente, después de nuestra consagración no debemos estar ansiosos por realizar algo para el Señor. Necesitamos permanecer en el altar y permitir que Dios opere en nosotros y nos consuma. El resultado de este trabajo que consume, nos capacitará para trabajar para el Señor. Esta consagración, es decir, este servicio, está maduro y resucitado; es aceptable a Dios y le satisface. En conclusión, el objetivo de la consagración es permitir que Dios trabaje en nosotros para que podamos trabajar para El.

V. EL RESULTADO DE LA CONSAGRACION: ABANDONAR NUESTRO FUTURO

El resultado de la consagración es que somos motivados a cortar todas nuestras relaciones con la gente, con asuntos, con cosas y somos motivados especialmente a abandonar nuestro futuro y a pertenecer completamente a Dios. Necesitamos considerar este asunto también a la luz de las ofrendas del Antiguo Testamento. Cuando un buey era tomado para un sacrificio y era ofrecido sobre el altar, inmediatamente era cortado de todas sus relaciones previas. Era separado de su amo, de sus compañeros y de su corral. Luego que era consumido por el fuego, hasta perdía su forma y tamaño original. Todas sus partes selectas eran convertidas en un olor fragante para Dios, y todo lo que quedaba era un montón de cenizas. Todo era cortado, y todo era terminado. Este era el resultado de ofrecer el buey a Dios. Puesto que nuestra consagración también es una ofrenda a Dios, el resultado debe ser el mismo. Tenemos que abandonar todas las cosas para ser consumidos hasta que Dios nos haga cenizas, a tal punto que todo sea terminado. Si no hay evidencia en un hombre que indique que él ha abandonado todas las cosas y que ha sido consumido hasta volverse cenizas, entonces algo anda mal en su consagración. Algunos hermanos y hermanas aún tienen esperanzas de venir a ser tales o cuales personas, después de haberse consagrado. Esto prueba que su futuro no ha sido abandonado.

El futuro del cual hablamos no sólo incluye nuestro futuro en este mundo, sino también nuestro futuro en el llamado mundo cristiano. Todos sabemos cómo el mundo nos atrae naturalmente y nos ofrece la esperanza de un futuro, pero aun el llamado mundo cristiano nos atrae y nos ofrece una esperanza de un futuro. Por ejemplo, hay algunos que esperan ser predicadores famosos, y otros esperan ser evangelistas mundiales, y otros, obtener un doctorado en divinidad. Todas estas son esperanzas de un futuro. Hermanos y hermanas, si hemos sido alumbrados, descubriremos que aun en nuestra esperanza de tener más fruto en nuestra obra, en nuestra esperanza por salvar más gente a través de nuestra predicación del evangelio, en nuestra esperanza de guiar más hermanos y hermanas a amar al Señor, y en nuestra esperanza de que más iglesias locales se edifiquen por nuestras manos —aun en estas esperanzas— hay muchos elementos escondidos que son para la edificación de nuestro futuro. Cuando vemos la prosperidad de otros, nos da envidia. Cuando vemos los logros de otros, nuestro corazón es sacudido. Todo esto prueba que aún tenemos esperanzas en nuestro futuro. Sin embargo, ninguna de estas esperanzas existe en una persona consagrada. Un hombre verdaderamente consagrado es uno que ha abandonado su futuro. No sólo abandona su futuro en el mundo sino también aquello que llaman futuro espiritual. Ya no tiene más esperanzas en ninguna cosa para él; toda su esperanza está en Dios. El vive pura y simplemente en las manos de Dios; él es lo que Dios quiere que él sea y hace lo que Dios quiere que haga. Cualquiera que sea el resultado, él no lo sabe ni le interesa. Sólo sabe que él es un sacrificio que pertenece completamente a Dios. El altar es para siempre el lugar donde permanece, y ser un montón de cenizas siempre es el resultado. Su futuro ha sido abandonado totalmente.

Este abandono del futuro no es una acción forzada que

surge después que algo ha arruinado nuestras esperanzas futuras; es rendirse voluntariamente antes que tal cosa suceda. No es esperar fracasar en los negocios para luego abandonarlo todo. No es esperar perder el trabajo, no es esperar hasta no poder entrar en la universidad o hasta haber fracasado en obtener un doctorado, y luego abandonarlo todo. No es esto. Cuando hablamos de abandonar el futuro, nos referimos a que cuando una oportunidad de un buen negocio le espera, cuando un trabajo excelente le espera, o cuando un doctorado está al alcance, usted voluntariamente lo deja todo por causa del Señor. Esto, en verdad, es abandonar el futuro. Aun si toda la gloria de Egipto fuese puesta delante de usted, entonces podría decirle: "Adiós, debo ir a Canaán". Quizás Satanás siga llamándole por detrás diciendo: "Regresa, tenemos un doctorado aquí y un palacio egipcio para ti. Esta oportunidad no se da todos los días". Si en ese momento usted puede enfrentarlo y decirle directamente: "Vete, ésa no es mi porción", entonces ésta es la verdadera renunciación al futuro.

Hoy, hay una situación muy lamentable: muchos de los que sirven al Señor tienen futuro en el mundo cristiano. Debemos entender que ésta es una degradación muy seria. Si esto no prueba que hubo algo incorrecto en la consagración original de la gente en cuestión, ciertamente prueba que han caído del altar. Una persona verdaderamente consagrada, sabe desde el principio que su futuro ha terminado. Si dicha persona todavía quiere tener un futuro no tiene que molestarse en venir a la iglesia. Se da cuenta de que nunca podrá tener un futuro porque él ya está en el altar. Algunas veces encuentra dificultades y halla que tiene más valentía, porque esta dificultad le prueba que todavía está en el altar y bajo el guiar de Dios. Algunas veces entra en un período de tranquilidad y, por el contrario, teme y se pregunta si quizá ha caído del altar y ya no está bajo el guiar de Dios. Hermanos y hermanas, necesitamos preguntarnos con frecuencia: ¿Cuál es el resultado de nuestra consagración? ¿Se ha convertido nuestro todo en cenizas en el altar? ¿Hemos renunciado a todo nuestro futuro? O ¿hemos reservado algo en lo cual tenemos esperanza?

Cada uno de nosotros debe ir delante de Dios y tratar a fondo este problema de la consagración. Si nuestra consagración no es cabal, tarde o temprano surgirán problemas en nuestro servicio y en nuestra condición espiritual. Las tentaciones de perspectivas futuras son muchas y muy grandes, y éstas son particularmente serias para aquellos que están dotados en forma especial y que pueden ser utilizados externamente hasta cierto grado por Dios. Hay muchos asuntos, ambientes y atracciones que pueden hacer que inconscientemente perdamos nuestra consagración. Sólo hay una forma de vencer estas tentaciones, ésta es, abandonar completamente nuestro futuro en el primer día de nuestra consagración. Esto quiere decir que ya que nos hemos consagrado, todo ha terminado.

En la vida de John Nelson Darby, podemos ver que él fue una persona verdaderamente consagrada. Fue usado grandemente por el Señor en el siglo pasado, y miles fueron ayudados espiritualmente a través de él. En su ancianidad todavía andaba en una senda recta con el Señor. El pudo haber tenido fama y posición, pero no las tomó. En cierto momento de su vejez fue a trabajar a Italia y pasó la noche en una posada muy modesta y humilde. Estaba exhausto e inclinó su cabeza entre sus manos y cantó suavemente: "Jesús, he tomado mi cruz, para dejar todo y seguirte a Ti…" Aun en esa condición, no tuvo murmuración ni pesar; podía cantar con gozo este himno al Señor. Yo fui realmente conmovido cuando llegué a este punto al leer la historia de su vida. El hecho de que él pudiese preservar hasta el final el resultado de abandonar su futuro, me conmovió. A pesar de que él era viejo, su consagración no era vieja; todavía permanecía tan fresca como al principio.

Hermanos y hermanas, este resultado de abandonar todas nuestras perspectivas futuras necesita siempre mantenerse fresco dentro de nosotros. Nunca dejemos que nuestra consagración envejezca. Si envejece, es como si nunca nos hubiésemos consagrado. Debemos ser siempre como cenizas en el altar, siempre dedicados enteramente al disfrute de Dios, siempre sin ningún futuro.

UNA PALABRA DE CONCLUSION

Después de haber pasado a través de los cinco puntos principales de la consagración, debemos tener bastante claridad respecto de esta lección. Desde el punto de vista de la verdad, podemos decir que todo lo que pertenece a la doctrina de la consagración está incluido en estos cinco puntos. Desde el punto de vista de la experiencia, en tanto que una persona esté verdaderamente consagrada, experimentará estos cinco aspectos; la única diferencia que podemos mencionar es que algunos pueden haber experimentado estos asuntos en una manera más profunda, otros en una manera más superficial, algunos más evidentemente, otros en una forma más oculta. Por lo tanto, estos cinco puntos de la consagración no fueron concebidos en nuestra imaginación para adoctrinar a la gente; sino que la *condición práctica* de una persona consagrada es nuestra base para revelar estos puntos y hacerlos explícitos. Tengo la esperanza de que a través de estas explicaciones e investigaciones habrá, por un lado, un desarrollo de la consagración que ya está dentro de nuestro ser interno, y de que por otro, los defectos o la falta de intensidad de la consagración de uno pueda ser revelada, para que por medio de esto, podamos ser capaces de proseguir y progresar continuamente en esta experiencia.

Debemos darnos cuenta de que no es posible llegar a la cumbre de ninguna experiencia en vida solamente experimentándolo una vez. Necesitamos buscar continuamente, para que nuestra experiencia crezca gradualmente y llegue a ser más plena, hasta que alcance la etapa de madurez. A pesar de que algunos hermanos y hermanas se han consagrado, con todo, sólo han tenido un comienzo; no han tenido mucha experiencia en la consagración. Ellos necesitan buscar continuamente y profundizar su experiencia en este asunto.

Si queremos entrar en una casa, usualmente necesitamos andar cierta distancia, después de la cual entramos por la puerta de la casa. Pero en la experiencia espiritual es lo opuesto. Debemos entrar por la puerta primero, y luego comenzar a andar. Toda experiencia de la vida espiritual requiere que primero crucemos la puerta y pasemos a través de una crisis para tener un comienzo; después de esto debemos andar otra distancia y continuar hacia adelante para buscar y tener aún más experiencias. La crisis que experimentan algunas personas es bastante débil y sin peso; así que ellos todavía deben continuar buscando. Por otro lado, algunas personas experimentan una crisis aguda y decisiva. Sin embargo, de igual manera necesitan continuamente seguir y buscar una consagración más profunda.

A pesar de que los cinco aspectos de la consagración están incluidos desde el principio en la experiencia normal de la consagración de una persona como si éstos hubiesen sido ya alcanzados, con todo, esto no quiere decir que su experiencia de consagración sea completa. Esta apenas ha comenzado; es simplemente entrar por la puerta. Todavía hay un largo camino por delante, el cual debe andar, en la senda de la consagración. Consecuentemente, debemos ser firmes en nuestra consagración en todo ambiente, y debemos practicar nuestra consagración en cada asunto, y en toda oportunidad debemos consagrarnos de nuevo y en una forma fresca. Haciendo esto podemos ir hacia adelante en la senda de la consagración.

En los tiempos del Antiguo Testamento el holocausto tenía que ser ofrecido todos los días, no sólo en la mañana sino también en la tarde. En cada sábado, en cada luna nueva, y durante cada fiesta, eran requeridos holocaustos especiales (Nm. 28). También eran necesarios holocaustos especiales para grandes eventos (Lv. 8:18, 28; 1 R. 3:4, 15; 8:62-64). Una ofrenda no era suficiente; se requerían ofrendas diariamente, en cada fiesta, y en cada acontecimiento. El holocausto, por lo tanto, es una de las ofrendas más importantes en el Antiguo Testamento. Debido a esto, el altar de bronce era así específicamente llamado "el altar del holocausto". La frecuencia de estas ofrendas tipifica la necesidad de que hagamos una nueva consagración cada día. Cuando venimos a convocaciones especiales y a eventos especiales necesitamos hacer ofrendas especiales. Si nos consagráramos repetidas veces en esta forma, la experiencia de la consagración se acrecentaría y se formaría en nosotros.

Muchos de nosotros hemos leído la biografía de la señora Guyón. A través del relato de su vida podemos ver que ella era una persona que estaba firme en su consagración, y que avanzaba continuamente. En consecuencia, podemos distinguir claramente los cinco aspectos de la consagración expresados en ella cuando tenía una edad avanzada. La base de su consagración era tan firme como una roca. Siempre que había una controversia entre ella y el Señor, había una roca bajo sus

pies en la cual ella se paraba continuamente. Ella le decía:
"¡Señor, Tú me has comprado!" El motivo de su consagración
era como la fuerza poderosa de aguas impetuosas; por lo tanto,
su consagración permanecía dulce y absoluta. En su autobio-
grafía muchas veces mencionó que renovó sus votos matrimoniales con el Señor. Esto muestra que en su ser interior
fue constantemente conmovida y constreñida por el amor del
Señor, pues los votos matrimoniales son una expresión de
amor en su forma más elevada. Desde el punto de vista
humano, el camino que ella anduvo fue un camino de mucho
sufrimiento, pero para ella fue un camino sumamente dulce;
por causa del amor del Señor, su sufrimiento fue transfor-
mado en dulzura. El significado de su consagración era aún
más claro. A pesar de que algunas veces ella estaba en su casa
sirviendo a su esposo y cuidando a su niño, con todo y eso, fue
una persona que verdaderamente permaneció en las manos
del Señor. Estaba dispuesta a retirar sus manos y a ponerse
enteramente en las manos de Dios. Ella le decía: "Oh, Dios, si
Tú quieres usarme, herirme, presionarme o moldearme, quiero
estar a Tu disposición; aun si quieres cortarme en pedazos
y matarme, estoy a Tu disposición. No estoy en mis propias
manos; me he entregado a Ti". Este aspecto en particular es
especialmente claro en la señora Guyón. El propósito de su
consagración no era confuso. Realmente fue una persona
que a través de su consagración permitió que Dios trabajara
en ella, esculpiera en ella, la quebrantara y la presionara. Por
consiguiente, su función fue expresada en una forma plena:
brilló como el sol del medio día. Consideramos que en los últimos tres siglos ella ha suministrado más vida a los santos que
cualquier otra persona. Puesto que ella permitió que Dios
se forjara en ella al máximo, tenía lo máximo para ministrar
a otros. Aun después de su muerte, hasta este mismo día, recibimos su ayuda. Finalmente, el resultado de su consagración
hace que nosotros adoremos a Dios aún más. Ella no tuvo éxito
en el mundo, ni en su obra espiritual hubo ninguna perspectiva futura. Podía decir que sólo era un montón de cenizas;
todo se había ido. Por otro lado, en el universo, delante de
Dios, ella siempre estará produciendo un olor fragante para
la satisfacción de Dios y para el disfrute de Su pueblo. La

experiencia de consagración en ella verdaderamente alcanzó plena madurez.

Habiendo pasado por todos estos asuntos relacionados con la consagración, podemos entender que la consagración no es sólo conocer el derecho de propiedad en la mente o sentir el amor en nuestro afecto, ni es sólo una actitud y expresión nuestra hacia Dios. Hablando con propiedad, la consagración misma es una parte de la vida; y en este aspecto es una parte principal de vida. La experiencia de consagración, por tanto, es realmente la experiencia de vida. La plenitud de nuestra experiencia de vida depende de la plenitud de nuestra experiencia de consagración. Así que si uno procura la experiencia de la consagración, ésta le permitirá crecer en vida. Además, ya que la consagración es una parte de la vida, entonces por medio de seguir esta vida y vivir en ella, la ley de vida hará que los cinco aspectos de la consagración se produzcan en nosotros clara y espontáneamente. Cuando al principio nos consagramos, nuestra experiencia es similar a la de un embrión en el vientre de una madre: uno no puede distinguir el oído, el ojo, la boca ni la nariz. Sin embargo, a medida que vamos creciendo en vida estos cinco aspectos relacionados con la experiencia de consagración van tomando forma en nosotros gradualmente. Entonces tenemos verdaderamente un sentir de que hemos sido comprados por Dios y de que todos nuestros derechos están en Sus manos. Nos convertimos en prisioneros de Su amor porque Su amor ha traspasado nuestro corazón. Ciertamente nos convertimos en un sacrificio puesto en el altar para el disfrute y satisfacción de Dios. Seremos aquellos en quienes Dios se habrá forjado cabalmente y quienes, entonces, podrán trabajar para El. Nuestro futuro será ciertamente como un puñado de cenizas. Todas nuestras vías de escape de la voluntad de Dios habrán sido cerradas; sólo Dios será nuestro futuro y camino. En ese momento la experiencia de nuestra consagración ciertamente habrá madurado. Que todos nosotros, por la gracia del Señor, sigamos y prosigamos juntos.

CAPITULO CUATRO

TRATAR CON LOS PECADOS

Ya que hemos considerado la consagración, debemos examinar los diferentes tratos. "Tratos" implica que seguimos el guiar del Espíritu Santo a fin de deshacernos de todos los obstáculos que impiden el crecimiento en vida. Cuanto más somos tratados, más crece la vida de Dios en nosotros. Cuanto más crezca la vida de Dios en nosotros, más seremos tratados. Estos dos no pueden estar separados; son dos aspectos del mismo asunto. Por lo tanto, los tratos tienen una posición extremadamente importante en nuestra experiencia de vida. Podemos decir que éstos constituyen una parte principal de la experiencia de vida.

¿Por qué abordamos directamente el tema de los tratos después del tema de la consagración? Porque éste es el resultado natural de la consagración. Una vez que nos hemos consagrado a Dios para que El pueda usarnos, Dios tiene que limpiarnos, tratar con nosotros y purgarnos de todos nuestros problemas para que podamos ser aptos para Su uso. Si queremos usar un vaso, nos gustaría lavarlo primero. Cuando esté completamente limpio, será un vaso que puede ser usado. Antes de consagrarnos, o cuando nos apartamos de la posición de consagración, no nos damos cuenta de que necesitamos ser tratados. Cuando nos consagramos, o cuando regresamos a la posición de la consagración, inmediatamente descubrimos que hay muchos obstáculos en nosotros que impiden que Dios nos use. Por eso, si queremos cumplir el propósito de nuestra consagración, necesitamos que todas nuestras dificultades sean tratadas una por una. Cuando nos hayamos purificado en tal manera, vendremos a ser un vaso para honra, útil al Señor (2 Ti. 2:21). Por esto debemos tratar directamente con nosotros mismos después de consagrarnos.

Por supuesto, al dar resolución al pasado cuando estábamos recién salvos, hubo allí muchos tratos, pero estos tratos fueron rudimentarios y superficiales. El tipo de trato completo y profundo tiene lugar después de la consagración. Hemos dicho que bajo circunstancias normales, una vez que una persona es salva, tendrá una limpieza apropiada del pasado. Esta limpieza resultará en una consagración sólida. Sin embargo, después de que nos hayamos consagrado, descubriremos que hay más cosas con las cuales tenemos que tratar y tratamos con ellas más a fondo. Así que, una consagración apropiada trae consigo tratos apropiados. Cuanto más profunda es la consagración, más severos son éstos; cuanto más verdadera es la consagración, más completos son los tratos. Cuando hayamos sido tratados completamente de modo que no haya más obstáculos en nosotros, seremos usados enteramente por Dios, y el propósito de la consagración será logrado plenamente.

Entre todos los obstáculos que necesitan ser eliminados, los pecados son los más crudos, los más contaminantes y los más evidentes. Luego de habernos consagrado, la primera cosa con la que tenemos que tratar es los pecados. Resolver el problema de los pecados es la primera lección en nuestra experiencia de los tratos de Dios con nosotros.

I. LA BASE BIBLICA

Las siguientes citas nos dan la base bíblica para tratar con los pecados:

Mateo 5:23-26: "Por tanto, si traes tu ofrenda al altar, y allí te acuerdas de que tu hermano tiene algo contra ti, deja allí tu ofrenda delante del altar, y anda, reconcíliate primero con tu hermano, y entonces ven y presenta tu ofrenda. Ponte de acuerdo con tu adversario pronto, entre tanto que estás con él en el camino, no sea que el adversario te entregue al juez, y el juez al alguacil, y seas echado en la cárcel. De cierto te digo que no saldrás de allí, hasta que pagues el último cuadrante". Aquí "reconcíliate" y "ponte de acuerdo" se refieren a tratos respecto de nuestras relaciones con otros.

Segunda Corintios 7:1: "Así que, amados, puesto que tenemos tales promesas, limpiémonos de toda contaminación de carne y de espíritu, perfeccionando la santidad en el temor de Dios". Aquí "limpiémonos" también se refiere a una especie de trato.

Primera de Juan 1:9: "Si confesamos nuestros pecados, él es fiel y justo para perdonar nuestros pecados, y limpiarnos de toda maldad". Aquí "confesamos" es nuevamente una especie de trato.

Proverbios 28:13: "El que encubre sus pecados no prosperará; mas el que los confiesa y se aparta alcanzará misericordia". Aquí "confiesa" y "se aparta" hablan también de un trato.

Vemos, en las escrituras citadas, cómo debemos tratar con los pecados: con relación a los hombres, debemos reconciliarnos con ellos y estar de acuerdo con ellos; con relación a Dios, debemos confesar nuestros pecados; y con relación al pecado, debemos apartarnos de él. Estos tipos de ajustes son lo que queremos dar a entender cuando hablamos de eliminar los pecados.

II. EL OBJETO DEL TRATO CON NUESTROS PECADOS

El objeto de que nosotros nos deshagamos de los pecados es los pecados mismos. Hay dos aspectos con respecto al pecado: la naturaleza del pecado interiormente y la acción del pecado exteriormente. La naturaleza del pecado dentro de nosotros está en la forma singular; la acción del pecado fuera de nosotros es en la forma plural. La forma singular, pecado, es la vida de Satanás que está dentro de nosotros, con la cual no tenemos forma de tratar; cuanto más tratamos con él, más vida cobra. El trato con los pecados del cual estamos hablando es el trato con los pecados que cometemos exteriormente, los pecados de nuestras acciones.

¿Qué son los pecados de nuestras acciones? En 1 Juan 5:17 se dice: "Toda injusticia es pecado". En 1 Juan 3:4 dice: "El pecado es infracción de la ley". Ambas referencias muestran que en nuestras acciones todo acto de injusticia y de infracción de la ley es pecado. Es difícil distinguir entre injusticia e infracción de la ley. Toda infracción de la ley es injusticia, y toda injusticia es infracción de la ley. Por lo tanto, todas las obras injustas e ilegales son los pecados de nuestras acciones y el objeto de nuestro trato.

Romanos 2:14-15 dice que los gentiles los cuales no tiene·

ley, son ley para sí mismos; ellos muestran la obra de la ley escrita en sus corazones. Su conciencia es la ley dentro de ellos la cual les da testimonio, y sus pensamientos o bien los acusan o bien los excusan. Todos los hechos que son correctos y legales son justificados por nuestra conciencia; todos los hechos que no son correctos y no son legales son condenados por ella. Todas las acciones, por lo tanto, que son contrarias a nuestra conciencia son acciones de pecados y son el objeto de nuestro trato. Hemos dicho que el objeto de nuestro trato con los pecados es la acción externa, o sea, los pecados. Esta acción externa de los pecados tiene dos aspectos: la cuenta de pecados y el acto de pecar. La cuenta de pecados señala los hechos injustos e ilegales, los cuales ofenden la ley justa de Dios y resultan en que tengamos un historial de pecados delante de la ley de Dios. En el futuro Dios nos juzgará de acuerdo con esta cuenta. El acto de pecar es la acción misma que establece la cuenta de pecados. Estas acciones pecaminosas siempre quedan destituidas de la gloria de Dios y en una manera perceptible o imperceptible hieren a otros. Por ejemplo: robar es un acto de pecado. Haciendo esto, no solamente ponemos el nombre de Dios en vergüenza, sino que también causamos daño a otros. Esto constituye el acto de pecar. Al mismo tiempo, hemos ofendido la ley de Dios. De aquí en adelante, delante de Su ley, tenemos un historial de pecados. Por ende, cada vez que cometemos un pecado, tenemos inmediatamente el hecho de pecar no sólo en contra de Dios, sino también, muchas veces, en contra del hombre. Al mismo tiempo tenemos una cuenta de pecados delante de Dios.

Puesto que la acción de los pecados tiene estos dos aspectos, el objetivo en tratar con los pecados, de igual manera, tiene dos aspectos. Uno es la cuenta de nuestros pecados ante Dios, el otro es el acto de pecar. Por un lado necesitamos tratar con nuestra cuenta de pecados delante de Dios, por otro lado necesitamos tratar con el acto nuestro de pecar.

III. LA BASE DEL TRATO CON LOS PECADOS

Nuestro objeto en tratar con los pecados incluye todos los pecados que hemos cometido. Al llevarlo a cabo, sin embargo, Dios no requiere que tratemos con todos los pecados de una vez, sino que tratemos con todos aquellos de los cuales estamos conscientes mientras tenemos comunión con El. No queremos decir que debemos tratar con todos los pecados que en realidad hemos cometido, sino sólo con aquellos de los cuales estamos conscientes mientras tenemos comunión con Dios. Por consiguiente, la base del trato con nuestros pecados es la conciencia que tenemos de ellos mientras estamos en comunión con Dios.

Leemos en las Escrituras respecto de esto en Mateo 5:23 y 1 Juan 1:7. Mateo 5:23 dice: "Por tanto, si traes tu ofrenda al altar, y allí te acuerdas de que tu hermano tiene algo contra ti..." entonces ve y trata con eso rápidamente. Ofrecer la ofrenda tiene como fin estar en comunión con Dios. En consecuencia, esto quiere decir que cuando estamos en comunión con Dios y estamos conscientes de cualquier desacuerdo entre nosotros y otros o viceversa, debemos esforzarnos inmediatamente por rectificar esta situación no sea que nuestra comunión con Dios sea afectada u obstaculizada. En 1 Juan 1:7 indica que si tenemos comunión con Dios, podemos ver nuestros pecados en Su luz; entonces, de acuerdo a lo que hemos visto en Su luz, debemos confesar esto a Dios y tratar con ello delante de El para que podamos obtener Su perdón y limpieza. Mateo 5 habla de nuestros problemas con otros, 1 Juan 1 habla sobre nuestro problema con Dios. Uno se refiere al caso de acordarse en el altar; el otro al ver en la luz. Ambos indican cuán conscientes estamos mientras tenemos comunión con Dios. Esto está basado en cuán conscientes estamos mientras tenemos tratos con los hombres y Dios. Por eso, la base de nuestro trato con los pecados está en cuán conscientes estamos de ellos mientras estamos en comunión con Dios.

Nuestro trato con los pecados está basado solamente en estar conscientes de ellos mientras tenemos comunión con Dios, no en todos los hechos pecaminosos que hayamos cometido. Por eso, la esfera de la base es mucho más pequeña que la esfera del objeto. Por ejemplo: si en realidad hemos cometido cien pecados, pero cuando nos acercamos a Dios sólo nos acordamos de diez pecados mientras tenemos comunión con El, debemos tratar con esos diez pecados de los cuales estamos conscientes. Si estamos conscientes sólo del diez por ciento, tratamos con el diez por ciento; si estamos conscientes del veinte por ciento, tratamos con el veinte por ciento. En otras palabras, tratamos sólo con el número de pecados que recordamos. El número de pecados que reconocemos es aquel con el cual estamos obligados a tratar. Este es el principio de recordar, como se menciona en Mateo 5, y éste es nuestro principio al tratar con los pecados. Podemos dejar sin tratar por algún tiempo los pecados de los cuales no estamos conscientes hasta que llegue el momento en que en la comunión con Dios lleguemos a estar conscientes de ellos. En la práctica, tratar con los pecados no es una ordenanza de la ley, sino un requisito para tener comunión.

¿Cómo es que podemos dejar aquellos pecados de los cuales no estemos conscientes sin tratar con ellos por algún tiempo? Podemos hacerlo porque los tales no afectan nuestra comunión con Dios. Si una persona es culpable de un acto injusto, otros se pueden dar cuenta de su mala acción, aunque él mismo no esté consciente de ello. Su conciencia está aún sin culpa. Por este motivo él aún puede orar y tener comunión con el Señor y puede servir a Dios y testificar de Dios como siempre; su vida y servicio espirituales permanecen sin afectarse. Sin embargo, cuando está consciente de este pecado y aún así no trata con él, tiene una conciencia culpable; su comunión con el Señor es estorbada y su vida y servicio espirituales no son normales. De acuerdo con Mateo 5, si alguien recuerda algo que necesita ser tratado y se rehúsa a tratar con eso, su comunión con Dios es interrumpida inmediatamente. El debe tratar con eso rápidamente hasta que aquello sea aclarado completamente; entonces puede tener comunión una vez más con Dios. En 1 Juan 1:7 se presenta el mismo hecho. Si uno reconoce su pecado mientras está en la luz de la comunión y no trata con él, su comunión es inmediatamente obstaculizada. Por lo tanto, si no estamos conscientes de los pecados que hemos cometido, no necesitamos tratar con ellos. Pero si estamos conscientes de ellos, debemos tratar con ellos rápidamente; de otra forma, nuestra conciencia nos acusará, nuestra fe naufragará, y todas las cosas espirituales por consiguiente se perderán (1 Ti. 1:19).

Así que, cuando ayudamos a otros a tratar con los pecados,

no les pedimos que traten con los pecados de los cuales no estén conscientes, sino aquellos de los que estén conscientes. Cuando alguno se da cuenta de su pecado y lo pasa por alto o se rehúsa a tratar con él, entonces podemos ayudarle y dirigirlo a que lo enfrente.

Lo mismo se aplica cuando examinamos la experiencia de nuestro trato con los pecados. No preguntamos cuántos pecados hemos cometido con los cuales no hemos tratado, sino con cuántos pecados de los cuales estamos conscientes no hemos tratado. Podemos dejar sin tratar por un corto tiempo los pecados de los cuales no estamos conscientes, pero aquellos de los que estemos conscientes deben ser tratados rápidamente. Hasta ahora, hay muchos hermanos y hermanas que no han venido a una obediencia absoluta con respecto al sentir que tienen mientras están en comunión con Dios. Por ejemplo, alguien puede haber cometido cien hechos injustos y haberse dado cuenta de veinte de ellos mientras está en comunión con Dios, pero en la práctica él solamente trata con cinco de ellos. Por tanto, se presenta un problema en su comunión con el Señor. Su espíritu no es fuerte y no puede orar libremente. Su condición delante del Señor es dañada grandemente.

En consecuencia, vemos que la consciencia de la comunión sobre la cual basamos nuestro tratar con los pecados no es absoluta, sino que difiere de acuerdo con la profundidad de comunión que el individuo tiene con el Señor. El mismo hecho injusto puede ser un pecado a los ojos de una persona, mientras que a los ojos de otra no lo sea. Esto se debe a que la comunión en uno es más profunda que en el otro, así que la conciencia de la comunión de uno es más aguda que la del otro. Por ejemplo, uno puede decir una mentira en una manera muy evidente y todos saben que esto es un pecado; otros pueden mentir diciendo la verdad. Para el individuo promedio lo último puede no ser un pecado, pero aquellos que tienen una comunión profunda con el Señor saben que esto también es una mentira y que debe ser tratada.

Por ejemplo, el hermano A entra en el cuarto del hermano B. El hermano B lo ve que viene y se apresura a arreglar su cama. El hermano B viene luego al hermano A para tratar con esta situación, diciendo: "Hermano, cuando yo vi que usted entraba a mi cuarto yo arreglé mi cama; esto es actuar con hipocresía". Al arreglar su cama en tal manera él sintió que estaba fingiendo, por lo tanto, había pecado y deseaba resolver esto. Otros que no son tan sensibles considerarían este acto como un gesto cortés y necesario. Esto obedece a que el grado de comunión difiere, y también difiere el grado de conciencia.

Además, el sentir en cada individuo puede también variar de acuerdo con la diferencia de su nivel y profundidad de comunión. Si alguien le hubiese dicho dos años antes sobre un cierto pecado, él no lo habría admitido, pero su comunión durante los últimos dos años se ha profundizado, y él ha venido a ser más sensible. Ya él no espera que otros sean los que lo condenen; dentro de sí mismo él reconoce el pecado y se da cuenta de que debe tratar con él.

Tratar con los pecados, por lo tanto, está basado en lo consciente que estemos mientras estemos en comunión con el Señor, y el estar conscientes al estar en comunión con el Señor a su vez está basado en la profundidad de esta comunión. Si nuestra comunión es profunda, nuestra consciencia será aguda y firme. Si, por otro lado, nuestra comunión es superficial, nuestra consciencia será insensible y débil. Es semejante al aire en el cuarto, el cual a primera vista parece bastante limpio y libre de polvo. El hecho es que la luz no es suficientemente fuerte como para que nuestra visión no pueda penetrar la atmósfera y detectar el polvo. Cuando un rayo de la luz solar entra en el cuarto, bajo una iluminación tan intensa, podemos observar muchas partículas de polvo en el aire. De igual manera, somos culpables de muchos hechos injustos e ilegales, dentro de los cuales pueden estar los pecados más graves y más serios, los cuales son fáciles de reconocer; pero hay muchos pecados sutiles o menos serios los cuales no son fáciles de discernir. No es sino hasta que nuestra comunión en vida se profundice que nosotros seremos capaces de reconocer estos pecados y de tratar con ellos. Por eso, nunca debemos medir a otros con la vara de nuestra propia consciencia, ni debemos aceptar la consciencia de otro como la vara por la cual nos medimos nosotros mismos. Todos debemos aprender a tratar con los pecados sólo de acuerdo con nuestra propia consciencia en el momento en que estamos en comunión con el Señor.

Debemos darnos cuenta, al mismo tiempo, que a pesar de que tratamos con los pecados de los cuales estamos conscientes, esto de ninguna manera indica que todos nuestros pecados han sido tratados completamente, pues todavía existen muchos hechos pecaminosos de los cuales no estamos conscientes. Así que, si nosotros queremos tratar con nuestros pecados completamente, debemos fortalecer nuestra comunión con Dios. En la medida en que esta comunión se fortalezca, lo consciente que estemos con respecto al pecado vendrá a ser correspondientemente ampliado y nuestro tratar con los pecados será más completo.

¿Cómo podemos fortalecer nuestra comunión? Primero, debemos ampliar la esfera de nuestra comunión. El grado de consciencia que tengamos es el grado de nuestra comunión. En la comunión nosotros abrimos todo delante del Señor. Cuando hacemos esto tenemos consciencia con relación a todas las cosas y, por ende, podemos tratar con todas ellas. Al mismo tiempo, mientras tratamos con los pecados de los cuales estamos conscientes, nuestra comunión aumenta naturalmente. Entonces, mientras nuestra comunión aumente, más pecados serán revelados y aumentarán nuestros tratos. Cuanto más tratemos con los pecados y más aumente nuestra comunión, más amplia llegará a ser el área de nuestra consciencia y más aumentará nuestro trato. Así que nuestros tratos cubren todos los aspectos.

Segundo, debemos profundizar nuestra comunión. A medida que el área de nuestra comunión se amplía, tratamos con cada pecado, pero estos tratos no son completos. Es por esta razón que nuestra comunión con el Señor necesita ser profundizada. Mientras nuestra comunión se profundiza, nuestra conciencia se profundiza igualmente. Al darnos cuenta de que nuestros tratos anteriores no fueron suficientemente cabales, los llevamos a cabo nuevamente. Tener más tratos trae una comunión más profunda y mientras la comunión se profundiza, nosotros experimentamos más tratos. Entonces no sólo todos los pecados que necesitan ser tratados son tratados, sino que son tratados de una manera muy exhaustiva.

IV. EL LIMITE DE NUESTRO TRATO CON LOS PECADOS

El límite de nuestro trato con los pecados es similar al del trato con nuestro pasado. Es vida y paz. Cuando tratamos con los pecados, debemos hacerlo hasta que tengamos vida y paz interiormente. Si seguimos nuestra conciencia al tratar con los pecados, nos sentiremos internamente satisfechos, fortalecidos, refrescados y avivados; también nos sentiremos gozosos, descansados, cómodos y seguros. Nuestro espíritu será fuerte y viviente, y nuestra comunión con el Señor será libre y sin impedimentos. Nuestras oraciones serán liberadas y con autoridad, y nuestra expresión será valiente y poderosa. Todas estas sensaciones y experiencias son las condiciones de vida y paz. Este es el límite de nuestro trato con los pecados, y esto también es el resultado de nuestro trato con los pecados. Lo que hemos dicho antes con relación a tratar con los pecados completamente implica que nosotros tratamos con los pecados hasta llegar al grado de tener vida y paz.

V. LA PRACTICA DE TRATAR CON LOS PECADOS

Previamente hemos dicho que hay dos aspectos con relación al propósito de tratar con los pecados: uno es la cuenta de pecados delante de Dios, y el otro es el pecado en sí. Por lo tanto, cuando practicamos el trato con los pecados, estos dos aspectos deben ser resueltos. Primero, la cuenta de pecados debe ser abolida; y segundo, debemos tratar con el hecho mismo de cometer pecados.

La abolición de nuestra cuenta de haber pecado delante de Dios está basada en la obra redentora de nuestro Señor en la cruz. Nuestro Señor soportó por nosotros el justo juicio de Dios. Su sangre satisfizo los requisitos de la ley de Dios a nuestro favor, por lo tanto, la cuenta de todos nuestros pecados delante de Dios ha sido abolida. Sin embargo, si este hecho objetivo ha de ser nuestra experiencia subjetiva, de todos modos existe la necesidad de aplicación. Hablaremos de esta aplicación dividiéndola en dos etapas: antes de ser salvos y después de ser salvos.

Hechos 10:43 dice: "Todos los que en El creyeren, recibirán perdón de pecados". Estas son las palabras del apóstol cuando predicaba el evangelio a los que no eran salvos. El les dijo que todos los pecados que ellos habían cometido antes de ser salvos serían perdonados si solamente creían. Antes de ser salvos, la anulación de la cuenta de nuestros pecados dependía de nuestro creer. Por lo tanto, la aplicación se da a través de nuestro creer.

En 1 Juan 1:9 se dice que "si confesamos nuestros pecados, El (Dios)... perdonará nuestros pecados y nos limpiará de toda injusticia". Estas palabras las escribe el apóstol a aquellos que son salvos, y se refieren a todos los pecados que cometemos luego de que somos salvos. Si estamos conscientes de ellos en la luz de Dios, debemos confesarlos delante de El; entonces seremos perdonados y limpiados. La anulación de la cuenta de nuestros pecados después de que somos salvos depende, por lo tanto, de nuestra confesión. Aquí la aplicación tiene lugar a través de nuestra confesión. Si nosotros no confesamos, Dios no nos perdonará ni nos limpiará. Al momento que confesamos, obtenemos perdón y limpieza. Si confesamos mientras estamos en este mundo, obtenemos perdón mientras estamos aquí. Si no confesamos mientras estamos todavía aquí tendremos que confesar en el reino venidero antes que podamos obtener perdón. Este perdón es llamado el perdón en el reino. En conclusión, obtenemos perdón por todos los pecados cometidos después de que hemos sido salvos, a través de nuestra confesión. Esta confesión es nuestro trato delante de Dios.

¿Cómo debemos tratar con el hecho mismo de cometer pecados? Si hemos ofendido a Dios, debemos resolver dicho asunto delante de El y procurar Su perdón. Si hemos pecado contra el hombre, debemos resolver esto delante del hombre por medio de pedirle perdón. Si nuestro hecho pecaminoso en contra del hombre envuelve meramente un asunto moral, sólo tenemos que confesar esto y pedir disculpas delante del hombre. Si también envuelve una pérdida de dinero y ganancias, entonces debemos pagar de acuerdo con la cantidad que debemos. Este acto de pedir perdón y reembolsar se aplica no sólo a los pecados cometidos después de ser salvos; también debemos tratar con todos aquellos pecados cometidos antes de que fuésemos salvos; debemos tratar con ellos uno por uno delante del hombre de acuerdo con nuestra consciencia interna. Este trato con los pecados delante del hombre es la parte principal de este asunto de tratar con los pecados, y debemos poner atención en practicarlo.

Cuando tratamos con los pecados delante del hombre, hay cuatro principios básicos que debemos recordar y en los cuales tenemos que permanecer.

El primer principio es disipar toda discordia entre otros y nosotros. Todo hecho pecaminoso nuestro, cuando viene a ser conocido por otros, sea que les cause daño o no, resulta en una condición de discordia entre nosotros. Por ejemplo: si agraviamos o maldecimos a otra persona, por un lado tenemos una cuenta de pecados delante de Dios, y por otro lado hemos dado una mala impresión sobre el que maldijimos y también sobre cualquier otro que estuviera presente. Así que, nos es difícil vivir juntos en armonía como antes. Por lo tanto, si, luego de ser iluminados, llegamos a estar conscientes de esto, tenemos, por un lado, que confesarlo a Dios y pedir Su perdón, y por otro, ir a las personas afectadas —el que fue maldecido y cualquier otro que hubiese estado presente— para disculparnos y para tratar con lo que hemos dicho. Haciendo esto, la mala impresión que le dimos será erradicada, y podremos vivir juntos como antes. Así que, el primer principio al tratar con los pecados es disipar toda discordia entre otros y nosotros.

Por eso, bajo este principio, aun nuestro perdón hacia otros y nuestra búsqueda de paz con otros también se incluyen en esta acción. Ya sea que estemos perdonando a otros o buscando la paz con otros, el propósito es disipar toda mala impresión y las situaciones de discordia entre otros y nosotros, para que en el universo podamos vivir pacífica y armoniosamente con Dios y con el hombre.

El segundo principio al tratar con los pecados es tener una conciencia limpia, libre de ofensa. El disipar una situación de discordia está relacionado con el hombre, pero el poseer una conciencia limpia, libre de ofensa, está en relación con nosotros mismos. Todo pecado que hemos cometido no sólo causa desaprobación en otros, sino que también trae condenación a nuestra conciencia. No sólo hará que otros tengan una mala impresión de nosotros, sino que también hará que nuestra conciencia tenga manchas de culpa. De modo que, nuestro trato con el pecado no sólo tiene como fin disipar las malas impresiones en otros, sino también para quitar la culpa de nuestra propia conciencia, para que nuestra conciencia esté limpia y libre de ofensa.

El tercer principio en tratar con los pecados es testificar de la salvación de Dios. Por causa de la iluminación de la vida de Dios, toda persona que ha sido salva verdaderamente por Dios tiene un agudo sentir con relación a los pecados y, por lo tanto, trata con ellos constantemente. Si uno está dispuesto a no considerar la pérdida y la vergüenza, y trata con los pecados voluntaria y humildemente, esto es un testimonio claro de que la salvación de Dios ha venido sobre uno. Si uno trata con los pecados continuamente, ha demostrado aún más que la gracia de Dios está todavía obrando en él. Cada trato verdadero con los pecados, por consiguiente, es el resultado de la gracia de Dios operando en uno y es un testimonio evidente de la gracia de Dios.

El cuarto principio en cuanto a tratar con los pecados es beneficiar a otros. Cada vez que tratamos con los pecados, el objetivo no es sólo disipar la condición de discordia entre nosotros y otros, hacer que nuestra conciencia esté limpia y libre de ofensa, o testificar de la salvación de Dios, sino también beneficiar a otros. Cuando tratemos con nuestros propios pecados, nunca les haremos daño ni les causaremos problemas a otros. El resultado de nuestro trato con los pecados es paz dentro de nosotros y también paz en otros. Así que, hacemos que otros se beneficien tanto espiritual y materialmente, y que por ende, sean edificados.

Los cuatro principios en cuanto a tratar con los pecados, los cuales hemos mencionado, son aquellos a los cuales debemos atender al llevar a cabo estos tratos. Independientemente del pecado con el cual estamos tratando y sin importar cómo tratamos con él, siempre debemos atender a estos cuatro principios preguntándonos: ¿Podrá este trato disipar la condición de discordia entre otros y nosotros? ¿Hará que nuestras conciencias estén claras y libres de ofensas? ¿Nos capacitará esto para testificar de la salvación de Dios y así darle a El la gloria? ¿Podemos beneficiar a otros por ello? Si las contestaciones a estas preguntas se ajustan a los cuatro principios,

entonces podemos proseguir valientemente a tratar con el
pecado. Pero si una de las respuestas no se ajusta a alguno
de los principios, debemos ser cautelosos; de otro modo, el enemigo tomará ventaja de nuestro trato y lo usará para producir
un resultado opuesto. A fin de que nuestros tratos sean llevados a cabo apropiada y cabalmente hasta el fin para que Dios
sea glorificado, para que obtengamos gracia y para que otros se
beneficien, vamos ahora a discutir algunos puntos técnicos de
acuerdo con los cuatro principios mencionados.

Primero, el propósito de nuestro trato. Debemos ir a cualquier persona que hayamos ofendido y tratar el asunto.
Si hemos pecado sólo contra Dios, tratamos sólo con Dios. Si
hemos pecado en contra de Dios y del hombre, tratamos con
Dios y con el hombre. Tratamos con los pecados de acuerdo
con el número de personas contra las cuales hayamos pecado.
No es necesario tratar con aquellos contra quienes no hemos
pecado. Respecto del principio de disipar la condición de discordia, estamos obligados a ir a aquellos en contra de los cuales
hemos pecado, quienes ya tienen una mala impresión de nosotros, y tratar con el pecado para que la condición de discordia
existente entre ellos y nosotros pueda ser disipada. Con relación a aquellos contra los cuales no hemos pecado, la relación
es armoniosa. Si vamos a ellos y tratamos con nuestro pecado,
vamos a darles de este modo una mala impresión de nosotros,
violando así el primer principio de nuestro trato con los pecados.

Si confesamos nuestros pecados a aquellos contra los cuales
no hemos pecado o aquellos que no conocen nuestro pecado, no
sólo les damos una mala impresión respecto de nosotros, sino
que también provocamos chismes, los cuales sólo harán más
daño a aquellos contra los cuales hemos pecado. En el pasado
ha habido aquellos que no han tratado con los pecados en una
manera cuidadosa. Ellos confesaron sus pecados públicamente,
con el resultado de que aquellos contra los cuales ellos habían
pecado fueron completamente arruinados, aún hasta el punto
de que esposo y esposa se divorciaron, y hermanos se odiaron
mutuamente. Un daño irreparable fue hecho de esta manera.
Por lo tanto, cuando tratamos con los pecados debemos tomar
la esfera de nuestro pecado como la esfera de nuestro trato.
Nuestro trato no debe exceder la esfera del pecado que hemos

cometido. Esta es la forma segura de obtener paz dentro de nosotros y no herir a otros.

Segundo, la circunstancia de nuestro trato con los pecados. En cualquier circunstancia en que hayamos pecado, debemos tratar con el pecado de acuerdo con la misma. Si hemos pecado abiertamente, tratamos con ello abiertamente, si hemos pecado secretamente, tratamos con ello secretamente. El pecado que hayamos cometido en privado no requiere que lo tratemos en público. Si hemos pecado en contra de una persona a sus espaldas, no tenemos que tratar con él cara a cara; es suficiente que tratemos el asunto secretamente nosotros mismos. De otra manera, aumentaremos la condición de discordia y así violaremos el principio de disipar la discordia.

Por ejemplo, si algunos han sido deshonestos con relación a asuntos de dinero en una organización, sin ser conocido por la persona a cargo, ellos no están obligados a comunicarlo públicamente; sólo tienen que reembolsar en privado la cantidad que ellos deben. Si odiamos a alguien sin que él lo sepa, sólo necesitamos arrepentirnos de corazón, sin ir a esa persona. Así que, por medio de no tratar con él respecto de este pecado, él no tendrá ningún conocimiento de ello y no recibirá una mala impresión de nosotros. Si tratamos con él con relación a este pecado, podemos dejar una estela de infelicidad sobre su corazón. Sin embargo, si odiamos a alguien y esto ha venido a ser evidente a él, debemos ir a él y tratar con el pecado para que el obstáculo entre él y nosotros pueda ser erradicado.

Tercero, la responsabilidad de nuestro tratar con los pecados. Cuando tratamos con los pecados, nosotros debemos tratar sólo con la parte de la cual nosotros somos responsables; nunca debemos envolver a otros. Por ejemplo, algunas personas y yo hemos cometido el mismo pecado. Para tratar con este pecado, debo usar sabiduría a fin de tratar con aquella porción de la cual yo soy responsable. No debo exponer lo que otros han hecho y causarles dificultades. De otra forma, mi trato no se ajustará al principio que hemos mencionado de beneficiar a otros.

Cuarto, el reembolsar a otros. Si el pecado que hemos cometido incluye cosas materiales o ganancias sobre otros, debemos hacer restitución. Cuando devolvemos lo que hemos tomado, debemos pagar de acuerdo al valor original y añadir un poco más para compensar la pérdida. En el Antiguo Testamento, en Levítico 5, está señalado que un quinto debe ser añadido. En el Nuevo Testamento tenemos el ejemplo de Zaqueo (Lucas 19) devolviendo cuadruplicado a aquellos a los cuales él había engañado. Estas no son leyes ni regulaciones, sino principios y ejemplos para mostrarnos que cada vez que hagamos restitución, debemos añadir algo al valor original. Con relación a la cantidad que se ha de añadir, podemos ser dirigidos por el sentir interno y por nuestra situación financiera del momento. Sin embargo, si tenemos la capacidad financiera, debemos ver que nuestro reembolso pague plenamente la pérdida de aquellos a quienes les debemos, para que también tengamos paz interior.

Algunas veces la cantidad que debemos a otros está fuera de nuestros medios para reembolsar. En ese caso debemos pedirles perdón y pedir que se nos permita pagar cuando tengamos suficientes medios, o a plazos, hasta que todo se haya pagado.

El objeto de nuestra restitución, sin duda, debe ser el dueño mismo. Si el dueño ha muerto, o si se ha ido a un lugar desconocido, o si no hay ninguna forma de comunicarse con él y parece que es imposible que podamos volverle a ver, podemos pagar la deuda a su pariente más cercano. Si no podemos localizar a su pariente más cercano, debemos darlo a Dios (Nm. 5:7-8). Todo viene de Dios y todo pertenece a Dios. Dios es el origen de todo y el fin último de todo. Por lo tanto, damos a Dios todo si el dueño está ausente.

En la práctica, cuando damos a Dios, le damos a Su representante en la tierra. El representante de Dios en la tierra hoy es, primero que todo, la iglesia. Por lo tanto, podemos poner la deuda en la caja de ofrendas de la iglesia. En segundo lugar, los representantes de Dios son los pobres. Proverbios 19:17 dice: "A Jehová presta el que da al pobre". Todas las necesidades humanas en esta tierra son suplidas por Dios; por consiguiente, cuando damos dinero a los pobres, es lo mismo que darlo a Dios. Si no hay iglesia donde vivimos y no es conveniente enviar el dinero a otra iglesia en una localidad diferente, podemos dar lo que debemos a los pobres. En conclusión, el dueño es el primero a quien se le debe reembolsar. Si el dueño no está disponible, podemos dar la cantidad a su pariente más cercano. Si no hay tal pariente, debemos darlo a la iglesia. Si no hay iglesia, lo damos a los pobres.

Cualquier cosa que encontremos que haya estado perdida cae bajo el mismo principio. Si conocemos al dueño, debemos devolverlo a él. Si no conocemos al dueño, debemos deshacernos de aquello en una manera apropiada o darlo a los pobres.

En conclusión, el propósito de nuestro trato con los pecados es que podamos tener una conciencia limpia, libre de ofensa, y también que nuestra voluntad pueda ser sujetada. Cada vez que Dios nos ilumina, debemos estar dispuestos a tratar con nuestro pecado, cualquiera que sea, no cuidando nuestra reputación ni estimando la pérdida. Cuando hayamos alcanzado tal etapa, podemos decir que el propósito de Dios en tratar con nosotros en relación con nuestros pecados ha sido completado. Si por el momento el ambiente no lo permite, sino tenemos la capacidad financiera, o si no hay ganancia en tratar con el asunto, no necesitamos ser muy severos con nosotros ni adherirnos demasiado a la letra de la ley. No hay daño si no tratamos con eso. Sin embargo, cuando comenzamos a practicar el trato con los pecados, es mejor ser lo más completo y severo posible. Aun si vamos al extremo en alguna manera y luego recuperamos nuestro equilibrio, esto está bien. Este hecho de ir al extremo es también beneficioso en hacer nuestra conciencia limpia y sensible, y nuestra voluntad sumisa y tierna.

VI. TRATAR CON LOS PECADOS EN RELACION CON LA VIDA

Si hemos estudiado todos los puntos con relación al trato con los pecados, sabemos que no es una ordenanza en la ley, sino una demanda natural y un impulso de la vida de Dios dentro de nosotros. Si vivimos en comunión y obedecemos el sentir de esta demanda de vida de tratar con los pecados, nuestra vida y servicio espirituales serán fuertes y liberados, recibiremos constantemente la luz para conocer las cosas espirituales, y la vida de Dios en nosotros será libre y llegará lejos en su crecimiento. Al contrario, si la condición espiritual es anormal, la luz está ausente y el sentir interior es débil, miserable y reprimido, ya sea en un santo individualmente o en una iglesia corporativamente, encontraremos que la razón principal es la falta de trato con los pecados. Esta es una medida muy exacta.

Puesto que tratar con los pecados tiene una relación tan estrecha con nuestra vida espiritual, debemos esforzarnos por experimentar esta lección continuamente. A pesar de que esta experiencia no es tan profunda, con todo, nadie puede ser tan espiritual como para decir que no tiene necesidad de tratar con los pecados. Es difícil graduarse en esta lección. Por lo tanto, no sólo debemos preguntarnos si hemos tenido antes esta experiencia, sino que también debemos preguntarnos si estamos viviendo en tal experiencia ahora. No sólo tenemos que lavarnos la cara, sino que tenemos que lavárnosla todos los días. Si nos lavamos la cara hace tres años y desde entonces no nos la hemos lavado, ¡debe ser una cara con un aspecto espantoso! De igual manera, a menos que estemos libres de cometer pecados todos los días, necesitamos tratar con los pecados diariamente.

Hubo un joven creyente que vino a preguntarle a un siervo de Dios cómo crecer en su vida espiritual. El siervo de Dios le preguntó: "¿Cuántos días han pasado en los cuales no has tratado con los pecados?" Al grado en que deseemos que nuestra vida espiritual crezca, en ese grado tenemos que tratar con los pecados. El día en que no tratamos con los pecados, nuestra vida espiritual no crece. Por medio de tratar con los pecados diariamente, nuestra vida espiritual crecerá diariamente. Este es un principio fundamental. Que Dios tenga misericordia de nosotros para que podamos seguir adelante.

CAPITULO CINCO

TRATAR CON EL MUNDO

Tratar con el mundo es muy importante en la experiencia inicial de nuestra vida cristiana; por ello debemos estudiarlo cuidadosamente. Primero, a la luz de la Escritura, vamos a considerar la diferencia entre el pecado y el mundo, cómo el mundo fue formado, su definición y su proceso de desarrollo. Finalmente, veremos cómo Dios nos libera del mundo. Un conocimiento preciso de estas verdades nos capacitará para que tengamos las experiencias precisas para tratar con el mundo.

I. CONOCER EL MUNDO

A. La diferencia entre el pecado y el mundo

Inmediatamente después de nuestra consagración, lo primero que debe ser tratado es el pecado y luego el mundo. Puesto que ambos son contaminantes para nuestras vidas y abominables para Dios, deben ser tratados y purgados. Sin embargo, la contaminación producida por cada uno de estos dos aspectos es diferente una de otra. La contaminación del pecado es salvaje, ruda y repugnante, mientras que la contaminación del mundo es culta y refinada, muchas veces de bella apariencia a la vista del hombre. La contaminación del pecado es como una salpicadura de barro o de tinta negra en una camisa blanca. Pero la contaminación del mundo es como un patrón de colores impreso en una camisa blanca. Desde el punto de vista humano, una camisa con manchas negras se considera sucia e indeseable, mientras que una camisa de colores no es sucia sino más bien deseable. Sin embargo, a la vista de Dios, ambas son indeseables. A El no le agrada ni la camisa manchada ni la de colores, sino una camisa puramente blanca. Al igual que una mancha de mugre no es blanco puro, los patrones coloridos también se apartan de la pureza del blanco. Igualmente, el mundo aparenta ser mejor que el pecado, pero cuando se les relaciona con la pureza, ambos son igualmente contaminantes y requieren trato.

Más aún, el daño que el pecado y el mundo causan al hombre se diferencian grandemente el uno del otro: el pecado contamina al hombre, mientras que el mundo lo contamina y también lo posee. Es mucho más serio que la vida de un hombre sea poseída por el mundo que él sea contaminado por el pecado. Si Satanás solamente usa el pecado para contaminar al hombre, sólo puede hacer que el hombre sea corrupto, pero si él usa el mundo para usurpar al hombre, puede ganar al hombre para sí mismo. Por ejemplo, un niño bajo la tutela de sus padres puede ser inocente y puro. Aunque alguien pueda contaminar y corromper su naturaleza pura enseñándole a mentir, a robar y a hacer cosas malas, todavía él se mantiene bajo la tutela de sus padres, y aún él les pertenece. Sin embargo, si el malvado va más allá dándole al niño ropas bonitas, él puede engañar al niño y ganárselo, haciendo que éste abandone a sus padres y se pierda. De igual manera, Satanás corrompe al hombre utilizando el pecado, pero él se gana al hombre empleando al mundo y, por ende, haciendo que se aparte de la presencia de Dios y se pierda.

Un estudio de Génesis aclara esta diferencia. Aunque Adán estaba corrompido por el pecado, él no había dejado la presencia de Dios. No fue sino hasta Génesis 4, cuando el hombre inventó la civilización y formó el sistema mundano, que no sólo se corrompió sino que fue usurpado y ganado por Satanás por medio del mundo. De ahí que el hombre ya no le pertenecía a Dios.

Aunque Abraham había fallado repetidas veces, en el asunto de afirmar que su esposa era su hermana, eso no era más que un pecado que lo contaminaba, pero no lo usurpaba. El aún podía ser uno que servía al Señor y que oraba por otros en tierra pagana (véase Gn. 12 y 20). Sin embargo, Demas, un colaborador de Pablo, fue privado de su utilidad delante de Dios porque amaba el mundo presente, y fue usurpado por él (2 Ti. 4:10). Esto prueba que el daño que el mundo le causa al hombre es mayor que el del pecado.

Generalmente, la gente sólo percibe el daño causado por el pecado, pero no el del mundo, porque el pecado está en contra de la moral mientras que el mundo no se opone a la moral, sino a Dios mismo. El hombre es destituido del concepto de Dios; sólo tiene un concepto moral dentro de sí. Por esta razón, tiene poco conocimiento en cuanto al pecado, el cual está contra la moral, y él está consciente de su contaminación. Pero con respecto al mundo, el cual está en oposición a Dios, él no tiene conocimiento alguno de éste, ni tampoco está consciente de su usurpación. Por ejemplo, un borracho —licencioso, desenfrenado y lujurioso que no teme a Dios ni al hombre— es considerado inmoral y es condenado por los hombres. Pero si alguien está diariamente ocupado con la poesía y la recitación, y pendiente de la literatura, estando completamente indiferente a las cosas de Dios y poco dispuesto a ser ganado por El, los hombres le alabarán, sin tener ninguna percepción de que él ha sido absorbido por la literatura. Esto se debe al hecho de que los hombres ni conocen a Dios ni tienen un concepto de Dios, y por lo tanto, son ignorantes de la usurpación de Satanás por el mundo.

Finalmente, el alcance del pecado difiere del alcance del mundo. El campo del mundo es mucho más amplio que el del pecado. El pecado se refiere a todos los asuntos que son inmorales y que están en oposición a la ley moral de Dios, mientras que el mundo incluye a todos los hombres, actividades y cosas que están fuera de Dios. No podemos decir que todo lo que está fuera de Dios es pecado. Sin embargo, podemos decir que todo lo que está fuera de Dios se puede convertir en el mundo. De las muchas cosas del mundo, el pecado es sólo una parte. El mundo incluye al pecado, pero el pecado no incluye al mundo. El pecado puede no ser necesariamente el mundo, pero en el mundo ciertamente está el pecado.

Una persona puede cometer pecado y no necesariamente estar poseído por el mundo. Sin embargo, todos los que están poseídos por el mundo, ciertamente están contaminados por el pecado. Por ejemplo, Adán pecó y cayó en pecado, pero no cayó dentro del mundo. Por eso, él era uno que sólo estaba corrompido por el pecado, pero no fue usurpado por el mundo. El mundo comenzó con Caín. Lamec, uno de los descendientes de Caín, era tanto polígamo como asesino. Era uno que había sido usurpado por el mundo y que también pecaba.

Similarmente, cuando Abraham vivía en una tienda en Canaán, no había caído en el mundo. En consecuencia, él no tenía necesidad de pecar. Pero cuando descendió a Egipto, cayó en el mundo, y tuvo que mentir y cometer pecado. Esto prueba que el pecado no es siempre el mundo, pero el mundo, ciertamente, incluye al pecado. Una vez que nosotros caemos en el mundo, no podemos evitar cometer pecado.

Cuando veamos las diferencias entre el pecado y el mundo, percibiremos que el alcance dañino del mundo es mayor, su efecto nocivo es más serio, y su oposición a Dios es más hostil que la del pecado. Puesto que el mundo está en oposición directa a Dios mismo, se ha convertido en enemigo de Dios. El pecado es contrario a la ley de Dios y a Su proceder, es decir, a Su justicia, mientras que el mundo es contrario a Dios mismo y a Su naturaleza divina, es decir, a Su santidad. El pecado se opone a la ley de Dios, y el mundo a Dios mismo. Por esta razón, la Biblia declara que la amistad con el mundo es enemistad con Dios (Jac. 4:4). Si alguno ama al mundo, el amor del Padre no está en él (1 Jn. 2:15). Cuando El llamaba a las personas a seguirle, el Señor ponía énfasis en el hecho de que el hombre debía abandonar casas, tierras, hermanos, hermanas, padres, esposas, hijos, etc. (Mt. 10:37; 19:29; Mr. 10:29; Lc. 18:29). Estos constituyen la vida humana y son varios términos por los cuales se conoce el mundo. Si un hombre desea seguir al Señor, debe abandonar estas cosas mundanas porque ellas podrían poseerle.

El pecado es el paso primitivo, superficial, e inicial de la caída. El mundo es el paso final, serio y último de la caída. Muchas personas dan énfasis sólo a la victoria sobre el pecado, pero la Biblia pone aún más énfasis en vencer al mundo (1 Jn. 5:4). Necesitamos mucho más vencer al mundo. Si deseamos crecer en vida y ser ganados por el Señor, debemos esforzarnos en tratar con el mundo que nos esclaviza.

B. La formación del mundo

Puesto que el mundo se opone a Dios y tiene un efecto tan dañino sobre el hombre, debemos considerar su origen y su proceso de desarrollo. Cuando el hombre fue creado el mundo no existía, pero se desarrolló gradualmente luego de la caída del hombre. En la creación del hombre sólo existía el universo, el cielo y la tierra, y todas las cosas; el mundo no existía. El mundo fue formado después de la caída, cuando el hombre se independizó de Dios y rechazó Su cuidado. Por lo tanto, al estudiar la formación del mundo, debemos considerar primero los requerimientos diarios de la existencia del hombre.

Cuatro requerimientos generales para la existencia del hombre son: vestido, comida, albergue y transporte. La Biblia, sin embargo, clasifica las necesidades del hombre en tres categorías principales: provisión, protección y placer. Para conservar su existencia, el hombre no sólo necesita varias provisiones tales como ropa, comida, etc., sino también medios para defenderse y para protegerse de ser dañado, y cierta clase de entretenimiento para su felicidad. Por eso, todas las necesidades del hombre están incluidas en estas tres categorías.

Antes de la caída, Dios era responsable de proveer para estas tres necesidades del hombre. Primero, antes de que el hombre fuera creado, Dios proveyó todo lo que el hombre necesitaría para su subsistencia. Cuando Adán estaba en el huerto de Edén, Dios le proveyó con diversas clases de frutas y vegetales, agua, aire, luz solar y un lugar donde albergarse.

Segundo, la protección o defensa era también responsabilidad de Dios en el principio. Hoy en día, el hombre tiene que proveerse su propia protección y defensa; pero en el principio, Dios mismo era su defensa y protección. Cuando el hombre está bajo el cuidado de Dios, está protegido de cualquier ataque o peligro.

Tercero, Dios se hizo cargo de proveerle al hombre lo necesario para recrearse. Algunas personas piensan que la diversión es pecaminosa, pero este concepto es erróneo. La felicidad es esencial para la vida humana y ésta se encuentra en la diversión. "Y Jehová Dios hizo nacer de la tierra todo árbol delicioso a la vista, y bueno para comer" (Gn. 2:9). Todos los árboles del huerto de Edén no sólo producían fruto que era bueno para comer, sino que también eran agradables y deliciosos a la vista, haciéndolo a uno feliz. Dios no sólo preparó este ambiente tan agradable; al mismo tiempo, El mismo era el gozo del hombre. Si el hombre tiene a Dios como su disfrute, entonces encuentra su verdadero gozo.

En el principio Dios planeó y dispuso para satisfacer estas tres grandes necesidades del nombre —sustento, defensa y esparcimiento— al igual que los padres hoy lo hacen para sus hijos. Los bienes, la protección y el gozo de una esposa dependen completamente de su esposo. En otras palabras, su esposo es su vida y su todo. Igualmente, Adán, en el huerto de Edén, no tenía necesidad de preocuparse, ni de planificar o preparar nada para sí mismo, pues Dios era quien se hacía cargo de todo esto. Puesto que Dios suplía todas las necesidades del hombre, entonces, en realidad, Dios mismo era su vida y su todo.

¡Qué triste que el hombre cayó al cometer pecado y fue expulsado del huerto de Edén! Su relación con Dios se hizo anormal. Sin embargo, Dios preparó para la redención del hombre, una túnica de pieles, permitiéndole permanecer en Su presencia. Hasta aquí, el hombre no había perdido a Dios. Sin embargo, durante la época de Caín, el hombre cayó más bajo en el pecado. Caín le dijo a Dios: "He aquí me echas hoy de la tierra, y de tu presencia me esconderé" (Gn. 4:14). "Salió, pues, Caín de delante de Jehová" (v. 16). De este modo, el hombre salió de la presencia de Dios y perdió a Dios.

Al perder a Dios, el hombre, automáticamente, perdió el sustento, la protección y el deleite de Dios. Cuando el hombre perdió el cuidado que Dios proveía para su subsistencia, el hombre primeramente experimentó temor, temió por la falta de sustento, medios de defensa y felicidad. En otras palabras, temió a una vida de pobreza, de peligro y de aburrimiento. Por eso, a fin de proveerse de lo necesario y poder sobrevivir, el hombre empezó a valerse de su propio esfuerzo, e inventó los medios de sustento, protección y diversión. Desde ese tiempo, el hombre creó una civilización carente Dios.

Génesis 4 nos revela esto claramente. Después de la caída de Caín, de sus descendientes se produjeron los originadores de la provisión inventada por el hombre mismo para estas tres grandes necesidades. Estos fueron los tres hijos de Lamec. Jabal fue el padre de los que habitan en tiendas y crían ganado. Las tiendas y el ganado tienen que ver con la provisión para la vida del hombre, y por tanto, pertenecen a la categoría de provisiones. Otro hijo, Jubal, fue padre de todos aquellos que tocaban el arpa y la flauta. Tocar el arpa y la flauta se relaciona con el placer; así que pertenecen a la categoría de diversión. El tercer hijo, Tubal-caín, fue el instructor de todo artífice de instrumentos en bronce y hierro. Estos instrumentos se hacían con el propósito de defenderse; así que, se refieren a la categoría de protección. Desde que se originaron estas tres importantes invenciones en ese tiempo, la humanidad no vio necesidad de Dios. El hombre encontró dentro de sí mismo la respuesta para las necesidades de sustento, defensa y diversión. Esta fue la civilización producida después de que la raza humana perdiera a Dios: una vida sin Dios creada por el hombre.

Cuando la humanidad vive sin Dios, Satanás se disfraza inmediatamente y utiliza estas vías como medios para poseer al hombre. El hizo que el hombre empleara todo su esfuerzo en conseguir comida y vestido para su propio sustento, que inventara instrumentos para su propia defensa, y que diseñara varias formas de diversión para su propio entretenimiento. Cuando el hombre obtiene todo esto, tiende a disfrutarlo a lo sumo y se sumerge enteramente en ello. Toda la vida humana es completamente usurpada por estas necesidades, y el hombre descarta totalmente a Dios y Su voluntad. Este es el primer paso en la formación del mundo.

Al principio, estas diversas formas de ocupación que se relacionan con la vida del hombre parecían algo trivial, disperso y no sistematizado. Luego, Satanás las organizó en un mundo más concreto y sistematizado, enredando de este modo a la humanidad en una red más estrecha. Por ejemplo, tomemos el asunto del comer. Un hombre necesita comida para su subsistencia, pero cuando se afana laborando de modo que pueda ganar suficiente para alimentarse, ya está poseído. Más aún, Satanás ha sistematizado el comer en métodos de preparación, órdenes de platos y diferentes sazones para el gusto. El sentarse a la mesa también envuelve cierto orden y etiqueta. Siempre que el hombre toma alimento, está sujeto por estas reglas. Otros asuntos, tales como vestido, albergue, matrimonio, funerales, ocupaciones y diversiones han sido organizados por Satanás en varias maneras, órdenes y sistemas.

Gradualmente, el hombre ha sido atado firmemente y poseído cabalmente por estos sistemas y no puede hallar el camino para escapar.

Por consiguiente, la formación del mundo consta de cinco pasos. Primero, el hombre perdió a Dios. Segundo, el hombre desarrolló temor y se desesperó con relación a sus necesidades. Tercero, él creó una vida sin Dios. Cuarto, Satanás se disfrazó y utilizó las necesidades del hombre. Quinto, Satanás organizó las provisiones para las necesidades del hombre en un sistema. Al completarse estos cinco pasos, el mundo quedó finalmente formado.

C. La definición del mundo

Después de haber visto el modo en que el mundo fue formado, es fácil definirlo. Originalmente, el hombre pertenecía a Dios, vivía por Dios y dependía completamente de El. Ahora, Satanás ha sistematizado el mundo para reemplazar a Dios en proveer para las necesidades del hombre. Una vez que el hombre abandonó a Dios y puso su confianza en el mundo, fue vencido por éste. Por consiguiente, el mundo consiste en todo aquello que reemplaza a Dios y en todo aquello que usurpa al hombre. Cuando las personas, actividades o cosas —buenas o malas, bonitas o feas— esclavizan al hombre, ellas contienen el mundo. El mundo es todo aquello que hace que el hombre se olvide a Dios, se aleje de El, o sea independiente de El.

La palabra griega traducida "mundo" es *kósmos*, que significa sistema u organización. Satanás no sólo emplea las necesidades de la vida, tales como personas, actividades y cosas, para preocupar al hombre, sino que también los organiza en numerosos sistemas individuales para apretar el lazo con que se sujeta al hombre. Hoy día el mundo se asemeja a una universidad, en la cual hay muchos diferentes departamentos, tales como departamento de comida, de bebida, de ropa, de casamiento, de funerales, de literatura, de música, de dinero y de fama; más de los que podemos enumerar. El resultado del agregado es la universidad del mundo, que ocupa al hombre en varios cursos. Estos cursos, uno por uno, esclavizan y poseen al hombre, haciéndole abandonar y olvidar completamente a Dios y seguir con la corriente del mundo. El hombre cree que está controlando y disfrutando todo eso, pero realmente, sin darse cuenta del engaño de Satanás, ha caído en manos del maligno y está controlado y atrapado por él. Así que, el mundo denota la organización, el sistema y esquema del enemigo para usurpar el lugar de Dios en el hombre y para, a la larga, obtener una completa posesión de éste.

En cuanto a la definición del mundo, la Biblia nos da algunas explicaciones:

Primero, la diferencia entre "el mundo" y "las cosas que están en el mundo" (1 Jn. 2:15-17). "Si algún hombre ama al mundo, el amor del Padre no está en él" (v. 15). El mundo y Dios están en oposición directa el uno al otro. El versículo 17 dice que las cosas que están en el mundo pasan, pero el que hace la voluntad de Dios permanece para siempre. Aquí, las cosas que están en el mundo, son contrarias a la voluntad de Dios. En el versículo 16, aquello que está incluido en las cosas de este mundo, está dividido en tres categorías: la concupiscencia de la carne, la concupiscencia de los ojos y la vanagloria de la vida. En conclusión, todo lo que no viene del Padre, todo lo que se origina fuera de Dios y todo lo que viene del mundo son cosas del mundo y están en contra de la voluntad de Dios.

Segundo, la diferencia entre el mundo y la corriente. "No seáis amoldados a este siglo; sino transformaos por medio de la renovación de vuestra mente, para que comprobéis cuál sea la voluntad de Dios: lo bueno, lo agradable y lo perfecto" (Ro. 12:2). Aquí "este siglo" en el griego no es *kósmos* sino *aión*, refiriéndose a la corriente de este mundo.

¿Qué es el mundo y qué es el siglo? La combinación de todas las personas, actividades y cosas que están fuera de Dios es llamada "el mundo". "El siglo" designa la parte del mundo con la cual tenemos contacto en el presente. La parte del mundo con la cual Caín tuvo contacto fue la época de Caín; la parte del mundo con la que Abraham tuvo contacto fue la época de Babel. La parte del mundo con la cual tenemos contacto hoy día es llamada la época del siglo veinte. El mundo abarca toda la organización usada por Satanás para usurpar al hombre, mientras que la época es una fracción de esta organización. Tenemos varias corrientes en este mundo organizado. Así que, en Efesios 2:2 el apóstol se refiere a "la corriente de este mundo". ("La corriente de este mundo" en el original es "el presente siglo de este mundo".) El mundo representa el todo, y la corriente, la parte. El hombre sólo puede tener contacto con la corriente, o sea la parte, pero no con el mundo, la totalidad. Usualmente decimos que el mundo nos posee. En realidad, sólo una parte de esta época nos posee, no el mundo como un todo, y aún en esta época tenemos contacto solamente con una fracción, al tener esposa, hijos, casa, cuenta bancaria, etc. Estos constituyen el mundo práctico el cual nos envuelve y nos posee. En otras palabras, esta época es equivalente a todas las cosas antes mencionadas, que están en este mundo.

La palabra griega que se traduce "corriente" es *aión*, que significa moderno. Por lo tanto, en Efesios 2:2 esta palabra es traducida "corriente". Así que "corriente" significa "moderno", "moda", "estilo", el mundo revelado a nosotros hoy día, o las cosas que están en el mundo. En Romanos 12:2, la *corriente*, no el *mundo*, está en contra de la voluntad de Dios; esto concuerda con 1 Juan 2:17.

De esto podemos ver la relación que hay entre el mundo, la corriente y las cosas que están en el mundo. No podemos tener contacto con el mundo en su totalidad, sino sólo con una porción de él, llamada "la corriente" o "las cosas que están en el mundo". Esto también es cierto con relación a Dios y Su voluntad. Puesto que Dios es muy grande no podemos tener contacto con El en Su totalidad, sino sólo con una porción de El. Esta porción con la que tenemos contacto es llamada la voluntad de Dios. Siempre que tenemos contacto con Dios, tocamos solamente la porción que emana de El mismo, la cual llamamos la voluntad de Dios. De este modo, podemos ver que el mundo está en oposición a Dios, y la corriente o las cosas que están en el mundo están en oposición a la voluntad de Dios.

El amor al mundo abarca mucho, pero el amor a las cosas que están en este mundo es un término más práctico. Y también, la obediencia a Dios abarca mucho, pero la obediencia a la voluntad de Dios es más práctica.

D. El desarrollo del mundo

Hemos visto que el mundo se formó luego de la caída de

Caín y de su separación de Dios. En aquel tiempo Caín vivía en la tierra de Nod y construyó una ciudad llamada Enoc. Esta fue la primera ciudad construida por el hombre; también fue el comienzo de una cultura y una vida sin Dios, inventada por el hombre. En la Biblia aparece una ciudad construida por el hombre, la cual era el centro y el símbolo de una vida sin Dios inventada por el hombre. Por eso, una ciudad simboliza al mundo. Estas ciudades sin Dios, mencionadas en la Biblia, revelan el desarrollo del mundo a través de todas las generaciones.

El mundo descrito en la Biblia consta de dos etapas principales o, podríamos decir, de dos mundos. El primer mundo comenzó con la ciudad de Enoc construida por Caín; el segundo mundo comenzó luego del diluvio con la ciudad de Babel. El primer mundo, comenzando con Caín, se desarrolló y prosperó gradualmente, hasta que alcanzó su cumbre durante el tiempo de Noé. La raza humana entonces había caído completamente en el mundo, y la corrupción allí ya no tenía remedio. Génesis 6:11-12 dice: "Y se corrompió la tierra delante de Dios, y estaba la tierra llena de violencia. Y miró Dios la tierra, y he aquí, estaba corrompida; porque toda carne había corrompido su camino sobre la tierra". En cuanto a posición, la raza humana estaba completamente sumergida en el mundo; su condición era vil, pecaminosa y totalmente corrupta. Esta condición trajo el juicio de Dios. El diluvio no sólo juzgó los pecados cometidos por los hombres, sino que también puso fin al mundo pecaminoso. Sólo los ocho miembros de la familia de Noé fueron salvados, mientras que el resto del primer mundo fue destruido por el diluvio.

Después del diluvio, nuevamente la raza humana vino a ser absorbida gradualmente por el mundo. En Génesis 11 el hombre comenzó a rebelarse contra Dios en una forma colectiva abandonándole y abandonando Su nombre. Los hombres establecieron un nombre para ellos y construyeron la torre y la ciudad de Babel. Esta fue la segunda ciudad construida por el hombre. Esta ciudad fue aún más intensamente la declaración del hombre de que deseaba el yo y que confiaba más en sí mismo que en Dios. También representaba una vida sin Dios inventada por el hombre. Por consiguiente, la ciudad de Babel es el comienzo del segundo mundo.

Este segundo mundo, comenzando con la ciudad de Babel, gradualmente se desarrolló y se ramificó en tres líneas que vinieron a ser tres diferentes ciudades según se muestra en la Biblia; las ciudades de Babilonia, Egipto y Sodoma. El primer mundo era una mezcla todo inclusiva, pero el segundo, indudablemente se ramificó en tres líneas, donde cada una representaba un aspecto del mundo.

La primera línea estaba representada por la ciudad de Babilonia, la cual deriva su nombre de Babel. Esta ciudad estaba llena de ídolos y de dioses falsos. (De acuerdo con algunos relatos, la ciudad y la torre de Babel estaban llenas de nombres idólatras.) Por consiguiente, esta ciudad representa el aspecto idólatra del mundo.

Babilonia estaba en la tierra de Caldea, el hogar original de Abraham (Gn. 11:27-28). Abraham y sus antepasados adoraban ídolos (Jos. 24:2). A pesar de que Dios sacó a Abraham de la tierra y de sus ídolos, aún así, sus descendientes fueron posteriormente capturados y obligados a retornar a la tierra y a adorar ídolos (véase Dn. 3). Babilonia siempre destruye la adoración del hombre a Dios. Fueron los babilonios quienes destruyeron el templo de Dios y llevaron sus utensilios a Babilonia como botín. Ellos los pusieron en el templo de sus ídolos (2 R. 25:8-9, 13-15; 2 Cr. 36:7, 10, 18-19). Esto prueba que Babilonia en la Biblia es el mundo de los ídolos.

La segunda línea estaba representada por la ciudad de Egipto. Egipto, una tierra rica, era irrigada por el Nilo y producía alimento en abundancia (Gn. 42:1-2) con una variedad de gustos (Nm. 11:5). Por consiguiente, Egipto representa el aspecto de subsistencia y disfrute del mundo. La Biblia narra varias ocasiones en las que los hijos de Dios descendieron a Egipto para resolver su problema de subsistencia (Gn. 12:10; 42:3; 45:9-11, 18). Además, una vez que los hijos de Israel descendieron a Egipto a resolver su problema de subsistencia, inevitablemente cayeron bajo el poder de los egipcios, fueron forzados al trabajo duro y fueron esclavizados (Ex. 1:11-14). Por eso, Egipto también representa el aspecto del trabajo arduo y la esclavitud bajo el dominio del mundo. En conclusión,

Egipto representa un mundo de subsistencia, poder, trabajo duro y esclavitud.

La tercera línea estaba representada por Sodoma. En todas las ocasiones que Sodoma es mencionada en la Biblia, siempre se hace referencia a sus pecados (Gn. 13:13; 18:20; 19:13). Por lo tanto, Sodoma representa el aspecto pecaminoso del mundo, o un mundo de pecados.

Estas tres ciudades representan los tres diferentes aspectos del segundo mundo. Ellas rodeaban la tierra de Canaán, la posición legal de los elegidos de Dios, y ponían lazo para absorber a los hijos de Israel. Siempre que los elegidos se descuidaban y sucumbían a las tentaciones, eran arrastrados al mundo pecaminoso de Sodoma y se contaminaban con su suciedad. Un ejemplo de esto es el descenso de Lot a Sodoma. Algunas veces, cuando fallaban en las pruebas por causa de las debilidades, descendían a Egipto y se les requería que se esforzaran para que pudieran mantener su subsistencia. Vinieron a ser esclavos de la subsistencia y fueron controlados por el mundo. Esta es la historia de Abraham y los israelitas cuando descendían a Egipto. Aunque parecía imposible que regresaran a Babilonia a adorar ídolos, con todo, cuando se debilitaron en extremo, fueron capturados y llevados de regreso a la ciudad de Babilonia, al mundo de idolatría, a alabar al diablo. Esto sucedió durante la decadencia de Israel.

Estos tres aspectos del mundo son los enemigos de Dios, que destruye a aquellos a quienes Dios ha ganado para Sí mismo. Los israelitas fueron un pueblo separado de la raza humana para ser Su posesión y para ser usados por El. Pero ellos nunca se liberaron de la corrupción de estos tres aspectos del mundo. O descendían al mundo de Egipto para buscar sustento (Is. 30:1-4; 31:1), o venían a ser como la gente de Sodoma (Is. 1:9; 3:9; Ez. 16:46, 49; Ap. 11:8), o aún peor, eran llevados al mundo idólatra de Babilonia y abandonaban su adoración y servicio a Dios (2 Cr. 36:14-21). Hoy, en igual forma estos tres mundos están destruyendo la iglesia, la cual el Señor escogió y llamó para Sí mismo. ¡Mire la iglesia hoy! ¿No está ella confiando en el poder del mundo de Egipto? ¿No tiene ella los pecados mundanos de Sodoma? ¿No ha sido ella capturada y llevada al mundo idólatra de Babilonia y de esta forma ha sido llena con los ídolos del mundo? Esto es especialmente cierto en la Iglesia Católica Romana de hoy.

Estas tres ciudades, que representan los diferentes aspectos de este segundo mundo, evolucionarán continuamente en forma paralela hasta que se conviertan en aquella gran ciudad de Babilonia mencionada en Apocalipsis 17 y 18. Esa ciudad —que será el centro y representante del mundo en aquel tiempo— ejercerá todo su esfuerzo para multiplicar su aversión hacia Dios y para perseguir a Sus hijos. Ella será el clímax del desarrollo del segundo mundo, y también será su conclusión. Será juzgada y destruida por fuego mediante la segunda venida del Señor. Este juicio de fuego y el juicio del diluvio tienen distinta apariencia. El juicio del diluvio puso fin al primer mundo, y el juicio por fuego pondrá fin al segundo mundo. Por esta razón el Señor comparó el día de Noé con el de Su venida (Mt. 24:37-39). La destrucción de la gran Babilonia traerá al mundo a su fin.

El desarrollo, así representado por los dos mundos, es un ejemplo del método de Satanás de utilizar el mundo para poseer y ganar al hombre para sí mismo, a fin de destruir y anular el propósito de Dios en el hombre. Primero, Satanás corrompió a Adán por medio del pecado, y gradualmente utilizó el mundo para usurpar a sus descendientes. Para el tiempo de Noé, todos los descendientes de Adán estaban sumergidos en el mundo. Satanás entonces había logrado con éxito su primer paso al poseer al hombre. Pero Dios juzgó y destruyó aquel mundo por el diluvio. Después de que los descendientes de Noé se multiplicaron grandemente, Satanás suscitó una rebelión en masa en contra de Dios, haciendo que aquella generación construyera la torre de Babel. Como consecuencia, el hombre fue sumergido más profundamente en el mundo y nuevamente fue poseído por Satanás.

Puesto que Satanás echó mano de los descendientes de Noé, Dios no podía cumplir Su propósito en ellos. Dios no tenía otra alternativa que abandonar esta raza creada y escoger a Abraham. Los descendientes de Abraham, que se multiplicaron como las estrellas del cielo y el polvo de la tierra, vinieron a ser la raza escogida por Dios para cumplir Su propósito, aquel propósito que había sido suspendido en Babel por la raza creada. Sin embargo, Satanás continuó trabajando incesantemente, utilizando el mundo para engañar y poseer al pueblo escogido por Dios, no dejando camino alguno para que Dios cumpliese Su propósito.

El Antiguo Testamento muestra que la caída de ellos dio como resultado que el pueblo de Dios cayera bajo el control del mundo. Por ejemplo, luego de Abraham haber sido dirigido por Dios a Canaán, él fue arrastrado por Egipto. Más tarde Israel, en su débil empeño por suplir su necesidad de subsistencia, cayó bajo el poder de Egipto. Con el tiempo, el reino de Israel sucumbió completamente al mundo de los ídolos al ser llevado cautivo a Babilonia. Finalmente, los elegidos de Dios serán integrados a la gran Babilonia, la cual representa el sistema mundial completo (Ap. 17 y 18). Esa será la caída final de la raza escogida por Dios, en donde ellos serán corrompidos y poseídos por Satanás hasta lo sumo.

La Biblia divide la historia de la raza humana en dos partes: desde Génesis 1 hasta 11:26, y desde Génesis 11:27 hasta el final de Apocalipsis. La primera parte comenzó con la creación del hombre y finalizó con la destrucción del primer mundo por el diluvio. El tema principal de esta porción es la raza creada de Adán. La segunda parte comenzó con el llamado de Abraham y concluirá con la destrucción por fuego del segundo mundo. El tema tratado en esta parte es la raza escogida de Abraham. A pesar de que luego del llamado de Abraham la raza creada continuó su desarrollo histórico, éste no fue asentado como el asunto principal de la Biblia. En ambas secciones la obra de Satanás se caracteriza por su uso del mundo para poseer al hombre. En la primera parte, Satanás utilizó el primer mundo para poseer la raza creada; luego, Satanás usó el segundo mundo para poseer la raza escogida. El segundo mundo maduró plenamente en Egipto, pues fue allí donde Satanás poseyó completamente la raza escogida, los israelitas.

En conclusión, Satanás empleó dos mundos para poseer dos razas, lo cual trae dos juicios de Dios. El primer juicio fue por agua y puso fin al primer mundo. El segundo juicio es por fuego y pondrá fin al segundo mundo. Por esto, la Biblia está dividida en dos secciones: la primera, desde la creación del hombre hasta la destrucción del primer mundo, y la segunda, desde el llamado del pueblo escogido hasta la destrucción del segundo mundo. Esta es la línea del desarrollo del mundo como se narra en la Biblia.

En el proceso del desarrollo del mundo, una gran mayoría de los que Dios ha preparado para Sí mismo han sido poseídos por Satanás. Sin embargo, un pequeño número de vencedores han permanecido en el terreno de Dios: la separación del mundo. Con la tienda y el altar, ellos llevan un testimonio directo en contra de la ciudad, la cual es símbolo y centro del mundo. La Biblia no sólo presenta la línea de la ciudad, que describe el desarrollo del mundo, sino también la línea de la tienda, que muestra el testimonio de los vencedores en contra del mundo. Esta es otra línea importante en la Biblia, que corre paralela con la línea del desarrollo del mundo.

En el primer mundo, Noé fue el primer hombre que vivió la vida de tienda en oposición directa a la vida mundana de ciudad. Cuando Dios juzgó el primer mundo, El libró a Noé. Luego que salió del arca, él construyó un altar para Dios (Gn. 8:20) y vivió en una tienda (Gn. 9:21), no en una ciudad. Esta tienda puede ser considerada como contraria a la ciudad de Enoc construida por Caín. El primer vencedor fue librado del mundo y vivió en una tienda como un testimonio contra la ciudad, el símbolo del mundo. Por consiguiente, él podía levantar un altar para alabar y servir a Dios.

En el segundo mundo ha habido muchos que han vivido en tiendas y han llevado un testimonio que se opone al mundo. Abraham fue el más sobresaliente de éstos. El fue llamado a salir del mundo, de la ciudad de Babel a la tierra de Canaán (Gn. 12). Allí levantó una tienda en oposición a la ciudad de Babel. Esta tienda no era sólo la prueba de que venció, sino que además era un testimonio en contra del mundo de aquel tiempo. Debido a que rehusó vivir en la ciudad mundana, la cual usurpaba al hombre, y escogió vivir una vida para Dios en una tienda, levantó un altar para alabar y servir a Dios. Su tienda se oponía a la ciudad de Babel, y el altar se oponía a la torre de Babel.

Cada vez que un vencedor falla, el testimonio de la tienda y el altar desaparece. Abraham se debilitó, y descendió a Egipto.

Al llegar a Egipto, su tienda y su altar se desvanecieron; por lo tanto, su testimonio en contra del mundo y su servicio a Dios desaparecieron. Cuando salió de Egipto y regresó a Canaán, la tienda y el altar fueron recobrados, y de igual manera el testimonio y el servicio.

Lot, quien viajó a Canaán con Abraham, también vivió con él en una tienda. Más tarde abandonó a Abraham y con el tiempo pasó su tienda a Sodoma. Finalmente, vivió en Sodoma y perdió tanto su tienda como su testimonio.

Más tarde, todo Israel sucumbió al mundo de Egipto. Su ocupación diaria era hacer ladrillos y construir ciudades (Ex. 1:11-14). Por consiguiente, perdieron su testimonio y su servicio. Después de su liberación de Egipto y su llegada al desierto, guardaron la vida de tienda y el servicio del altar. Aún más, Dios moró con ellos en la tienda, el tabernáculo, como un testimonio en contra de la ciudad de Egipto.

Cuando los israelitas entraron a Canaán, Jerusalén vino a ser el centro de su habitación. Jerusalén era una miniatura de la tienda eterna de Dios, la Nueva Jerusalén. Jerusalén siempre está en oposición a Babilonia, y Babilonia está siempre en contra de Jerusalén. Cuando los israelitas tuvieron un fracaso total, Babilonia destruyó a Jerusalén (2 Cr. 36:6-7, 18-19). Pero luego, cuando hubo vencedores entre los israelitas, ellos fijaron sus rostros hacia Jerusalén (Dn. 6:10) y recobraron a Jerusalén (Neh. 2).

Al final del Nuevo Testamento la Gran Babilonia será destruida (Ap. 18:2), y por otro lado, la Nueva Jerusalén descenderá del cielo (Ap. 21:2-3). Esta Nueva Jerusalén es también llamada el "tabernáculo de Dios", o la tienda. De este modo, al final todavía vemos la tienda, el símbolo de los vencedores, como un testimonio en contra de la ciudad, que representa el mundo.

Esta crónica bíblica conlleva el significado espiritual de la tienda en oposición a la ciudad. La ciudad es el símbolo y centro de toda la vida humana, inventada por el yo, y por lo tanto, representa el mundo. La tienda, levantada en el desierto, esto es, fuera del mundo, representa la vida de peregrinaje fuera del mundo. El hecho de que ellos vivieran en la tienda, significa que no estaban sumergidos en el mundo; más bien, llevaban una vida de peregrinos fuera del mundo. Cuando el hombre fracasó y perdió a Dios, sucumbió al mundo; cuando el hombre fue salvo por Dios, automáticamente dejó el mundo y vivió en una tienda como extranjero y peregrino, sirviendo sólo a Dios.

La Biblia revela que el altar siempre acompaña a la tienda. Si hay una tienda, allí hay un altar. Si no hay una tienda, no hay altar alguno. Después de que Noé salió del arca, erigió una tienda y construyó un altar. Cuando Abraham entró a Canaán, también levantó una tienda y construyó un altar. Pero durante su peregrinaje en Egipto, perdió la tienda, y como consecuencia el altar desapareció. De igual forma, los israelitas durante su esclavitud en Egipto no tenían altar, pero cuando salieron de Egipto y entraron en el desierto, vivieron en la tienda y restablecieron el altar. Cuando hay altar, entonces la consagración, el servicio y la adoración vienen con él, porque el altar es el lugar donde el hombre se consagra y es el medio para servir y adorar a Dios. Estos fueron los resultados naturales de la vida del hombre en la tienda. Siempre que el hombre sucumbió al mundo, perdió su consagración, servicio y adoración.

La vida de la tienda es la posición, no sólo el lugar donde el hombre sirve a Dios, sino también el lugar donde Dios se reúne con él. Este principio es evidente en la vida de Abraham y Lot. Dios se apareció a Abraham mientras estaba sentado a la puerta de la tienda. Esto daba testimonio de su posición victoriosa sobre el mundo, la cual le permitió obtener la manifestación de Dios (Gn. 18). Sin embargo, Dios mismo no se le apareció a Lot (Gn. 19); en lugar de eso, dos ángeles fueron enviados a Sodoma. Encontraron a Lot sentado a la puerta, lo cual prueba que él ya había sucumbido al mundo. A pesar de que los ángeles vinieron a rescatarle, Dios mismo no se le apareció. El no se puede aparecer a aquellos que el mundo ha reclamado. Una vez que el hombre cae en el mundo, es ganado por Satanás y ya no puede ver luz en la faz de Dios.

Ya que el mundo posee a los hijos de Dios y destruye el propósito de Dios, Dios salva al hombre en dos aspectos: lo salva del pecado y lo salva del mundo. La salvación del pecado nos rescata de nuestro estado caído, mientras que la salvación del mundo nos rescata de nuestra posición caída. Cuando predicamos el evangelio, prestamos mucha atención a la liberación del pecado, pero casi nunca hablamos de la liberación del mundo. Esto no es suficiente.

En el Antiguo Testamento, la salvación de Dios se ve en dos tipos importantes: el arca de Noé y el éxodo de Egipto. Cada tipo muestra ambos aspectos de liberación del pecado y del mundo. Los ocho miembros de la familia de Noé fueron salvados por el arca y por el agua. El arca los libró del juicio de Dios, es decir, del diluvio; el agua los libró del mundo corrupto. De igual manera, Israel fue salvado por la Pascua y por el Mar Rojo. La Pascua denota la liberación del juicio de Dios, o sea, de la muerte; el Mar Rojo denota la liberación del poder gobernante del mundo.

Así mismo, la salvación perfecta que disfrutamos hoy también tiene dos aspectos: fe y bautismo. Por medio de la fe somos liberados del pecado por la sangre. Por medio del bautismo somos liberados del mundo por el agua. La familia de Noé fue salvada por medio del diluvio que destruyó el mundo y de este modo fue librada del mundo corrupto. Los israelitas fueron salvados por medio de las aguas del Mar Rojo, que ahogaron al ejército egipcio; de esta manera fueron librados del mundo egipcio que los gobernaba. El bautismo está representado por estos dos incidentes de pasar a través de las aguas de la muerte (1 P. 3:20-21; 1 Co. 10:1-2). El bautismo por inmersión nos libera del mundo. Por lo tanto, cuando un creyente es bautizado, ha pasado por el diluvio y por el Mar Rojo. Su ascensión de las aguas denota su separación del mundo y su nueva posición con relación a la vida de la tienda y el altar. Nosotros los que hemos sido escogidos y salvados debemos vivir continuamente la vida de tienda como testimonio de que hemos sido librados y separados del mundo. De esta forma seremos librados de ser poseídos por el mundo y seremos personas que viven completamente para Dios por medio del altar.

II. TRATAR CON EL MUNDO

A. Base bíblica

1. Jacobo 4:4: "¡Oh almas adúlteras! ¿No sabéis que la

amistad del mundo es enemistad contra Dios? Cualquiera, pues, que quiera ser amigo del mundo se constituye enemigo de Dios".

2. Romanos 12:2: "No os amoldéis a este siglo, sino transformaos por medio de la renovación de vuestra mente, para que comprobéis cuál sea la voluntad de Dios: lo bueno, lo agradable y lo perfecto".

3. 1 Juan 2:15-17: "No améis al mundo ni las cosas que están en el mundo. Si alguno ama al mundo, el amor del Padre no está en él. Porque todo lo que hay en el mundo, los deseos de la carne, los deseos de los ojos, y la vanagloria de la vida, no proviene del Padre, sino del mundo. Y el mundo pasa y sus deseos; pero el que hace la voluntad de Dios permanece para siempre".

B. Las cosas que hay que tratar en cuanto al mundo

El mundo, en nuestro diario vivir, consiste en personas, actividades y cosas que usurpan el lugar de Dios en nosotros. Por eso, estas cosas son el blanco de nuestros tratos.

¿Cómo sabemos cuáles son las cosas que nos usurpan y hasta qué grado? En primer lugar, necesitamos ver si estas cosas exceden las necesidades de nuestra vida. Podemos decir que cualquier cosa que vaya más allá de nuestras necesidades diarias toma el lugar de Dios y nos posee; así que, tal cosa tiene que ser tratada. Nuestra existencia depende de ciertas personas, actividades y cosas, tales como padres, esposos, esposas, familia, ropa, comida, vivienda, transporte, ocupación, etc. Estas son las cosas necesarias para nuestra existencia. Si estas cosas contribuyen a nuestro propósito de vivir para Dios, no son nuestro mundo. Pero si estas personas, actividades o cosas exceden a nuestras necesidades diarias, entonces, vienen a ser nuestro mundo. Por ejemplo: el vestido como necesidad no es mundano, pero si uno presta mucha atención al atavío y a los adornos, o si malgasta el dinero a fin de estar a la moda, entonces se ha excedido de la esfera de sus necesidades diarias. En consecuencia, estos excesos han venido a ser su mundo. Otro ejemplo: los anteojos para corregir deficiencias en la visión no son mundanos. Pero algunos usan anteojos para estar a la moda; esto, entonces, no es su necesidad, sino el mundo que ellos aman.

¿Cuál es la norma que regula nuestras necesidades diarias con relación a personas, actividades y cosas? En la Biblia no existe ninguna norma uniforme o específica que gobierne estos asuntos. Dios ha determinado que nazcamos en diferentes familias, que recibamos diferentes formaciones educativas, que tengamos diferentes profesiones y que tengamos contacto con diferentes estratos sociales. De esta manera Dios nos permite tener diversos conceptos y normas en relación con nuestro vivir. Por consiguiente, todas las necesidades de la vida varían con cada persona.

Por ejemplo: una persona puede vivir en una ciudad y otra en el campo. Ambos pueden ser salvos y tener a Cristo como su vida, pero ya que cada uno nació en una familia diferente, sus ocupaciones y ambientes difieren. Por consiguiente, sus normas de vida son distintas. El hermano que vive en la ciudad viste un traje formal, lo cual no va más allá de sus necesidades diarias; pero para el que vive en el campo, esta forma de vestir iría más allá de sus necesidades. A los ojos de los hermanos que son comerciantes en la ciudad, el traje sería muy modesto y simple, pero el mismo traje sería una extravagancia para los agricultores cristianos en el campo.

De la misma manera, un gerente y un conserje de una compañía, o un profesor y un jardinero de una universidad, pueden ser salvos y amar al Señor, pero sus conceptos en relación a sus necesidades no son los mismos. Debido al hecho de que sus vidas y ambientes difieren, su modo de opinar y de pensar también difieren. Por esta razón, la Biblia no da una norma uniforme ni una norma fija en cuanto a las necesidades de los creyentes. Aunque 1 Timoteo 2:9 prohíbe el adornarse con vestidos costosos, es un asunto de principio, no una regla detallada y rígida. Que algo sea verdaderamente costoso depende del ambiente de la gente.

Estas normas variadas del vivir son permitidas soberanamente. En la iglesia, Dios no requiere que diferentes clases de personas se comporten de la misma manera. Hace algún tiempo en China, un grupo de cristianos se fueron a extremos porque carecían de esta luz. Establecieron una reunión y formularon ciertos reglamentos. Decían que nadie podía asistir a las reuniones usando zapatos de cuero, sino zapatos chinos hechos de tela. Aún más, a los hombres se les requería rapar sus cabezas, y a las mujeres utilizar faldas; de otra manera no se les permitía asistir a las reuniones. Sabemos que esto no es lo que Dios desea de Sus hijos, porque éstos son extremos.

Por eso, la norma de lo necesario para nuestro vivir debe ser determinada por nosotros en oración y buscando conocer la mente de Dios. No podemos medir nuestra norma de acuerdo con la de otros ni demandar que ellos estén de acuerdo con nuestros puntos de vista y modo de pensar. Aún más, nuestros propios tratos delante de Dios también deben concordar con la norma de nuestro diario vivir delante Dios. No debemos ir más allá ni tampoco quedarnos cortos. Algunas personas tratan con lo necesario para su vivir, cosas que no los usurpan, como si éstas fueran mundanas y de este modo se van a extremos. Una vez, en el norte de China, conocí a un destacado predicador que amaba al Señor y testificaba de El. Sin embargo, trataba con el mundo de una manera extremada. Por ejemplo: sudaba mientras predicaba, pero rehusaba utilizar el pañuelo, pensando que el pañuelo era un objeto mundano. En lugar de eso, utilizaba la manga de su camisa para secar el sudor de su frente. Dormía en el piso porque no tenía paz para dormir sobre una cama. Al levantarse en la mañana, iba a la orilla del mar a bañarse, porque no tenía paz si se bañaba en la casa. Este tipo de trato realmente era extremado. Puesto que ni comía ni dormía adecuadamente, su cuerpo se fue debilitando y murió prematuramente cuando tenía alrededor de cincuenta años. En verdad, esto fue lamentable.

Necesitamos entender que Dios todavía requiere que vivamos como seres humanos normales sobre esta tierra. Por esta razón tenemos ciertas necesidades en nuestro vivir. Cuando Adán estuvo en el huerto de Edén, Dios le mostró árboles que eran agradables a la vista. De esto podemos concluir que hasta la belleza y la felicidad son necesarias para el vivir humano. Si nuestra apariencia es descuidada o nuestro hogar desarreglado, esto no es prueba de que seamos espirituales. La pregunta es si esto lo posee a usted. Si esto tiene cabida en usted y lo usurpa de manera que usted no es capaz de abandonarlo, sin duda éste es su mundo y tiene que tratar con él como corresponde.

Aunque cualquier cosa que exceda nuestras necesidades constituye el mundo, esto no quiere decir que las cosas necesarias para nuestro vivir no puedan llegar a ser el mundo. Si cierta necesidad en nuestro vivir nos ata y nos impide hacer la voluntad de Dios o ser completamente ganados por Dios, entonces hemos sido usurpados por ella. Esto, entonces, viene a ser el mundo y se requiere que sea tratado. Por ejemplo: la comida y el vestido son necesarios para nuestro vivir, pero si nos usurpan y reemplazan a Dios, se convierten en el mundo.

En realidad, cuando un creyente sigue al Señor, rara vez es usurpado y envuelto con cosas que van más allá de sus necesidades básicas. Por el contrario, usualmente es usurpado y se enreda en cosas que son necesarias para vivir. Por eso, cuando el Señor estaba en la tierra y llamó a personas para que lo siguieran, no le pidió al hombre que abandonara aquello que excedía lo necesario para su sustento diario sino que daba énfasis a que debían abandonar los afanes por las cosas de su vida diaria, tales como padres, esposas, hijos, tierras, casas, etc. Si estas cosas necesarias usurpan al hombre, ellas se apoderan del lugar que ocupa el Señor en el hombre. Por supuesto, el Señor Jesús no nos pidió que abandonáramos nuestra responsabilidad, sino que Su deseo era que renunciáramos a estar preocupados con las personas, actividades y cosas. Por esta razón, en las epístolas, el Señor nos enseña nuevamente a través de los apóstoles, que debemos honrar a nuestros padres, tratar con nuestras esposas apropiadamente, y cuidar de nuestras relaciones, etc.

Sin duda, el énfasis en cuanto a tratar con el mundo es el trato con la usurpación de personas, actividades y cosas. Mientras estas cosas nos usurpen, ya sean cosas necesarias para nuestro vivir diario o cosas en exceso, de todos modos constituyen el mundo y deben ser el objeto de nuestro trato. Las cosas que necesitamos a diario pueden o no usurparnos, pero cualquier cosa que exceda nuestras necesidades diarias inevitablemente nos usurpa.

En conclusión, las cosas que tenemos que enfrentar al

tratar con el mundo no son cierto tipo específico de personas, actividades y cosas. Lo que tenemos que hacer es asegurarnos si éstas nos usurpan y toman el lugar de Dios en nosotros o no. Es posible que las mismas cosas que necesitamos en cuanto a personas, actividades y cosas puedan usurpar a una persona mientras que a otra no, y que puedan tomar el lugar de Dios en una persona y en otra no. Por lo tanto, desde el punto de vista humano es difícil determinar qué es y qué no es el mundo. No hay un límite ni una norma establecida.

Ahora vamos a ver desde el punto de vista de Dios cuáles son las cosas que hay que tratar en relación con el mundo. Desde el punto de vista divino, hay cierta regla de medida en cuanto al mundo. Esta regla es Dios mismo. Así como medimos el pecado por la ley de Dios, así medimos el mundo por Dios mismo. La norma para tratar con el mundo está basada en Dios. Si Dios está ausente, no podemos percibir qué es el mundo. Dios y el mundo siempre están en oposición el uno al otro. Dondequiera que está el mundo, allí no está Dios; donde está Dios, allí no está el mundo.

Por consiguiente, tomando a Dios como la norma, podemos definir el mundo como aquellas personas, actividades, y cosas incompatibles con Dios, que reemplazan a Dios en nosotros, que impiden que la voluntad de Dios sea hecha a través de nosotros o que impiden el control total de Dios sobre nosotros. Todas estas cosas que nos usurpan son clasificadas como "profanas". Por lo tanto, tratar con el mundo es tratar con estos objetos "profanos".

"Profano" es lo opuesto a "santo". Santidad significa ser apartado y ser diferente de todo lo demás. En todo el universo sólo Dios mismo está apartado y es diferente de todo lo demás; por lo tanto, sólo El es santo. De la misma manera, si una persona, actividad o cosa es separada y traída hacia Dios y es apartada para Dios, la Biblia también la llama santa, siendo apartada para santidad. Por ejemplo, el Señor Jesús en Mateo 23:17 y 19 nos muestra que si el oro era usado para el templo, o si era usado como una ofrenda para ponerse en el altar quedaba santificado. Todo el oro que hay en este mundo es para uso humano y es común; sin embargo, si una porción es separada y colocada en el templo para el uso de Dios, es santificada. También, si un buey o una oveja están en un rebaño son para uso humano y son comunes. Sin embargo, al ser escogidos y colocados sobre el altar se convierten en una ofrenda para Dios, siendo apartados para santidad. Esto es un asunto exclusivamente de si ellos son apartados para Dios y le pertenecen. Antes de ser apartados son comunes; después de ser apartados, vienen a ser santos. Sencillamente, ¡santidad significa todo lo que pertenece a Dios y todo lo que es de Dios, hacia Dios y para Dios! Todo lo demás es profano y común. Estos objetos profanos tienen que ser tratados cuando tratamos con el mundo.

En realidad, ¿qué le pertenece a Dios? ¿Qué significa ser de Dios, qué es ser separado hacia Dios, y qué es ser para Dios? Dios mismo y todo lo que está en El le pertenece. Cuando Dios y todo lo que está en El entra en nosotros, somos de El directamente, lo que a su vez causa que todas las cosas que nos pertenecen sean de El indirectamente.

A pesar de que la esposa e hijos de un creyente no sean salvos, ellos están santificados porque son directamente de él e indirectamente de Dios (1 Co. 7:14). El esposo es de Dios directamente, pero su esposa e hijos incrédulos son de Dios indirectamente en virtud de la relación de ellos con él. De otra manera, el esposo cristiano, al deshacerse de las cosas profanas del mundo tendría que deshacerse de su familia incrédula; esto no armonizaría con la verdad de las Escrituras.

¿Qué significa ser apartado para Dios? La esfera de ser apartado para Dios es más pequeña que la esfera de ser de Dios. Por ejemplo, mi casa es mía, pero no tiene necesariamente que ser apartada para mí a fin de que esté bajo mi control. De la misma manera, para nosotros los que somos salvos, todo lo que tenemos es de Dios, pero no es necesariamente apartado para Dios. No es sino hasta que consagramos todo a Dios que todo será apartado para Dios.

¿Qué significa ser para Dios? Esta esfera es nuevamente menor que la de ser apartado para Dios. "Para Dios" significa ser usado por Dios. Nosotros, quienes hemos sido apartados para Dios no somos necesariamente utilizados totalmente por Dios. Quizás seamos de Dios cien por ciento, pero sólo un cuarenta por ciento apartados para Dios, y sólo un cinco por ciento realmente usados por Dios. Cuando alcanzamos el grado de ser completamente usados por Dios, somos entonces totalmente santos.

Vemos por lo antes mencionado, que todo lo que se relaciona con Dios, todo lo que es de Dios, todo lo que es apartado para Dios, y todo lo que es para Dios es santo. Todo lo demás no es santo. Todo lo que es profano es algo que hay que tratar en relación con el mundo. La norma para medir lo que es mundano es Dios mismo. Todo lo que es impropio e incompatible con Dios y todo lo que no alcanza la medida de Dios es mundano y profano. Por consiguiente, cada persona, actividad y cosa que tiene que ver con nosotros mismos, nuestro ambiente, nuestra familia, nuestro trabajo, nuestra profesión, debe ser examinado ante Dios por la siguiente norma: ¿Está esto relacionado con Dios, es de Dios, es apartado para Dios, y es para Dios? Todo lo que no está de acuerdo con Dios ni alcance la medida de Dios debe ser tratado. Por ejemplo, a pesar de que la esposa e hijos incrédulos son indirectamente santificados para Dios a través del creyente, éste debe traerlos pronto a la salvación. Después de que sean salvos, debe ayudarles a que se consagren a Dios para que así puedan ser apartados para Dios y utilizados por Dios. Esto también está incluido al tratar con lo profano.

En conclusión los objetos que hay que enfrentar en nuestro trato con el mundo incluyen todas las cosas que no pertenecen a Dios, que no son de Dios, que no son apartadas para Dios y que no son para Dios. Esto incluye todo aquello que en nosotros tome el lugar de Dios, así como todas aquellas personas, actividades y cosas que excedan nuestras necesidades básicas. Estos objetos profanos y mundanos necesitan ser tratados.

C. La base para tratar con el mundo

La base de nuestro trato con el mundo es la misma para tratar con el pecado. Está basada en el sentido de la vida que se obtiene durante la comunión. Dios nunca ha pedido al individuo que se separe en un momento dado de todo lo profano y de todas las cosas que le usurpan. Dios quiere que el hombre trate con las cosas que él perciba que son profanas y usurpadoras. En la práctica, puede ser que haya cien cosas profanas en nosotros, pero durante nuestro tiempo de comunión con Dios estamos conscientes, quizás, de sólo diez. Entonces, Dios nos hace responsables sólo de estas diez. Temporalmente no somos responsables de las noventa restantes. No es sino hasta que hayamos llegado a cierto grado de comunión en vida que venimos a estar conscientes de los objetos restantes y tratamos con ellos.

Por consiguiente, la base para tratar con el mundo es la misma que con el pecado. Debemos prestar atención a los tres principios siguientes:

1. Debemos tratar con el mundo con base en el sentir interno obtenido mediante la comunión. El trato no podrá exceder nuestro sentir interno.

2. Gradualmente debemos ampliar el área de nuestra comunión, de tal manera que nuestro sentir interno toque todos los aspectos de nuestra vida. De manera que nosotros tratemos con el mundo en todos los aspectos.

3. Gradualmente debemos profundizar nuestra comunión de manera que nuestro sentir interno con relación al mundo se profundice; así que, podremos ser tratados más cabalmente.

Además de estos tres principios, hay dos factores que influyen grandemente en nuestro sentir interno hacia el mundo: nuestro amor para Dios y nuestro crecimiento espiritual en vida. Hemos dicho que Dios es la norma para tratar con el mundo. Si estamos lejos de Dios, no estaremos conscientes de nuestra mundanalidad. Pero una vez que nos acercamos a Dios, descubrimos muchas cosas mundanas en nosotros. Sólo aquellos que aman a Dios desean acercarse a El. Por tanto, si deseamos tratar con el mundo, debemos primero amar a Dios. Cuanto más amamos a Dios, más sensibles nos volvemos para con el mundo, y más expuesto es el mundo en nosotros. Una vez que el mundo es expuesto, es desechado. Esta exposición es la iluminación. Cuando nuestro amor a Dios hace que le encontremos a El, quien es luz, El alumbra y expone al mundo. Cada vez que esta luz aparece, ella ilumina y saca de nosotros el mundo. Así que, en cuanto al trato con el mundo no hay más ley que Dios, quien es nuestra norma y nuestra medida. El grado hasta el cual tratemos con el mundo depende del grado de nuestro amor a Dios.

Nuestro sentir interno hacia el mundo también depende de nuestro crecimiento espiritual. Tanto más avancemos en la vida espiritual y en el conocimiento de Dios, tanto más profundidad tendremos en conocer el mundo. Este conocimiento del mundo es el sentir interno que tenemos hacia el mundo, y constituye la base para tratar con el mundo. El grado de nuestro crecimiento espiritual siempre es proporcional al grado de nuestro trato con el mundo. La vida de un nuevo creyente es inmadura, y su conocimiento de Dios es limitado. Por consiguiente, su sentir interno hacia el mundo y sus tratos con el mundo son superficiales. Comparativamente, aquél cuya vida es madura y cuyo conocimiento de Dios ha aumentado, tiene un sentir más profundo hacia el mundo. De este modo sus tratos con el mundo son más severos. El cielo es muy inmenso y alto. Sin embargo, cuán inmenso y cuán alto es para nosotros, depende de nuestra visión. Si nuestra visión es tan estrecha como la boca de un pozo, entonces el cielo que vemos no será más grande que la boca del pozo. De igual forma, en cada uno de nosotros hay mucho mundo, pero nuestra medida para tratar con él depende de nuestro sentir interno hacia él, de nuestro conocimiento de Dios, y del grado de nuestro crecimiento espiritual. Aunque tratar con el mundo hará que crezcamos espiritualmente, con todo, si deseamos tratar con él hasta el fin para que Dios pueda tener un lugar completo dentro de nosotros, debemos pedirle a Dios que nos atraiga para que podamos amarle más, y buscar más nuestro crecimiento espiritual, de modo que vengamos a ser más maduros en vida.

D. Hasta qué punto se debe tratar con el mundo

El punto hasta el cual debemos tratar con el mundo es "vida y paz" (Ro. 8:6). Siempre que tratemos con el mundo del cual estemos conscientes, debemos hacerlo hasta que tengamos paz y vida interior. Ya que estos tratos están basados en el sentir de vida que se deriva de la comunión, éstos son experiencias de vida. Tratar con el mundo hace que experimentemos vida y sentir su frescura, brillantez, satisfacción, fortaleza, gozo y paz. En otras palabras, debemos tratar con el mundo hasta el punto que tengamos vida y paz.

E. La práctica de tratar con el mundo

Si deseamos tratar con el mundo, debemos dirigir nuestra atención a un solo punto: cerrar nuestra mente al mundo.

Cuando comenzamos a aprender las lecciones de cómo tratar con el mundo y el pecado, éstos muchas veces vuelven a nuestro pensamiento; es decir, con frecuencia tenemos la intención de pecar o de amar al mundo. En tal momento nuestra responsabilidad es cerrar nuestra mente y rechazar estos pensamientos.

Por supuesto, es muy difícil cerrar nuestra mente a los pensamientos de pecar, porque el pecado vive dentro de nosotros. No será sino hasta que seamos arrebatados que seremos libertados de esta dificultad interior. Es por esto que aun los cristianos maduros y experimentados son tentados por pensamientos de pecado.

La dificultad del mundo es algo de nuestra naturaleza externa. La Biblia declara que el pecado mora en nosotros, pero nunca menciona que el mundo vive en nosotros. Ya que la naturaleza del mundo es externa, es fácil aislar los pensamientos del mundo. Al hablar de tratar con el mundo, en 1 Juan 2 se amonesta a los santos jóvenes. Así que, este asunto no requiere mucha experiencia; puede y debe ser practicado cuando comenzamos a seguir al Señor. Por el contrario, si un santo está siendo molestado por el mundo y no puede aislar los pensamientos mundanos, esto prueba que es aún joven e inmaduro.

En conclusión, cuando nos esforzamos en tratar con el mundo, debemos ser decididos y violentos para echar fuera cualquier pensamiento del mundo. No sólo debemos cerrar la puerta, sino también enrejarla, e incluso convertir esta puerta en un muro. De esta manera, podremos resolver cabalmente el problema del mundo. Para esto, no debemos simplemente esperar que el Señor nos constriña con Su amor o que Su gracia nos sostenga. Debemos también usar nuestra propia iniciativa para tratar con este asunto. Si es así, los pensamientos mundanos nunca más nos molestarán.

CAPITULO SEIS

TRATAR CON LA CONCIENCIA

Ahora llegamos a la sexta experiencia de vida, que es tratar con la conciencia. Después de que nos consagramos, necesitamos tratar no solamente con el pecado y el mundo, sino también con la conciencia. El pecado y el mundo son cosas externas, pero la conciencia es algo que está en nuestro interior. Por lo tanto, tratar con el pecado y el mundo es tratar exteriormente con nuestra circunferencia, mientras que tratar con nuestra conciencia es tratar con la parte central de nuestro ser. Hemos dicho que tratar con los pecados es como eliminar las manchas sucias de nuestro vestido. Tratar con el mundo es como decolorar el estampado del vestido, y tratar con la conciencia puede compararse con quitar minuciosamente toda bacteria del vestido. Es entonces cuando el vestido queda totalmente limpio. Por lo tanto, tratar con la conciencia es de gran importancia en el crecimiento de nuestra vida cristiana. Necesitamos conocer y experimentar esto cabalmente.

I. EL CONOCIMIENTO EN CUANTO A TRATAR CON LA CONCIENCIA

A. El origen de la conciencia

Veamos primeramente el origen de la conciencia humana. ¿Cuándo surgió por primera vez y cómo llegó a existir? Aunque en la Biblia no encontramos una descripción exacta de esto, no obstante, de acuerdo con la totalidad de la verdad bíblica y de acuerdo con nuestra experiencia, la conciencia fue creada dentro del hombre cuando Dios lo creó. En otras palabras, este órgano que es la conciencia llegó a existir al mismo tiempo que el hombre. Sin embargo, no fue sino hasta que el hombre participó del fruto del árbol de la ciencia del bien y el mal que la función de la conciencia se hizo manifiesta.

Conforme a la historia bíblica, antes de la caída el hombre se encontraba en su estado primigenio, como un niño recién nacido. En aquel entonces no se avergonzaba de su desnudez. Esto prueba que dentro del hombre no había concepto del bien y el mal, de lo correcto y lo incorrecto, lo cual significa que no existían la función ni el sentir de la conciencia. Después de la caída del hombre, causada por haber comido el fruto del árbol del conocimiento del bien y el mal, él se sintió avergonzado de su desnudez. Este sentimiento de vergüenza surgió porque su conciencia se activó y comenzó a funcionar y de este modo produjo cierta consciencia de sí mismo. Por lo tanto, el sentir de la conciencia, esto es, la función de la conciencia, se manifestó después de la caída.

Aunque la función de la conciencia no se manifestó antes de la caída, ya existía la conciencia como tal. Ya que la conciencia es un órgano que está dentro del hombre, debió de haber sido creada cuando el hombre fue creado. No podemos decir que antes de la caída no existía un órgano llamado la conciencia y que no fue sino hasta después de la caída que Dios creó la conciencia del hombre. Tal concepto es ilógico. Hablando lógicamente, la conciencia misma debió de haber sido creada por Dios en el principio, y su función fue activada y manifestada después de la caída. Podemos comparar este asunto con un niño que nace con un órgano llamado cerebro, pero que más tarde desarrolla las funciones del mismo por medio de la educación. Cuanto más educación recibe, más se hacen manifiestas las funciones del cerebro. Asimismo, la conciencia llegó a existir cuando el hombre fue creado, pero como el hombre no tuvo problema alguno con el bien y el mal, no había necesidad de que su conciencia funcionara. No fue sino hasta la caída que el concepto del bien y el mal entró al hombre y como resultado, la función de la conciencia se manifestó. Desde ese momento, la conciencia empezó a llevar la responsabilidad de rechazar el mal y aceptar el bien. Este es el origen de la conciencia.

B. La ubicación y la función de la conciencia

La conciencia está localizada en el espíritu humano. El

espíritu humano tiene tres partes: la comunión, la intuición y la conciencia. Aunque esto no es expresado claramente en la Biblia, podemos confirmar este hecho por nuestra experiencia. En nuestro espíritu está una parte llamada la comunión, cuya función es la de tener comunión con Dios. Otra parte, la intuición, tiene como función percibir a Dios y conocer Su voluntad directamente. Finalmente, la última parte, la conciencia, nos capacita para discernir entre lo correcto y lo incorrecto, entre el bien y el mal.

Se dieron cambios progresivos al revelar las tres funciones del espíritu humano. Antes de la caída, la función de la conciencia no había sido revelada aún. Por lo tanto, en aquel tiempo, hubo únicamente dos funciones en el espíritu humano, a saber, la comunión y la intuición. Después de la caída, cuando el hombre se escondió de la presencia de Dios, (Gn. 3:8), su comunión con Dios quedó frustrada y su intuición se insensibilizó, pero su conciencia empezó a funcionar. Su conciencia recién activada lo capacitó para percibir y diferenciar entre lo correcto y lo incorrecto, entre el bien y el mal, en cada fase de su vida. Inmediatamente después de la caída, aunque la comunión y la intuición del espíritu se hicieron débiles e insensibles, la conciencia se activó. Desafortunadamente, cuando el hombre se hundió más en el pecado, aun el sentir de la conciencia fue echado a un lado. En ese momento, la conciencia del hombre fue cauterizada como por un hierro candente (1 Ti. 4:2), de tal manera que aun cuando se entregó al desenfreno y a la lujuria, casi no tenía sensibilidad (Ef. 4:19). De este modo, las funciones de su espíritu se perdieron completamente.

Cuando somos salvos y regenerados, el Espíritu Santo entra en nosotros y vivifica nuestro espíritu, dándonos un espíritu nuevo (Ez. 36:26). En este momento, las tres funciones de nuestro espíritu son recobradas. Podemos tener comunión con Dios libremente, conocer Su voluntad directamente y diferenciar con agudeza entre lo correcto e incorrecto. Así que, hoy las funciones del espíritu no son lo que fueron después de la caída, y tampoco son parecidas a su condición antes de la caída. Hoy, las tres funciones están presentes al mismo tiempo; y además, todas ellas son fuertes y agudas.

Podemos dividir la función de la conciencia en tres aspectos. Primero, la conciencia es el órgano que nos capacita para diferenciar entre lo correcto y lo incorrecto, entre el bien y el mal. Segundo, la conciencia nos capacita para que sepamos lo que Dios justifica y lo que condena (Ro. 2:15), lo que le agrada y lo que aborrece. Por eso, desde este punto de vista, la conciencia verdaderamente nos capacita para conocer la voluntad de Dios. Tercero, la conciencia representa a Dios al regir sobre nosotros. De la misma manera que una nación es gobernada a través de la policía, así también, Dios nos gobierna a través de la conciencia. Este universo no puede existir si no es controlado por numerosas leyes y principios establecidos por Dios. Cualquiera que desafíe estas leyes y principios será condenado y juzgado de acuerdo a ellos. Dios también ha establecido numerosos principios y leyes en Su gobierno sobre el hombre; estos principios y leyes son llevados a cabo extensamente mediante la conciencia. Dios puso la conciencia dentro del hombre caído para que éste se rigiera a sí mismo de acuerdo con estas leyes y principios. Si alguien actúa en contra de estos principios y leyes de Dios o está a punto de hacerlo, su conciencia inmediatamente lo censura y lo refrena para que no se extravíe y caiga en la corrupción. La conciencia rige no sólo para sostener la existencia del individuo, sino también para conservar todas las relaciones de los hombres en el universo. Por lo tanto, la función primordial de la conciencia es gobernar al hombre. En realidad, el propósito de la conciencia es capacitar al hombre en el discernimiento de lo correcto y lo incorrecto y en el conocimiento de lo que Dios justifica y lo que condena; y también sirve para representar a Dios, rigiendo sobre el hombre.

C. La relación de la conciencia con sus partes internas

1. Localización

Ya que la conciencia es una parte del espíritu, está relacionada estrechamente con la intuición y la comunión. Ya que el alma rodea al espíritu, la conciencia también está estrechamente relacionada con las partes del alma, que son la mente, la parte emotiva y la voluntad. Además, ya que la conciencia es parte del corazón, también está ligada estrechamente al corazón. Así que, en cuanto a su ubicación, la conciencia está estrechamente relacionada con todas nuestras partes internas, es decir, con el espíritu, el alma y el corazón.

2. Función

Ya que la conciencia, en cuanto a ubicación, está estrechamente relacionada con las partes internas; naturalmente, también lo está en cuanto a sus funciones; la conciencia y las partes internas se influyen mutuamente.

Primeramente, veremos cómo la intuición afecta la función de la conciencia. Cuando alguien tiene una intuición sensitiva y aguda en su espíritu, su conciencia es sensitiva y delicada. Tómese, por ejemplo, una habitación muy oscura. Si la habitación contigua tiene una luz brillante, ésta iluminará un poco a aquélla. De la misma manera, ya que la intuición es adyacente a la conciencia, su función afecta en un alto grado la función de la conciencia.

Lo mismo es válido en cuanto a la comunión. Cuando la comunión de una persona con Dios está despejada, sin ningún obstáculo, la función de su conciencia es sensible y precisa. Cuanto más profunda es su comunión con Dios, más viva y brillante es esta persona por dentro, y su conciencia se hace más sensible y exacta.

Las tres partes del alma también afectan la función de la conciencia en una forma muy evidente. Una mente clara y entendida, unas emociones intensas y equilibradas, y una voluntad firme y flexible, afectarán grandemente la función de la conciencia. Por ejemplo, el conocimiento de un hombre acerca de las cosas afectará grandemente la sensibilidad de la conciencia. Algunas personas nacen con una mente torpe. Su entendimiento no es exacto; por consiguiente, su conciencia está confundida y es lenta. Esto muestra cómo la mente afecta la conciencia. Del mismo modo, las emociones y la voluntad también afectan la conciencia. Por lo tanto, para lograr que la conciencia funcione normalmente, nuestra mente, nuestra parte emotiva y nuestra voluntad, deberán ser guiadas a su curso apropiado.

La función de la conciencia está también bajo la influencia del corazón. Si una persona tiene una mente recta, un corazón tierno y una voluntad flexible, su conciencia estará clara y sensible. Si él ofende a otro, aun levemente, se sentirá incómodo. Por el contrario, si alguien tiene una mente torcida, un corazón cruel, y una voluntad endurecida, su conciencia estará oscura y cauterizada. Aún cuando ofenda a otros profundamente, él estará insensible.

Estas influencias son más bien finas y delicadas. Tenemos que comprenderlas y experimentarlas en una forma muy práctica.

D. La relación de la conciencia con el gobierno

Algunos estudiosos de las Escrituras han dividido la Biblia en siete dispensaciones: las dispensaciones de la inocencia, la conciencia, el gobierno humano, la promesa, la ley, la gracia y el reino. Las primeras tres dispensaciones son catalogadas de acuerdo al principio del gobierno. En la dispensación de la inocencia vemos el principio del gobierno de Dios; en la dispensación de la conciencia, el principio del gobierno propio; y en la dispensación del gobierno humano, el principio del gobierno del hombre. De los tres tipos de gobierno, el que se encuentra bajo el gobierno del yo es el que se relaciona con la conciencia.

Antes de la caída, no existía ninguna barrera de pecado entre Dios y el hombre. Esta era la llamada dispensación de la inocencia, cuando el hombre era regido directamente por Dios. El vivía delante de Dios y era responsable ante Dios. Desafortunadamente, el hombre falló bajo el gobierno de Dios y vino a ser pecaminoso por dentro y por fuera; así es que el Dios santo y justo tuvo que dejar al hombre.

Por consiguiente, desde el tiempo de la expulsión de Adán del huerto de Edén hasta cuando Noé salió del arca, Dios estableció la conciencia dentro del hombre para que le representara en Su gobierno sobre el hombre. Esta es la llamada dispensación de la conciencia. En este período el hombre era regido por su propia conciencia y era responsable ante su propia conciencia. Desafortunadamente, bajo este autogobierno, el hombre falló otra vez. El ignoró la represión y el control de la conciencia, lo cual resultó en asesinato y fornicación, lo cual continuó hacia absoluta corrupción y plenitud de iniquidad. Dios juzgó esta dispensación con el diluvio.

Después del diluvio, Dios dijo a Noé: "El que derramare sangre de hombre, por el *hombre* su sangre será derramada" (Gn. 9:6). Como el hombre no estaba sujeto al gobierno de Dios ni era obediente a su autogobierno, Dios autorizó al *hombre* para que lo representara en cuanto a regir sobre el hombre. Por lo tanto, no mucho tiempo después de que comenzaron a formarse las naciones, apareció entre las razas humanas el gobierno de las autoridades políticas, el poder de la sociedad y el control en la familia. Por ejemplo, en una nación están el presidente y los funcionarios, en una fábrica los supervisores, y en una familia, los padres, hermanos mayores, etc. Estas son las autoridades puestas por Dios como Sus representantes en el gobierno del hombre. Por eso Romanos 13:1 dice: "Sométase toda persona a las autoridades superiores". Esta es la dispensación del gobierno humano, en el cual el hombre es gobernado por el hombre y es responsable ante el hombre.

Desde el punto de vista del gobierno, la caída del hombre fue la caída del gobierno de Dios al gobierno propio y luego del gobierno propio al gobierno del hombre. Cuanto más uno es regido por Dios, más noble se vuelve, pero cuanto más uno es regido por el hombre, más despreciable viene a ser. Hoy, la condición del hombre es un completo rechazo del gobierno de Dios. Hay posibles minorías que están bajo el autogobierno, siendo controlados por su conciencia; sin embargo, el impacto de su conciencia es muy débil. La mayoría está viviendo bajo el gobierno humano y nunca se conforman a este gobierno a menos que estén siendo regidos por alguien directamente. Sin embargo, muchos aún fallan en esta dispensación del gobierno humano. Ellos no sólo desobedecen, sino que también procuran escapar y aun derrocar el gobierno del hombre. Lo que vemos hoy es una condición rebelde y desordenada. Por lo tanto, el hombre es un fracaso total ya sea bajo el gobierno de Dios, de sí mismo o del hombre.

Ya que el hombre se ha degradado del gobierno de Dios al gobierno humano, Dios, al salvar al hombre, debe recobrarlo del gobierno humano y llevarlo al gobierno divino, para que el hombre pueda vivir otra vez delante de Dios en sencillez y bajo Su autoridad directa. Sin embargo, este tipo de recobro no puede ser llevado a cabo en corto tiempo. Así como el hombre se degradó cayendo del gobierno divino al gobierno humano, pasando por la etapa del autogobierno, así mismo en el plan de Dios en Su recobro, el hombre debe devolverse por sus pasos del gobierno humano al gobierno de Dios, pasando a través del autogobierno. Ya que el autogobierno es el paso entre el regir humano y el gobierno de Dios, cuando el hombre es salvo, primero debe ser liberado del gobierno humano y regresar a autogobernarse.

Todos aquellos que viven bajo el gobierno humano viven delante del hombre; no se atreven hacer muchas cosas por temor al hombre. Cuando ellos no están bajo la jurisdicción y observación del hombre, hacen lo que les place. Sin embargo, los que están bajo el autogobierno no obran así. Ellos viven por el sentir de su propia conciencia. Siendo controlados por su conciencia, ellos no necesitan ser regidos por otros. Ellos se restringen en toda su expresión y comportamiento, no por su temor al hombre, sino por el gobierno de su conciencia. Ellos son libres para actuar sólo cuando sus conciencias lo aprueban. Exteriormente, ellos aparentan estar sujetos al gobierno del hombre, pero en la práctica, este gobierno es innecesario porque sus conciencias son suficientes para regirlos y controlarlos.

Lamentablemente, la condición de muchos cristianos hoy en día no es ésta. Su comportamiento aún requiere el gobierno del hombre. Los estudiantes deben ser controlados por sus maestros, los niños por sus padres, y el personal de las empresas por sus supervisores. A menudo a ellos sólo les importa los que están alrededor exteriormente, pero no les importa la conciencia por dentro. Esto prueba en gran medida que ellos aún están viviendo en la condición caída de estar siendo regidos por el hombre. Por lo tanto, sólo los tratos severos con nuestra conciencia nos liberarán de la condición caída del gobierno humano para llevarnos al gobierno de la conciencia. Entonces en todas las cosas podremos vivir y actuar de acuerdo con el sentir de nuestra conciencia.

Sin embargo, la meta final al tratar con la conciencia no es simplemente que seamos restaurados al autogobierno. Si sólo permanecemos en el sentir de la conciencia, aún estamos en una condición medio caída y quedamos privados de la voluntad de Dios. Por lo tanto, tratar con la conciencia no sólo tiene como fin hacer que el hombre regrese del gobierno humano al autogobierno, de la mira del hombre hacia la conciencia, sino aún más, hacer que el hombre pase del autogobierno y se someta al gobierno de Dios, hacer que pase de la conciencia y viva en la presencia de Dios. Tratar con la conciencia para ser traídos de nuevo a la conciencia es todavía un objetivo negativo; el objetivo positivo es que seamos recobrados para Dios mismo. Por lo tanto, la meta final del trato con la conciencia es regresarnos al gobierno de Dios.

El autogobierno y el gobierno de Dios difieren grandemente. El autogobierno quiere decir que el hombre vive por el sentir de su conciencia siendo responsable ante su conciencia; mientras que el gobierno de Dios significa que el hombre vive por la intuición del espíritu, siendo responsable ante la intuición, esto es, siendo responsable ante Dios. Nosotros sabemos que Dios por el Espíritu Santo vive en nuestro espíritu. Por lo tanto, podemos decir que la intuición en nuestro espíritu es el sentir de Dios. De aquí que, cuando vivimos por la intuición y somos controlados por ella, vivimos en la presencia de Dios y somos gobernados por Él. La conciencia tiene sólo el sentir de bueno o malo; condena todo lo incorrecto y lo malo, y justifica todo lo que es correcto y bueno. Pero la intuición está por encima de lo correcto y lo incorrecto, lo bueno y lo malo; está sobre lo incorrecto y también sobre lo correcto; está sobre lo malo y también sobre lo bueno; condena todo lo incorrecto y todo lo malo, pero no necesariamente aprueba todo lo correcto y todo lo bueno; acepta sólo lo que es de Dios, del Espíritu y de vida.

Por ejemplo, mentir es condenado por la conciencia mientras que decir la verdad es aprobado. Si vivimos por la conciencia, todo está bien mientras digamos la verdad y no mintamos. Sin embargo, si vivimos por la intuición, andando de acuerdo al sentir de Dios, entonces no solamente no podremos decir mentiras, sino que tampoco podremos decir siempre la verdad. Debemos preguntarnos: ¿Son estas palabras de Dios o de mí mismo? Dios no quiere que mintamos, y tampoco quiere que digamos la verdad. Lo que Dios desea es que hablemos Sus palabras, palabras que sean de El, del Espíritu y de vida. Por lo tanto, cuando un hermano ministre, será su conciencia la que preste atención a si él habla la verdad o no. Pero en cuanto a lo que él debe ministrar, qué tema debe escoger, qué quiere Dios que él hable, esto no está en el límite de lo correcto o lo incorrecto, lo bueno o lo malo. El sentir de la conciencia es incapaz de hacer algo al respecto. Sólo a través de la intuición uno puede tocar la intención de Dios y ser dirigido por Dios a hablar Sus palabras. Estas diferencias entre la conciencia y la intuición son también las diferencias entre el autogobierno y el gobierno de Dios.

¡Hoy hay muy pocos que viven completamente bajo el gobierno de Dios! Muchos hermanos y hermanas están viviendo en una condición que es una combinación de los tres tipos de gobierno. Gran parte de su ser está bajo el gobierno humano; todavía necesitan ser regidos por el hombre. Otra parte de su ser está bajo el gobierno propio, el gobierno de la conciencia. Pero sólo una pequeña parte de su ser está bajo el gobierno de Dios, así que ellos están controlados por Dios directamente. Esta es una condición muy anormal. Por lo tanto, existe la necesidad de tratar más a fondo con la conciencia para que podamos, por el lado negativo, ser liberados del gobierno humano y, por el lado positivo, entrar en el gobierno de Dios para estar directamente bajo Su control.

E. El sentir de la conciencia

1. El origen del sentir

Durante muchas generaciones, todos los santos que han sido buscadores de vida concuerdan en que la conciencia es la ventana de nuestro espíritu, así como el ojo es la ventana de nuestro cuerpo. La ventana en sí misma no tiene luz; toda luz es transmitida desde otra fuente. Así también es la conciencia. Aunque no nos atrevemos a decir que la conciencia misma no tiene sentimiento alguno, podemos decir que una gran porción de sus sentimientos viene de las partes que la rodean. En total hay siete partes que la circundan: la mente, la parte

emotiva, la voluntad, la intuición, la comunión, la vida de
Dios y el Espíritu de Dios. Estos siete vecinos tienen sentimientos. Cuando sus sentimientos penetran en la conciencia,
ellos vienen a ser el sentir de la conciencia. Este es el origen
del sentir de la conciencia.

2. Las diferentes clases de sentimientos

Los sentimientos de la conciencia de los santos tienen
muchos aspectos. El que tiene una conciencia sensible tendrá
el sentir de la conciencia con relación a todos los asuntos.
Estos sentimientos de la conciencia pueden ser divididos en
tres categorías: Primero es el sentir hacia el pecado. En el capítulo relacionado al trato con el pecado, nosotros dijimos que la
base de tratar con el pecado depende de lo consciente que estemos interiormente. Este estado de estar consciente interiormente es el sentir de la conciencia. Si nosotros pecamos ante
Dios o ante el hombre, la conciencia inmediatamente tendrá
el sentir de condenación. Esta es la primera categoría de los
sentimientos de la conciencia.

La segunda categoría es el sentir hacia el mundo. En el
capítulo relacionado al trato con el mundo, dijimos que la base
para tratar con el mundo también depende de lo consciente
que estemos interiormente. Estar conscientes interiormente es
aún el sentir de la conciencia. Si amamos otras cosas o estamos ocupados con alguna cosa fuera de Dios, la conciencia también nos traerá un sentir de condenación. Esta es la segunda
categoría de los sentimientos de la conciencia.

Además de estas dos categorías de sentimientos de la conciencia, está la tercera categoría: éstos son los sentimientos
de inquietud con relación a alguna cosa aparte del pecado
y del mundo. Hay algunos asuntos que no son pecaminosos ni
del mundo, sin embargo ellos causan que nuestra conciencia
pierda el sentir de paz. Si no tratamos con estos asuntos, simplemente no podremos avanzar. Por ejemplo, el descuido e
inexactitud en nuestro vivir diario no son pecado ni del mundo,
sin embargo, nuestra conciencia es perturbada por ellas.
Si alguien desparrama prendas de vestir y otros artículos,
dejando el cuarto desordenado, su conciencia le reprenderá. Si
nuestro carácter tiene ciertas fallas o peculiaridades, si nuestro

comportamiento hacia otros es impropio como cristianos, o si ante Dios tenemos ciertas actitudes indeseables o inadecuadas, aun cuando no son pecaminosas ni del mundo, nuestra conciencia es perturbada. Todos estos sentimientos de inquietud pertenecen a la tercera categoría del sentir de la conciencia.

Entre las tres categorías de los sentimientos de la conciencia, las primeras dos en cuanto al pecado y el mundo son superficiales, mientras que la tercera es más profunda. En la etapa inicial del trato con la conciencia, nuestros sentimientos interiores son más o menos sensibles hacia el mundo y el pecado. Cuando hayamos tratado con todos estos sentimientos, la tercera categoría de sentimientos será manifestada. Cuanto más severa y concienzudamente tratamos con nuestra conciencia, más aumenta esta tercera categoría de sentimientos. Nuestro énfasis en el trato con la conciencia está en el asunto de venir a tratar con la tercera categoría de sentimientos.

Puesto que la conciencia del cristiano incluye estas tres categorías de sentimientos, su conciencia es más completa y más aguda que la de un incrédulo. Un incrédulo no tiene ningún sentir en relación con el mundo, ni ninguna inquietud de la tercera categoría de sentimientos; sólo tiene el sentir con relación al pecado, el sentir de lo correcto y lo incorrecto, lo bueno y lo malo, y aun este sentir es bastante débil. El sentir de la conciencia del incrédulo es más o menos una tercera parte del sentir de la conciencia del cristiano. El sentir de la conciencia del cristiano es tan completo debido a que el corazón del cristiano es nuevo, un corazón que ha sido ablandado y renovado por Dios; su espíritu es un espíritu nuevo, un espíritu que ha sido avivado y renovado por Dios; su mente, emoción y voluntad también han sido considerablemente renovadas; y él tiene también la vida de Dios y el Espíritu de Dios. Todos éstos son muy sensibles y pueden afectar la conciencia del cristiano. ¡Por esta razón, los sentimientos en la conciencia del cristiano son verdaderamente abundantes!

F. Ofensa y condenación en la conciencia

Las tres categorías de sentimientos de la conciencia son el resultado de nuestras ofensas: o bien hemos ofendido a Dios o bien hemos pecado contra el hombre en nuestra intención, motivo, palabra y acción. Por lo tanto, estos sentimientos pueden ser considerados como el sentir de haber ofendido. Cuanto más sensible sea la conciencia de alguien, y cuanto más alguien viva en la presencia de Dios, más fácil le será tener un sentir de haber ofendido. Siempre que se ofende a Dios o al hombre, hay inmediatamente un sentir en la conciencia de haber ofendido. Por lo tanto, por la intensidad de este sentir de ofensa, podemos decir el grado de sensibilidad de la conciencia de alguien y hasta qué punto ha sido iluminado por Dios.

Sin embargo, en lo que respecta al sentir de ofensa en sí mismo, es un daño serio a nuestra condición espiritual. Cuando la conciencia de alguien tiene este sentir de ofensa, su comunión con Dios es obstaculizada y por tanto toda su condición espiritual se empobrece. Por consiguiente, siempre que un cristiano tiene en su conciencia el sentir de haber ofendido, inmediatamente debe ir delante del Señor para confesar su pecado de acuerdo a este sentir y pedir la limpieza de la sangre preciosa del Señor. Algunas veces también es necesario ir delante del hombre y tratar el asunto. Entonces el sentir de ofensa desaparecerá, y la conciencia estará libre de ofensa. Por consiguiente, tratar con la conciencia, por un lado, ocasiona que nuestra conciencia sea más sensible y rica en sentimientos, y por otro, ocasiona que nuestra conciencia esté segura, en paz, y libre de ofensa. Por eso, el resultado de tratar con nuestra conciencia es, por un lado, introducirnos en la luz de Dios para que podamos ser más iluminados, y por otro lado, bajo tal iluminación, hacer que nos deshagamos de todas las cosas que están fuera de Dios, que no concuerdan con Dios, y que no son aceptables a Dios, para que así podamos experimentar una limpieza más profunda.

Ahora llegamos a la condenación de la conciencia. La condenación resulta de ese sentir de haber ofendido que queda en la conciencia. Cuando nuestra conciencia percibe que hemos hecho algo malo, nos condena. Por consiguiente, estas dos son realmente una; son difíciles de distinguir. Algunos definen la condenación de la conciencia como la acusación de la conciencia. Estos son también dos aspectos de una sola cosa. Por ejemplo, el juez en una corte es el que condena, mientras que el fiscal es el que acusa. De la misma manera, cuando nuestra conciencia siente que hemos obrado mal, por un lado representará al hombre para acusarnos, y por otro lado representará a Dios para condenarnos. El sentir de haber ofendido que queda en la conciencia ocasiona que nuestro espíritu esté deprimido y débil en las cosas espirituales, porque el sentir de haber ofendido trae consigo la acusación y la condenación de la conciencia. Por consiguiente, si deseamos ser librados de la acusación y condenación de la conciencia, no hay otra forma excepto tratar cuidadosamente con el sentir de haber ofendido. Cuando desaparezca este sentir de nuestra conciencia, la acusación y condenación de la conciencia se desvanecerán naturalmente.

G. La sensibilidad y debilidad de la conciencia, y la acusación y el ataque de Satanás

La sensibilidad de la conciencia es resultado de darle un tratamiento serio y cabal. Si no se trata con la conciencia, el sentir de la conciencia ciertamente será lento y torpe. Cuando la conciencia pasa por tratos severos, su sentir se hace más agudo, al punto de ser sensible. Por tanto, la sensibilidad de la conciencia es un fenómeno bueno. Esto prueba que la conciencia ya ha sido tratada cabalmente. Si nuestra conciencia no ha sido tratada a tal punto que se haga sensible, entonces ese trato no es suficientemente completo.

Algunos tratan tan cabalmente con su conciencia que se sienten redargüidos cuando sus palabras o acciones están levemente fuera de tono. Ellos son sensibles, no solamente cuando han obrado mal, sino incluso cuando están a punto de hacerlo. Además, el grado de agudeza de la conciencia de tales personas puede desarrollarse a tal grado de sensibilidad que se sienten mal por cada una de sus acciones y palabras. Si ellos no actúan ni hablan, también sienten que están equivocados. En semejante condición, todo su ser parece completamente confuso. Sin embargo, cuando un hombre pasa por una etapa de agudeza y sale de allí adquiriendo una sensibilidad de la conciencia, él ha aprendido las lecciones de tratar con la conciencia muy bien; el sentir de su conciencia será entonces constantemente agudo y normal. Por tanto, la sensibilidad de la conciencia es un fenómeno necesario.

Sin embargo, cuando la conciencia de un hombre ha sido tratada hasta llegar a ser sensible, puede desarrollarse hasta caer en un estado de demasiada sensibilidad y viene a ser así una conciencia débil. Esta debilidad que se debe a una sensibilidad excesiva es el resultado de tratar exageradamente con la conciencia. Un cristiano recién convertido o uno que no tenga una búsqueda seria, no desarrollará una conciencia débil. Sólo aquellos que buscan seriamente al Señor y tratan severamente con sus conciencias, pero que aún son inmaduros y tiernos en vida, tendrán esta debilidad. Tales personas, cuando son ganadas por el Señor, tratan minuciosamente con sus conciencias, deshaciéndose de toda su oscuridad y sus errores. Sus conciencias son como cristal, claras y brillantes. En esta etapa sus conciencias han sido tratadas suficientemente; no es necesario tener más tratos. Pero a causa de que son jóvenes e inexpertos en las cosas espirituales, frecuentemente tratan demasiado, produciendo de este modo una conciencia hipersensible, lo cual produce una conciencia débil. Como en la piel de nuestro cuerpo, algunas partes son callosas e insensibles, mientras que otras son tiernas y muy sensibles. La piel nueva formada sobre una herida es tierna y extremadamente delicada, sensible al más mínimo toque. Podemos decir que ésta es la condición de debilidad de la piel. De la misma manera, si la conciencia es tratada tanto que viene a ser demasiado sensitiva, ella produce un sentir de ofensa en todo. En muchos asuntos una persona así se condena a sí misma aun antes que Dios le condene; él pierde su paz aun antes que Dios desapruebe alguna cosa. Este tipo de condenación e intranquilidad puede seguir presente después de que él ha tratado con el asunto, provocándole así muchos sufrimientos y aflicciones innecesarios. Esta condición de una conciencia débil es el resultado de tener una conciencia demasiado sensible.

Hay varias condiciones de una conciencia débil que pueden ser descritas y presentadas. Una condición es que después de que hemos tratado con la conciencia de acuerdo a su sentir de ofensa, la conciencia aún se siente condenada y acusada. Por ejemplo, si usted ha pecado contra un hermano, cuando usted tiene comunión con Dios usted viene a ser alumbrado y consciente de ello; en consecuencia, usted confiesa aquello delante de Dios y lo confiesa al hermano. Cuando usted ha hecho esto, si su conciencia es fuerte y normal, usted debe tener paz y olvidarse del asunto. Sin embargo, si el asunto aún permanece en usted, y usted continúa sintiéndose intranquilo y condenado, esto es una señal de una conciencia débil.

Otra condición está relacionada con ciertos pecados que no necesitan ser tratados, sin embargo su conciencia le exige que trate con ellos también. Por ejemplo, si usted está disgustado internamente con un hermano y usted siente que esto está mal, todo lo que usted necesita hacer es confesarlo delante del Señor y olvidarse del asunto. Esto es sólo un asunto personal que está en el corazón delante del Señor; no fue manifestado en palabras y actitudes y, por ende, no involucró a la otra persona. No obstante, si luego de confesar este asunto delante de Dios, todavía le sigue molestando de tal modo que siente que aún tiene que confesárselo a su hermano y buscar perdón, entonces ya es demasiado. Si se da el caso de que usted le ha confesado el asunto a su hermano, todavía su ser interno no está en paz y siente la necesidad de confesar nuevamente debido a que siente que en algunos asuntos dijo demasiado y en otros dijo muy poco, pero teme que por ir otra vez a él, él podría molestarse, por eso usted se siente tan internamente confundido que pierde toda la paz, entonces ésta es una condición aún más débil de la conciencia.

Otra condición es aquella en que la conciencia tiene un sentir de ofensa y la persona no encuentra una forma segura para tratar con ello o siente siempre que su trato no es suficiente. Por ejemplo, un hermano pudo haber robado mil dólares hace diez años. Ahora que es salvo, él intenta tratar con esta situación, pero cuando lo hace encuentra difícil decidir qué cantidad devolver. De acuerdo al principio del Antiguo Testamento (Lv. 6:5), él debe añadir un quinto a la cantidad original, sin embargo él siente que esto no es suficiente. Puesto que en el Nuevo Testamento no se da ningún principio, él concluye que debe devolver la cantidad con intereses. Sin embargo, surge la cuestión de qué tasa de intereses ha de pagar. ¿Debería pagar el interés que paga el banco o el de una institución financiera? ¿Deben ser intereses anuales, mensuales o semanales? No importa cuánto calcule, su corazón no se siente tranquilo. Esto indica otra condición de debilidad de la conciencia.

Una conciencia sensible es apropiada y normal, pero una conciencia débil, ya que es hipersensible, es anormal. Primero, esto provoca que uno pase por torturas y sufrimientos innecesarios. Segundo, esto provoca que uno tenga una inquietud continua, lo cual da como resultado que se le da terreno a Satanás para acusar y atacar. Por consiguiente, una conciencia débil no es una buena señal. No obstante, es necesario tener una conciencia débil en nuestro trato inicial con la conciencia. Una conciencia sensible, que surge de un trato minucioso con la conciencia, usualmente viene a ser una conciencia débil. Al tratar con nuestra conciencia, si no tratamos con ella hasta que se torne sensible, el trato no ha sido exhaustivo, y todavía no hemos aprendido la lección. Sin embargo, cuando la conciencia ya ha sido tratada hasta volverse sensible, entonces ciertamente será hipersensible y débil. Por consiguiente, cuando seguimos al Señor y tratamos severamente con nuestra conciencia, debemos tratar de evitar por todos los medios esta condición de debilidad. Cuando nuestra conciencia viene a ser sensitiva, debemos ejercitar nuestra voluntad para mantenerla en su lugar, a fin de que no vaya muy lejos y venga así a ser débil y sin descanso. En esta forma no sufriremos pérdida.

Ya hemos dicho que una conciencia débil da terreno a Satanás para acusar y atacar. ¿Cuál es la acusación de Satanás? La acusación de Satanás y la acusación o condenación de la conciencia son cosas diferentes. La acusación o condenación de la conciencia siempre se basa en hechos definidos, ya sea el pecado, el mundo, u otros asuntos. Surge del hecho de que hemos agraviado a Dios o al hombre. Pero la acusación de Satanás no es así. No tiene hechos como base, sino que es sólo una perturbación sin causa para engañarnos, provocando que nuestra conciencia tenga el sentir de fracaso y pérdida de paz. Algunas veces Satanás usa los hechos del pasado para acusarnos. El nos recuerda nuevamente ciertas cosas que ya han sido tratadas en el pasado, provocando de este modo que perdamos la paz. Por eso, todas las acusaciones de Satanás son falsas. El nos acusa aprovechándose de una conciencia débil para que caigamos en sufrimientos innecesarios, para que nuestra condición espiritual pierda su equilibrio, y para que no podamos procurar pacíficamente el crecimiento en vida y de este modo suframos una gran pérdida.

Cuando una persona está bajo la acusación de Satanás, sin reconocer que es una artimaña suya y acepta una y otra vez la acusación innecesaria pensando que ésa es la voz de la conciencia, su conciencia se tornará más débil, y la acusación de Satanás se hará más severa. En consecuencia, esta acusación de Satanás viene a ser su ataque. Una vez que el hombre caiga bajo este ataque en su conciencia, su espíritu, alma y cuerpo serán grandemente afligidos. En los casos más severos él puede perder la razón, llegar a enloquecer y hasta morir.

Hemos considerado previamente al hermano que no usaba su pañuelo cuando sudaba mientras predicaba. Esto se debía a que había tratado muy severamente con su conciencia, provocando así una conciencia débil y abriendo un camino para la acusación y el ataque de Satanás. El recibió el ataque hasta tal grado que no dormía en su cama sino en el piso; de otra manera, no tendría paz interior. Así que, su cuerpo sufrió un gran daño y murió prematuramente.

Una hermana de edad, al tratar con el mundo, también sufrió el ataque de Satanás. Aun cuando comía la comida más ordinaria, Satanás le decía que ella estaba muy preocupada por su carne. Tampoco ella dormía en su cama, sino en el piso; de otra forma, no tenía paz. En poco tiempo ella murió. Estos son algunos ejemplos serios que exponen lo terrible que es el ataque de Satanás.

La sangre del Señor es nuestra única arma para vencer la acusación y el ataque de Satanás. Apocalipsis 12:10-11 nos dice que Satanás nos acusa día y noche delante de Dios, pero que podemos vencerle por medio de la sangre del Cordero. En 1 Juan 1:7, 9 se nos dice que si confesamos nuestros pecados, Dios perdonará nuestros pecados, y la sangre del Señor nos limpiará de toda iniquidad. Si hemos tratado como corresponde con todo el sentir de ofensa de nuestra conciencia delante de Dios, debemos escondernos bajo la sangre por medio de la fe. Sólo entonces podremos evitar todas las acusaciones y ataques de Satanás.

H. Una brecha
en la conciencia

Una brecha en la conciencia es también un tipo de sentir de ofensa en la conciencia. Esta condición es extremadamente dañina para el estado espiritual de un cristiano.

En condiciones normales el sentir de la conciencia está basado en la iluminación del Espíritu Santo, la cual a su vez, está basada en la medida de vida que tengamos. Al grado que hayamos crecido en vida, a ese mismo grado tendremos la iluminación del Espíritu Santo. Hasta el grado que la iluminación del Espíritu Santo alcance, hasta ese mismo grado será sensible nuestra conciencia. Así que, el sentir de nuestra conciencia puede ser tratado adecuadamente según la medida de nuestra vida. Cualquier cosa que el Espíritu Santo nos exija a través de nuestra conciencia también puede ser adecuadamente satisfecha por la suministración del poder de nuestra vida. Si tan sólo estamos dispuestos a obedecer, tendremos la fuerza para tratar con la demanda. Así que, este sentir de la conciencia no provocará una brecha de la conciencia.

Sin embargo, algunas veces la condición se torna anormal: la conciencia produce un tipo de sentir que no puede ser satisfecho adecuadamente por el grado de vida que la persona tiene. Este tipo de sentir no viene de la iluminación del Espíritu Santo. La iluminación del Espíritu Santo siempre está basada en el crecimiento de la vida. Ya que este tipo de sentir no es satisfecho adecuadamente por el grado de crecimiento de la vida, entonces debe de haber venido de un conocimiento prematuro. Esta situación es semejante a la de un niño de diez años que conoce las cosas de un hombre de veinte años y acepta todos los requisitos para un hombre de veinte años, pero a causa de que su vida no ha alcanzado el nivel adecuado, no tiene la fortaleza para satisfacer tales requisitos. Esto es igualmente cierto en el caso de uno que tiene un sentir prematuro en su conciencia. Por un lado, se da cuenta de que no debe hacer cierta cosa porque, si la hace, su conciencia se sentirá condenada e intranquila. Por otro lado, no es suficientemente fuerte para vencer aquello, así que sigue adelante y lo hace. Esto provoca una brecha o una violación de su conciencia que no puede ser reconciliada. Llamamos a esta condición una brecha en la conciencia.

Por ejemplo, un hermano que ha sido salvo recientemente tiene un mal hábito. Ya que la luz en él no es fuerte, su conciencia no le condena. El puede orar, asistir a las reuniones y tener comunión con el Señor, todo ello con paz y gozo. Luego un hermano le dice que este mal hábito no es agradable al Señor y que debe deshacerse de él inmediatamente. El responde: "Cuando yo oro, no estoy consciente de que el Señor esté descontento". Para probarle este punto, el hermano entonces le explica las verdades bíblicas relacionadas con el asunto. Finalmente, el recién convertido es convencido y se ve obligado a obedecer estas verdades para que pueda deshacerse del mal hábito. Esto resulta en fracaso, porque su crecimiento en vida no es adecuado y no hay suficiente suministración del poder de vida. Por lo tanto, él continúa viviendo en este mal hábito. En ese momento, su conciencia le condena severamente, y un sentir de ofensa lo agobia constantemente. Originalmente él podía orar, consagrarse y asistir a las reuniones, pero ahora él dice para sí: "¿Puede alguien como yo orar, consagrarse y asistir a las reuniones?" De esta manera, su conciencia tiene una gran brecha. La brecha es tan severa que ya no puede orar, testificar ni asistir a las reuniones. Finalmente, toda su vida cristiana se va a la bancarrota.

Por lo tanto, la brecha de la conciencia es un asunto serio y peligroso. En 1 Timoteo 1:19 se nos dice que una filtración en nuestra conciencia es como un barco con una grieta, que está destinado a naufragar. La conciencia de un cristiano naufragará una vez que tenga una brecha. Ya que la fe y el amor son esenciales para el cristiano mismo, son igualmente esenciales en nuestra relación con Dios y, hasta cierto grado, en nuestra relación con otros. La vida que un cristiano viva delante de Dios debe ser una vida de fe y amor. Pero una vez que la conciencia tiene una brecha, la fe y el amor escapan, y la vida espiritual del cristiano se va a la bancarrota. Así como una bombilla eléctrica agrietada no tiene luz, igualmente una conciencia que tiene fisuras provoca que el espíritu del cristiano se sienta vacío y todas las cosas espirituales se sequen dentro de él.

Ya que la brecha de la conciencia es un asunto tan serio, debemos luchar para evitarlo en nuestra senda de procurar el crecimiento en vida. La forma de evitarlo es no aceptar ningún sentimiento que provenga del conocimiento prematuro, ni responder a ninguna demanda que exceda al suministro de vida interior. Esto se aplica tanto a nosotros como a otros. No debemos impartir a otros un conocimiento adelantado que provoque sentimientos prematuros, ni debemos señalar los problemas de otros sin considerar si tienen o no la fortaleza para tratar con ellos. De otra forma, sus conciencias serán dañadas, causando una brecha. Sólo debemos ayudar a otros positivamente en el aspecto de la vida, para que puedan crecer en vida. Con el correr del tiempo, el sentir de sus conciencia crecerá espontáneamente, y sus tratos también crecerán como corresponde.

Si ya tenemos un sentir proveniente de un conocimiento prematuro, necesitamos que la sangre del Señor nos cubra. Podemos decirle al Señor: "Señor, sé que necesito tratar con este asunto, pero soy incapaz de enfrentarme a él; no es rival que yo pueda confrontar. Cúbreme con Tu sangre y no permitas que Satanás me ataque". Si confiamos así en la sangre, a pesar de que somos débiles, aún así, podemos tener comunión con el Señor, y nuestra vida espiritual no sufrirá pérdida.

Mientras estemos escondidos bajo la sangre, debemos tener otra actitud: debemos acudir al Señor para recibir la suministración de Su gracia. Cuando el suministro de Su gracia venga sobre nosotros y nos provea de la fuerza necesaria, entonces debemos tratar inmediatamente con las cosas que necesitan ser tratadas. Este suministro de la gracia de Dios, por un lado, significa el suministro de vida interior, y por otro lado incluye el arreglo externo en el entorno. Por ejemplo, al tratar con nuestras deudas financieras, por un lado debemos acudir al Señor para que obre en nosotros haciendo que tengamos un sentir interno adecuado. Por otro, también debemos acudir al Señor para que provea, en el ambiente, la cantidad de dinero pertinente para que podamos tratar con el asunto de acuerdo al sentir interno. Este suministro externo es también un tipo de provisión divina que nos capacita para tratar con el asunto en cuestión.

I. El sentir de la conciencia y el crecimiento de la vida

El sentir de nuestra conciencia está estrechamente relacionado con la vida. Primero, vamos a estudiar esta relación antes y después de ser salvos. Antes de ser salvos, la muerte y las tinieblas estaban en nosotros, y nuestra conciencia tenía poca luz y poca sensibilidad. Después de que fuimos salvos, el Espíritu de Dios trajo la vida de Dios a morar en nosotros, y nuestro espíritu fue vivificado. Al mismo tiempo, nuestras partes internas fueron renovadas, la función de la conciencia fue restaurada y la sensibilidad de la conciencia fue revivida. Por lo tanto, la sensibilidad de una conciencia cristiana se origina en el nacimiento de su vida espiritual.

Esta es nuestra verdadera condición cuando somos salvos. Después de ser salvos, la sensibilidad de la conciencia aumenta según crece la vida. A medida que nuestra vida crece, el sentir de nuestra conciencia aumenta. Cuanto más crezcamos en vida, más fina y aguda será la sensibilidad de nuestra conciencia. Por lo tanto, si deseamos un sentir más agudo y más rico, tenemos que seguir en pos de la vida aún más. Si nuestra vida es abundante, el sentir de nuestra conciencia será fortalecido. Aún más, si tratamos todos los asuntos de acuerdo al sentir de la conciencia, el crecimiento en vida aumentará. El crecimiento en vida afecta el sentir de la conciencia, y el sentir de la conciencia ayuda al crecimiento en vida. En una mutua relación de causa y efecto estos dos nos llevan adelante en el camino de vida.

J. El sentir de la conciencia y la iluminación del Espíritu Santo

El sentir de la conciencia está también conectado con la iluminación del Espíritu Santo. Este sentir, derivado del nacimiento de la vida e incrementado de acuerdo al crecimiento de la vida, también pasa a través del Espíritu Santo y es iluminado por el Espíritu Santo. No podemos separar la vida y el Espíritu Santo, porque la vida de Dios está en el Espíritu de Dios; por consiguiente, no podemos dividir el crecimiento de vida de la iluminación del Espíritu Santo. Cuanto más brille

el Espíritu Santo en nosotros, mayor será nuestro crecimiento en vida. Y cuanto más crecimiento en vida tengamos,
más intensa será la iluminación del Espíritu Santo. Estos dos
también actúan mutuamente como causa y efecto, y siempre
existen en la misma proporción.

Debido a que el sentir de la conciencia está basado en la
medida de vida, y la medida de vida es inseparable de la iluminación del Espíritu Santo, el sentir de la conciencia es
afectado naturalmente por la iluminación del Espíritu Santo.
Cuando la vida que está dentro de nosotros aumente en crecimiento, la iluminación del Espíritu Santo crecerá y el sentir
de la conciencia será más intenso. Es como un maestro que
basa su instrucción según el nivel académico de su alumno.
Normalmente el nivel académico de un alumno está en conformidad con su edad, lo cual a su vez afecta la lección del
maestro. El Espíritu Santo, quien está dentro de nosotros, es
nuestro mejor maestro. La medida de vida que poseemos
es nuestra edad espiritual. Cualquier sentir que tengamos en
nuestra conciencia es la lección que el Espíritu Santo hace
resplandecer en nosotros. El sentir de la conciencia difiere en
cada uno porque todos tenemos una medida diferente de vida.
Así que, la iluminación del Espíritu Santo en cada uno difiere
de acuerdo a esto.

Por el contrario, el sentir de la conciencia también puede
fortalecer la iluminación del Espíritu Santo. Si tratamos los
asuntos de acuerdo al sentir de nuestra conciencia, el Espíritu Santo ganará naturalmente más terreno y nos dará más
iluminación; por tanto, la iluminación del Espíritu Santo y el
sentir de la conciencia se afectan mutuamente tanto en causa
como en efecto.

K. El sentir de la conciencia
y el conocimiento espiritual

Otra base sólida para el sentir de la conciencia es el conocimiento espiritual. Conocimiento espiritual no significa entendimiento mental, ni compresión de las verdades bíblicas o de
las cosas espirituales, sino que denota el entendimiento y la
comprensión con respecto a Dios y a todas las cosas de Dios
a través de la revelación y la iluminación divinas. Esta clase

de conocimiento se da tanto en vida como en el Espíritu Santo. Si cierta clase de conocimiento no procede de la vida y del Espíritu Santo, no es conocimiento espiritual. El verdadero conocimiento espiritual tiene que venir de la vida y del Espíritu Santo.

Ya que nuestro conocimiento espiritual procede de la vida, es logrado por el grado de vida que tengamos. Si cierta clase de conocimiento precede a nuestro crecimiento en vida, es prematuro e intelectual, y no es verdadero conocimiento espiritual. Así que, no nos puede proporcionar el suministro de vida y no nos aprovecha. Sin embargo, si el crecimiento en vida aumenta a cierto nivel, se producirá cierta clase de conocimiento. Este es el conocimiento espiritual normal y adecuado. Este nos puede suministrar vida y nos beneficia.

¿Por qué es proporcional el conocimiento espiritual al crecimiento en vida? Porque el verdadero conocimiento espiritual procede de la iluminación del Espíritu Santo, y esta iluminación es proporcional al crecimiento en vida. Si no recibimos iluminación cuando escuchamos los mensajes, leemos la Biblia, estudiamos libros, y escuchamos testimonios de otros, meramente acumulamos mucho conocimiento. Esto no es el verdadero conocimiento espiritual. A partir de esto podemos ver lo íntimamente relacionados que están el verdadero conocimiento espiritual, el crecimiento de vida y la iluminación del Espíritu Santo.

¿En qué consiste entonces el verdadero conocimiento espiritual, el cual resulta de la iluminación del Espíritu Santo? Primeramente, es el sentir que tenemos en nuestro espíritu, la parte más profunda de nuestro ser, por medio de la cual percibimos por revelación interna lo que necesita ser tratado. En segundo lugar, este sentir trae consigo la manifestación de Dios, causando que veamos que es Dios quien nos ha hablado en Su presencia.

Por ejemplo, una hermana testifica que mientras oraba recibió iluminación del Señor en cuanto a no usar muchos de sus vestidos estilizados. Otra hermana, al oír su testimonio, dijo en su corazón: "Si ella no puede usar ese estilo de ropa, ¿cómo podré usar yo mi vestido, que está más a la moda?" El hecho es que el concepto que esta hermana tiene con respecto al vestido moderno es meramente el resultado del conocimiento mental mezclado con una emoción. Este no es el conocimiento espiritual que resulta de la iluminación del Espíritu Santo. Pero también puede darse el caso de que ella no sólo comprenda este asunto en su mente sino que también sea motivada interiormente por el testimonio. Ella siente que el dedo del Señor está apuntando a su vestido de moda y le está dando un sentir de que ella no debe volver a usar ese vestido. Esta es la luz del Espíritu Santo brillando sobre ella. En el primer caso, ella meramente podía asentir con su cabeza y estar de acuerdo, pero no podía arrodillarse y orar. En el segundo caso, aún antes de que llegue a casa, ella orará, diciendo: "Señor, perdóname y libérame de este vestido de moda". En este caso, Dios, a través de este testimonio, no sólo la conmueve, sino que le habla y se le manifiesta. Por consiguiente, ella sabe con certeza que no debe usar más su vestido a la moda. Este es el verdadero conocimiento espiritual, el conocimiento que se origina en la iluminación del Espíritu Santo.

Cada vez que Dios nos da conocimiento espiritual, El desea que encontremos la luz resplandeciente de Su faz y que sintamos la revelación del Espíritu Santo. Esta iluminación y revelación nos reprende en ciertos asuntos, nos hace humildes ante Dios, y nos conduce a buscar Su perdón y liberación, así como también Su suministro y poder de vida para tratar con aquello que es reprendido.

Tomemos, por ejemplo, los mensajes que han sido dados en la iglesia. Debido a los diferentes grados de crecimiento en vida que hay entre los hermanos y hermanas, la iluminación del Espíritu Santo también difiere. Por lo tanto, el conocimiento espiritual obtenido por cada uno varía grandemente. Un crecimiento en vida más profundo da al Espíritu Santo más terreno para iluminar a algunos. En consecuencia, el conocimiento espiritual que ellos obtienen es mayor y más profundo. Con respecto a aquellos cuyo crecimiento espiritual es superficial, la luz reveladora del Espíritu Santo está limitada, aun cuando ellos se sienten en la misma reunión y escuchan el mismo mensaje. Así que, el conocimiento espiritual que hay dentro de ellos está restringido y es superficial. Por lo tanto, estos tres —el conocimiento espiritual, el grado de crecimiento en vida y la iluminación del Espíritu Santo— están relacionados y mezclados.

El verdadero conocimiento espiritual se obtiene a través de nuestro crecimiento en vida y la iluminación del Espíritu Santo. Este conocimiento incluye no sólo la comprensión de la mente sino mucho más. Es un sentir en el espíritu. Luego de que este sentir en el espíritu toca nuestra conciencia, se convierte en el sentir de la conciencia. La carencia de conocimiento espiritual significa que no hay sentir en la conciencia. Casi todos los sentimientos normales de la conciencia provienen del verdadero conocimiento espiritual.

L. El sentir de la conciencia y la provisión de gracia

Ya que el sentir normal de la conciencia se origina en la vida, en el Espíritu Santo y en el conocimiento espiritual, ciertamente lleva consigo la provisión de gracia. Esta es una característica gloriosa del Nuevo Testamento. Las leyes del Antiguo Testamento dadas al hombre, solamente contienen demandas sin la provisión. La ley de vida del Nuevo Testamento dispensada en el hombre contiene no solamente la demanda, sino aún más, la provisión. La demanda de la ley de vida es satisfecha por sí misma como provisión. Por lo tanto, siempre que nuestra conciencia revele la demanda que hace la ley de vida, dándonos un sentir normal para tratar con cierto asunto, necesitamos, entonces, postrarnos en adoración y reconocer que este sentimiento de la demanda de Dios es un anuncio preliminar de la provisión de gracia.

Aunque la demanda del sentir de la conciencia lleva consigo la provisión de gracia, con todo, si deseamos hacer real esta provisión, debemos cumplir un requisito: debemos responder a esta demanda con la fe. La provisión de la gracia de Dios siempre depende de nuestra confianza y obediencia. Si confiamos y obedecemos, vendrá la provisión de gracia de Dios. De otro modo, la provisión no vendrá. Dios siempre desea que nosotros obedezcamos primero por fe en respuesta a todas Sus demandas. Entonces El nos suministrará Su gracia. Por lo tanto, nuestra respuesta a las demandas de Dios es nuestro pedido de la provisión de Dios.

Por ejemplo, cuando le pedimos a alguien que envíe un telegrama, según el principio comercial del mundo primero le proporcionamos el dinero y luego él procede. Pero el principio espiritual es que él primero debe obedecer y actuar; luego se le da el dinero. Si alguien teme actuar porque no tiene los medios, entonces el dinero seguramente no vendrá. Pero cuando actúa en fe para pagar el gasto, el dinero estará disponible. En la Biblia muchos hechos históricos muestran este principio. Cuando Dios hizo pasar a Israel a través del Jordán, el agua no se separó antes de que ellos descendieran al agua; por el contrario, ellos descendieron al agua por fe y luego las aguas fueron separadas. La provisión de gracia también se obtiene por fe y se experimenta en fe. Así que todo aquel que esté aprendiendo a tratar con la conciencia necesita aprender la lección de recibir la provisión de la gracia de Dios en fe. Cada vez que el sentir en la conciencia trae una demanda, debemos darnos cuenta de que ésta es la provisión de Dios para nosotros. Si contestamos esta demanda en fe, la provisión de Dios indudablemente vendrá. Nuestra obligación es responder. La obligación de Dios es proveer.

Debemos estar agradecidos con el Señor porque aun nuestra fe y obediencia provienen de Dios; no necesitan nuestra lucha ni nuestro esfuerzo. Normalmente, cuando el sentir de la conciencia corresponde al crecimiento en vida, espontáneamente tenemos fe y nos sometemos en obediencia. Si alguna vez un sentir de la conciencia sobrepasa nuestra confianza en la provisión de la gracia de Dios y nuestra habilidad para obedecer, es un sentir prematuro y prueba que nuestro crecimiento en vida no ha alcanzado esta etapa. En ese caso debemos escondernos bajo la sangre y esperar hasta que nuestra vida avance a esta etapa. Entonces espontáneamente tendremos suficiente fe para aplicar la gracia de Dios y obedecer el sentir de la conciencia.

En conclusión, para cumplir la demanda del sentir de la conciencia, ciertamente necesitamos la provisión de la gracia de Dios. Esta provisión es recibida por fe. Cuando cumplimos en fe la demanda que está en el sentir de nuestra conciencia, inmediatamente la gracia de Dios viene a abastecernos. Por un lado, nos da fortaleza para que tratemos con el asunto y obtengamos limpieza; por otro lado esta provisión y gracia vienen entretejidas a nosotros, trayendo consigo el crecimiento en vida.

II. LA PRACTICA DE TRATAR CON LA CONCIENCIA

Los doce puntos antes mencionados pertenecen a nuestro conocimiento en cuanto a tratar con la conciencia; lo siguiente se refiere a la aplicación práctica al tratar con la conciencia.

A. La base bíblica

1. Primera Timoteo 1:19: "Manteniendo ... una buena conciencia, desechando la cual naufragaron en cuanto a la fe algunos". La buena conciencia mencionada por el apóstol significa una conciencia que trata con todas las manchas a fin de mantener una condición libre de culpa. Si alguno permite que alguna ofensa permanezca en su conciencia, naufragará en su fe, y gradualmente su tesoro espiritual se escapará; también se debilitará ante el Señor.

2. Primera Timoteo 1:5: "...el amor nacido de corazón limpio, y de buena conciencia, y de fe no fingida". A fin de tener el amor que es necesario en el andar cristiano, necesitamos tener una buena conciencia, ya que este amor proviene de una buena conciencia.

3. Hechos 24:16: "Y por esto procuro tener siempre una conciencia sin ofensa ante Dios y ante los hombres".

4. Hechos 23:1: "...yo con toda buena conciencia he vivido delante de Dios hasta el día de hoy".

El apóstol testifica dos veces que su conciencia está libre de ofensas. Esto revela una de las razones por las cuales él tenía tal fortaleza y denuedo en la obra del Señor; esto es, él continuamente trató con su conciencia, guardándola de condenación.

B. El objetivo del trato con la conciencia

El objetivo de nuestro trato no es la conciencia en sí misma, sino más bien la sensibilidad de la conciencia. Además de la sensibilidad prematura, la hipersensibilidad y el sentir de las acusaciones y ataques de Satanás, todos los sentimientos normales de la conciencia son el objetivo de nuestro trato.

Efesios 4:19 nos dice que los pecadores "echaron de sí toda sensibilidad" (Darby). La sensibilidad que aquí se recalca es la sensibilidad de la conciencia. Antes de que un hombre sea salvo, está sumergido en el pecado. En su vivir y comportamiento, se empeña en ignorar y anular el sentir de la conciencia. Por lo tanto, entre los gentiles, un hombre moral puede respetar el sentir de su conciencia, pero el hombre maligno carece de sensibilidad en su conciencia. El principio es el mismo con aquellos que son salvos. Cuanto más espiritual es uno, más sensible llega a ser la conciencia. Por otro lado, si tiene poca oración y carece de comunión con el Señor, su conciencia es insensible.

En el contexto de Efesios 4, el apóstol nos amonesta a que nos despojemos del viejo hombre y nos vistamos del nuevo, y a que andemos según la gracia a la cual fuimos llamados. De este modo, la vida cristiana normal parece estar absolutamente relacionada con el sentir de la conciencia. Anteriormente, cuando vivíamos en el viejo hombre, abandonamos todo el sentir de la conciencia; ahora, habiéndonos despojado del viejo hombre y habiéndonos vestido del nuevo, debemos vivir dándole la debida atención al sentir de la conciencia y afrontar las cosas de acuerdo con este sentir.

C. La base del trato con la conciencia

La base del trato con la conciencia es también el sentir de la conciencia. Todos los sentimientos normales que haya en nuestra conciencia, si están de acuerdo con nuestro crecimiento en vida y son derivados de la iluminación del Espíritu Santo, forman la base del trato con la conciencia.

Hemos mencionado previamente que hay tres categorías de sentimientos en la conciencia, a saber: el sentir hacia el pecado, el sentir hacia el mundo y todo otro sentir de intranquilidad. Al tratar con el pecado, debemos tratar solamente con el sentir que existe en nuestra conciencia hacia el pecado; al tratar con el mundo, debemos tratar solamente con el sentir de nuestra conciencia hacia el mundo; al tratar con otras cosas aparte del pecado y el mundo, debemos tratar solamente con el sentir perturbador de nuestra conciencia. De acuerdo al objetivo del trato, estas tres categorías parecen diferentes. Pero su única base es el sentir de la conciencia.

En los capítulos anteriores no teníamos el sentir de la conciencia como base para tratar con el pecado y el mundo, sino más bien el sentir de la vida interna. Hicimos esto porque el sentir de la conciencia es originalmente el sentir de la vida interior. Sin embargo, a pesar de que este sentir viene de la vida de Dios y del Espíritu Santo, es a través de la conciencia que lo percibimos. Por lo tanto, aunque es el sentir de vida, es también el sentir de la conciencia.

D. La medida del trato con la conciencia

La medida de nuestro trato con la conciencia es la misma que la del trato con el pecado y el mundo, o sea, "vida y paz". Debemos tratar hasta tal grado que sintamos no sólo paz interna, sino también vida. No sólo necesitamos sentirnos sosegados, seguros y confiados, sino que también debemos sentirnos fortalecidos, iluminados y satisfechos. Cualquier caso en que carezcamos de vida y paz, indica que nuestro trato no es lo suficientemente completo.

Sin embargo, en nuestra experiencia, el sentir de vida y paz no puede mantenerse siempre inmutable. Por el contrario, puede ser que después de un período de tiempo, nuevamente nos sintamos vacíos y confusos, intranquilos e inseguros, como si el sentir de vida y paz se hubieran ido. Hay dos factores responsables de esta condición. Uno es nuestro descuido y fracaso, lo cual ha causado que estemos contaminados nuevamente y poseídos por cosas que no agradan a Dios. El otro caso es que el nivel de la demanda de vida de Dios en nosotros es sumamente elevado cuando continuamos sometiéndonos a nuestra conciencia, recibiendo la provisión de gracia, creciendo en vida y aumentando en la iluminación del Espíritu Santo. Estas dos razones pueden hacer que no sintamos ni paz ni vida.

Al comienzo, este tipo de sentir es un vago sentir interno de que carecemos de vida. En otras palabras, ya no sentimos "vida". Cada vez que sintamos que la vida está ausente, debemos darnos cuenta de que Dios tiene para nosotros una lección interna más profunda que aprender y asuntos externos adicionales con los cuales tratar. Si en un momento así entramos más profundamente en Su presencia buscando más luz reveladora, Dios dará un paso adicional y nos mostrará cuáles asuntos debemos tratar. Cuando la luz respecto de algún asunto se hace más clara, nuestro vago sentir acerca de la falta de vida se convierte en un sentir definido de intranquilidad. Este es un sentir en la conciencia. Debemos tratar de acuerdo con este sentir hasta que hayamos recuperado la condición interior de vida y paz. Tales ciclos de tratos repetidos nos depurarán una y otra vez y nos llevarán adelante en el camino de vida.

E. La norma del trato con la conciencia

Al tratar con la conciencia necesitamos tratar hasta tal grado que tengamos vida y paz, pero también necesitamos una norma de trato que nos gobierne. En términos generales, la falta de vida y paz internas deben ser tratadas hasta que obtengamos vida y paz, pero esto no quiere decir que cualquier sentir de carencia de vida y paz demanda trato. Sólo necesitamos preguntarnos si este sentir satisface el nivel de trato. Si corresponde con el debido nivel, entonces tratamos con él; de otra manera, no es necesario hacerlo. Por lo tanto, la norma de trato es un buen criterio cuando comenzamos a practicar esto.

Cuando un cristiano es conmovido por el amor del Señor y decide seguirle, está dispuesto a ceder al trato completo del Señor, hasta el punto de hacer a un lado su dignidad, de pagar cualquier precio. En tal circunstancia, Satanás frecuentemente viene y trae sentimientos engañosos. En algunos casos las personas llegan a ser tan engañadas por él que se sienten obligadas a tratar innecesariamente con cosas, sufriendo así pérdida espiritual. Por lo tanto, debemos tener un nivel para evaluar todos nuestros tratos y medir cuidadosamente todos aquellos sentimientos de carencia de vida y paz. De esta manera podemos evitar muchos peligros y errores. En consecuencia, el patrón para nuestros tratos es un límite y una protección.

Hemos dicho que el estándar en cuanto a tratar con el pecado es la justicia. Sólo los asuntos que no son justos necesitan ser tratados. Si no hay injusticia no hay nada que considerar. La norma de nuestro trato con el mundo es si estamos servilmente poseídos por el mundo en nuestro diario vivir o no. Todo aquello que no sea necesario para nuestra subsistencia o todo lo que nos posea necesita ser tratado; fuera de eso no es necesario ningún trato adicional. No obstante, la norma de nuestro trato con la conciencia es si el asunto es significativo o razonable o no lo es. Esto se aplica cuando intentamos tratar con la ausencia de paz en nuestra conciencia. Debemos preguntar: "¿Es significativa esta ausencia de paz? Cuando lo trato, ¿estoy edificando? ¿Podrán otros recibir ayuda de esto? ¿Puede Dios ser glorificado?" Si es algo significativo, lo aceptamos y tratamos adecuadamente. Sin embargo, si no tiene ningún significado, debemos rechazarlo y no tratar con eso.

Por ejemplo, consideren el caso de un hermano que después de leer un libro lo arroja descuidadamente. Inmediatamente, percibe una ausencia de paz internamente, y su descuido es reprendido por su conciencia. En tal caso él debe recoger el libro y ponerlo en su sitio cuidadosamente. Debe tratar el libro según su sentir interno; entonces tendrá paz interna. En tal caso, esta ausencia de paz es evidentemente significativa, enseñándole a no ser una persona descuidada. Sin embargo, si este hermano no tiene paz al sentarse en una silla, pero tiene paz al sentarse en el piso, ha tratado con su conciencia hasta un grado demasiado fino. Si no tiene paz al llevar la Biblia en su mano, pero tiene paz al llevarla en su hombro, esta ausencia de paz no tiene ningún sentido. Cuanto más él trata con estos sentimientos sin sentido, más se multiplicarán éstos. En consecuencia, se le da terreno a los ataques de Satanás, causando así muchos sufrimientos innecesarios.

Por un lado, debemos tratar estrictamente con nuestra conciencia de acuerdo con las demandas de nuestra vida y paz internas. Por otro, también debemos ser gobernados por el estándar de lo que tiene sentido. Según este principio, tendremos entonces un trato equilibrado y provechoso el cual hará que crezcamos en vida y que no cedamos terreno a los ataques del enemigo.

CONCLUSION

En esta segunda etapa de nuestra vida espiritual, hemos estudiado consecutivamente las tres lecciones del trato: el pecado, el mundo y la conciencia. Todo aquello que requiera trato en las etapas iniciales del cristiano que sigue al Señor, está incluido en estas tres lecciones. Después de que un cristiano trata con el pecado, la justificación que recibe de Dios es expresada a través de él y también es manifestada ante los hombres. Después de que trata con el mundo, experimenta la santificación en Cristo, viene a estar totalmente separado del mundo y pertenece completamente a Dios. Finalmente, después de que trata con la conciencia, los sentimientos dentro de él son sensibles y ricos y la función de su espíritu es fuerte y evidente. En ese momento, todo lo que hay fuera de él que no agrada a Dios o que no está de acuerdo con Dios, es resuelto, mientras que la vida interior se hace manifiesta. Entonces comienza a tornarse de afuera hacia dentro y aprende a seguir al Señor interiormente en la senda de la vida.

En la práctica, después de que un cristiano comienza a buscar al Señor y se consagra, hay un largo período de tiempo en el cual el énfasis de la obra del Señor en él se da en estas tres áreas del trato. Cuanto más acepta estos tratos, más bendecido es en su condición espiritual ante Dios y más rápido crece en vida. Por lo tanto, si deseamos conocer nuestra condición ante el Señor o la condición de nuestro crecimiento espiritual, debemos examinar nuestras experiencias para ver cuánto hemos sido tratados por el Señor en estos aspectos. Muchos hermanos y hermanas crecen en vida muy lentamente. Diariamente se lamentan de su pobre condición y piden diariamente misericordia al Señor. Pero, después de un lapso de varios años su crecimiento en la vida interior todavía permanece en la etapa inicial. Otros hermanos y hermanas están en un estado de muerte y aturdimiento ante el Señor. El mover del Espíritu Santo no es discernible en ellos ni pueden ser vistos funcionando en el Espíritu Santo. La razón de esto es mayormente que ellos no han aprendido estas lecciones del trato.

Frecuentemente hablamos de obediencia. Pero muchas veces nuestra obediencia ante el Señor no tiene nada que ver con el trato. Pero además del tratar, ¿qué más requiere obediencia? Si nuestros tratos no son cabales ¿cómo puede nuestra obediencia ser absoluta? No nos atrevemos a decir que el cien por ciento de toda la obediencia depende del asunto del trato, pero podemos decir que de cien demandas de obediencia, noventa de ellas caen en la categoría del trato. Así que, la obediencia es mayormente un asunto de trato.

Nuestro problema hoy es que somos desobedientes en el trato. No es que no tengamos tratos en lo absoluto, sino que no somos cabales ni serios. O bien no somos cabales y específicos en el trato o bien aplazamos el trato. Esto disminuye grandemente nuestra obediencia. Así que actuamos contrariamente a la ley de vida, nos oponemos a la enseñanza de la unción y ofendemos a Dios. Por lo tanto, nuestra conciencia se vuele torpe y se insensibiliza; nuestro espíritu viene a estar vacío y bajo. A pesar de que escuchamos mensajes y leemos libros espirituales, incluyendo la Biblia, recibimos poca luz. Estamos sin fruto en nuestro trabajo y toda nuestra condición espiritual permanece seca y débil.

Es válido no sólo a nivel individual, sino también en las reuniones. Muchas reuniones son débiles, pobres y bajas porque todos allí carecen de trato. Si cada uno trata estricta y severamente en su vida diaria, la condición de las reuniones cambiará grandemente y llegará a ser viviente.

Siempre le rogamos al Señor que obre y hasta le decimos que si no obra, no tendremos manera de ir adelante. Pero el problema no es que El no obre, sino que nosotros no se lo permitimos. El Señor obra para despertar nuestro sentir interno. Si permitimos que el Señor obre, espontáneamente tendremos tratos de acuerdo con este sentir interno. Cada paso de la obra del Señor tiene como fin exponer nuestras dificultades y demandar que tratemos con ellas. Cuando el Señor opera en nosotros, inmediatamente debemos tener tratos. Permitir que el Señor obre es permitir que El trate con nosotros. Si tratamos exhaustivamente con cada sentir, el Señor podrá operar en nosotros de principio a fin. Todo nuestro ser será avivado. Llegaremos a ser como dinamita en la obra del Señor, haciendo explotar la obra del Señor desde nuestro interior.

Debemos acudir al Señor para que nos guíe a la experiencia de estas lecciones. Cuanto más descuidemos el trato, más indiferente se volverá nuestro sentir interno al hecho de estar en tinieblas. Pero cuanto más estamos dispuestos a practicar estos tratos, más nos constreñirá nuestro sentir interno a que tratemos cabalmente los asuntos, hasta que hayamos tratado con todos nuestros sentimientos ante el Señor. Sin embargo, aun entonces, no podremos decir que hemos superado los tratos. No puede haber graduación de estos tratos ni pueden ser terminados. Diariamente debemos enfrentar el problema del trato. Cada vez que descubramos nuevos errores o cosas que no hayan sido tratadas en el pasado, debemos tratar con ellas inmediatamente. De este modo, estaremos capacitados para progresar en el Señor en una manera más profunda.

Capitulo siete

OBEDECER LA ENSEÑANZA DE LA UNCION

La séptima lección de la experiencia de vida es la de obedecer la enseñanza de la unción. Hay varias maneras de describir esta lección, tales como andar según el Espíritu, permanecer en el Señor, vivir en comunión con Dios, andar con Dios y vivir en Su presencia. Sin embargo, la más precisa es obedecer la enseñanza de la unción. Si entendemos esta expresión, también entenderemos las otras.

Aunque obedecer la enseñanza de la unción sea una experiencia de la segunda etapa de nuestra vida espiritual, es, sin embargo, la experiencia crucial y central de las cuatro etapas. No importa qué clase de trato experimentemos en el lado negativo o cuánta edificación haya en el lado positivo, no podemos apartarnos de esta lección. Esta lección causa que la experiencia de vida en las etapas primera y segunda surja espontáneamente y llegue a ser más profunda y más completa. Al mismo tiempo, esta lección puede guiarnos a experiencias más profundas de la tercera y cuarta etapas. Por eso, la obediencia a la unción es el secreto de nuestro crecimiento en vida. Si deseamos seguir al Señor en el camino de vida, debemos tener un conocimiento y experiencia cabal de esta lección.

I. BASE BIBLICA

En 1 Juan 2:27 se dice: "Pero la unción que vosotros recibisteis de él permanece en vosotros, y no tenéis necesidad de que nadie os enseñe; así como la unción misma os enseña ... según ella os ha enseñado, permaneced en él".

II. CONOCER LA UNCION

En la enseñanza de la unción, hay dos partes principales:

el aspecto de la unción y el aspecto del conocimiento. Examinaremos estos dos aspectos cuidadosamente. Miremos primero el aspecto de la unción.

A. Lo que significa la unción

¿Qué significa la unción? Podemos entender esto por medio del término mismo y por medio de su origen en la Biblia.

Primeramente, veamos el significado del término mismo. La unción que se menciona en 1 Juan 2:27 en el griego no es un sustantivo, sino un verbo, que implica cierta clase de acción o movimiento. No es un ungüento en un estado quieto, inactivo y sin movimiento, sino que es un ungüento en un estado de movimiento y actividad, que implica la acción de ungir.

Entonces, ¿a qué se refiere la unción? Hablando sencillamente, es el movimiento del Espíritu Santo en nosotros. En toda la Biblia, el ungüento simboliza el Espíritu Santo. Cuando el hombre recibe el ungüento de Dios, espiritualmente significa que el hombre recibe el Espíritu Santo de Dios. Cuando el Señor Jesús recibió el Espíritu Santo en Su bautismo, dijo claramente que "el Espíritu del Señor está sobre mí, por cuanto me ha ungido" (Lc. 4:18). De este modo, el ungüento que recibimos del Señor indudablemente señala al Espíritu Santo, el cual hemos recibido de El. Este Espíritu Santo no está quieto en nosotros, sino que está siempre activo y moviéndose. Esta clase de movimiento nos da un sentir interno de ser el envase de un ungüento muy delicado y suave.

Ahora veamos la unción de acuerdo a su origen en la Biblia. Aunque el término "unción" es mencionado por primera vez en 1 Juan, no obstante, el asunto de la unción existía en el Antiguo Testamento cuando los israelitas erigieron el tabernáculo. Cuando edificaron el tabernáculo en el desierto, Dios ordenó que debían aplicar el ungüento santo al tabernáculo y a todas las cosas que había en él. Además, todos los sacerdotes que servían y el sumo sacerdote tenían que ser ungidos con el ungüento. Una vez que la gente y las cosas eran ungidas, se convertían en algo separado y santificado para Dios (Ex. 29:7, 21; 40:9-16; Lv. 8:10-12, 30). Más tarde, los reyes y los profetas fueron ungidos por Dios para Su servicio (1 S. 10:1; 16:12-13;

1 R. 1:39; 19:16; 2 R. 9:1-6; 11:12). Así que, la unción aparece muy temprano en la Biblia.

El propósito por el cual Dios unge a la gente y las cosas es que los ungidos puedan ser santificados. ¿Qué significa ser santificado? En el pasado entendíamos que ser santificado significa la separación por parte del que ha sido ungido, de aquello que es común, haciendo así que él pertenezca a Dios. Sin embargo, este es un entendimiento superficial, ya que se refiere meramente a la posición. Si tenemos una comprensión más profunda, veremos que ser santificado no sólo cambia la posición, sino también la naturaleza del que ha sido ungido. Puesto que el ungüento representa al Espíritu Santo, también representa al Dios Triuno. Dondequiera que es aplicado este ungüento, allí está Dios mismo. El elemento de Dios aumentará en cualquiera que tenga la unción del ungüento. Cuando Moisés ungió la tienda, el altar y los sacerdotes, la tienda llegó a ser la tienda de Dios, el altar llegó a ser el altar de Dios, y los sacerdotes llegaron a ser los sacerdotes de Dios. Debido a la aplicación del ungüento, Dios el Creador llegó a mezclarse y a unirse con los hombres y las cosas, la criatura. Esta es la razón por la cual después de que la tienda fue erigida y ungida con el ungüento, la gloria de Dios la llenó (Ex. 40:2, 9, 34-35). A pesar de que había muchas tiendas entre los israelitas, sólo ésta tenía la gloria y la presencia de Dios. Esto se debe a que solamente a esta tienda se le había aplicado el ungüento y tenía el elemento de Dios; de este modo fue santificada.

En conclusión, la unción representa al Dios Triuno, a través del mover del Espíritu Santo dentro de nosotros, quien se nos imparte como ungüento. Cuanto más nos unja este ungüento, más crecerá Dios en nosotros, llevándonos a una mezcla y unión mayor y más profunda con nosotros. Así que, el propósito de la unción es que podamos mezclarnos y unirnos con Dios.

B. La relación entre la unción y el propósito de la salvación

La unción y el propósito de la salvación de Dios están estrechamente relacionados. El propósito central de la salvación de Dios es que El se forje a Sí mismo dentro de los seres humanos y que se mezcle con ellos para venir a ser uno con ellos. Del mismo modo, la función de la unción es impartirnos a Dios como ungüento, para que podamos estar mezclados con Dios y venir a ser uno con El. Así que, hablando en términos prácticos, el propósito de la salvación se logra a través de la unción. Si no hay unción, el propósito de la salvación de Dios nunca se puede cumplir. Por tanto, la unción es un factor significativo en toda la salvación que Dios efectúa.

A fin de que podamos tener más claridad con respecto a la relación de la unción con el propósito que Dios tiene al salvarnos, estudiaremos ahora tres pasos de la obra que Dios hace para llevar a cabo este propósito.

Su primer paso consistió en que la Palabra se hizo carne. La Palabra era Dios (Jn. 1:1), y la carne denota al hombre; por lo tanto, que la Palabra llegara a ser carne, significa que Dios llegó a ser hombre y que se mezcló con el hombre (Jn. 1:14). El Jesús de Nazaret encarnado, es, en este universo, el primer producto y el producto cumbre de la mezcla de Dios con el hombre, como también el primer logro del propósito de Dios al salvarnos. Cuando El nació en esta tierra, Dios obtuvo en este universo un ejemplo y un modelo de Su mezcla con el hombre. De allí en adelante, Dios se propuso mezclarse con la humanidad conforme a Jesucristo y por medio de El.

El segundo paso que logró Dios en Su propósito de salvación fue la muerte y la resurrección del Señor Jesús. La muerte del Señor lo liberó de la carne, y Su resurrección lo cambió en el Espíritu Santo. Por lo tanto, la muerte y la resurrección del Señor Jesús hicieron posible que El tuviera otra forma, a saber, el Espíritu Santo. Antes de la encarnación, en la eternidad, El era el Padre. Cuando El fue encarnado y vivió en esta tierra entre los hombres, El era el Hijo. Después de que pasó por la muerte y la resurrección, ascendió al cielo, descendió a la tierra de nuevo para entrar en el hombre, El vino a ser el Espíritu. Como el Padre se expresó en el Hijo mediante la encarnación, así el Hijo se expresó como el Espíritu a través de la muerte y la resurrección. El Padre vino al hombre como el Hijo, y el Hijo entró en el hombre como el Espíritu. Este es el Dios Triuno que se mezcla con el hombre por medio de Su salvación.

El tercer paso que Dios usó para lograr Su propósito de salvación fue la entrada del Espíritu Santo en el hombre. Cuando el Espíritu Santo entra en el hombre, el Hijo entra en él, y el Padre también entra en él. Por lo tanto, que el Espíritu Santo entre en el hombre equivale a que el Dios Triuno entre en el hombre. La Biblia da por lo menos dos referencias con respecto a este asunto: Romanos 8:9-11 menciona que el Espíritu, el cual habita en nosotros, es el Espíritu de Dios, el Espíritu de Cristo, y Cristo mismo. Cuando juntamos estas expresiones diversas, vemos que el Espíritu de Dios que está en nosotros también significa que Cristo y Dios están en nosotros. Otra referencia es 1 Juan 4:13: "En esto conocemos que ... él [permanece] en nosotros, en que nos ha dado de su Espíritu". Esto también prueba que si el Espíritu Santo está en nosotros, entonces Dios está en nosotros.

Cuando el Dios Triuno vino a nosotros en el Espíritu Santo, El se mezcló con nosotros. Así que, el propósito de Su salvación, la mezcla de Dios y el hombre, es logrado en nosotros en una manera práctica.

Sin embargo, la obra de Dios de mezclarse con el hombre no es un suceso instantáneo. Desde que fuimos regenerados y el Espíritu Santo entró en nosotros, esta mezcla ha estado avanzando continuamente. A lo largo de la vida de un cristiano, toda la obra del Espíritu Santo en él tiene como fin cumplir la obra de la mezcla de Dios con el hombre.

Por supuesto, hay otro aspecto de la obra del Espíritu Santo, el cual es Su disciplina externa. Esta disciplina externa es Su obra en el lado negativo, mientras que la mezcla dentro de nosotros es Su obra en el lado positivo. La disciplina externa tiene como fin quebrantarnos, mientras que el fin de la mezcla interna es ungirnos con Dios mismo para que Dios crezca en nosotros. La disciplina externa tiene como fin que nosotros podamos menguar, y el fin de la mezcla interna es que Dios crezca. Por lo tanto, la disciplina externa del Espíritu Santo es una obra secundaria; mientras que Su mezcla interna es la obra principal, la cual cumple directamente el propósito de la salvación.

¿Cómo forja el Espíritu Santo esta mezcla dentro de nosotros? El lo hace por medio de ungirnos como el ungüento.

Hemos dicho que el mover del Espíritu Santo representa la unción. El no está estático en nosotros, sino que se mueve y actúa continuamente. Este movimiento y acción es una especie de unción, la cual nos unge más y más con Dios. Por consiguiente, cuanto más nos unge el Espíritu Santo, más puede mezclarse Dios con nosotros, y más puede El cumplir Su propósito de salvación en nosotros.

La manera en que el Espíritu Santo nos unge impartiéndonos a Dios mismo se puede comparar con la manera en que nosotros pintamos un cuarto. Por ejemplo, si deseamos pintar doradas las paredes y los muebles, usamos pintura dorada. Por medio de aplicar una porción de pintura a las paredes y a los muebles, ellos toman el color del oro. Si pintamos el cuarto continuamente, éste llegará a mezclarse con la pintura dorada, y todo el salón tomará un matiz dorado.

De esta manera también el Espíritu Santo nos unge para hacer que Dios se mezcle con nosotros. Dios mismo es tanto el pintor como la pintura. Nosotros somos como el mobiliario. Dios se deleita en mezclarse con nosotros para que seamos llenos de Su naturaleza. Por lo tanto, en el Espíritu Santo, El actúa como el ungüento para ungirnos continuamente. Este ejemplo se queda corto, porque cuando la pintura es aplicada al mobiliario, cada uno retiene su propia identidad, la pintura es todavía la pintura, y el mobiliario es todavía el mobiliario. Sin embargo, cuando el Espíritu Santo viene a nosotros como la unción, hay una reacción compuesta, la cual causa que *ambos* se mezclen como *uno*. El resultado es que no podemos decir qué parte es el Espíritu Santo o qué parte somos nosotros. Cuanto más esta mezcla se lleva a cabo, más aumenta Dios en nosotros.

Muchos hermanos y hermanas entienden meramente el aspecto de la enseñanza misma de la unción. Ellos piensan que el propósito de la unción es enseñarnos a conocer lo que Dios desea que hagamos o que no hagamos. Si obedecemos tal enseñanza, tenemos paz interior; si no obedecemos, no tenemos paz interior. Esta clase de entendimiento, sin embargo, no es adecuado. Por ejemplo, cuando Moisés aplicó el ungüento a la tienda y sus utensilios, ¿estaba él con eso instruyéndolos en cuanto a lo que debían o no debían hacer? Absolutamente no.

Su intención no era que ellos supieran qué hacer o qué no hacer, y menos aún quería que ellos experimentaran paz con respecto a lo que fue hecho. Su propósito en aplicar el ungüento fue que ellos pudieran pertenecer completamente a Dios y ser santificados. Por lo tanto, la experiencia de la unción en nuestra vida espiritual tiene que ver más con la unción misma que con la enseñanza. El propósito principal de la unción es que Dios mismo pueda ser aplicado a nosotros. La enseñanza que viene con ella es secundaria.

Aun en 1 Juan 2:27, donde la enseñanza de la unción es mencionada, no se da ningún énfasis al asunto de que nosotros tengamos paz. Pero declara: "Según ella os ha enseñado, permaneced en él". Aquí permanecer en El es mezclarse con el Señor y unirse con El como uno. Por lo tanto, la Biblia también recalca el asunto de la mezcla. Confío en que cambiaremos nuestro antiguo concepto.

C. La relación entre la unción y la comunión de vida

Hay una relación muy cercana entre la unción y la comunión de vida. La comunión de vida es el fluir de la vida, el fluir mutuo de Dios y todos los que poseen Su vida. La unción es la mezcla de Dios con todos los que le pertenecen. El propósito del fluir de la vida es que Dios entre en nosotros como el fluir, mientras que el propósito de la unción es que Dios se nos imparta como ungüento. Estos son dos aspectos de una sola cosa; ellos están relacionados muy de cerca y son difíciles de separar.

Veamos ahora por qué la unción y la comunión de vida son dos aspectos de la misma cosa. Sabemos que Dios es vida y que Dios es Espíritu. Como vida, Dios fluye en nosotros sin cesar; esto es la comunión de vida. Como el Espíritu, Dios se mueve en nosotros continuamente; esto es la unción. Sin embargo, la vida y el Espíritu son inseparables, porque el Espíritu incluye la vida y la vida está dentro del Espíritu. La vida es el contenido del Espíritu, y el Espíritu es la realidad de la vida. Estos dos son el Espíritu de vida (Ro. 8:2), el cual es dos en uno y es indivisible. Así que la comunión de vida y la unción también son inseparables, puesto que son dos aspectos de la misma cosa.

Por esta razón, podemos ver que en toda la Biblia, la unción es mencionada en 1 Juan, un libro en el cual se habla especialmente sobre la comunión de vida. Si queremos conocer la comunión de vida, debemos primero conocer la unción. Las personas a menudo hablan sobre la comunión de vida y también sobre la unción mencionada en 1 Juan, pero muy pocos relacionan estas dos. Un grupo aún más reducido ha descubierto la razón por la cual la unción es mencionada en el libro de Juan en relación con la comunión de vida. La razón es que la comunión de vida y la unción son dos aspectos inseparables de una misma cosa. Así como la vida está en el Espíritu Santo, así la comunión de vida está en el movimiento del Espíritu Santo como la unción. Para que una persona obtenga la vida de Dios, primero es necesario que tenga el Espíritu de Dios; de igual manera, para que tenga la comunión de vida, primero es necesario que tenga el mover del Espíritu Santo, esto es, la unción. Sólo cuando tocamos la unción podemos experimentar la comunión de vida de una manera práctica. Así que cuando en 1 Juan se menciona la comunión de vida, es inevitable que se mencione la unción, porque la unción es necesaria para tener la comunión de vida.

También podemos encontrar evidencia en los tipos del Antiguo Testamento de que la unción es necesaria para tener la comunión de vida. En los tiempos del Antiguo Testamento, había tres grupos de personas que tenían que ser ungidas: los sacerdotes, los reyes y los profetas. De estos tres grupos, los reyes eran enviados por Dios a los hombres para gobernar por El, y los profetas eran enviados por Dios a los hombres para hablar por El. En cuanto a los sacerdotes, podemos decir que ellos iban de parte de los hombres a la presencia de Dios para tener comunión con El. Era absolutamente necesario que ellos fueran ungidos. Todo sacerdote tenía que ser ungido. La unción era necesaria para uno poder entrar en la presencia de Dios, para tener comunión con Dios, y para ser mezclado con Dios. En otras palabras, el hombre tiene que ser ungido primero antes de entrar en la presencia de Dios para tener comunión. Esta es la razón por la cual el asunto de la unción era especialmente significativo con relación a los sacerdotes. Esto nos prueba que el propósito de la unción es poner al hombre en Dios por medio de ungirlo, capacitándolo así para tener comunión con Dios, y para ser unido a Dios como uno. La unción es absolutamente esencial para tener la comunión de vida.

Para poder tener un entendimiento claro de la relación entre la unción y la comunión de vida, hablaremos más con respecto a la importancia de la unción en 1 Juan, conforme a la luz de las Escrituras. Sabemos que en el Nuevo Testamento, el Apóstol Juan escribió un Evangelio y tres Epístolas, y en todos sus escritos habla de la mutua relación entre Dios y el hombre. Sin embargo, hay una gran diferencia entre su Evangelio y las Epístolas. Su Evangelio habla de Dios viniendo al hombre, mientras que sus Epístolas hablan del hombre yendo a Dios. Su Evangelio dice que en el principio era la Palabra y que la Palabra era Dios. Un día, la Palabra se hizo carne para vivir entre los hombres, y la Palabra era el Señor Jesús. Cuando los hombres lo contemplaron, ellos vieron al Padre, porque El y el Padre uno son (Jn. 14:9; 10:30); El es el Dios que viene al hombre. Sus Epístolas revelan que tal Dios, quien fue manifestado, quien vino a nuestro medio y entró en nosotros, es la vida eterna. Una vez que esta vida nos es predicada, y una vez que la recibimos, nos lleva a la comunión con el Padre y con Su Hijo Jesucristo (1 Jn. 1:2-3). Esto se refiere al hombre yendo a Dios.

Cuando Dios vino al hombre, El trajo consigo la gracia y la verdad: "La palabra se hizo carne, y habitó entre nosotros, lleno de gracia y de verdad" (Jn. 1:14), y "la gracia y la verdad vinieron por medio de Jesucristo" (v. 17). Cuando recibimos gracia y vimos la verdad, nos tornamos a Dios y nos encontramos con el amor y la luz. Así que, 1 Juan dice: "Dios es amor" (4:8, 16) y "Dios es luz" (1:5). La gracia viene del amor, y la verdad resulta de la luz. El amor está escondido en Dios, y cuando este amor viene de Dios a nosotros, es gracia. De igual manera, la luz está escondida en Dios, y cuando esta luz viene de Dios a nosotros, ella es verdad. Así que, cuando Dios viene al hombre, trae gracia y verdad, y cuando nosotros vamos hacia Dios, tocamos amor y luz. Cuando Dios vino al hombre, trajo consigo Su gracia; cuando nosotros recibimos esta gracia y nos tornamos a El, nos encontramos con Su amor. De igual manera, cuando Dios vino al hombre, trajo Su verdad; cuando nosotros vimos Su verdad y nos tornamos a El, nos encontramos con Su luz.

Esta historia de que Dios venga a nosotros a impartir gracia y verdad, y de que nosotros nos tornemos a El para encontrarnos con amor y luz, es la historia de la comunión de vida y de la función de la unción. El ungüento nos imparte a Dios por medio de ungirnos y nos pone en Dios por medio de ungirnos. En otras palabras, el ungüento nos unge con la gracia de Dios y nos pone en el amor de Dios. Aún más, el ungüento nos unge con la verdad de Dios y luego nos pone en la luz de Dios por medio de ungirnos. La venida como gracia y la ida como amor, y la venida como verdad y la ida como luz, ocasionan que estemos en la gracia de Dios y en Su amor, en la verdad de Dios y en Su luz. Así que, estamos más profundamente unidos y mezclados con Dios.

Por lo tanto, la unción y la comunión de vida son inseparables. Si la obra de la unción en nosotros es superficial, nuestra comunión con Dios será superficial; si la obra de la unción en nosotros es profunda, entonces nuestra comunión también será profunda. Si la unción en nosotros es esporádica, entonces nuestra comunión con el Señor también será esporádica. Así que la unción es muy importante para la comunión en vida.

D. La relación entre la unción y la aplicación de la sangre

Existe una estrecha relación entre la unción y la aplicación de la sangre. El propósito de la unción es impartirnos a Dios ungiéndonos para que tengamos comunión con Dios y seamos mezclados y unidos con Dios. Sin embargo, muchas áreas de nuestro ser son incompatibles con Dios, y muchas situaciones en nuestras vidas no están a la par con la justicia, la santidad y la gloria de Dios; esto hace imposible que Dios se mezcle o se una con nosotros. Por consiguiente, existe la necesidad de aplicar la sangre primero. El propósito de la sangre es limpiar todas las áreas que son incompatibles con Dios, y quitar todas las situaciones que no estén a la par con El. Primero, tenemos la aplicación y la limpieza de la sangre; luego el ungüento santo de Dios nos unge con Dios mismo. Por lo tanto, para experimentar la unción primero debemos tener la sangre. La sangre es la base de la unción.

La relación entre la unción y la aplicación de la sangre también se ve muy claramente en el Antiguo Testamento. Cuando un sacerdote va a aplicar el ungüento a un leproso en el momento de su limpieza, la sangre debe ser aplicada primero. Algo del ungüento es puesto "sobre la sangre", o "sobre el lugar de la sangre" (Lv. 14:14-18, 25-29). Sería un gran pecado contra Dios si aplicáramos el ungüento antes que la sangre. Debido a que el ungüento representa al Espíritu Santo, quien vino para mezclar a Dios con el hombre, nunca debe ser aplicado a alguien que no ha sido limpiado por la sangre. Era necesario primero aplicar la sangre, la cual limpiaría toda la inmundicia y todas las áreas que son incompatibles con Dios; entonces el ungüento, el cual representa a Dios mezclado con el hombre, podía ser aplicado.

Este principio permanece inalterado en el Nuevo Testamento. Hemos dicho que debido a que 1 Juan habla de la comunión de vida, esta epístola menciona la unción. Pero no tan sólo eso, también menciona la sangre. Más aún, menciona primero la sangre, en el capítulo uno, y luego la unción, en el capítulo dos. Esto también indica que a fin de tener la comunión de vida, necesitamos no sólo la unción del ungüento, sino también la limpieza de la sangre. Más aún, la sangre viene antes que la unción. La sangre es necesaria para lavarnos de toda iniquidad a fin de que la unción pueda traer luego la comunión con Dios en vida. Por lo tanto, si deseamos experimentar la unción, debemos primero experimentar la sangre. Cuanto más apliquemos la sangre y le permitamos que nos lave continuamente, más experimentaremos la unción y el sentir de la presencia viviente de Dios y Su mover; así tendremos comunión con Dios. Por lo tanto, la unción y la aplicación de la sangre son también inseparables.

III. CONOCER LA ENSEÑANZA DE LA UNCION

En 1 Juan 2:27 se dice: "Así como la unción misma os enseña todas las cosas". En la enseñanza de la unción, no está solamente el aspecto de la enseñanza, sino también el aspecto de la unción; no está solamente la enseñanza del Espíritu

Santo, sino también el mover del Espíritu Santo. La enseñanza no viene del ungüento o del Espíritu Santo, sino de la *unción* del ungüento, o sea, del *mover* del Espíritu Santo.

A. La relación entre la enseñanza de la unción y la unción misma

La enseñanza de la unción viene de la unción y es el resultado natural de que nosotros seamos ungidos. Cuando la unción se mueve en nosotros, por un lado, nos unge con Dios, y por otro, nos revela la intención de Dios. Ya que el ungüento es el Espíritu Santo y es Dios mismo, cuando este ungüento nos unge, nos unge con los componentes de Dios. Sin embargo, ya que esta unción es el mover del Espíritu Santo, indudablemente causa que tengamos sentimientos internos. Una vez que tenemos el sentir de la unción dentro de nosotros, nuestra mente es capaz de comprender alguna parte de la mente de Dios en este sentir de la unción. Podemos saber qué le agrada o desagrada a El, y qué desea y qué no desea. Este entendimiento o conocimiento es la enseñanza que obtenemos de la unción. Por lo tanto, la enseñanza de la unción tiene dos aspectos: primero, a través de la unción ganamos más de Dios mismo, es decir, más de los componentes de Dios; segundo, a través de la enseñanza conocemos Su mente y vivimos en El.

De estos dos aspectos, el principal es tener a Dios mismo, y conocer la intención de Dios viene luego. Además, tener a Dios mismo, siempre viene primero, y luego conocer Su intención. Cada vez que experimentamos la unción en nosotros, primeramente ganamos más de Dios mismo, más de los componentes de Dios; esto entonces produce un resultado: que conozcamos lo que Dios quiere que hagamos. Es imposible conocer Su voluntad sin tenerlo a El mismo.

Esto es similar al ejemplo de la pintura. Cuando pintamos un mueble, aplicamos la pintura y el color. Nuestro énfasis está en aplicar la pintura, pero una vez que aplicamos la pintura, su color aparece espontáneamente. Por lo tanto, primero es la pintura y luego el color. Más aún, pintar es el propósito primario, obtener el color es secundario. De la misma manera, cuando el Espíritu Santo nos unge, el propósito principal es pintarnos de Dios. Una vez que estamos pintados de Dios, espontáneamente conocemos Su intención. Por lo tanto, la enseñanza de la unción es meramente una función de la unción.

La enseñanza de la unción incluye tres puntos: el ungüento, la unción y la enseñanza. El ungüento es el Espíritu Santo, la unción es el mover del Espíritu Santo, y la enseñanza es el entendimiento de nuestra mente en cuanto a este mover. Nuestro entendimiento previo de la enseñanza era solamente corroborar la enseñanza misma. En otras palabras, limitamos la enseñanza del Espíritu Santo a qué debemos hacer, o a qué no debemos hacer; si obedecemos, tendremos paz; si no, no tendremos paz. En esta enseñanza, nosotros y el Espíritu Santo permanecemos como dos entidades separadas, no teniendo de ningún modo relación de mezclarnos el uno con el otro. Esta clase de conocimiento no es suficiente y no corresponde al principio del Nuevo Testamento. En el Antiguo Testamento, Dios reveló al hombre Su voluntad separada de Sí mismo. En tal revelación Dios y Su voluntad estaban separados; el hombre podía solamente conocer la voluntad de Dios, pero no podía ganar a Dios mismo. Sin embargo, en la revelación que tenemos en el Nuevo Testamento, Dios y Su voluntad son inseparables. En el Nuevo Testamento, Dios revela al hombre Su voluntad en Sí mismo; a fin de conocer la voluntad de Dios, el hombre debe primero tener a Dios mismo. Por lo tanto, el asunto aquí no es solamente nuestro conocimiento, sino también la mezcla del Espíritu Santo con nosotros. Si el Espíritu Santo da solamente Su enseñanza, podríamos obedecer o desobedecer. Si lo obedecemos, tenemos Su enseñanza; si no, no la tenemos. Pero si el Espíritu Santo como el ungüento nos unge para enseñarnos, nuestra obediencia no viene al caso. El nos unge con algo ya sea que obedezcamos Su unción o no. Si obedecemos, El nos unge; si no obedecemos, de todos modos nos unge. Es posible que desobedezcamos la *enseñanza* de la unción, pero no podemos erradicar la *unción*.

Por ejemplo, Dios puede demandar que una persona deje su ocupación y le sirva a El en fe. Aparentemente, esto es una inspiración, una revelación, una guianza, o una enseñanza que Dios le da; pero, en la práctica, es el resultado del ungüento que lo ha ungido, bien sea una vez o por algún tiempo. El pudo haber desobedecido la enseñanza de la unción y haber continuado en la misma ocupación sin ningún cambio aparente, pero su gusto interno respecto a su ocupación fue diferente. La unción, a la cual él fue expuesto, permaneció dentro de él, y él no pudo pasarla por alto ni tampoco sus efectos.

El verdadero andar y la verdadera obra espiritual de un cristiano debe ser el resultado de tal unción, una unción que no sólo nos dé alguna enseñanza, sino que también añada algún elemento viviente en nosotros. Podemos desobedecer la enseñanza, pero el elemento que permanece en nosotros continúa siendo muy activo, de tal modo que no podemos seguir adelante por mucho tiempo sin obedecerle. Por ejemplo, puede ser que a un hermano originalmente le gustara el cine, pero la unción dentro de él le ha estado regulando desde que él fue salvo. Finalmente, él se da cuenta de que ya no debe ir más. Puede ser que vaya otra vez, pero luego que esté sentado allí, algo dentro de él le molestará tanto, que ya no podrá permanecer más tiempo allí. Luego, cuando esté nuevamente en camino al cine, algo dentro de él le molestará continuamente y de este modo evitará que vaya. Después de un período de tiempo más largo, cuando sólo esté considerando ir otra vez, algo dentro de él le molestará tanto que abandonará todos estos pensamientos. Por lo tanto, la enseñanza de la unción no solamente nos muestra qué hacer o qué no hacer, sino que nos unge impartiéndonos el elemento de Dios mientras nos enseña. Este elemento interno nos motiva, capacitándonos así para obedecer la enseñanza.

Anteriormente, con respecto a la enseñanza de la unción, le prestábamos mucha atención al asunto de la obediencia. Es cierto que la obediencia muchas veces trae una unción mayor, mientras que la desobediencia muchas veces hace que la unción cese y que se detenga la comunión de vida. Por lo tanto, la obediencia está estrechamente relacionada con la enseñanza de la unción. Sin embargo, sería demasiado exagerado decir que si uno desobedece, nunca tendrá la unción ni la comunión de vida, y que si uno continuamente desobedece, la comunión nunca será recobrada. Sin duda, si nosotros desobedecemos, la unción algunas veces cesará, pero muchas veces aunque desobedezcamos, aún así, nos ungirá. Aunque continuamos desobedeciendo, nos unge incesantemente hasta que obedezcamos. El asunto es que somos muy desobedientes. Si obedeciéramos la enseñanza de la unción aunque fuera sólo veinte de cada cien veces, seríamos los mejores cristianos. Pero la unción no se ha detenido a causa de nuestra desobediencia. En nuestra experiencia, a la unción muchas veces no le interesa si obedecemos o desobedecemos, si estamos de acuerdo o no. Si estamos de acuerdo, nos unge; si no lo estamos, también nos unge. Por consiguiente, después de recibir tal unción, somos diferentes de lo que éramos antes.

Hermanos y hermanas, esto es gracia, y esto es característico de la obra de Dios en nosotros en la era neotestamentaria. Si en verdad entendemos esto, no estaremos ansiosos por nosotros, ni preocupados por otros. Cuando ayudamos a otros meramente por medio de estímulos, métodos y atracciones externas, lo que resulta es de poco valor. Hoy parece que un hermano está siendo ayudado a levantarse, pero mañana puede ser que esté otra vez caído. Sólo cuando Dios unja al hombre de una manera viviente, será éste verdaderamente poseído por Dios. Si un hombre se pone bajo tal unción viviente por varias ocasiones, él no puede hacer otra cosa que seguir al Señor y obedecerle. Por consiguiente, cuando dirigimos a otros al Señor, debemos ayudarles a darse cuenta de esta unción viviente.

En conclusión, cuando mencionamos esta lección de la enseñanza de la unción, nuestro propósito es recalcar el asunto de la unción. Una mera enseñanza externa no tiene ningún valor. Sólo la enseñanza que resulta de la unción es de valor. Cuando obedecemos al Señor, no sólo estamos obedeciendo una enseñanza exteriormente, sino que estamos obedeciendo la unción internamente. Sólo entonces será el resultado de valor espiritual.

B. La enseñanza de la unción y el entendimiento de la mente

Aunque la enseñanza de la unción viene de la unción misma; con todo, la enseñanza y la unción ocupan diferentes partes en nuestro ser. La unción está en nuestro espíritu, mientras que la enseñanza de la unción está en nuestra mente. ¿Por qué está la unción en nuestro espíritu? Porque el Espíritu Santo habita en nuestro espíritu; por lo tanto, la unción

que emana del mover del Espíritu Santo está indiscutiblemente en nuestro espíritu. Cuando nuestro espíritu es motivado por el Espíritu Santo, llegamos a estar conscientes de
ello. Tal estado de consciencia es el sentir de la unción. En tal
caso, si nuestra mente ha sido enseñada, podemos interpretar
este sentir de nuestro espíritu. Podemos entender su significado y así obtener la enseñanza que emana de la unción. Por
lo tanto, la enseñanza de la unción está en nuestra mente y es
enteramente un asunto del entendimiento de nuestra mente.

La obra del Espíritu Santo dentro de nosotros, ya sea
iluminando, regando, revelando o guiando, se deriva de Su
unción dentro de nuestro espíritu. Por lo tanto, el alcance de
la unción es extremadamente largo e incluye casi toda la obra
del Espíritu Santo dentro de nosotros. Sin embargo, la enseñanza de la unción incluye solamente la porción que nuestra
mente es capaz de entender; así que, el alcance es más estrecho. Frecuentemente, la unción puede cumplir su propósito
sin pasar a través de nuestra mente y entendimiento. Por
ejemplo, durante nuestra comunión con el Señor obtenemos
el suministro de vida, y nuestro espíritu llega a ser regado,
refrescado, aclarado y fortalecido. Más aún, cuando tocamos
la ley de vida, podemos vivir y actuar de acuerdo con la naturaleza de Dios. Estas experiencias provienen puramente de
la unción, y no tienen nada que ver con la enseñanza. Sin
embargo, también hay ocasiones en que la unción debe pasar
a través de nuestra mente y ser entendida antes de que se
manifieste su función. Por ejemplo, nuestro espíritu puede ser
alumbrado, tener una revelación, conocer la verdad de Dios,
entender Su voluntad en nuestra obra y en nuestro mover,
y recibir la dirección del Espíritu Santo; sin embargo, si estos
puntos permanecen meramente como la unción o como un
estado de consciencia del espíritu, no seremos capaces de entender su significado. Ellos necesitan pasar a través de la interpretación de la mente y llegar a ser la enseñanza de la unción;
entonces podemos entender el significado.

La enseñanza de la unción es la interpretación y el entendimiento de la mente con respecto a la unción que está en el espíritu. Por lo tanto, si deseamos seguir la enseñanza de la unción,
debemos no sólo tener una sensibilidad aguda en nuestro

espíritu, sino también una mente experimentada y espiritual. Tal mente incluye la renovación de la mente, el ejercicio de nuestra comprensión en asuntos espirituales, y la acumulación de conocimiento espiritual. Esto requiere que amemos más al Señor, busquemos experiencias espirituales, vivamos en comunión, estudiemos la Biblia, leamos libros espirituales y escuchemos los mensajes. A través de éstos, nuestra mente recibirá revelación espiritual y llegará a ser enriquecida en conocimiento; así, será capaz de comprender el significado de la unción que está en nuestro espíritu. Como consecuencia, comprenderemos la enseñanza de la unción.

La importancia de que nuestra mente comprenda el sentir de la unción, puede ser mostrada por medio del caso de alguno que va al cine. Aun una persona recién convertida, que ignora lo que envuelven los cines, se siente internamente presionada, incómoda y afectada mientras ve una película. No se da cuenta de que el Espíritu santificador dentro de ella le está prohibiendo esto, y que la enseñanza le está diciendo que no vuelva a eso. Esto se debe a que su mente y entendimiento no han sido alumbrados; por consiguiente, no entiende el mover del Espíritu Santo con respecto a este asunto. Tiene la unción pero no la enseñanza.

Más tarde su mente recibe la instrucción acerca de los cines, y se da cuenta de que es pecaminoso ver películas. Hay tres razones para esto. Primero, la mayoría de las películas son inmundas porque describen, representan y fomentan la maldad de una generación adúltera. Todo aquel que frecuenta los cines es constantemente contaminado por su corrupción. ¿Cómo pueden los cristianos participar de esto? Segundo, algunas películas no son inmundas y proporcionan cierto grado de conocimiento, tales como las películas educativas, las películas de guerra y las películas de aventuras; sin embargo, el ambiente del teatro no es un lugar apropiado para un santo. Muchos de aquellos que están en el teatro son impíos en su vestir, actitud, conducta y conversación. Si asistimos a un cine y entramos en contacto con esta clase de atmósfera, eso hiere nuestro espíritu de piedad. Tercero, a menudo una película puede no ser inmunda, y el ambiente puede aun ser apropiado, pero después de que uno ha visto la película, ¿le traerá más cerca del Señor, o causará que esté más lejos del Señor? Nosotros firmemente creemos que un hombre espiritual como Pablo, si hubiera visto buenas películas una vez a la semana por dos o tres meses, se habría convertido en un cristiano liviano.

De los tres puntos mencionados aprendemos que no importa si una película es buena o mala, la atmósfera y el ambiente del teatro no se ajustan al gusto de un cristiano. Cuando un hermano tiene este conocimiento, pero de nuevo va a un cine y experimenta una unción que le hace sentir desagrado e incomodidad, su mente inmediatamente entiende que esto es el Espíritu Santo prohibiéndole ver una película. En este momento, no sólo su espíritu ha experimentado la unción, sino que también su mente ha aprendido a entender la enseñanza de la unción.

C. La enseñanza de la unción y el sentir de la conciencia

Existe una relación indiscutible entre la enseñanza de la unción y el sentir de la conciencia. Hemos dicho que el sentir normal de la conciencia proviene del Espíritu Santo, quien está en nuestro espíritu, y pasa a través de nuestra mente para iluminarnos. Esta iluminación es también una clase de unción del Espíritu Santo como el ungüento. Por lo tanto, el sentir de la conciencia y la enseñanza de la unción provienen del sentir de la unción. La unción, después de haber pasado a través de la intuición del espíritu y de haber sido entendida por la mente, viene a ser la enseñanza de la unción. Sin embargo, la unción, habiendo pasado a través de la conciencia y siendo entendida por la mente, viene a ser el sentir de la conciencia; así que ésta es su relación.

Hay, sin embargo, diferencias entre la enseñanza de la unción y el sentir de la conciencia. Primero, la conciencia es un órgano que sirve para diferenciar lo correcto de lo incorrecto. El sentir de la conciencia que se deriva de la unción está también limitado a lo correcto e incorrecto, lo bueno y lo malo. Pero la enseñanza de la unción, la cual viene por medio de la unción y es percibida directamente en nuestro espíritu, está relacionada, en cuanto a su alcance, con Dios mismo. Sobrepasa lo correcto y lo incorrecto y toca directamente la voluntad de Dios mismo. Si nos preocupamos solamente por el sentir de la conciencia, podemos ser solamente cristianos sin faltas. Debemos ir más allá para vivir en la enseñanza de la unción; entonces podremos tocar la mente de Dios y vivir en Dios. Segundo, el propósito principal de la enseñanza de la unción es que podamos tocar a Dios, poseer a Dios y entender la intención de Dios. El énfasis de la enseñanza de la unción es el de dar una dirección positiva, lo cual también indica aquello que está prohibido. Pero el sentir de la conciencia simplemente muestra las ofensas de uno; recalca la condenación y el trato negativo. Dios siempre nos da primeramente la enseñanza de la unción, no el sentir de la conciencia. Si nosotros obedecemos la enseñanza de la unción, eliminaremos la necesidad del sentir de la conciencia.

Sin embargo, si en alguna ocasión no obedecemos la enseñanza de la unción, inmediatamente percibiremos la condenación de la conciencia, la cual nos hace conscientes de nuestras ofensas. Esto puede ser comparado con los departamentos ejecutivo y judicial de una nación. Cuando el departamento ejecutivo marcha sin problemas, no hay necesidad de que el departamento judicial tome ninguna acción. Sin embargo, cuando el órgano ejecutivo pierde su eficacia o va más allá de su poder, el judicial entonces ejercita su poder de censura. Así también es la relación entre la enseñanza de la unción y el sentir de la conciencia. La enseñanza de la unción es siempre un movimiento positivo, mientras que el sentir de la conciencia es siempre una censura. En otras palabras, el Espíritu Santo como el ungüento primero unge la intuición de nuestro espíritu a fin de guiarnos o prohibirnos. Si nosotros no obedecemos, procede a ungir nuestra conciencia a fin de producir un sentir en la conciencia. Por lo tanto, si queremos mantener una condición espiritual normal, debemos siempre vivir en la enseñanza de la unción, sin tener que esperar por la sensibilidad de la conciencia para corregirnos y censurarnos.

D. La naturaleza de la enseñanza de la unción

Ahora vamos a ver la naturaleza y la característica de la enseñanza de la unción:

Primero, la enseñanza de la unción es más bien un sentir

que algo claramente expresado. A pesar de que la enseñanza de la unción debe primero pasar a través del entendimiento de nuestra mente, con todo, lo que comprendemos no es una frase ni una palabra. Su naturaleza es todavía un sentir en el espíritu. A lo sumo, puede parecer una palabra hablada o también un sentir, pero nunca una frase clara y definida. Puede ser como cierta clase de color, que evidentemente no es una palabra hablada, sino una imagen que se conoce cuando es vista. De igual forma, cuando vivimos en la presencia del Señor y tenemos comunión con El, el Espíritu Santo como el ungüento da una revelación de nuestro sentir. Si nuestra mente ha sido educada con el conocimiento adecuado, podemos entender el significado de esta revelación y así obtener la enseñanza. Sin embargo, este entendimiento representa el significado y no la enseñanza literal. A pesar de que algunas veces el Espíritu Santo nos revela las palabras de la Biblia, El no nos da las letras impresas; más bien, El hace que toquemos los principios que hay en la Biblia. Si la Biblia completa estuviera constituida de palabras impresas, no sería adecuada para nuestro uso. Por ejemplo, consideremos a alguien que busca al Señor en relación a comprar un par de anteojos. Si él buscara una declaración escrita como respuesta del Señor, le sería imposible, porque los anteojos no se mencionan en la Biblia. Por lo tanto, el Señor solamente puede darle un sentir y cierto conocimiento basado en un principio. Prácticamente hablando, el principio es más valioso que las letras. Cuanto más maduro sea un santo y más profundamente experimente la unción, más libre será de las letras de la Biblia, y más atención pondrá al sentir en el espíritu con respecto a los principios de la Biblia.

A muchos de los que aprenden esta lección de la enseñanza de la unción todavía les gusta buscar palabras que le dan certeza y obtener confirmación verbal. Esta clase de búsqueda nos engaña muy fácilmente y es peligrosa. Por ejemplo, alguien puede buscar la voluntad del Señor acerca del matrimonio y ora por una respuesta definida—ya sea un "sí" o un "no". Esta clase de búsqueda es bastante peligrosa y causa que uno se equivoque fácilmente; en realidad, es un error en sí misma. El Señor nos hace conocer Su voluntad mayormente mediante nuestro sentir interno; El raras veces usa palabras. Cuando oramos y confiamos un asunto al Señor y sentimos una paz interna y una comunión dulce, sabemos que el Señor está de acuerdo con el asunto. Sin embargo, cuando oramos acerca de un asunto y sentimos obstáculos, o cuando pensamos en ello y nos sentimos incómodos, esto significa que el Señor no está de acuerdo. Por lo tanto, la enseñanza de la unción es un sentir, no palabras como tales.

Segundo, la enseñanza de la unción es interna más bien que externa, subjetiva en vez de objetiva. Es un sentir interno profundo y no una voz fuera de nosotros. Por lo tanto, está en nosotros y no fuera de nosotros; es algo subjetivo y no objetivo. A menudo nuestro sentir interno es afectado por asuntos externos, pero estas influencias externas de todos modos necesitan la respuesta de la unción interna. Las influencias meramente externas deben ser rechazadas.

Ya que la enseñanza de la unción es tan subjetiva, muchas veces el sentir que viene de la enseñanza parece ser nuestro propio sentimiento. Bajo esta condición, a menudo dudamos si es el sentir del Espíritu Santo o nuestro propio sentimiento. A menudo nos preguntamos: "Aparentemente éste es mi sentimiento; ¿cómo puede ser el del Espíritu Santo?" Esto se debe a que este sentir, el cual viene del Espíritu Santo dentro de nosotros, pasa a través de nuestro ser y se mezcla con nosotros, dándonos así este sentimiento. Por lo tanto, es difícil separarlo de nuestros propios sentimientos.

Sin embargo, este sentir procede verdaderamente del Espíritu Santo; así que aún podemos diferenciarlo de nuestros propios sentimientos. Por ejemplo, cuando nuestra comunión con el Señor cesa, es difícil que tengamos esta clase de sentir otra vez. Pero cuando nuestra comunión con el Señor es recobrada, esta clase de sentir, que aparentemente es nuestro propio sentimiento, reaparece. Esto prueba que este sentir no se origina en nosotros, sino en el Espíritu Santo al pasar El a través de nuestro ser.

Tercero, la enseñanza de la unción es natural y no forzada; tampoco es algo que es buscado a propósito. Puede ser que mientras usted esté en comunión con el Señor, o mientras esté trabajando, descansando o caminando por la calle, espontáneamente haya tenido un sentir o una enseñanza dentro de usted, en lo más recóndito de su ser. Este sentir espontáneo en su ser interior casi siempre viene de la unción. Si nuestra vida espiritual es normal, debemos ser capaces de sentir la enseñanza de la unción espontáneamente; de otra forma, tenemos un problema con nuestro vivir delante del Señor. Por ejemplo, mientras estamos comprando un vestido, la unción interna espontáneamente nos mostrará si debemos comprarlo o no. Si necesitamos orar por tres días antes de estar claros respecto a comprarlo, esto prueba que existe una condición anormal en nuestra vida espiritual. Esto no sólo se aplica a las cosas triviales de nuestra vida diaria; el principio sigue siendo el mismo en eventos importantes o especiales. Podemos orar y esperar específicamente por una respuesta, pero el Espíritu Santo de todos modos nos hará conocer la voluntad de Dios en una manera natural. Por consiguiente, respecto de la enseñanza de la unción, cuanto más espontánea sea, más normal viene a ser.

Cuarto, la enseñanza de la unción es constante, no es fortuita ni repentina. La enseñanza de la unción, aunque es muy valiosa, puede ser obtenida frecuentemente. El Espíritu Santo nos concede este sentir en nuestra vida diaria y también en eventos importantes. Desde el amanecer hasta el anochecer, en todas nuestras actividades, la unción nos da un sentir continuo que nos capacita para entender la voluntad de Dios y vivir de acuerdo con Su dirección. Podemos sentir la enseñanza de la unción cuando nuestro espíritu ha sido regado; aun cuando sentimos que hemos perdido la presencia del Señor, podemos seguir sintiendo la enseñanza de la unción, y el sentir en ese momento resulta ser más exacto que cuando fuimos regados. Aunque puede ser que no sintamos la presencia del Señor, a menudo sentimos la prohibición del Señor en algunas cosas y la presencia del Señor en otras. Esto parece ser contradictorio, pero en la experiencia espiritual ése es el caso, porque la característica de la unción es constante. Si alguien obtiene la enseñanza de la unción sólo esporádicamente, su condición espiritual es anormal.

Ya que la enseñanza de la unción es constante, debemos experimentarla frecuentemente y vivir en ella consistentemente. Ya que algunos no hacen caso al sentir de la unción durante la rutina de la vida diaria, se les hace difícil obtenerla cuando ocurren asuntos serios. Aun si ellos tienen algún sentir interno, no es confiable. Puede ser su propia imaginación o la intención disfrazada de Satanás, por lo tanto, es peligroso. Por ejemplo, consideren el caso de un hermano que no sigue al Señor ni obedece la enseñanza de la unción en su diario vivir y que un día planea casarse. El busca el sentir del Espíritu Santo y se le hace bastante difícil obtenerlo. Ya que el sentir de la unción es tan continuo, podemos sentirlo en asuntos importantes como por ejemplo el matrimonio, así como también en asuntos del diario vivir. Vivir en el sentir de la unción es similar a un tren que corre en dos rieles. Mientras nos mantengamos moviéndonos sobre los rieles, estamos bien. Si tendemos a salirnos de los rieles, el sentir de la unción automáticamente nos prohíbe y nos restringe para que seamos guardados en la voluntad de Dios.

Esta es exactamente la misma situación que la de los apóstoles al moverse en el Espíritu Santo mientras hacían su trabajo. En Hechos 16:6-7, cuando Pablo y los que con él estaban intentaron permanecer en Asia, el Espíritu Santo se los prohibió; y cuando ellos intentaron ir a Bitinia, el Espíritu de Jesús no los dejó. Esta prohibición y restricción es la historia de la unción. Son como dos rieles, los cuales mantenían a los apóstoles dentro del alcance del guiar de Dios. Pablo no oró por varios días a fin de conocer la intención del Espíritu Santo. Era mientras laboraba en la obra que la unción del Espíritu Santo constantemente le enseñaba y planificaba su senda.

Cuando vivimos en la enseñanza de la unción, debe darse también esta misma condición. Si somos a menudo examinados en nuestras acciones mediante la prohibición y la restricción del Espíritu Santo, esto prueba que estamos constantemente viviendo en el sentir de la unción. Sin embargo, si no tenemos este sentir regularmente, y ocurre algo especial que nos obliga a buscar el Espíritu Santo, esto prueba que no estamos viviendo continuamente en la enseñanza de la unción. Por lo tanto, una condición normal requiere que estemos constantemente bajo la enseñanza de la unción.

E. La enseñanza de la unción y sus resultados

La verdadera enseñanza de la unción viene del Espíritu Santo; por lo tanto, si la obedecemos y vivimos en ella, hará que nuestro corazón ame al Señor, que estemos cerca a El, y que tengamos más comunión con Dios en nuestro espíritu. Estos son los resultados de nuestra obediencia a la enseñanza de la unción. Si obedecemos un sentimiento interior, y los resultados no son más amor por el Señor, o una comunión más profunda con Dios, podemos concluir que este sentimiento ha sido nuestro y no la enseñanza de la unción. Así que, podemos usar estos resultados para medir y juzgar si algunos de nuestros sentimientos internos son de la enseñanza de la unción.

IV. LA OBEDIENCIA A LA ENSEÑANZA DE LA UNCION

Con respecto a la enseñanza de la unción, el Espíritu Santo se ocupa de la unción, y nosotros de la obediencia. Si no hay obediencia, es difícil tener la experiencia de esta lección. Por lo tanto, también consideraremos este asunto de la obediencia.

A. Obedecer la enseñanza de la unción y andar conforme al Espíritu

A menudo nos referimos a la vida espiritual como a andar según el espíritu, vivir en comunión, o vivir en la presencia de Dios. Estas son varias maneras de expresar lo que es la obediencia a la enseñanza de la unción. Examinemos cada una de estas expresiones en su relación con la enseñanza de la unción.

Ya hemos visto que la enseñanza de la unción es el sentir generado por el mover del Espíritu Santo dentro de nosotros. Por lo tanto, si obedecemos este sentir, estamos andando conforme al espíritu. Si deseamos andar conforme al espíritu, necesitamos obedecer la enseñanza de la unción y vivir en ella. Si podemos obedecer la enseñanza de la unción, entonces, también podemos andar conforme al espíritu. Así que, estas son dos maneras diferentes de expresar la misma cosa.

Si deseamos tener la experiencia de andar conforme al espíritu, necesitamos saber qué es la enseñanza de la unción

y qué es el sentir que proviene del mover interno del Espíritu
Santo. Necesitamos conocer y vivir en el temor de este sentir.
Solamente en este sentir podemos andar conforme al espíritu.
Hace veinte años, yo escuchaba a la gente hablar acerca de
seguir al Señor. Pero, ¿cómo seguimos al Señor, y qué significa seguir al Señor? En ese tiempo, yo no entendía ni tocaba
la realidad del asunto, pero, alabado sea el Señor, ahora ya lo
sé. Seguir al Señor significa seguir al Espíritu, lo cual, específicamente, significa obedecer la enseñanza de la unción. No
estamos siguiendo al Señor de una forma objetiva y externa,
sino de una forma subjetiva e interna. El resplandor de
Su rostro y la manifestación de Sí mismo es la unción; mientras la voluntad que El revela en la luz de Su rostro es la
enseñanza de la unción. Si obedecemos esta enseñanza, estamos obedeciendo al Señor. Si seguimos esta enseñanza, estamos
siguiendo al Señor.

B. Obedecer la enseñanza de la
unción y vivir en comunión

Cuando mencionamos la relación entre la unción y la comunión de vida, vimos que éstos son dos aspectos de una misma
cosa y que son inseparables. Como la vida está en el Espíritu
Santo, así la comunión de vida se lleva a cabo a través
del mover o la unción del Espíritu Santo. Cada aplicación del
ungüento nos imparte al Señor por medio de ungirnos y también nos pone en el Señor por medio de ungirnos; así que,
esto crea un fluir de vida entre el Señor y nosotros. Por lo
tanto, cuando experimentamos la unción, también obtenemos
la comunión de vida.

Si nuestra comunión con el Señor se limita solamente a
nuestro tiempo de oración privada o nuestra vigilia matutina,
es todavía muy superficial. Necesitamos vivir en comunión
cada momento y estar en un estrecho contacto con el Señor,
aun cuando estemos muy ocupados; entonces nuestra comunión será profunda. A fin de vivir en comunión, debemos vivir
en la unción y siempre sentir la unción. Este vivir en la unción
es obedecer la enseñanza de la unción. Si obedecemos la enseñanza de la unción constantemente, podemos experimentar constantemente la unción y vivir en comunión. De otra

manera, no podemos experimentar la unción y permanecer en comunión.

No es difícil experimentar la unción y obedecer su enseñanza, porque su característica es constante y natural. Al decir *natural* nos referimos a que automáticamente tenemos la unción sin pedirla, y al decir *constante* nos referimos a que está siempre disponible. Si obedecemos la enseñanza de la unción, el resultado es comunión constante con el Señor en una manera muy natural; esto es vivir en comunión.

Ahora queremos decir algo breve acerca de la manera práctica de entrar en comunión:

Primeramente, debemos saber que el sentir de la unción es la enseñanza de la unción. Si deseamos entrar en la comunión de vida, o en otras palabras, entrar en la unción, debemos primero entender la enseñanza que proviene del sentir de la unción que está moviéndose dentro de nosotros.

Segundo, debemos cesar todas las actividades externas. Nuestro ser completo debe cesar de toda actividad y movimiento externo, a fin de tornarnos en nuestro interior y poner toda la atención al sentir interno. Si estamos ocupados con actividades externas, es imposible que nos ocupemos del sentir interno de la unción. El punto anterior fue conocer el sentir, mientras que este punto es cuidar del sentir. Todas las obras y las actividades cristianas que tiene algún valor espiritual deben venir de nuestro interior. Primero, debemos tener un incentivo y una dirección interna, entonces trabajaremos y actuaremos de acuerdo a ello. Pero muchos cristianos hasta el día de hoy viven constantemente en actividades externas. Celosos por el Señor, ellos llevan consigo sus Biblias y corren a satisfacer la necesidad externa y a la vez descuidan el sentir interno. Ellos no conocen el sentir que hay dentro de ellos, ni tampoco ponen atención a tal sentir. Como consecuencia, no tienen manera de entrar en comunión. Por consiguiente, si deseamos entrar en comunión debemos cesar todas las actividades externas.

Tercero, debemos tener un tiempo fijo para practicar esta comunión con el Señor. El principiante, aprendiendo a tener comunión con el Señor, debe separar algún tiempo fijo cada día para practicar esta comunión. En este tiempo, no trate de traer muchos puntos de oración (debemos aún cesar de hacer oraciones externas); más bien trate de orar conforme al sentir interno. Durante esta clase de oración, sentimos mayormente nuestros pecados y ofensas y tratamos con ellos debidamente. Más tarde, sentimos mayormente que tenemos que tornarnos al Señor y consagrarnos a El. Entonces espontáneamente buscamos la gracia del Señor; a través de Su provisión de gracia entramos en una comunión más profunda. Finalmente, le sigue la acción de gracias, la alabanza y la adoración. Si practicamos esta comunión diariamente en estos tiempos fijos, nuestro espíritu será fuerte y viviente, haciendo que sea más fácil que toquemos al Señor y que entremos en comunión con El.

Cuarto, debemos practicar la comunión con el Señor en todo tiempo. Después de que pasemos un período considerable practicando la comunión en tiempos específicos, debemos practicar la comunión con el Señor en todo tiempo. Los tiempos designados para tener comunión son posibles al hacer a un lado todas las actividades externas y orar y buscar al Señor con todo el corazón. Es relativamente fácil para nosotros hacer esto. Sin embargo, la comunión continua debe ser mantenida durante todo el día, sea en el trabajo o en el descanso. Tal vez estemos muy ocupados externamente u ocupados con muchos asuntos de negocios; sin embargo, internamente estamos siempre con el Señor, experimentando constante y naturalmente la unción en Su presencia de tal manera que continuamente vivimos en comunión. Este punto es más alto y más difícil de lograr, pero es posible a través de la práctica continua.

C. Obedecer la enseñanza de la unción y vivir en la presencia de Dios

Obedecer la enseñanza de la unción significa andar conforme al espíritu, vivir en comunión y vivir en la presencia de Dios. Sin embargo, andar conforme al espíritu está relacionado con el Espíritu Santo; vivir en comunión está relacionado con el Señor, y vivir en la presencia de Dios está relacionado con Dios. Por lo tanto, estos tres son una relación entre la enseñanza de la unción y el Dios Triuno.

En cuanto al Espíritu Santo, El unge y se mueve dentro de nuestro espíritu; así que, necesitamos andar conforme al espíritu. En cuanto al Señor, El vive dentro de nosotros y viene a ser nuestra vida para que podamos tener el fluir de vida; por lo tanto, necesitamos vivir en comunión con El. En cuanto a Dios, El está en nosotros para impartir la luz de Su rostro a fin de que podamos disfrutar Su presencia. Por consiguiente, necesitamos vivir delante de El. Podemos obtener estos tres aspectos por medio de obedecer la enseñanza de la unción.

De acuerdo a la verdad, Dios ha estado siempre con nosotros desde el día en que fuimos salvos. Su presencia nunca se ha alejado de nosotros y nunca la podemos perder. Esta presencia es el Espíritu Santo. El Espíritu Santo dentro de nosotros es la presencia de Dios. Por lo tanto, esta presencia no es una condición ni una cosa, sino una Persona. Esta Persona es el Espíritu Santo, cuya presencia en nosotros es la presencia de Dios. Desde el día en que somos salvos, esta presencia nunca se pierde.

Sin embargo, de acuerdo a nuestra experiencia, no siempre estamos conscientes de Su presencia. Algunas veces, parece que Su presencia ha desaparecido y que hemos perdido la luz de Su rostro. Todo depende de la unción. Sin la unción, la presencia de Dios no puede hacerse real dentro de nosotros, y no podemos sentir la luz de Su rostro. Junto con la unción, viene la realidad de Su presencia y el sentir de la luz de Su rostro. Por lo tanto, mediante la unción podemos experimentar la presencia de Dios en una manera práctica.

Ya hemos dicho que la función que tiene la unción de hacernos saber qué hacer y qué no hacer es secundaria. El propósito principal de experimentar la unción es que toquemos a Dios mismo y que tengamos Su presencia. Por ejemplo, si damos un mensaje, no es solamente un asunto de si debemos hablar o no, sino de si tenemos o no la presencia de Dios mientras hablamos. Si Dios no está presente, no importa cuánto o cuán bien hablemos, nuestro ser interno va quedando más y más vacío hasta que al final del mensaje nuestro espíritu está completamente vacío, y por algún tiempo no podemos ni siquiera orar. Por otro lado, si está la presencia de Dios, sentimos que hemos sido regados internamente; cuanto más hablamos, más satisfechos estamos. Es igual que el caso del Señor Jesús, quien después de haber terminado de hablar con la mujer samaritana, estaba satisfecho interiormente (Jn. 4:31-34). Ese riego y esa satisfacción fueron el resultado de la unción. Por lo tanto, cuando una persona ministra bajo la unción, otros reciben el suministro y son beneficiados, y ella misma recibe una gran porción del elemento de Dios. Otro ejemplo es que cuando planeamos ir a algún sitio, debemos preguntar no solamente si debemos ir, sino también si Dios está con nosotros. "¿Tengo la presencia de Dios como los israelitas en el desierto, quienes tenían la columna de humo y la columna de fuego?" Si la presencia de Dios no está dentro de nosotros, aunque estemos haciendo la mejor cosa, no tiene ningún valor espiritual. Por lo tanto, la presencia de Dios es primordial y depende de Su unción. Una vez que tenemos la unción, sentimos la luz del rostro de Dios y obtenemos Su presencia. Sin la unción, perdemos la luz de Su rostro y dejamos de tocar Su presencia.

En el pasado, aunque algunos hermanos y hermanas aprendieron la lección con respecto a la unción, ellos pusieron su atención en el guiar externo, descuidando así el aumento del elemento de Dios dentro de ellos. Por lo tanto, el elemento de Dios dentro de ellos tuvo una medida limitada, y después de algunos años ese elemento dentro de ellos permaneció igual. Durante aquellos años ellos no hicieron nada erróneo o licencioso, ellos temieron al Señor y vivieron como si estuvieran en la presencia de Dios, pero el elemento de Dios no aumentó dentro de ellos. En realidad, su vida espiritual no se incrementó, porque en su experiencia de obedecer la enseñanza de la unción, ellos prestaron atención solamente a la dirección de Dios y descuidaron el aspecto de la presencia de Dios.

D. El resultado de obedecer la enseñanza de la unción

Ya que la unción es vital para la presencia de Dios, necesitamos obedecer la enseñanza para así poder experimentar más la unción. Entonces podemos vivir en todo tiempo y en todo lugar en la presencia de Dios, viviendo a la luz de Su rostro y tocando Su presencia momento a momento. Entonces podemos entrar en la realidad del himno que dice:

> El velo lo crucé ya,
> Siempre aquí la gloria está...
> Hoy yo vivo en la presencia de mi Rey.

Cuando el hombre pasa a través del velo de la carne y vive en la presencia de Dios, entra en el Lugar Santísimo y vive en el espíritu, teniendo comunión con Dios cara a cara. Es en ese entonces que nuestra experiencia espiritual alcanza el nivel más alto.

En conclusión, la llave para toda nuestra vida espiritual es la unción. Debemos continuamente tocar la unción y obedecer su enseñanza. Cuando vivimos en la enseñanza de la unción, estamos andando conforme al espíritu, vivimos en la comunión del Señor y en la presencia de Dios. Si al perder la enseñanza de la unción, perdemos la dirección del Espíritu Santo, cesa nuestra comunión con el Señor y perdemos la luz del rostro de Dios; entonces, como consecuencia, no tenemos manera alguna de vivir en Su presencia. Por lo tanto, la enseñanza de la unción es verdaderamente el centro de toda experiencia espiritual y es también una parte maravillosa de la salvación que Dios da. ¡Pongámosle más atención y experimentémosla más!

CAPITULO OCHO

CONOCER LA VOLUNTAD DE DIOS

Ahora entramos en la lección de conocer la voluntad de Dios o la dirección del Señor. Esta lección está estrechamente relacionada en experiencia con la enseñanza de la unción. El propósito de la unción es ungirnos con la substancia de Dios para que podamos alcanzar la meta de que Dios se mezcle con el hombre. Además, la enseñanza de la unción nos es dada para que podamos conocer la dirección del Señor y Su intención para con nosotros. La dirección y la intención del Señor es la voluntad de Dios. Por consiguiente, si queremos conocer la voluntad de Dios, debemos tener la experiencia de obedecer la enseñanza de la unción. Sólo aquellos que experimentan la unción pueden conocer la voluntad de Dios. Para aquellos que no experimentan la unción, es casi imposible conocer la voluntad de Dios.

Sin embargo, cuando tratamos esta lección acerca de conocer la voluntad de Dios, no podemos comenzar con la enseñanza de la unción, porque la unción recalca el mover del Espíritu Santo dentro de nosotros y no la voluntad de Dios en sí misma. Al mismo tiempo, la voluntad de Dios es un asunto de suma importancia y nunca puede ser tratado meramente como parte de la enseñanza de la unción. Por esto, debemos dedicar una lección completa a discutir esto en detalle.

I. BASE BIBLICA

Efesios 5:17: "Por tanto, no seáis insensatos, sino *entended cuál es la voluntad del Señor*".

Colosenses 1:9: "que seáis *llenos del pleno conocimiento de Su voluntad* en toda sabiduría e inteligencia espiritual".

Romanos 12:1-2: "Así que, hermanos, os exhorto por las

compasiones de Dios, que presentéis vuestros cuerpos en sacrificio vivo, santo, agradable a Dios, que es vuestro servicio racional. No seáis amoldados a este siglo, sino sed transformados por medio de la renovación de vuestra mente, *para que comprobéis cuál sea la voluntad de Dios: lo bueno, lo agradable y lo perfecto".*

Hebreos 10:5, 7: "Por lo cual, entrando en el mundo dice... He aquí que vengo, oh Dios, *para hacer tu voluntad".*

Mateo 6:10: *"Hágase tu voluntad,* como en el cielo, *así también en la tierra".*

Hebreos 13:21: "...para que *hagáis su voluntad".*

II. EL SIGNIFICADO
DE LA VOLUNTAD DE DIOS

¿Qué es realmente la voluntad de Dios? Los cristianos frecuentemente mencionan la voluntad de Dios en relación con asuntos triviales, tales como su empleo o su matrimonio. Utilizan esta frase de una manera muy corriente, menospreciando y subestimando así la voluntad de Dios. Cuando estudiamos cuidadosamente la voluntad de Dios a través del Nuevo Testamento, descubrimos que se refiere a asuntos grandes y elevados. Por ejemplo, la frase en Efesios 5:17, "entended cuál es la voluntad del Señor", parece ser una frase muy común, pero el contexto del libro de Efesios revela que esta frase indica profundidad. Es un libro muy especial en la Biblia; muchas de sus palabras y principios hablan de Dios y la eternidad. Por consiguiente, la voluntad de Dios allí mencionada, nunca puede referirse meramente a asuntos comunes e insignificantes. Además, Efesios capítulo 5 está basado en los capítulos anteriores. El capítulo 1 habla del misterio de la voluntad de Dios (v. 9), y el capítulo 3 habla de la voluntad que Dios se propuso en Cristo Jesús Señor nuestro (v. 11); ambos se refieren a cosas extremadamente grandes. Entonces el capítulo 5 nos exhorta a entender la voluntad de Dios, la cual se refiere, naturalmente, a los grandes asuntos mencionados previamente, no a asuntos triviales de nuestra vida.

Vemos la misma verdad en Colosenses. Colosenses 1:9 nos dice que seamos llenos del conocimiento de la voluntad de Dios, luego los capítulos siguientes mencionan el misterio de Dios en

Cristo, el plan de Dios con respecto a Cristo, cómo Dios desea que Cristo tenga la preeminencia en todas las cosas y que Él sea el todo en todos. Por lo tanto, cuando el Espíritu Santo habla de la voluntad de Dios en el capítulo 1, una vez más se refiere a asuntos extremadamente grandes.

Después de que Romanos 12:2 nos exhorta a comprobar la voluntad de Dios, los versículos del 3 al 5 continúan hablando de nuestras diferentes funciones y de nuestra coordinación en el Cuerpo de Cristo. Por consiguiente, la voluntad de Dios aquí mencionada es de gran importancia también.

Hebreos 10:7 es una cita directa del Señor: "Vengo para hacer tu voluntad". El contexto de este versículo es la encarnación del Señor Jesús, un asunto de gran importancia; así que, cuando Él declaró Su obediencia a la voluntad de Dios, no se refirió simplemente a pequeños asuntos como vestir, comer, tener vivienda, y otros asuntos triviales de la vida, sino a toda Su actividad en esta tierra al cumplir el plan eterno de Dios. Este es un asunto de gran importancia.

En Mateo 6:10 el Señor nos enseña a orar para que la voluntad del Padre sea hecha en la tierra así como en el cielo. Esto significa que el Señor quiere que la voluntad de Dios hecha en el cielo sea realizada en la tierra. Nuevamente, esto es de suma importancia.

Hebreos 13:20-21 habla de que el Dios de paz, quien resucitó de los muertos a nuestro Señor Jesús, el gran Pastor de las ovejas, por la sangre del pacto eterno, nos hace perfectos en toda obra buena para hacer Su voluntad. Puesto que este Dios que nos lleva a hacer Su voluntad es un Dios tan grande, Su voluntad también debe de referirse a asuntos grandes.

Estas Escrituras hablan de que la voluntad de Dios se originó en Dios y viene a nosotros desde la eternidad al presente y desde los cielos a la tierra. Así que, la voluntad de Dios mencionada en la Biblia es de gran magnitud. ¡Qué diferente es esto comparado con nuestro viejo concepto con respecto a la voluntad de Dios! Que el Señor abra nuestros ojos y cambie nuestro concepto.

Entonces, ¿qué es realmente la voluntad de Dios? Discutiremos esto en tres aspectos:

A. La voluntad de Dios
es el deseo que hay en Su corazón

Cuando hablamos de la voluntad de Dios, debemos ver que está ligado al deseo que hay en Su corazón. Efesios 1:5-12 es una de las porciones más importantes de la Biblia acerca de la voluntad de Dios. Dice que Dios en la eternidad tuvo un plan, el cual concuerda con Su beneplácito. Esta porción menciona tres cosas relacionadas: "propósito", "beneplácito" y "voluntad". El beneplácito proviene del corazón, ya que el corazón es el órgano de deleite. Dios tiene un corazón así como el hombre. Por esto, Dios tiene cosas que le son placenteras, deleitosas y para los cuales tiene afecto, lo cual quiere decir que también tiene un deseo en Su corazón.

A fin de lograr Su deseo, Dios tiene un plan que se propuso para alcanzar Su meta. Este propósito es Su voluntad. Por consiguiente, la voluntad de Dios y el deseo que hay en Su corazón son lo mismo. Cualquier cosa que no tenga que ver con el deseo que hay en el corazón de Dios no es Su voluntad.

Por ejemplo, la Biblia revela que el deseo que hay en el corazón de Dios desde la eternidad es tener un grupo de personas que sean compañeros de Su Hijo. Para alcanzar esta meta, Dios planeó la creación de los cielos, la tierra, y el hombre, según Su placer. Por consiguiente, creó todo de acuerdo con Su plan. En aquel entonces, la creación vino a ser Su voluntad.

En términos sencillos, la voluntad de Dios es el deseo que hay en Su corazón, planeado según Su beneplácito. Desde Su punto de vista, cualquier cosa escondida en Dios es el deseo que hay en Su corazón. Desde nuestro punto de vista, cuando el deseo que hay en Su corazón es ejecutado sobre nosotros, viene a ser Su voluntad. Por lo tanto, la voluntad de Dios que acontece sobre nosotros es el deseo que hay en Su corazón, porque Su voluntad proviene del deseo que tiene en Su corazón.

B. La voluntad de Dios
es la mezcla de Dios con el hombre

Puesto que la voluntad de Dios es el deseo que hay en Su

corazón, debemos conocer lo que es ese deseo. Es la mezcla de Dios con el hombre. Mezclarse con el hombre es el deseo de Dios y también Su voluntad.

Un estudio cabal de la Biblia nos ayudará a descubrir el hecho maravilloso de que Dios en la eternidad planeó, según el deseo de Su corazón, para alcanzar la meta de mezclarse con el hombre. En el universo Dios tiene un solo propósito: forjarse en el hombre y mezclarse con él. La creación, redención, santificación, y demás aspectos de Su obra sirven para este único propósito. Este es el único deseo de Su corazón en el universo; es la única meta, y es el principio básico de toda Su obra en el Nuevo Testamento. Por lo tanto, si deseamos conocer la voluntad de Dios en cualquier situación, debemos asegurarnos primeramente de que tal situación sea propicia para que Dios se mezcle con nosotros. No importa cuán digna de alabanza pueda ser la situación, sin esta mezcla no es la voluntad de Dios. ¡Esta es una medida muy estricta!

La vida terrenal de nuestro Señor Jesús es la expresión perfecta de este principio. El Señor dijo: "He aquí que vengo, oh Dios, para hacer tu voluntad" (He. 10:7, 9), y "porque no busco mi voluntad, sino la voluntad del que me envió" (Jn. 5:30). Vemos cómo la conducta del Señor en esta tierra era conforme a la voluntad de Dios. Para El, toda Su vida en esta tierra era la voluntad de Dios. Sin embargo, también dijo: "Las palabras que yo os hablo, no las hablo por mi propia cuenta, sino que el Padre que mora en mí, él hace las obras" (Jn. 14:10). Esto significa que mientras estuvo en esta tierra, Sus palabras, Sus hechos y todo Su vivir no se originaron en Sí mismo, sino en el Padre, quien moraba en El, quien estaba mezclado con El, y quien trabajaba a través de El. De estas tres citas de la Escritura vemos que la vida del Señor en esta tierra fue una vida en obediencia a la voluntad de Dios y una vida que era producto de la mezcla de Dios con el hombre.

No podemos separar la voluntad de Dios del deseo que Dios tiene en Su corazón; tampoco podemos separar la voluntad de Dios, de Dios mismo. Si nos apartamos del deseo de Su corazón, no podemos conocer Su voluntad. De igual manera, si nos apartamos de Dios mismo, no podemos tener Su voluntad. Puede ser que usted sienta que ha entendido y obedecido la voluntad de Dios, pero si usted no ha tocado a Dios mismo, El permanece siendo Dios, y usted permanece siendo usted; no hay ninguna mezcla entre usted y El, y puede estar seguro de que lo que usted siente que es la voluntad de Dios, no es Su voluntad. Un cristiano debe ser como el Señor Jesús en cuanto a obedecer la voluntad de Dios. No sólo debemos ser capaces de decir en todo asunto que no es mi voluntad, sino la de Dios; debemos ser capaces de decir aún más, que no soy yo quien obra, sino que es Dios quien hace las obras en mí. No es suficiente sólo decir que sabemos que algo es la voluntad de Dios. Debemos ser capaces también de decir que cuando hago una cosa, es Dios quien lo hace en mí. Debemos hacernos dos preguntas: "¿De quién es esta empresa, de Dios o mía?" Y "¿quién la está realizando, Dios o yo?" Si sólo podemos hacernos la primera pregunta y no la segunda, el objeto de Su voluntad permanece en duda. Cualquier cosa que hago de mi propia cuenta, con seguridad no es la voluntad de Dios; sólo lo que El hace es Su voluntad.

Por ejemplo, un hermano puede estar planeando ir a cierto lugar. Si sólo puede decir: "Me es claro que es la voluntad de Dios que yo vaya", eso no es suficiente. Todavía debe asegurarse si Dios va con él y si ha de mezclarse más con él. Otro ejemplo es cuando damos una ofrenda en el día del Señor; no sólo debemos preguntar: "¿Es esta ofrenda la voluntad de Dios?", sino también, "¿Estoy dando yo, o está Dios dando a través de mí?" Por consiguiente, en cada asunto, no sólo debemos conocer cuál es el beneplácito y el deseo de Dios, sino que indiscutiblemente tenemos que determinar si tenemos la presencia de Dios y si Dios se mezcla y trabaja con nosotros. Decir que estamos haciendo la obra de Dios no es suficiente. Debemos ser capaces también de decir que es Dios quien se mezcla con nosotros para hacer Su obra. Esa es Su voluntad.

Desde el punto de vista de Dios, es muy difícil que comprendamos el aspecto de Su voluntad y el deseo que hay en Su corazón. Pero desde el punto de vista humano, el aspecto de la voluntad de Dios como Su mezcla con el hombre, es absolutamente subjetivo y fácil de comprender porque Dios se mezcla con nosotros a través de la unción. Siempre que se tenga la unción, se tendrá también la mezcla con Dios y Su presencia.

Sin la unción, es imposible que el hombre pueda mezclarse con El y tener Su presencia. Por consiguiente, para entender Su voluntad, debemos tocar la unción. Siempre que sentimos la unción interna y la presencia de Dios, estamos en la voluntad de Dios; de otra manera, no estamos en la voluntad de Dios.

Por años hemos estado hablando de la voluntad de Dios, pero de algún modo hemos sentido que era distante y vaga. Ahora creemos que Dios nos ha dado luz, que nos ha hecho tener un conocimiento más claro y profundo, y que nos ha capacitado para presentar esto en una manera más concreta. La voluntad de Dios ahora es palpable; ya no sigue siendo algo vago y abstracto. El Dios en quien creemos no es sólo real y viviente, sino que vive en nosotros. El está dentro de nosotros ungiéndonos y mezclándose con nosotros, en todo aquello que es Su voluntad, haciendo sentir Su presencia dentro de nosotros. Si podemos tocar a Dios internamente en todo asunto, Su sustancia se incrementa y se mezcla con nosotros. Entonces podemos estar seguros que ésta es la voluntad de Dios y podemos proceder como corresponde.

Aunque la voluntad de Dios es un asunto extremadamente grande, aún así, hablando desde el punto de vista de la mezcla de Dios con el hombre, no nos es difícil tocarla, ni es insondable. Si podemos comprender este punto cabalmente, entonces, no sólo podremos tocar Su voluntad como algo elevado y profundo, sino que se nos hará fácil conocerla.

C. La voluntad de Dios
es el cumplimiento de Su plan

La voluntad de Dios no sólo es el deseo de Su corazón y Su mezcla con el hombre, sino también el cumplimiento de Su plan. Por lo general, estamos acostumbrados a menospreciar y a subestimar la voluntad de Dios. Mucha gente pregunta: "¿Será la voluntad de Dios que vaya a cierto lugar hoy? ¿Será Su voluntad que visite a un doctor para mi enfermedad? ¿Será Su voluntad que busque este empleo?" ¡Nosotros, seres insignificantes, nunca podemos olvidarnos de nosotros mismos cuando mencionamos la voluntad de Dios! ¡Ni podemos separarnos de los asuntos triviales de la vida! Siempre miramos la voluntad de Dios desde un punto de vista terrenal, desde nuestra situación presente, y desde nosotros mismos. ¡De hecho, ninguna de estas cosas triviales de la vida puede alcanzar la estatura de la voluntad de Dios! ¡Cuán grande y cuán alta es la voluntad de Dios! La voluntad de Dios cumple con Su eterno propósito. El libro de Efesios nos revela el deseo que hay en el corazón de Dios y Su plan. El plan de Dios en Cristo se originó en el deseo de Su corazón. Dios, en la eternidad, tuvo un plan que Se propuso cumplir. Este plan es Su voluntad. Por eso, la voluntad de Dios es el cumplimiento de Su plan. Todas las obras de Dios en este universo están hechas de acuerdo a Su voluntad y para que se cumpla Su plan.

Por lo tanto, si queremos entender la voluntad de Dios, el requisito preliminar es que debemos conocer Su plan eterno. Debemos tener claridad con respecto a lo que Dios va a hacer en esta tierra, en esta edad, y en esta localidad. Cuando tenemos claridad sobre estos asuntos, entonces estamos calificados para tocar la voluntad de Dios y reconocer cuál es Su voluntad para nosotros hoy.

Algunos hermanos y hermanas, que realmente han nacido de nuevo y saben que son hijos de Dios, ignoran y aun son indiferentes en cuanto a lo que Dios está haciendo en este universo, cuál es Su economía en esta tierra, y cuál es Su mover para estos días. Ellos, su diario vivir, y sus negocios están centrados en ellos mismos, no en Dios. Ellos están completamente fuera de la economía de Dios. Aún así, oran diariamente pidiendo conocer la voluntad de Dios en su vivir, su conducta y sus profesiones. Como consecuencia, el resultado de su petición es algo de su propia voluntad, no de la voluntad de Dios. Ellos ni conocen el plan de Dios, ni están en dicho plan. Una persona así no tiene manera de entender la voluntad de Dios.

El problema básico que debemos resolver para entender la voluntad de Dios, es darnos cuenta de que Dios, a quien pertenecemos y a quien servimos, tiene un gran plan en el universo. El desea un grupo de personas para edificar el Cuerpo de Cristo y un hombre corporativo que sea la Novia mística de Su Hijo. Además, necesitamos saber lo que Dios quiere hacer en nuestra localidad. Si tocamos el plan de Dios y nos ponemos dentro de Su plan de esta manera, estamos tomando la economía de Dios como nuestra carrera. De este modo, cuando nos involucramos en los negocios, cuando enseñamos, o cuando hacemos cualquier cosa, vivimos para la economía de Dios; todo nuestro vivir y todas nuestras acciones tienen como fin Su economía. Entonces tendremos la base y la condición para tocar la voluntad de Dios y tener claridad en cuanto a Su dirección acerca de todos los asuntos de nuestra vida diaria.

Por lo tanto, cada uno de nosotros debe preguntarse primero: ¿Veo claramente la economía de Dios en esta tierra? ¿Veo realmente lo que Dios desea hacer en esta localidad hoy? Aun cuando procuremos el crecimiento en vida, la comunión en vida, y la presencia del Señor, sin conocer Su economía, esto nos proporcionará sólo un poco de disfrute espiritual y nos quedaremos cortos en cuanto a la voluntad de Dios.

Antes de que veamos el plan de Dios, aunque El está a cargo de nuestros asuntos y de nuestro vivir, sólo estamos bajo Su cuidado providencial, no bajo Su voluntad. Cuando hemos visto el plan de Dios, no nos atrevemos a usar el término "la voluntad de Dios" de una manera superficial. No nos referiremos negligentemente a situaciones triviales llamándolas la voluntad de Dios. Sólo podemos referirnos a estos asuntos en general como el cuidado de Dios para con nosotros.

III. LOS MEDIOS PARA CONOCER LA VOLUNTAD DE DIOS

¿Cómo nos muestra Dios Su voluntad? ¿Por cuáles medios llegamos a conocer la voluntad de Dios? Básicamente, hay cinco categorías mediante las cuales podemos conocer Su voluntad.

A. La creación

Primero, tenemos que conocer la voluntad de Dios a través de Su creación de todas las cosas, incluyendo la materia, la naturaleza y la humanidad. Apocalipsis 4:11 dice que todas las cosas fueron creadas de acuerdo a Su voluntad. Todo lo creado en este universo proclama una medida de la voluntad de Dios. Todas las cosas en el cielo y en la tierra son ciertos componentes que nos permiten conocer la voluntad de Dios. Por eso, para conocer la voluntad de Dios, debemos prestar atención a todas las cosas que El creó en el universo. Son como un libro para nuestro estudio; así que, debemos escudriñar y descubrir por qué Dios necesitó crear todas las cosas del cielo y de la tierra. ¿Cuál era Su propósito en crear al hombre? ¿Por qué está distribuida la raza humana en esta tierra como lo está? Si estudiamos cuidadosamente el asunto de la creación, la magnitud de la voluntad de Dios en este universo será entendida hasta cierto grado.

Se puede encontrar ejemplos de este aspecto en el Antiguo Testamento. Allí la gente comprendió parte del plan de Dios a través de todas las cosas que El creó. El Salmo 8 es un buen ejemplo. Este salmo, el cual es un salmo espiritual, habla de la creación, de la edad actual, y del reino. El Señor Jesús citó este salmo en Mateo 21:16, y es citado nuevamente en Hebreos 2. El escritor fue inspirado para escribir este salmo mientras observaba el cielo y la tierra. Al considerar los cielos, obra de las manos de Dios, y la luna y las estrellas que El formó, él alaba al Señor: "¡Oh Jehová, Señor nuestro, cuán glorioso es tu nombre en toda la tierra! Has puesto tu gloria sobre los cielos". Vio que los cielos cuentan la gloria de Dios y que la tierra declara la dulzura de Su nombre. Por medio de la creación conoció a Dios y Su voluntad con respecto a toda la tierra.

En otra ocasión, el salmista del Salmo 19 descubrió que aunque en este universo, "no hay lenguaje, ni palabras, [sin embargo,] por toda la tierra es oída su voz" (vs. 3-4). Por toda la tierra salió su voz, y al extremo del mundo sus palabras. Por lo tanto, los cielos declaran la gloria de Dios, y el firmamento anuncia la obra de Sus manos. Esto muestra cómo el salmista conoció la voluntad de Dios a través de Su creación.

Si deseamos entender la voluntad de Dios, no podemos descuidar Su creación. Tenemos que ensancharnos a tal grado que reconozcamos que Dios nos habla a través de todas las cosas. Todo el que ama a Dios y le sigue debe ser traído en algún momento al lugar donde pueda comprender la voluntad de Dios en este universo. Primero, tal comprensión de la creación ensanchará su corazón. El universo lo ensanchará para que llegue a ser un hombre universal. Así, él puede leer la voluntad de Dios desde un terreno alto y elevado y desde la eternidad. Segundo, no se preocupará por asuntos de poca importancia. No discutirá con otros con el objetivo de ganarse un dólar en un negocio, ni descuidará la obra de Dios en toda la tierra por estar demasiado preocupado por la situación y la necesidad de su propia localidad. De hecho, podrá decir como el escritor en el Salmo 8: "¡Oh Jehová, Señor nuestro, cuán glorioso es tu nombre en *toda* la tierra!" Cada día él obrará fielmente en favor de su iglesia local, sin embargo, su corazón se ensanchará para incluir la carga de todas las iglesias que hay en la tierra. Tercero, en su interés por la obra y por el mover del Señor, será guiado con facilidad en cualquier momento y lugar; toda la tierra es su jurisdicción, y todas las almas son el objeto de su labor. Puede ser guiado a mostrar inquietud por una iglesia lejana así como por una cercana. La obra del Señor en toda la tierra ha venido a ser la meta de su interés.

Qué tristeza decir que en la actualidad hay muchos hermanos y hermanas que nunca han leído la creación de Dios para conocer la voluntad de Dios. Mientras tanto, ellos ponen atención diaria a los eventos de su pequeño círculo. Ellos en sí mismos son su propio universo, su todo. Están completamente atrapados en sí mismos. Por consiguiente, cada vez que buscan entender la voluntad de Dios, su pequeño yo es su único punto de partida y su única base. Lo que se preguntan es: ¿Debo enseñar en cierta escuela? ¿Debo considerar casarme con cierta hermana? ¿Debo tomar el tren o el avión para viajar a cierto lugar? ¿Debo ver cierto doctor, o ir a cierto hospital con respecto a mi dolencia? Todo el día, los hijos de Dios se preguntan acerca de la voluntad de Dios con respecto a tales asuntos de la vida cotidiana. De hecho, estos asuntos no merecen ser enumerados bajo la categoría de la voluntad de Dios. No son la voluntad de Dios. ¿Tiene que ver la voluntad de Dios con nuestra comida y nuestro vestido, nuestro matrimonio y ocupación, nuestra sanidad y vivir en paz? Si nuestros ojos han sido abiertos por el Señor, veremos que nuestro concepto común acerca de la voluntad de Dios no tiene nada que ver con Dios mismo. Ciertamente ésta no es la voluntad de Dios que se menciona en la Biblia.

Lo extraño es que los cristianos de hoy están ocupados con muchas cosas que no se mencionan en la Biblia. En contraste, hay muchas cosas mencionadas en la Biblia que son desconocidas para ellos. Este es el caso de muchos en cuanto al conocimiento de la voluntad de Dios. La Biblia nunca nos dice que pongamos continua atención a enfermedades, ocupaciones, viajes, y otros asuntos pertenecientes a nuestro vivir, y que busquemos la voluntad de Dios con respecto a ellos. Sin embargo, muchos cristianos están completamente ocupados con estos asuntos. Cada vez que la voluntad de Dios se menciona en la Biblia, está relacionada con el deseo que hay en el corazón de Dios, Su plan, Su obra en esta tierra, Su iglesia, el Cuerpo de Cristo, etc., todos éstos son asuntos de gran importancia y valor eterno. Rara vez hemos visto o escuchado que se mencionen estas cosas entre los hijos de Dios.

Por ejemplo, un hermano puede testificar acerca de cierto artículo de su propiedad; que se lo tomaron prestado hace mucho tiempo y no se lo han devuelto. Por eso, él ora al Señor, y después de algunos días el artículo le es devuelto. El está muy contento y alaba al Señor sobremanera. Cuando oímos este tipo de testimonio nuestro corazón gime. Este tipo de persona no ha visto ni el cielo ni la tierra. Está completamente envuelto en sí mismo. Todo lo que ve es sus pequeños beneficios terrenales. Cuando busca la voluntad de Dios, nunca puede olvidarse de sí mismo ni separarse de sus intereses egoístas de ganancia. Esta clase de persona no está calificada para hablar de la voluntad de Dios.

Si alguien quiere hablar de la voluntad de Dios, primero debe salirse de sí mismo. Aun más, para salirse de sí mismo y entender la voluntad eterna y elevada de Dios, debe escudriñar la creación con atención. El hombre debe estudiar detalladamente la creación para ser ensanchado, salirse de sí mismo, tocar un poco el deseo y el plan de Dios en este universo, y entender la voluntad de Dios. Cuanto más espiritual sea una persona, más conocerá a Dios en todas las cosas. Cuanto más profundo viva en el Señor, más entenderá la voluntad de Dios a través de la creación.

Dios le prometió a Abraham que él sería una gran nación y que sus descendientes serían como la arena del mar. Pero Abraham, todavía en su yo, no podía creer la palabra de Dios. El seguía creyendo que su esclavo Eliezer de Damasco sería su heredero. Por tanto, Dios lo llevó afuera y le dijo: "Mira ahora los cielos y cuenta las estrellas" (Gn. 15:1-6). Dios entonces le prometió que su descendencia sería muy grande en número.

Cuando Abraham vio, creyó. Puesto que él contempló la creación de Dios y se dio cuenta de las obras de Dios, halló fe. En
aquel momento Dios le aceptó y fue reconocido justo ante los
ojos de Dios.

Tomen, como ejemplo adicional, la historia de Job. Aunque
Job fue afligido repetidas veces por la mano de Dios, no comprendió la intención de Dios porque estaba completamente en
sí mismo. Sus discursos estaban llenos del "yo", llenos de sí
mismo. Así que, para sacarlo de sí mismo, Dios lo llevó a que
mirara Su creación. En los capítulos del 38 al 41 de Job, Dios
le preguntó repetidas veces a Job acerca de las cosas creadas
en el universo. Allí finalmente, llegó a ver la grandeza y la
trascendencia de Dios, y por lo tanto salió de sí mismo, diciendo
con arrepentimiento de corazón: "¿Quién es el que oscurece el
consejo sin entendimiento?" (Job 42:3). Por cuanto vivía originalmente en sí mismo, la voluntad de Dios estaba oscurecida
para él. Ahora, puesto que salió de sí mismo, vio a Dios y
entendió Su voluntad. De manera que fue a través de la creación de Dios que Job fue librado de sí mismo y tocó la voluntad de Dios.

Puesto que la comprensión de la voluntad de Dios tiene
mucho que ver con nuestro conocimiento de Su creación, necesitamos un plan para estudiar la creación, como si estuviése-
mos asistiendo a la escuela. Debemos invertir tiempo para
exponernos a la naturaleza con el propósito de comprender la
voluntad de Dios. El estudio de la astronomía y la geografía
serían muy útiles.

B. La Biblia

El segundo medio para conocer la voluntad de Dios es la
Biblia. La creación es sólo una parte de la obra de Dios; no es
lo suficientemente clara para revelar Su voluntad. La Biblia
como la Palabra de Dios nos dice detallada y claramente qué
es lo que Dios desea hacer en este universo y cuál es Su propósito. Por tanto, la Biblia es la revelación más clara con
respecto a la voluntad de Dios. Debemos estudiar la Biblia y
familiarizarnos con ella para conocer Su voluntad.

Sin embargo, muchos, cuando estudian la Biblia, no pueden
cerciorarse de la voluntad de Dios. Por momentos, pueden tener

alguna luz acerca de Su voluntad, pero sólo en asuntos triviales. Por ejemplo, extraen del libro de Efesios los puntos menores: el que hurtaba no hurte más, la esposa debe obedecer a su marido, el esposo debe amar a la esposa, los hijos deben obedecer a sus padres, y los padres no deben provocar a ira a sus hijos. Pero asuntos importantes tales como el plan de Dios, el misterio de Cristo, etc., nunca son descubiertos, porque la persona que lee la Biblia en esta manera es muy estrecha y está demasiado encerrada en sí misma. Estudia la Palabra de Dios desde su pobre punto de vista, y el resultado es como el que mira el cielo desde el fondo de un pozo; su visión está limitada al alcance de su estrecho ser.

Por lo tanto, el estudio de la creación y de la Biblia son inseparables. Si deseamos estudiar la Biblia, debemos primeramente estudiar la creación y permitir que el universo nos ensanche; entonces comprenderemos las cosas magníficas que están en la Biblia. De hecho, la Biblia misma está unida estrechamente a todas las cosas en el universo. En el principio leemos que Dios creó los cielos y la tierra, y al final leemos acerca del cielo nuevo y la tierra nueva. Todas las obras de Dios y Su voluntad tal como se revelan en la Biblia están estrechamente relacionadas con el universo. Por eso, en primer lugar, debemos estudiar el universo para que nuestro corazón sea ensanchado; entonces debemos estudiar la Biblia para que nuestra visión se amplíe. Así, seremos aquellos que tienen un entendimiento más claro de la voluntad de Dios.

Esta categoría de estudio también incluye literatura espiritual, mensajes, comunión espiritual, palabras de consolación, testimonios de los santos, etc. Todos éstos se originan en la Biblia y sirven como medios a través de los cuales Dios revela Su voluntad.

C. El ambiente

La tercera manera de conocer la voluntad de Dios es por medio de nuestro ambiente. Cuando hablamos de la creación de Dios, hacemos énfasis en el sol, la luna, las estrellas, todas las cosas que están en el cielo y en la tierra, y en la inmensidad de Su creación. Pero cuando hablamos del ambiente, estamos hablando de lo que nos rodea, incluyendo a las personas, las cosas y las circunstancias que afectan nuestra vida. El arregla y cambia nuestro ambiente para que nosotros podamos entender y obedecer Su voluntad. Por eso, debemos conocer la voluntad de Dios y Su dirección en nuestro ambiente.

Cuando fuimos por primera vez a Taiwán, parecía que el ambiente no ofrecía mucho para la obra del Señor. Más tarde, el Señor abrió nuestros ojos: vimos que en tiempos pasados era difícil predicar el evangelio en muchas provincias de la China continental. Sin embargo, la situación política había cambiado entonces, y muchas personas de toda clase de provincias habían sido reunidas en Taiwán ante nuestros ojos. ¿No era ésta una oportunidad perfecta para el evangelio? Si ayudábamos a estas personas a ser salvas, ¿no esparcirían el evangelio por toda China al regresar a sus provincias respectivas? Con esta visión, nos esforzamos de todo corazón en la obra del evangelio. Como resultado, el rápido crecimiento en número de nuevos creyentes incluía a muchos que provenían de todas aquellas provincias. Originalmente, ellos no tenían ni siquiera la oportunidad de oír el evangelio ni tenían interés alguno en el evangelio; en ese entonces el ambiente los había forzado a venir a Taiwán. Consecuentemente, fueron salvos. Esto es un buen ejemplo de cómo Dios logró Su voluntad a través de un cambio de ambiente. Cuando estamos alerta al ambiente que nos rodea, muchas veces podemos tocar la voluntad de Dios y conocer Su voluntad para hoy.

D. El corazón, el espíritu y la mente

El cuarto medio a través del cual entendemos la voluntad de Dios es nuestro corazón, espíritu y mente. Dios creó estos órganos principalmente para que nosotros conociéramos Su voluntad. Aunque Dios haya preparado todas las cosas en el universo, incluyendo el ambiente que nos rodea, y aunque nos haya dado la Biblia, si fuéramos como una silla, sin corazón, espíritu, ni mente, no entenderíamos Su voluntad. Por lo tanto, estos tres órganos —corazón, espíritu y mente— son de gran importancia en nuestro entendimiento de la voluntad de Dios. La creación, la Biblia y el ambiente no son sino instrumentos para que Dios nos revele Su voluntad; mientras que el corazón, el espíritu y la mente son órganos para que comprendamos Su voluntad.

Cuando hablamos de estos tres órganos, nos referimos a las partes de la nueva creación. Ya que el corazón es un nuevo corazón, se inclina a Dios, le ama, le busca y le escoge. En vista de que el espíritu es un espíritu nuevo, puede tener contacto y comunión con Dios. Ya que la mente es una mente renovada, que tiene un entendimiento renovado, puede comprender e interpretar el sentir que obtiene mientras está en comunión, y por eso entiende la voluntad de Dios. Si nuestro corazón no es nuevo, si nuestro espíritu no es sensible y si nuestra mente no está clara, tendremos grandes obstáculos en el conocimiento de la voluntad de Dios. Los hombres que Dios ha usado grandemente a través de las generaciones son aquellos en quienes estos tres órganos han sido renovados, agudizados y aclarados.

E. El Espíritu Santo

El quinto medio a través del cual podemos entender la voluntad de Dios es el Espíritu Santo.

La creación y nuestro ambiente están fuera de nosotros; son confusos y no son fáciles de entender. La Biblia y los libros espirituales que tienen base en la Palabra de Dios son más prácticos, pero todavía son objetivos. Sin embargo, el Espíritu Santo entra en nosotros para revelarnos la voluntad de Dios; así que, esto es práctico y subjetivo. Además, los cuatro medios anteriormente mencionados a través de los cuales entendemos la voluntad de Dios son completamente dependientes de la obra del Espíritu Santo. Si el Espíritu Santo no nos inspira desde adentro, aun cuando nuestro corazón, espíritu y mente estén en perfecta condición, no podremos entender la voluntad de Dios a través de la creación y el ambiente. Tampoco podremos entender la revelación que Dios ha dado en la Biblia. La creación, el ambiente, y la Biblia son los medios materiales a través de los cuales Dios se revela a Sí mismo, pero es el Espíritu Santo quien hace que tengan significado para nosotros. Nuestro corazón, nuestro espíritu y nuestra mente son los órganos a través de los cuales entendemos la voluntad de Dios, pero es sólo por medio del Espíritu Santo que estos órganos pueden funcionar apropiadamente. Por tanto, sin el Espíritu Santo, los cuatro medios que hemos mencionado serán ineficaces en cuanto a revelar la voluntad de Dios.

No hay otros medios a través de los cuales podamos entender la voluntad de Dios fuera de los cinco mencionados anteriormente. Los sueños y visiones mencionados en la Biblia están incluidos en la categoría del Espíritu Santo y no se enumerarán separadamente.

Para poder entender la voluntad de Dios, tenemos que familiarizarnos con estas cinco categorías (1) la creación, (2) la Palabra de Dios, (3) nuestro ambiente, (4) nuestro corazón, espíritu, y mente y (5) el Espíritu Santo. Un conocimiento pleno de éstos hará ciertamente que nosotros conozcamos la voluntad elevada y eterna de Dios. Podremos cerciorarnos de que el plan eterno de Dios es usar este universo como una esfera y todas las cosas como un medio para ganar un grupo de personas para que sean el Cuerpo místico de Su Hijo, y para manifestar así Su gloria. Nos ha colocado en el mismo centro de Su plan de manera que podamos tener una posición en el Cuerpo de Su Hijo y lleguemos a ser Sus miembros. Por medio de conocer esto, veremos el presente a través de la eternidad y de los ojos de Dios; entonces nos preguntaremos inmediatamente: "¿Soy parte de este plan? ¿Qué clase de miembro soy yo en el Cuerpo?" De esta manera, podremos entender la voluntad de Dios.

Lamentablemente, muchos hermanos y hermanas, no sólo no han puesto atención a estos cinco medios, sino que no tienen el conocimiento de ellos. Ni siquiera le ponen atención al plan de Dios en este universo ni a la revelación de Dios en la Biblia, ni se preocupan con respecto a Su dirección en ellos por medio del Espíritu Santo. Su único interés es tener una vida maravillosa y apacible para sí mismos. Todo lo que se preguntan es: "¿Debo ir a cierto lugar?" O, "¿es la voluntad de Dios que haga cierta cosa?" ¿Cómo puede tal persona conocer la voluntad de Dios? Indiscutiblemente éste no es el entendimiento de la voluntad de Dios mencionado en la Biblia. Lo que la Biblia menciona es Su voluntad elevada y eterna, que sólo puede ser comprendida por aquellos que conocen estas cinco categorías. Que Dios nos conceda misericordia para que tengamos un cambio drástico en nuestro concepto acerca de Su voluntad.

Más aún, necesitamos practicar estos puntos. Primero, necesitamos estudiar la creación. A menudo debemos dejar nuestro ambiente inmediato y exponernos a la naturaleza, estudiándola y observándola cuidadosamente. Si es posible, debemos hacer viajes largos para ensanchar nuestro horizonte así como nuestra visión.

Segundo, necesitamos estudiar la Biblia. Debemos estudiar las verdades y revelaciones que son de gran importancia, poniendo especial atención a aquellos pasajes que tratan sobre el propósito eterno de Dios y Su plan místico.

Tercero, debemos estudiar nuestro ambiente. Aprenda siempre a comprender el significado del ambiente con sus circunstancias. Comprenda por qué Dios le ha puesto a usted en tal lugar para conocer cierta clase de personas bajo ciertas circunstancias. Necesitamos estudiar todo lo que nos rodea y la situación del mundo igualmente para entender la voluntad de Dios en el tiempo presente.

Cuarto, con respecto al corazón, el espíritu y la mente, debemos pedirle primeramente a Dios que nos dé un corazón que le ame, que se acerque a El, y que le anhele. Entonces, debemos siempre adorarle en nuestro espíritu, acercarnos a El y tener comunión con El. Además, necesitamos una mente renovada. Debemos aprender a abandonar el punto de vista de la gente mundana, así como también nuestro propio punto de vista egoísta, para poder asir la mente de Dios y Su punto de vista. La mente de algunos hermanos y hermanas están ocupadas con asuntos financieros, la vestimenta, los negocios y los niños; nunca se concentran en asuntos pertenecientes a Dios. Por lo tanto, su entendimiento acerca de la voluntad de Dios parece ser torpe y lento. Esto es desafortunado. Nuestras mentes deben estar siempre fijas en las cosas de Dios para que podamos ser enseñados por Dios y para que el Espíritu pueda invadir más nuestra mente, haciéndola así una mente espiritual. Finalmente, como resultado, comprenderemos fácilmente el sentir de nuestro espíritu y entenderemos las cosas espirituales. Sin embargo, esto depende de la práctica constante.

Por último, debemos atender cuidadosamente al Espíritu Santo. Debemos siempre percibir el mover del Espíritu Santo y entender Su revelación dentro de nosotros. Nuestra condición siempre debe ser adecuada ante el Señor de manera que el Espíritu Santo pueda hablar y revelarse a nosotros. Es sólo mediante el Espíritu Santo que Dios nos manifiesta el significado del universo y nos revela las verdades de la Biblia. Mientras busquemos al Señor para que haga esto, conoceremos Su intención y nuestra posición en Su plan.

En todas estas categorías, necesitamos estar constantemente ejercitados y aprender continuamente para poder usarlas como medios para entender la voluntad de Dios en nuestra experiencia.

IV. PASOS PARA CONOCER LA VOLUNTAD DE DIOS

Hemos visto la definición de la voluntad de Dios y los medios a través de los cuales Dios revela Su voluntad. Ahora consideraremos el camino o el procedimiento que nos lleva a conocer la voluntad de Dios. En otras palabras, ¿cómo podemos entender la voluntad de Dios? Hablaremos de lo relacionado con este camino por medio de dar los ocho pasos siguientes.

A. Presentarse como sacrificio

El primer paso es presentarnos como sacrificio.

Los primeros dos versículos de Romanos 12 revelan la manera más clara para conocer la voluntad de Dios: "Así que, hermanos, os ruego por las compasiones de Dios, que presentéis vuestros cuerpos en sacrificio vivo, santo, agradable a Dios ... para que comprobéis cuál sea la voluntad de Dios: lo bueno, lo agradable y lo perfecto". Aquí, el presentar nuestros cuerpos y el conocer Su voluntad están unidos en un pasaje, puesto que presentarnos como sacrificio es la condición primordial para conocer la voluntad de Dios. Cuando un hombre se presenta como sacrificio, viene a estar calificado y tiene la base para conocer la voluntad de Dios.

¿Por qué tiene un hombre que presentarse como sacrificio para conocer la voluntad de Dios? Cuando un hombre no se ha presentado aún como sacrificio, él mismo es el centro de su vida y se ama a sí misma; aun su menor esfuerzo de proseguir en la esfera espiritual tiene como fin su propio placer y disfrute, o su recompensa futura. Sin embargo, no tiene interés en lo que Dios desea hacer en este universo y nunca se pregunta con respecto al propósito de la salvación que Dios le ha dado. Aparentemente, parece estar buscando la voluntad de Dios, pero de hecho está deseando que la voluntad de Dios lo satisfaga a él mismo. Cuando se enferma, le pregunta a Dios si debe ir a un doctor, porque cree que si su ida al doctor es la voluntad de Dios, él será sano de su enfermedad rápidamente. Antes de ir a un viaje de negocios, le pregunta a Dios si debe ir, porque cree que si el viaje es la voluntad de Dios, será bendecido y todo le irá bien. Estas personas sólo pueden entender su propia voluntad y no la voluntad de Dios; mucho menos pueden ellos comprender la voluntad elevada y eterna de Dios. Por lo tanto, si alguien desea conocer la voluntad de Dios, debe ponerse él y todo lo suyo en el altar como un sacrificio consagrado a Dios. El no hace las cosas para sí mismo, sino para Dios. El pone a un lado su propia profesión y entra en la economía de Dios. De esta manera le es posible conocer la voluntad de Dios. El altar es el único lugar y el único terreno sobre el cual el hombre puede comprender la voluntad de Dios.

Nuestra experiencia de seguir al Señor incluye dos etapas diferentes de consagración. En la primera etapa, la consagración es usualmente el resultado de ser tocados y constreñidos por el amor del Señor. En cuanto a la emoción, esta clase de consagración es correcta y aceptable para el Señor, pero en cuanto a la consagración misma, es insuficiente. Ya que la consagración en esta primera etapa es mayormente un asunto de la emoción, cambia de acuerdo a nuestro estado de ánimo. Así que, no es confiable ni estable.

Sólo después de cierto período de tiempo, cuando nuestra vida haya crecido, nuestro espíritu sea iluminado, y nuestra visión sea ensanchada, veremos gradualmente el plan de Dios en este universo y reconoceremos la obra de Dios en esta edad. Entonces, espontáneamente, tendremos una consagración más profunda por medio de ponernos en Su plan y de laborar de manera que se satisfaga Su necesidad y que contestemos Su llamado para esta edad. Esta es la segunda etapa de la consagración; es más profunda y más alta que la primera.

Va más allá de nuestras emociones y nos introduce en la realidad de la consagración. Si deseamos comprender la voluntad de Dios, necesitamos esta clase de consagración profunda. El hombre tiene que ver la necesidad de Dios con respecto a Su plan y obra, y consagrarse a Dios; entonces tiene la base para comprender la voluntad de Dios.

Esta es la clase de consagración de la cual habla Romanos 12, esto es, presentar nuestros cuerpos a Dios. Este es el lado práctico de la consagración. Puesto que nuestro ser existe en el cuerpo, debemos presentar nuestro cuerpo a fin de que todo nuestro ser pueda ser dado a Dios en una manera práctica. Mucha gente tiene un corazón para consagrarse, pero debido a que su cuerpo físico no ha sido ofrecido, su consagración es inútil. La verdadera consagración significa que nuestro cuerpo ha sido presentado; no es un mero deseo ni un sometimiento verbal, sino una entrega total y práctica de nuestro ser a Dios.

El propósito de presentar nuestro cuerpo es convertirlo en un sacrificio vivo. Por el lado negativo, esto significa ser cortados de todas nuestras actividades pasadas. Por ejemplo, en el Antiguo Testamento, antes de que un buey fuera ofrecido como sacrificio, estaba en su propio lugar y actuaba de acuerdo a su deseo. Una vez que era puesto en el altar, no se movía más por su propio deseo, y sus actividades cesaban. El principio es idéntico cuando nos convertimos en un sacrificio vivo. Antes de estar consagrados a Dios, éramos como un buey o una oveja salvaje que vive en los bosques de las montañas; actuábamos completamente por nuestro propio deseo. Sólo cuando nos convertimos en un sacrificio vivo para Dios, cesamos de nuestras propias actividades para esperar el mandato de Dios.

El significado positivo de ser un sacrificio vivo es vivir para Dios y ser usado por Dios. Una vez que el animal para sacrificio en el Antiguo Testamento se convertía en un sacrificio, era degollado y luego completamente quemado. Podemos decir que era un sacrificio muerto. Sin embargo, en nuestro caso, después de que nos consagramos, aún estamos vivos; somos un sacrificio vivo. La diferencia es que en el pasado vivíamos para nosotros mismos, pero ahora vivimos para Dios. Antes procurábamos nuestro propio beneficio, ahora buscamos Su placer. Anteriormente, estábamos interesados en nuestros propios asuntos; ahora nuestra preocupación tiene que ver con la obra de Dios.

Si una persona se consagra como sacrificio vivo, y vive para Dios, entonces Dios se place en revelarle Su voluntad a fin de que pueda entenderla.

B. Negar el yo El segundo paso en el camino de conocer la voluntad de Dios es negar el yo

Los dos pasajes más importantes relacionados con conocer la voluntad de Dios son Romanos 12 y Mateo 16. El primero habla de la relación entre ser un sacrificio y entender la voluntad de Dios; el último habla de la relación entre la voluntad de Dios y la negación del yo. Al ser un sacrificio se resuelve el problema de vivir *para* nosotros mismos. Al negar el yo se resuelve el problema de vivir *conforme a* nosotros mismos. Si somos meramente un sacrificio y no nos hemos negado a nosotros mismos, aun cuando estamos viviendo para Dios, todavía vivimos de acuerdo a nuestras propias opiniones e ideas. Como tales, no podemos entender Su voluntad. Por consiguiente, la negación del yo es también un requisito básico para conocer la voluntad de Dios.

Mateo 16:21-24 revela tres secciones relacionadas con la negación del yo. La primera consta de los versículos 21 y 22, donde el Señor les mostró a los discípulos que Él tenía que ir a la cruz y morir. Pedro reprendió al Señor, diciendo: "Señor ten compasión de ti; en ninguna manera esto te acontezca". Pedro quiso decir que el Señor debía tener compasión de Sí mismo y no aceptar la cruz. El Señor mencionó la cruz pero Pedro mencionó el yo. Estos dos son contrarios el uno al otro. La aceptación de la cruz significa la aniquilación del yo. Siempre que nos compadecemos a nosotros mismos, abandonamos la cruz.

Por eso, en la segunda sección el Señor reprendió a Pedro y le dijo, "¡Quítate de delante de mí, Satanás!; me eres tropiezo, porque no pones la mira en las cosas de Dios, sino en las de los hombres" (v. 23). Las "cosas de Dios" significa la voluntad de Dios. Esta represión contiene por lo menos dos explicaciones: Primero, si nos compadecemos de nosotros mismos, abandonando la cruz, esto es sin duda la obra de Satanás en nosotros. Satanás hace que el hombre se compadezca de sí mismo y rechace la cruz. Segundo, el Señor expuso dos cosas que se contradicen: la voluntad de Dios y el pensamiento del hombre. Puesto que la represión del Señor viene después de los versículos anteriores, la voluntad de Dios significa la cruz, y el pensamiento del hombre significa el yo. Cuando el hombre acepta la sugerencia de Satanás, se compadece de sí mismo y rechaza la cruz, el resultado es que no piensa en las cosas de Dios, sino en las cosas de los hombres.

Así que, el Señor concluye en la tercera sección: "Si alguno quiere venir en pos de mí, niéguese a sí mismo, y tome su cruz, y sígame" (v. 24). Aquí, otra vez el Señor recalca la oposición entre el yo y la cruz. Si deseamos seguir al Señor y obedecer Su voluntad, debemos por un lado negarnos a nosotros mismos y no pensar en las cosas del hombre, y por otro lado llevar la cruz y pensar en las cosas de Dios.

En Mateo 16, "el yo" indica las cosas del hombre. Las cosas del hombre incluyen varias clases de ideas, puntos de vista, percepciones y opiniones. Cuando el hombre toca nuestras ideas, puntos de vista, percepciones y opiniones, toca nuestro "yo".

Nuestro ser natural está lleno del yo con sus ideas y opiniones. Aunque amemos al Señor celosamente y consagremos nuestro todo al Señor para servirle, todavía estamos llenos de nuestras propias ideas y opiniones. Siempre queremos hacer esto y aquello para el Señor; nunca cesamos de inquirir qué desea El que hagamos y cómo hacerlo. El concepto humano es que es bueno servir celosamente al Señor, pero según Mateo 16 esta clase de celo puede originarse en Satanás. Cuando Pedro tomó al Señor aparte y le dijo: "Señor, ten compasión de ti", no se estaba oponiendo, sino amando al Señor. Sin embargo, la represión del Señor expuso que ésta era la inyección de Satanás. Cuando el hombre sirve a Dios por medio de su propio celo, es horrible y abominable ante los ojos de Dios. Debido a que Satanás se esconde dentro del hombre, la voluntad del hombre es siempre enemiga de la voluntad de Dios. Cuando él vive en sí mismo y hace algo para Dios según su propia idea y opinión, le es absolutamente imposible entender la voluntad de Dios.

Una vez más, la Palabra del Señor nos muestra que la voluntad de Dios y la voluntad del hombre siempre se contradicen la una a la otra. La voluntad del hombre es su yo, y la voluntad de Dios es la cruz. Cada vez que la voluntad de Dios es revelada al hombre, es como la cruz que da muerte al hombre. La voluntad de Dios mata principalmente el yo en el hombre. Mata las ideas, los puntos de vista, las percepciones, y las opiniones del hombre. Por consiguiente, la voluntad de Dios y el yo del hombre son siempre contrarios el uno del otro. Si estamos en nuestro yo, estamos fuera de la voluntad de Dios. Es imposible tener Su voluntad y mantener el yo. Cada vez que aceptamos la voluntad de Dios, esto mata el yo. Si nos paramos sobre la base de muerte aceptando la cruz, comprenderemos la voluntad de Dios. Todos los que no aceptan, o no están dispuestos a aceptar, la muerte de la cruz, no pueden entender ni recibir la voluntad de Dios.

La señorita M. E. Barber, quien sirvió al Señor en China, dijo que si uno está dispuesto a negarse a sí mismo y a rechazar su yo, ya ha transitado el noventa y nueve por ciento del sendero de conocer la voluntad de Dios, y el uno por ciento que falta es sólo conocerlo. Esto ha sido verificado en nuestra experiencia. Fuera de negar el yo, no hay ninguna otra manera de que comprendamos la voluntad de Dios.

C. Tratar con el corazón

Los requisitos básicos para conocer la voluntad de Dios son: (1) presentarnos como sacrificio, y (2) negarnos a nosotros mismos. El próximo paso es tratar con el corazón. Aunque este paso no es tan básico como los primeros dos requisitos, de todos modos es muy importante en cuanto a conocer la voluntad de Dios.

Como se dijo anteriormente, el corazón, el espíritu y la mente son órganos para que conozcamos la voluntad de Dios. La condición del corazón, ya sea que apunte en la dirección correcta o que esté ocupada con varias complicaciones, determina vitalmente nuestro conocimiento de la voluntad de Dios.

Las cuatro citas siguientes de las Escrituras muestran claramente la relación entre el corazón y el conocimiento de la voluntad de Dios, y especialmente la importancia de tratar con nuestros corazones.

1. 2 Corintios 3:16: "Pero cuando su corazón se vuelve al Señor, el velo es quitado". Si nuestro corazón no se vuelve al Señor, se convierte en un velo que nos cubre y nos impide ver la luz; así que, no tenemos manera de conocer la voluntad de Dios. Cuando nuestro corazón no se ha vuelto al Señor, no podemos ver. Pero cuando volvemos nuestro corazón al Señor, podemos ver. Por tanto, es necesario que nuestro corazón se vuelva absolutamente a Dios.

2. 2 Corintios 11:3: "Pero temo que ... se corrompan vuestros pensamientos, apartándoos de alguna manera de la sencillez y pureza para con Cristo". La falta de sencillez y pureza significa que estamos corrompidos y que tenemos otra meta fuera de Dios. Dios solo debe ser nuestra meta. Una vez que prestamos más atención a otras personas, asuntos y actividades, inmediatamente nuestro corazón se corrompe y, por ende, pierde su sencillez y pureza. Como consecuencia, no podemos entender la voluntad de Dios. Otra vez se nos dice que nuestro corazón tiene que estar absolutamente vuelto hacia Dios.

3. Mateo 6:21-23: "Porque donde esté vuestro tesoro, allí estará también vuestro corazón. La lámpara del cuerpo es el ojo; así que, si tu ojo es bueno, todo tu cuerpo estará lleno de luz; pero si tu ojo es maligno, todo tu cuerpo estará en tinieblas. Así que, si la luz que en ti hay es tinieblas, ¿cuántas no serán las mismas tinieblas"? Estos versículos mencionan primero el asunto de nuestro corazón interesado en el tesoro; luego siguen la luz y las tinieblas que tienen que ver con el ojo. Si nuestro corazón está fijo en Dios, nuestra visión será clara; si nuestro corazón está puesto en otros asuntos, nuestro ojo será maligno y no podrá ver la voluntad de Dios. Aquí, nuevamente se nos exhorta a que tengamos un corazón absolutamente vuelto hacia Dios.

4. Mateo 5:8: "Bienaventurados los de puro corazón: porque ellos verán a Dios". Los de puro corazón son los que no tienen mezcla en su corazón. Su corazón es sencillo y puro, y no desean otra cosa sino a Dios. Mucha gente busca y desea muchas cosas aparte de Dios mismo. Por consiguiente, por carecer de un corazón puro, no pueden ver a Dios ni entender Su voluntad.

Por medio de esto podemos ver que nuestro corazón tiene que estar totalmente vuelto a Dios y no desear nada sino a El.

Estos cuatro pasajes muestran que la relación entre el corazón y conocer la voluntad de Dios está determinada por la condición del corazón, es decir, si está absolutamente vuelto hacia Dios. Así como la brújula, no importa los cambios que haya en el ambiente, siempre apunta hacia el norte, así también nuestro corazón debe volverse siempre hacia Dios y tomar a Dios como su meta. De esta manera, podemos comprender la voluntad de Dios. Lamentamos, sin embargo, que haya muy pocos hijos de Dios cuyos corazones están absolutamente vueltos hacia El. Los corazones de la mayoría están vueltos a la izquierda o la derecha; nunca están absolutamente vueltos hacia Dios en sencillez. Estas personas, no sólo no ven a Dios, sino que su consagración y negación del yo son un problema. Puesto que su corazón no está correcto para con Dios, su consagración está llena de reservas, y su yo retiene obstinadamente sus propias ideas y opiniones. Por eso, les es imposible entender la voluntad de Dios.

Tratar con el corazón, aunque no es tan básico como la consagración y la negación del yo, es sin embargo, muy delicado y profundo. Debemos traer todos los detalles y áreas escondidas de nuestro corazón a la luz de Dios, permitiendo que el Espíritu Santo nos examine y nos corrija hasta que nuestro corazón sea completamente dirigido hacia Dios, y desee y escoja solamente a Dios.

D. El ejercicio del espíritu

Una vez que nuestro corazón tiene a Dios como su meta, podemos tocar la voluntad de Dios en una manera práctica. En este momento debemos ejercitar nuestro espíritu. Debido a que Dios y Su voluntad son inseparables, y puesto que Dios mora como el Espíritu Santo en nuestro espíritu, nuestra primera práctica en comprender la voluntad de Dios debe ser el ejercicio de nuestro espíritu para tocar el sentir del Espíritu Santo en las profundidades de nuestro espíritu. Bajo condiciones normales este sentir de nuestro espíritu es la voluntad de Dios.

Sin embargo, nuestro problema no es sólo que nuestro corazón no es absoluto, sino también que nuestro espíritu es demasiado débil. Un corazón que no es absoluto hace que nos confundamos y no tengamos claridad acerca de la voluntad de Dios. Un espíritu débil hace que estemos aturdidos y embotados en cuanto a conocer la voluntad de Dios. Esta es la razón por la cual cuando la voluntad de Dios nos es revelada, estamos frecuentemente inconscientes de ello.

Por lo tanto, para conocer la voluntad de Dios nuestro espíritu debe ser fortalecido por medio de la práctica de ejercitarlo constantemente. La mejor forma de hacer esto es tener mucha comunión y oración con el Señor. Si podemos apartar una hora al día para entrar en la cámara secreta para orar y tener comunión con el Señor, después de cierto período de tiempo, nuestro espíritu estará, ciertamente, más fortalecido y será muy sensitivo.

Además de apartar cierto tiempo para orar y tener comunión con el Señor, necesitamos ejercitar nuestro espíritu en todos los asuntos de nuestro diario vivir. Por un lado, necesitamos negarnos a nosotros mismos para percibir el sentir del Espíritu Santo; por otro lado, necesitamos andar en obediencia a este sentir. Por ejemplo, si alguien hablara de negocios con nosotros, nuestra disposición natural expresaría inmediatamente nuestro propio sentir y opinión. Sin embargo, si ejercitamos nuestro espíritu para rechazar nuestro sentir y opinión, y buscamos lo que piensa Dios en nuestro espíritu, tocaremos el sentir de Dios con respecto a este mismo asunto. Una vez que obtengamos este sentir y tengamos claridad acerca de lo que Dios quiere, hablaremos y actuaremos de acuerdo con este sentir. No emplearemos artimañas ni astucia, sino que meramente nos conduciremos de una forma veraz conforme al espíritu. Como resultado, tal ejercicio de nuestro espíritu nos llevará a tener un espíritu fortalecido y más sensible. Así pues, conocer la voluntad de Dios no es difícil.

E. Entrenar la mente

Después de haber tenido contacto con Dios y de haber obtenido el sentir de nuestro espíritu, todavía necesitamos nuestra mente para interpretar y comprender Su voluntad de forma práctica. De lo contrario, el sentir de nuestro espíritu es sólo una carga desconocida, y no tiene significado para nuestro entendimiento. En consecuencia, no conoceremos la voluntad de Dios. Por ejemplo, si escuchamos un discurso dado en un idioma que no conocemos, escuchamos la voz, pero si nuestra mente tiene poco entrenamiento en ese idioma, no podemos ni interpretar el significado ni entender la intención del orador. Así que, la interpretación por medio de la mente es un factor indispensable en el entendimiento de la voluntad de Dios. Si nuestra mente no ha sido entrenada en las cosas espirituales, no tendremos acceso a esta esfera, ni tendremos manera de entender la voluntad de Dios.

Es lamentable que en muchos hermanos y hermanas exista una enorme carencia de entrenamiento de la mente en la esfera espiritual. Algunos hermanos, cuando están prediciendo las fluctuaciones del mercado de valores y calculando las ganancias y las pérdidas, tienen mentes muy diestras. Además, algunas hermanas, cuando charlan con sus vecinas, muestran una mente muy activa. Pero cuando se sientan en una reunión y escuchan un mensaje, son incapaces de entenderlo. No es que no estén dispuestos a escuchar, ni que el mensaje sea muy profundo, sino que su mente simplemente no puede captar el contenido espiritual. Aun cuando se esfuercen por concentrarse, pronto estarán soñolientos y se dormirán. Su mente no ha sido entrenada en las cosas espirituales; por lo tanto, son muy ignorantes y están embotados.

El entrenamiento de la mente es obra del Espíritu Santo. Cuanto más el Espíritu Santo renueve nuestra mente, más espiritual viene a ser y más puede cooperar con nuestro espíritu. También tenemos la responsabilidad de ejercitar nuestra mente en los asuntos espirituales, poner nuestra mente en ellos, siempre volvernos al espíritu poniendo atención a los movimientos internos. En esta forma, puesto que nuestra mente está siempre en contacto con la esfera espiritual, viene a ser sensible y viviente en entender el sentir en nuestro espíritu y, por ende, entiende la voluntad de Dios.

F. La comunión con Dios y el estudio del sentir interno

Un entendimiento práctico de la voluntad de Dios en nuestro diario vivir, demanda comunión con Dios. Aquellos que carecen de comunión con Dios, son incapaces de entender la creación y la Biblia. Además, no pueden tener un corazón, un espíritu o una mente normal; tampoco pueden tocar el sentir del Espíritu Santo o ser guiados por El. La comunión con Dios es una de las claves vitales para entender Su voluntad. Una persona que entiende la voluntad de Dios debe ser una persona que tiene comunión continua con El.

Apartar cierto tiempo para la oración y la comunión con Dios, no es suficiente; debemos tener comunión continua a lo largo de nuestro diario vivir. Además, necesitamos crecer y tocar al Señor cada vez más a través de esta comunión.

Cuando tocamos al Señor en la comunión, tenemos, como resultado, un sentir interno. Debemos estudiar este sentir para entender la voluntad de Dios.

Sin embargo, por lo general tenemos un problema común que nos hace incapaces, ya sea para comprender el sentir o para entenderlo con precisión. El problema es que no creemos lo que sentimos. Como de costumbre, analizamos demasiado el sentir, temiendo que no sea de Dios o que sea un sentir erróneo. A menudo nuestro temor no es que estemos mal o que estemos pecando contra Dios, sino que el resultado no sea para nuestro provecho. Tal temor prueba que estamos considerando nuestra propia ganancia o pérdida. Si es así, esto hará difícil que entendamos la voluntad de Dios.

Por consiguiente, cada vez que tocamos el sentir de nuestra comunión con el Señor, mientras no haya un conflicto obvio con lo que la Biblia enseña, debemos creerlo y aceptarlo como de Dios. Aunque a veces, por causa de nuestra niñez espiritual, aceptamos equivocadamente el sentir, aún así, tenemos que creer que Dios nos guardará en Su mano a pesar de que estemos equivocados. Aunque podamos estar equivocados en cierto asunto, con todo, nuestro ser y nuestro espíritu permanecen correctos, y Dios aun está complacido con nosotros.

Además, hay otro factor que nos impide comprender este sentir, esto es, el yo, el cual incluye nuestras opiniones, ideas, prejuicios y conceptos. Estas cosas viejas dentro de nosotros siempre nos impiden estudiar el sentir que obtenemos durante la comunión o nos impiden tener un entendimiento puro de él, y por tanto, nos impiden que tengamos una percepción clara de la voluntad de Dios. Por eso, necesitamos tratar severamente para que no seamos atados o afectados por el yo. Esto permite al Espíritu Santo darnos libremente el sentir y la dirección de la voluntad de Dios de forma clara e ilimitada.

G. Estudiar la Biblia

Otra manera de conocer la voluntad de Dios es estudiar la Biblia, porque Dios se ha revelado a Sí mismo y Su voluntad a través de Su Palabra. Necesitamos estudiar cuidadosamente las grandes revelaciones de Dios, tales como Su plan misterioso, el Cuerpo de Cristo, etc. Necesitamos estudiar también los principios secundarios que hay en la Biblia, tales como aquellos con respecto a vestir, comer, gastar dinero, etc., y así también las enseñanzas, los cuadros, los ejemplos, las profecías y los tipos. No sólo debemos estudiar las Escrituras diariamente, sino también en ocasiones especiales. Por ejemplo, cuando un hermano que estudia la Biblia diariamente está considerando casarse, debe estudiar también los principios, las enseñanzas detalladas, y los ejemplos de matrimonio dados en la Biblia. Entonces necesita aplicarlos para darse cuenta de la voluntad de Dios acerca del matrimonio.

Además, debemos prestar atención a los mensajes dados en las reuniones, leer libros espirituales, y prestar atención a los diferentes tipos de comunión y de compartir. Ya que su fuente se encuentra en la Biblia y son muy aplicables y prácticos en revelar la voluntad de Dios, se les debe prestar atención.

No es suficiente que conozcamos la voluntad de Dios como se revela en Su Palabra. Debemos aplicar también los principios y detalles en nuestra vida diaria. Por supuesto, cuando aplicamos los principios, necesitamos la unción. Entonces no estaremos meramente siguiendo la regulación de las letras, sino que estaremos en la luz de vida andando conforme al espíritu.

H. Estudiar el ambiente

Para conocer la voluntad de Dios de manera más completa necesitamos estudiar el ambiente. Recuerde que el ambiente también es un medio por el cual Dios revela Su voluntad.

Cuando Dios nos dirige y nos guía de acuerdo a Su voluntad, normalmente arregla el ambiente apropiado con este propósito. Por ejemplo, después que Jacob estuvo veinte años con su tío, Labán, Dios quiso que volviera a la casa de su padre. Por esto, hizo que los hijos de Labán hablaran palabras contra Jacob, lo cual resultó en que Labán cambiara su semblante para con él (Gn. 31:1-3). A través de esto, Dios mostró Su voluntad a Jacob. El ambiente es siempre un medio por el cual Dios revela Su voluntad y es también una prueba de Su voluntad. Por consiguiente, si queremos conocer la voluntad de Dios, necesitamos observar el ambiente que El arregla para nosotros.

El ambiente es práctico y consta de muchas fases; por lo tanto necesitamos buscar el significado espiritual y la voluntad de Dios en las muchas fases. El ambiente práctico incluye la gente a nuestro alrededor y la existencia de situaciones con sus múltiples variaciones. Un cristiano que busca conocer la voluntad de Dios, no sólo debe estudiar (1) su sentir interno, y (2) la Biblia externa, sino también (3) el ambiente a su alrededor. Si uno aprende a estudiar estos tres aspectos cabalmente, está en gran medida, en la voluntad de Dios.

CONCLUSION

Comenzando con obedecer la enseñanza de la unción, la experiencia espiritual de un cristiano progresa gradualmente hacia un terreno más alto. Cuando llegamos a la experiencia de conocer la voluntad de Dios, el crecimiento espiritual y trato estricto con el yo que requiere dicha experiencia, sobrepasa todas las lecciones anteriores. Si alguien está viviendo en el yo y hace todo por el yo, es imposible que conozca la voluntad de Dios. Puesto que la voluntad de Dios es elevada y eterna, el hombre debe salir de su pequeño círculo y entrar al círculo amplio de Dios. Esto es como si él fuera introducido en el gran círculo de Dios a fin de que vea el plan eterno de Dios y su parte en él. Esto hará que se niegue a sí mismo y que ponga su yo a un lado para cumplir la voluntad de Dios.

Esta comprensión elevada, una vez que sea establecida en la vida de alguien, resolverá todas las dificultades básicas en cuanto a conocer la voluntad de Dios. Entonces él podrá ser regulado por la voluntad de Dios en su vivir diario y práctico, es decir, lo que Dios quiere que haga y la forma en que debe vivir y comportarse. Debido a que está consagrado al Señor y se ha comprometido con Su plan eterno, cuando tiene comunión con Dios, experimenta espontáneamente la unción y sabe lo que debe hacer. Entonces todos los sentimientos que experimenta en comunión con Dios pueden ser contados como Su voluntad. No estudia solamente las grandes revelaciones y verdades de la Biblia, sino que también estudia las enseñanzas y principios secundarios de la vida y conducta del creyente de manera que él pueda conocer la voluntad de Dios en todas las cosas. Además, siempre vigila su ambiente y el arreglo soberano de Dios. Después de que combina todos estos factores, puede entender claramente la voluntad de Dios.

LA TERCERA ETAPA — CRISTO VIVE EN MI

Ahora venimos al estudio de la tercera de las cuatro etapas de nuestra vida espiritual, a saber: "Cristo vive en mí" o la experiencia de "la etapa de la cruz".

Si un cristiano, después de que se consagra al Señor, trata completamente con su injusticia, su impiedad y con los sentimientos de la conciencia, y tiene ciertas experiencias al obedecer la enseñanza de la unción y entiende la voluntad de Dios, entonces el Señor le guiará a aceptar los tratos de la cruz. De este modo, él obtendrá las experiencias de la etapa de la cruz.

Las experiencias de la etapa de la cruz son diferentes en muchos sentidos de las experiencias espirituales previas. Las primeras dos etapas de la experiencia de vida pueden ser consideradas como la experiencia de una sola etapa, porque todos esos tratos pueden ser experimentados una vez que la persona es salva. Una persona que es salva de una manera cabal inmediatamente comienza a resolver el problema del pasado y a tratar con el pecado, el mundo y la conciencia. Aun en las lecciones más profundas, tales como obedecer la enseñanza de la unción y entender la voluntad de Dios, él ya ha progresado. Por lo tanto, estas experiencias pertenecen realmente a la etapa de la salvación. Sin embargo, hay una diferencia claramente definida cuando llegamos a la tercera etapa. Nos trae al comienzo de otro aspecto de la experiencia cristiana y esto sirve como un gran viraje para un cristiano delante del Señor. La señora Penn-Lewis llamó a esta etapa "el camino de la cruz". Ella usó el término "camino" para denotar que es en esta etapa que un cristiano comienza a andar formalmente en el camino de la cruz, teniendo la experiencia de la cruz y caminando completamente bajo la cruz. Por lo tanto, de aquí en adelante su andar espiritual entra en una nueva etapa.

Más aún, todos los tratos durante las primeras dos etapas en cuanto a injusticia, impiedad y aun los sentimientos de intranquilidad en la conciencia se relacionan con asuntos externos a nosotros y no tienen nada que ver con nuestro ser. En las primeras dos etapas, concebíamos todos nuestros problemas como cosas relacionadas con el pecado y con el mundo, y pensábamos que si tratábamos con ellos, ya no tendríamos más problemas. Sin embargo, no es sino hasta que nos consagramos al Señor y le obedecemos de una forma absoluta, progresando en el Señor y entrando en la tercera etapa, que descubrimos gradualmente que al seguir al Señor, no sólo tenemos problemas relacionados con asuntos externos a nosotros, sino también problemas con nuestro propio ser, tales como nuestra carne, nuestro yo y nuestra constitución natural. Además, estos asuntos internos estorban y ofenden al Señor severamente. Al llegar a este punto, seremos dirigidos por el Señor para que veamos cómo la cruz puede resolver todas estas dificultades pertenecientes a nuestro ser. Entonces tendremos tratos más profundos en cuanto a estos asuntos. Es por esto que decimos que si un cristiano entra en esta tercera etapa de la experiencia de la cruz, entonces verdaderamente un gran viraje y un nuevo comienzo tendrán efecto en su vida.

El asunto concerniente a la limpieza de la lepra (Lv. 14:2-9) es un tipo que muestra muy claramente estas dos diferentes clases de tratos relacionados con los asuntos fuera de nosotros y con las cosas de nuestro ser. En la Biblia un leproso siempre tipifica nuestro hombre caído y pecaminoso. El problema de un leproso no está realmente en su suciedad y su fealdad externa, sino en el veneno de la enfermedad interna. Igualmente, el problema principal que hay en nosotros, los pecadores caídos, no es exactamente nuestros hechos pecaminosos externos, sino la naturaleza pecaminosa que está dentro de nosotros, la cual se origina de la vida maligna de Satanás. Por lo tanto, la tipología relativa a la lepra es una descripción muy acertada y completa de nuestra condición pecaminosa delante de Dios. Así que la manera en que se hacía la purificación relacionada con el leproso, tal como se muestra en Levítico, es también la manera en que nosotros somos purificados y tratados delante de Dios.

El primer requisito para la purificación de un leproso era traerlo ante el sacerdote. El sacerdote tipifica al Señor Jesús.

"El sacerdote saldrá fuera del campamento" para examinar al leproso, porque el leproso no puede entrar al campamento, sino que debe permanecer fuera. Esto nos dice que nosotros los pecadores no debemos entrar en medio del pueblo de Dios, donde Dios manifiesta Su gracia; pero el Señor Jesús ha salido a examinarnos. Si es verdad que nos hemos arrepentido de corazón, entonces la plaga de la lepra es sanada a los ojos de Dios. Después que sea sanada, "el sacerdote mandará luego que se tomen para el que se purifica, dos avecillas vivas, limpias, y madera de cedro, grana e hisopo. Y mandará el sacerdote matar una avecilla en un vaso de barro sobre aguas corrientes. Después tomará la avecilla viva, el cedro, la grana y el hisopo, y los mojará con la avecilla viva en la sangre de la avecilla muerta sobre las aguas corrientes; y rociará siete veces sobre el que se purifica de la lepra, y le declarará limpio; y soltará la avecilla viva en el campo". La suciedad del leproso es pecado delante de Dios; por tanto, requiere la purificación con el rociamiento de la sangre. Esto no tiene como fin la limpieza de la naturaleza pecaminosa, sino abolir toda la cuenta de pecados delante de Dios. El procedimiento en la aspersión de la sangre es preparar dos aves: una para ser muerta en una vasija de barro sobre aguas corrientes, y la otra, la cual está viva, para ser sumergida en la sangre y rociada sobre el leproso. El ave que es muerta tipifica al Señor Jesús que vertió Su sangre y sufrió la muerte; el ave viva tipifica al Señor Jesús resucitado de la muerte; y el agua corriente tipifica la vida eterna de nuestro Señor. Por lo tanto, esto indica que el Señor Jesús vertió Su sangre y sufrió la muerte en Su vida eterna. Además, la sangre vertida al morir El, y Su vida eterna son traídas a nosotros y se hacen eficaces en nosotros a través de Su resurrección. Rociar siete veces indica la integridad de la limpieza de la sangre del Señor; ésta puede abolir toda nuestra cuenta de pecados delante de Dios y nos hace aceptos a Dios. Después de que el ave viva era mojada en la sangre, era soltada en el campo. Esto significa que después de que una persona recibe la muerte sustitutiva del Señor Jesús, la sangre del Señor se hace eficaz para él, y el poder de la resurrección del Señor es manifestado en él y le hace libre.

Cuando una persona es resucitada y libertada a través de

la muerte y resurrección del Señor, es salva. Desde ese momento en adelante, tiene que limpiarse de toda su suciedad, tratando con sus dificultades tanto internas como externas.

"El que se purifica lavará sus vestidos". La vestidura, la cual es algo puesto sobre el cuerpo humano, tipifica nuestro vivir, nuestros hechos y nuestras acciones. Por lo tanto, el lavamiento de la ropa indica juzgar todos los hechos impropios y erróneos de nuestras vidas. Esto incluye todo lo que hemos mencionado anteriormente, es decir, dar resolución al problema del pasado y del pecado, y tratar con el mundo y la conciencia, todo lo cual pertenece a las primeras dos etapas de la experiencia de vida.

Luego, el leproso tenía que raer todo su pelo y lavarse con agua, para ser limpio. El pelo, que es algo que crece del cuerpo del hombre, significa las dificultades internas. Por lo tanto, raerse significa juzgar las dificultades que surgen de nuestro yo. Esta es la obra de la cruz, o sea, ella da fin a nuestro ser. Después de que uno pasa por la cruz, todo su ser es limpio de una manera práctica. Este proceso no se efectúa de una vez y para siempre; debe repetirse una y otra vez hasta que sea completo. Por consiguiente, "el séptimo día raerá todo el pelo de su cabeza, su barba y las cejas de sus ojos y todo su pelo, y lavará sus vestidos, y lavará su cuerpo en agua, y será limpio". Esta aplicación continua no sólo es completa, sino detallada; es decir, no solamente era necesario raparse el cabello en general, sino que también hace diferencia entre el pelo de la cabeza, de la barba, de las cejas y el pelo de todo el cuerpo. Estas áreas debían ser cortadas una por una, y finalmente el cuerpo entero era afeitado.

En la Biblia, cada uno de los diferentes tipos de pelo tiene su significado. El cabello de la cabeza representa la gloria del hombre, la barba representa el honor del hombre, las cejas hablan de la belleza del hombre, y el vello de todo el cuerpo denota la fuerza natural del hombre. Todos los hombres tienen su jactancia en ciertas áreas. Algunos se jactan de sus antepasados, otros de su educación, otros más de sus virtudes, y aún otros se jactan de su celo y su amor por el Señor. Casi todos pueden encontrar algo en lo cual jactarse, gloriarse de sí mismos y lucirse delante del hombre. Esto es tipificado por el cabello de la cabeza. Más aún, los hombres se estiman a sí mismos como honorables con relación a su posición, sus antecedentes familiares o incluso su espiritualidad; siempre tienen un sentimiento de superioridad, de que están por encima de otros. Esto es representado por su barba. Al mismo tiempo, el hombre también tiene alguna belleza natural, esto es, algunos rasgos naturalmente buenos y fuertes, que no provienen de la experiencia de la salvación que Dios le provee, sino del nacimiento natural. Esto es representado por las cejas del hombre. Finalmente, como seres humanos estamos llenos de fortaleza natural, de métodos y opiniones naturales, pensando que podemos hacer esto o lo otro para el Señor, y que somos capaces de hacer cualquier cosa. Esto significa que todavía tenemos cabellos bien largos sobre todo nuestro cuerpo; no nos hemos rapado. Todas éstas no son contaminaciones externas, sino problemas que provienen de nuestro nacimiento natural. Las contaminaciones externas sólo requieren ser lavadas con agua; sin embargo, nuestros propios problemas naturales deben ser quitados con una navaja, lo cual significa que deben pasar por la cruz. Este tipo de disciplina es profundo y severo, nos hiere internamente y nos causa mucho dolor.

Lo que discutiremos en la tercera etapa son las experiencias de "rapar el pelo", esto es, eliminar los problemas que surgen de nuestro yo. Dividiremos estas experiencias en los siguientes puntos: aplicar la cruz a la carne, aplicarla al yo y aplicarla a nuestra constitución natural. Estas son las experiencias principales en la tercera etapa de la experiencia de vida.

Capitulo nueve

TRATAR CON LA CARNE

La primera experiencia de la tercera etapa de nuestra vida espiritual es tratar con la carne mediante la cruz. Como hemos mencionado antes, tratar con el pecado se puede comparar con quitar la suciedad de una camisa; tratar con el mundo, con decolorar el estampado de la camisa; y tratar con la conciencia, con quitar las diminutas bacterias de la camisa. De esta manera, la camisa queda completamente limpia. Desde el punto de vista humano, es suficiente ser tratado hasta ese grado. Sin embargo, no es así para Dios. Dios aún tiene que cortar la camisa en pedazos con un cuchillo. Esto es tratar con la carne. A pesar de que esto parece irrazonable, es real en nuestra experiencia espiritual. Después de que hemos tratado con el pecado, el mundo y la conciencia parece que toda la inmundicia externa ha sido tratada. Pero si el Señor nos ilumina, descubriremos que la más grande dificultad que la vida de Dios encuentra en nosotros es nuestra vida natural, nuestro propio ser. A pesar de que tratamos con la injusticia, la impiedad y todos los sentimientos de la conciencia, todavía vivimos por nuestra vida natural, no por la vida de Dios; todavía vivimos en nosotros mismos, no en el Espíritu Santo. Por lo tanto, todavía vivimos por el alma, no por el espíritu. Si queremos ser librados de esta clase de dificultad, el único camino de salvación es la cruz. Solamente cuando aceptemos que la cruz quebrante nuestra vida natural, la vida de Dios se manifestará y rebosará. Unicamente cuando nos demos muerte, dejaremos que el Espíritu Santo haga la obra de vivificar dentro de nosotros. Cuando los israelitas pasaron el Jordán, su vagar en el desierto llegó a un fin; ellos entraron en la esfera de la nueva vida. Así que, ellos estaban capacitados para disfrutar el producto de la tierra de Canaán, para pelear por Dios y para introducir el reino. El paso de los israelitas por el Jordán representa nuestra experiencia de la muerte de Cristo para que podamos ser librados de la carne y podamos entrar en las riquezas de la vida de Dios. Si recibimos la misericordia de Dios y seguimos adelante fielmente en el camino de la vida, también experimentaremos completamente el darle muerte a nuestra carne mediante la cruz y el ser conformados a Su muerte. Solamente cuando experimentemos la liberación de darle muerte a nuestra carne mediante la cruz, seremos librados de la esfera de la desolación y fracasos, y entraremos así en las riquezas y el descanso de Cristo, y viviremos en la esfera celestial para pelear por Dios y traer el reino de Dios. Por eso, la experiencia de la etapa del trato mediante la cruz es un punto crucial y muy importante. Bienaventurados son aquellos que pueden experimentarlo en una manera completa y cabal, porque están cerca de la madurez en su vida espiritual, y Cristo crecerá y será formado en ellos.

I. BASE BIBLICA

A. Romanos 8:7-8 dice: "Por cuanto la mente puesta en la carne es enemistad contra Dios; porque no se sujeta a la ley de Dios, ni tampoco puede; y los que están en la carne no pueden agradar a Dios". Esto habla de la condición de enemistad que tiene la carne hacia Dios. Una persona carnal nunca puede agradar a Dios ni ser aceptado por El.

B. Romanos 6:6 dice: "Sabiendo esto, que nuestro viejo hombre fue crucificado juntamente con El para que el cuerpo de pecado sea anulado, a fin de que no sirvamos más al pecado como esclavos". El viejo hombre se refiere a la carne cuando ella no es expresada. Este pasaje revela que nuestro viejo hombre, o nuestra carne, ha sido crucificado con Cristo, y que es un hecho que fue logrado hace mucho tiempo.

C. Gálatas 5:24 dice: "Pero los que son de Cristo Jesús han crucificado la carne con sus pasiones y deseos". A los ojos de Dios, el asunto de la carne es también un problema que se resolvió hace mucho tiempo. Por consiguiente, no debemos vivir más por la carne.

D. Romanos 8:13 dice: "Porque si vivís conforme a la carne,

habréis de morir; mas si por el Espíritu hacéis morir los hábitos del cuerpo, viviréis". Esto nos dice que necesitamos dar muerte por el Espíritu a las obras del cuerpo y experimentar así el trato de la cruz en una manera práctica.

II. LA DEFINICION DE LA CARNE

En la Biblia podemos encontrar por lo menos tres definiciones de la carne.

A. El cuerpo corrupto

En la Biblia la primera definición de la carne es nuestro cuerpo corrupto. Cuando Dios creó al hombre, éste tenía solamente el cuerpo físico, no la carne. En ese entonces, no había pecado ni concupiscencia en el cuerpo humano; era simplemente un cuerpo creado. Sin embargo, cuando Satanás indujo al hombre a comer del fruto del árbol de la ciencia del bien y del mal, entonces Satanás y su vida pecaminosa, la cual estaba tipificada por el fruto, entró en el cuerpo humano, haciendo que el cuerpo humano fuese transmutado y corrompido y así llegara a ser la carne. Por lo tanto hoy la carne humana, la cual tiene pecado, concupiscencia y muchos otros elementos impuros de Satanás dentro de ella, es mucho más complicada que el cuerpo humano original.

Podemos fácilmente encontrar base bíblica para mostrar que la carne es el cuerpo corrupto. Por ejemplo, Romanos 6:6 menciona "el cuerpo de pecado", el cual es el cuerpo pecaminoso. Romanos 7:24 menciona "el cuerpo de muerte", lo cual significa el cuerpo muerto. Este cuerpo pecaminoso y muerto se refiere al cuerpo corrupto, o sea la carne. El pecado y la muerte son las características de la vida de Satanás. Nuestro cuerpo, el cual tiene pecado y muerte, ha llegado a ser la carne. En consecuencia, Romanos 7:18 dice: "En mi *carne* no mora el bien"; de nuevo, el versículo 20 dice: "El pecado que mora en *mí*"; y de nuevo, el versículo 21 dice: "el mal está *conmigo*". Estos versículos nos dicen que "el pecado" o "el mal" que está dentro de nosotros está en nuestra carne. Luego el versículo 23, el cual menciona "la ley del pecado que está en mis miembros", muestra en una forma más práctica que la ley de pecado está en los miembros del cuerpo. Esto revela que nuestro cuerpo, habiendo sido mezclado con el veneno satánico, es corrupto.

Gálatas 5:19-21 enumera las manifestaciones de la carne, tales como fornicación, inmundicia, lascivia, etc., las cuales emanan de nuestro cuerpo corrupto; por lo tanto, la primera definición de la carne es nuestro cuerpo corrupto.

B. El hombre caído en su totalidad

La segunda definición de la carne en la Biblia es todo nuestro ser caído. Romanos 3:20 dice: "Ya que por las obras de la ley ninguna carne será justificada delante de El". Gálatas 2:16 establece que "el hombre no es justificado por las obras de la ley". En estos dos pasajes vemos que la "carne" y el "hombre" son equivalentes. A los ojos de Dios, el hombre no solamente *tiene* la carne, sino que él mismo *es* carne.

¿De qué manera cayó el hombre y vino a ser carne? Inmediatamente después de que el hombre fue creado, su cuerpo estaba en sujeción al alma, la cual, a su vez, estaba en sujeción al espíritu. Por un lado, el hombre tenía comunión con Dios por el espíritu y entendía la voluntad de Dios; por otro lado, él ejercitaba su espíritu para poner todo su ser bajo sujeción a la voluntad de Dios. Por consiguiente, en ese entonces, el hombre vivía por el espíritu y era controlado por el espíritu. Cuando el hombre fue inducido por Satanás a comer del árbol del conocimiento del bien y del mal, el hombre cayó del espíritu y no vivió más por el espíritu. Mientras tanto, el cuerpo humano, habiendo sido envenenado por Satanás vino a ser carne. Este fue el primer paso de la caída humana. Luego, Caín pecó y cayó, de manera que fue rechazado por Dios porque le sirvió de acuerdo a su propio deleite y opinión. Así que, el hombre cayó completamente a la esfera del alma; él vivió por el alma y llegó a ser un hombre centrado en el alma. Después de Caín, el hombre cayó aún más bajo y pecó más violentamente. Como resultado, el espíritu del hombre se debilitó, y su carne se hizo más y más fuerte hasta que usurpó el lugar del espíritu para controlar el ser completo. De esta manera, el hombre cayó completamente en la carne y vivió por ella. Por eso, antes del diluvio, Dios dijo que el hombre "es carne" (Gn. 6:3). Luego, de nuevo El dijo que "toda carne había corrompido su camino sobre la tierra" (Gn. 6:12). En ese momento, a los ojos de Dios, el hombre no era solamente de la carne, sino que era la carne misma. Así como los que son malignos son la carne, también los que son buenos son la carne. Así como los que odian son la carne, también los que aman son la carne. Toda la gente de este mundo es carne. Por lo tanto, en la Biblia, la carne se refiere también al ser humano caído en su totalidad.

C. El aspecto bueno del hombre

Usualmente cuando mencionamos la carne, pensamos que la carne es corrupta y maligna, tal como se menciona en Gálatas 5:19-21. Pero la Biblia nos muestra que la carne tiene no sólo un lado maligno, sino también un lado bueno. La carne buena desea hacer el bien, y adorar y servir a Dios. En Filipenses 3:3-6 Pablo indicó que había algunos que adoraban a Dios en la carne, y se jactaban en la carne. La carne allí indudablemente se refiere a la carne en su lado bueno, porque por ella el hombre adora a Dios y por ella el hombre se jacta.

¿Por qué hay un lado bueno del hombre, o sea, de la carne? Porque a pesar de que somos aquellos que cayeron tan bajo, todavía tenemos algo del elemento bueno, el cual fue originalmente creado por Dios. Por lo tanto, a menudo queremos hacer el bien y servir a Dios. Pero, después de todo, el hombre o la carne en su lado bueno es débil y no tiene poder, pues deseando hacer el bien o servir a Dios, no puede hacer ni lo uno ni lo otro. A los ojos de Dios, nosotros los hombres caídos, controlados por la carne, llegamos a ser completamente carne. Todo lo que se origina en nosotros, sea bueno o malo, es de la carne y no agrada a Dios. Por eso, no sólo nuestro mal genio, odio, o cualquier cosa en contra de Dios que se origina en nosotros proviene de la carne; también la gentileza, el amor y aun el servicio a Dios que se origina en nosotros son también de la carne. Todo lo que se origina en nosotros, sea bueno o malo, es de la carne. Tenemos que saber qué es la carne a ese grado; entonces habremos entendido verdaderamente el significado de la carne. Por lo tanto, en la Biblia, la carne también denota el lado bueno del hombre.

III. LA POSICION QUE TIENE LA CARNE ANTE DIOS

¿Cuál es la posición que tiene la carne delante de Dios? ¿Cuál es la actitud de Dios hacia la carne? Este asunto está claramente expresado en muchos pasajes de la Biblia, sin embargo, solamente queremos señalar aquí los pasajes más importantes.

A. Dios no puede mezclarse con la carne

Exodo 30:32 dice: "Sobre la carne de hombre no será derramado [el aceite santo de la unción]". El aceite de la santa unción tipifica al Espíritu Santo, el cual es Dios mismo. En consecuencia, la declaración de que el aceite de la santa unción no debe ser derramado sobre la carne del hombre significa que Dios no puede mezclarse o unirse con la carne.

B. Dios y la carne no pueden habitar juntos

Exodo 17:14, 16 dice: "Y Jehová dijo a Moisés ... raeré del todo la memoria de Amalec de debajo del cielo ... Jehová tendrá guerra con Amalec de generación en generación". ¿Por qué determinó Dios exterminar a Amalec y tener guerra con él de generación en generación? Porque Amalec en la Biblia tipifica nuestra carne.

Los israelitas como descendientes de Jacob tipifican la parte regenerada y escogida que tenemos nosotros, que es el nuevo hombre en nuestro espíritu el cual pertenece a Cristo. Los amalecitas como descendientes de Esaú tipifican la parte natural caída que está en nosotros, esto es el viejo hombre en la carne, que pertenece a Adán. Esaú y Jacob eran gemelos, pero sus descendientes, los amalecitas y los israelitas eran enemigos entre sí; ellos no podían habitar juntos. Del mismo modo, aunque nuestro viejo hombre carnal está muy cerca de nuestro nuevo hombre espiritual, los dos son enemigos entre sí y no pueden habitar juntos. El hecho de que Dios tuviera guerra con Amalec nos muestra cómo Dios aborrece la carne y desea exterminarla. Si la carne no es exterminada y no tratamos con ella, nuestra vida espiritual no tendrá manera de crecer. Los dos no pueden nunca juntarse ni coexistir.

Cuando Saúl llegó a ser rey de Israel, Dios le mandó que

hiriera a los amalecitas, que destruyera todo lo que ellos tenían, y que no tuviera piedad de ellos (1 S. 15). Sin embargo, Saúl perdonó a Agag, el rey de los amalecitas, y lo mejor de sus ovejas y ganado. Todo lo que era bueno no lo destruyó completamente, pero, todo lo que era vil e inservible él lo destruyó completamente. Ya que Saúl no obedeció a cabalidad el mandato de Dios, no obtuvo el favor de Dios y perdió su trono. Esto indica que si un hombre no rechaza absolutamente la carne, sino que retiene lo que es bueno y honorable a los ojos del hombre, tal hombre no puede agradar a Dios, porque entre Dios y la carne no hay acuerdo alguno.

En el libro de Ester, Mardoqueo escogió morir antes que arrodillarse delante de Amán, un agagueo, descendiente de Agar el amalecita. Debido a que Mardoqueo se mantuvo firme hasta el fin, él agradó a Dios y también trajo liberación a los judíos. Esto es una prueba adicional de que solamente cuando no damos lugar a la carne, aun a costa de la propia vida, podemos agradar a Dios y llegamos a ser vasos útiles para El. ¡Dios y la carne no pueden habitar juntos!

C. Dios está determinado a erradicar la carne

En el Antiguo Testamento Dios hizo una cosa específica para expresar Su actitud hacia la carne: El estableció la circuncisión. El primer hombre a quien Dios mandó que se circuncidara fue Abraham (Gn. 17). Dios prometió a Abraham que sus descendientes serían como las estrellas de los cielos y como la arena del mar. Pero como Dios se demoraba en el cumplimiento de Su promesa, Abraham tomó a Agar por esposa, y ésta dio a luz a Ismael. Así que, él usó la fuerza de su carne para cumplir la promesa de Dios. Dios no se agradó de él, y por trece años Dios estuvo oculto a sus ojos. Luego, cuando Abraham era de noventa y nueve años de edad, Dios se le apareció otra vez (Gn. 16:15; 17:1). En esa ocasión Dios le mandó que él y todos los que le pertenecían fuesen circuncidados. Esto significa que Dios quería que la carne fuera erradicada, de manera que en lo sucesivo ellos no servirían a Dios en la carne.

La segunda vez que la circuncisión es mencionada en la Biblia es en Exodo 4. Así como Moisés respondió al llamado de

Dios para liberar a los israelitas de Egipto, Dios lo encontró en el camino y procuró matarle, porque sus dos hijos no habían sido circuncidados. En consecuencia, Séfora, la esposa de Moisés, circuncidó a su hijo. En esto vemos que si el hombre desea servir a Dios, él primero debe erradicar la carne; de otra manera, aun si dejara todo por Dios, nunca podría agradarle.

El tercer caso de circuncisión ocurrió en Gilgal, después de que los israelitas pasaron el Jordán (Jos. 4—5). En el día de la pascua, los israelitas sepultaron sus pecados bajo la sangre del cordero. Cuando salieron de Egipto, sepultaron a su enemigo, los ejércitos de Egipto, en las aguas del mar Rojo. Cuando entraron a Canaán, ellos sepultaron su yo, o la carne, en las aguas del Jordán. En otras palabras, ellos trataron con sus pecados en la pascua y con el mundo en el mar Rojo, pero antes del Jordán nunca habían tratado con su carne. Por lo tanto, ellos vagaron por cuarenta años en el desierto hasta que pasaron el Jordán, donde fueron tratados los israelitas de la vieja creación, esto es, la carne. Cuando ellos pasaron el Jordán, juntaron doce piedras del fondo del río y las cargaron hasta el otro lado del río; ellos también pusieron otras doce piedras en medio del Jordán. Esto significa que su viejo hombre fue sepultado bajo el río y que fue el nuevo Israel el que entró a Canaán. En consecuencia, una vez que ellos pasaron el Jordán, fueron formalmente circuncidados y se quitaron su carne. De ahí en adelante, pudieron pelear por Dios y traer Su reino.

Más aún, el Nuevo Testamento menciona la circuncisión para los cristianos. Colosenses 2:11 dice: "En El también fuisteis circuncidados con circuncisión no hecha a mano, al despojaros del cuerpo carnal, en la circuncisión de Cristo". Esto revela aún más y con mayor claridad, que el significado espiritual de la circuncisión es echar fuera la carne. La circuncisión, una señal del pacto de Dios con Su pueblo, significa que Dios desea que Su pueblo se despoje de la carne y viva en Su presencia.

D. La conclusión de la Biblia acerca de la carne

Romanos 8:8 dice: "Y los que están en la carne no pueden

agradar a Dios". La Biblia habla mucho acerca de la carne y en este pasaje afirma finalmente que la carne no puede agradar a Dios. Si el hombre pertenece a la carne, pone su mente en la carne y vive por la carne, nada de lo que haga, sea bueno o malo, puede agradar a Dios.

E. La posición correcta de la carne

Gálatas 5:24 dice: "Pero los que son de Cristo Jesús han crucificado la carne con sus pasiones y deseos". La posición correcta de la carne es estar en la cruz. Delante de Dios la consecuencia final de estar en la carne es muerte. ¡El veredicto de Dios sobre la carne es que se le debe dar muerte! Solamente cuando se le da muerte a la carne, Dios puede tener Su lugar correspondiente y hacer Su voluntad en el hombre.

Al estudiar los cinco puntos anteriores, nos damos cuenta de cómo toda la Biblia prueba que la carne es abominable delante de Dios, y que Dios la destruirá para siempre. La principal razón por la cual Dios aborrece profundamente la carne es que Satanás vive en la carne. La carne es el campo del enemigo de Dios y la más grande base de operaciones para su obra. Podemos decir que toda la obra de Satanás en el hombre es lograda por medio de la carne. Y toda su obra a través de la carne destruye el plan y la meta de Dios. Por eso, podemos decir que Dios odia la carne de la misma manera que El odia a Satanás y que El quiere destruir la carne de la misma manera que quiere destruir a Satanás. Dios y la carne nunca pueden habitar juntos.

IV. LA RELACION ENTRE LA CARNE Y EL VIEJO HOMBRE

La Biblia menciona tanto la carne como el viejo hombre. ¿Cuál es la relación entre la carne y el viejo hombre? ¿Cómo podemos distinguir entre estos dos? La carne es simplemente el vivir del viejo hombre; los dos son uno. En la vieja creación somos el viejo hombre. Cuando el viejo hombre vive y es expresado, es la carne. Por consiguiente, el viejo hombre y la carne en realidad se refieren a nuestro mismo ser. En cuanto al hecho objetivo, somos el viejo hombre; en cuanto a la experiencia subjetiva, somos la carne.

Este asunto está claramente establecido en el libro de Romanos. Romanos 5 habla de la herencia que tenemos en Adán, el capítulo 6 habla de lo que hemos obtenido en Cristo, el capítulo 7 nos habla de nuestra esclavitud en la carne, y el capítulo 8 proclama la liberación que tenemos en el Espíritu Santo. Los capítulos 5 y 6 están relacionados con los hechos objetivos acerca de Cristo y del viejo hombre, mientras que los capítulos 7 y 8 están relacionados con las experiencias subjetivas que tienen que ver con el Espíritu Santo y la carne. Tal como Cristo está relacionado con el Espíritu Santo, así el viejo hombre está relacionado con la carne. Igual que Cristo no puede ser experimentado sin el Espíritu Santo, así tampoco puede ser experimentado el viejo hombre sin la carne. A Cristo puede uno vivirlo en el Espíritu Santo; de igual manera, al viejo hombre puede uno vivirlo en la carne. Por ejemplo, la Biblia dice que nuestro viejo hombre fue crucificado juntamente con Cristo. Esto es un hecho que fue logrado hace mil novecientos años, aunque para ese tiempo no habíamos nacido y nuestro viejo hombre no había sido expresado en nuestro vivir. Hoy, más de mil novecientos años más tarde, hemos nacido, y sabemos mentir y perder nuestra paciencia. Este es el vivir del viejo hombre, y lo llamamos la carne. Por lo tanto, aquello que fue crucificado con Cristo fue nuestro viejo hombre, el cual aún no había sido expresado en nuestro vivir en ese entonces, mientras que lo que está siendo tratado hoy es la carne, el vivir de nuestro ser. Por consiguiente, la carne es el vivir y la expresión del viejo hombre; es decir, la carne es lo que experimentamos del viejo hombre.

De esto podemos ver claramente que cuando la Biblia afirma que nuestro viejo hombre ha sido crucificado con Cristo, se refiere al hecho objetivo ocurrido en el pasado, y cuando dice que nuestra carne debe ser crucificada, se refiere a la experiencia subjetiva hoy. Por eso, el trato con la carne es enteramente un asunto de experiencia.

V. TRATAR CON LA CARNE

Dijimos anteriormente que hay tres definiciones de la carne, las cuales representan sus tres aspectos. Si tratamos con la carne, estamos tratando con estos tres aspectos. Primero, necesitamos tratar con la pasión, la concupiscencia, el orgullo, el egoísmo, la deshonestidad, la codicia, la contención, los celos y todos los demás elementos corruptos que están en la carne. Segundo, necesitamos tratar con el hombre carnal. Nuestro mismo ser ha caído en la carne, y está atado y controlado por la carne; así que, todo nuestro ser ha llegado a ser carne. Por lo tanto, todo nuestro ser debe ser cabalmente tratado por la cruz. Tercero, necesitamos tratar con el lado bueno de la carne. Para el hombre toda nuestra bondad natural, nuestros puntos fuertes en virtud de nuestro nacimiento, es buena, pero para Dios es abominable; así que también necesita ser tratada.

Por lo tanto, todo lo que pertenece a nuestro ser, debido a que es carne, necesita ser tratado. Pero ¿cómo tratamos con la carne? Discutiremos esto en dos aspectos: el hecho objetivo y la experiencia subjetiva.

A. El hecho objetivo

El hecho objetivo en tratar con la carne está completamente relacionado con Cristo. Gálatas 2:20 dice: "Con Cristo estoy juntamente crucificado". De nuevo, Romanos 6:6 dice: "Nuestro viejo hombre fue crucificado juntamente con Él". Estos dos pasajes claramente nos muestran que cuando Cristo fue clavado en la cruz, nosotros fuimos crucificados con Él. Nuestro ser carnal ha sido tratado en la cruz de Cristo. Este es un hecho que fue cumplido hace mucho tiempo en el universo. El hecho de que fuimos crucificados con Cristo es la base para que tratemos con la carne. Si nunca hubiésemos sido crucificados con Cristo, ninguno de nosotros podría tratar con la carne. Por esto, que tratemos con la carne tiene como fin que experimentemos el hecho de que hemos muerto con Cristo.

Por lo tanto, el primer paso en nuestro trato con la carne es pedirle al Señor que nos ilumine para que podamos obtener revelación para ver el hecho de que nosotros hemos sido crucificados con Cristo. Romanos 6:11 dice: "Consideraos muertos al pecado". Esta consideración es un asunto de ver. Cuando hemos visto el hecho de que hemos muerto con Cristo, podemos automáticamente considerarnos muertos.

B. La experiencia subjetiva

La experiencia subjetiva al tratar con la carne está completamente relacionada con el Espíritu Santo. Estar muerto con Cristo es meramente un hecho que Cristo ha logrado por nosotros delante de Dios; para nosotros todavía es objetivo. Existe la necesidad de que el Espíritu Santo trabaje en nosotros y lleve a cabo el hecho que Cristo ha logrado en la cruz; entonces, morir con Cristo llegará a ser nuestra experiencia subjetiva. Una obra muy importante y básica del Espíritu Santo que mora en nosotros es forjar en nosotros el hecho de que Cristo ha crucificado la carne en la cruz. En otras palabras, la obra del Espíritu Santo es forjar en nosotros la cruz del Calvario para llegar a ser la cruz dentro de nosotros. Por lo tanto, la experiencia subjetiva al tratar con la carne está siendo realizada por el Espíritu Santo en nosotros.

Romanos 6 y 8 muestran claramente la muerte que Cristo logró y la muerte aplicada por el Espíritu Santo. Después de que Romanos 6 nos dice que fuimos crucificados juntamente con Cristo, Romanos 8:13 dice: "Por el Espíritu hacéis morir los hábitos del cuerpo". Ya que el capítulo 6 dice que hemos sido crucificados, ¿por qué entonces el capítulo 8 habla de hacer morir los hábitos del cuerpo? Porque las muertes mencionadas en estos dos capítulos son diferentes. La muerte mencionada en el capítulo 6 es aquella que fue lograda en Cristo, mientras que la muerte que se menciona en el capítulo 8 es aquella que está siendo aplicada por el Espíritu Santo. El capítulo 6 nos habla de la muerte objetiva, y el capítulo 8, de la muerte subjetiva; el capítulo 6 habla del hecho de morir juntamente con Cristo, y el capítulo 8, de la experiencia de morir juntamente con Cristo; el capítulo 6 habla de la muerte del viejo hombre, y el capítulo 8, de la muerte de la carne. La muerte en el capítulo 6 necesita nuestra fe; la muerte mencionada en el capítulo 8 requiere nuestra comunión, esto es, nuestro vivir en la comunión del Espíritu Santo. Por eso, necesitamos ambos aspectos de esta muerte. Algunos piensan que ya que el problema de nuestra carne fue resuelto hace mucho tiempo por medio de la cruz, si nosotros creemos este hecho y recibimos esta verdad, estamos bien y no tenemos necesidad de emplear tiempo en se tratados. Otros piensan que tratar con la carne es completamente nuestra responsabilidad y que necesitamos usar nuestros esfuerzos diariamente en tratar con ella punto por punto. Ambos conceptos hacen hincapié en un solo aspecto; así que ambas están desbalanceadas y parcializadas. Si deseamos tener una experiencia verdadera al tratar con la carne, necesitamos ambos aspectos.

VI. EL PROCESO DE EXPERIMENTAR EL TRATO CON LA CARNE

Veamos ahora el proceso práctico de experimentar el trato con la carne.

A. El deseo de una vida sin pecado

Cuando un hombre está dispuesto a tratar con su carne, comienza siempre con el primer paso, esto es, desear una vida sin pecado. La parte de la carne que es más fácil de identificar es su lado corrupto. En consecuencia, al tratar con la carne siempre comenzamos con el lado corrupto. La carne corrupta que estamos considerando aquí, tiene un alcance más amplio y más profundo que el de tratar con el pecado. Podemos decir que todo lo que está escondido en el hombre que desagrada a Dios, que no tiene nada que ver con el deseo que hay en el corazón de Dios, y que no puede sujetarse a la voluntad de Dios es la carne corrupta. Cuando un hombre es atraído por el Señor a seguirle, automáticamente ve la suciedad y los rasgos abominables de la carne corrupta. El desea naturalmente ser liberado de ella y vivir una vida santa y sin pecado, una vida victoriosa.

B. Descubrir las dificultades de la carne

Cuando un hombre desea esta vida sin pecado y desea ser librado de la esclavitud del pecado, él espontáneamente usa sus propias fuerzas para tratar con el pecado del cual está consciente. A menudo le pide al Señor fortaleza para que le ayude a tratar con los pecados. Pero el resultado es decepcionante porque a pesar de que trata con algunas obras pecaminosas, no puede hacer nada con la naturaleza que hay dentro de él, la cual se inclina hacia el pecado. El reúne todos sus esfuerzos para tratar con un pecado, pero otros diez hacen su aparición. Tal parece que cuanto más trata, más fuerte es el poder del pecado, de manera que usualmente experimenta un fracaso total. En todos sus fracasos él comienza a descubrir gradualmente que dentro de él está la carne corrupta. Él también se va dando cuenta de que esta carne corrupta es el origen de todos sus pecados. Los pecados no son nada más que la corrupción expresada; la carne es la raíz verdadera de toda esta corrupción. Tratar solamente con los pecados y no con la carne es descuidar la causa y es tratar con las consecuencias, lo cual resulta en una labor vana. No es posible vivir una vida sin pecado a menos que haya habido un trato exhaustivo con la carne. Así, esta persona descubre que la carne es su más grande problema.

La Biblia describe la misma experiencia con respecto a nuestro trato con la carne. Primero, Romanos 6 nos dice que como hemos sido bautizados en Cristo, no debemos vivir más en pecados, ni tampoco presentar nuestros miembros como instrumentos de pecado. Así que, tenemos que tratar con el pecado y presentar nuestros miembros como instrumentos de justicia. Entonces el capítulo 7 pasa a decir que esta persona que trata con el pecado descubre que el pecado y la carne son inseparables. Puesto que la carne es el cuerpo de pecado, no hay bondad en ella. La razón por la cual el hombre peca es que es carnal. Por lo tanto, el capítulo 8, por un lado, nos habla de ser liberados en Cristo Jesús por la ley del Espíritu de vida, y por otro, del trato con la carne. Sólo cuando la carne ha sido tratada podemos ser libres del asedio del pecado. Después de que uno haya deseado la vida sin pecado, descubrirá gradualmente la dificultad que presenta la carne, sabiendo que nosotros, los hombres de la vieja creación, somos la carne, y que todos nuestros problemas provienen de nuestro propio ser. Si no tratamos con nuestro propio ser, el problema de la carne no puede ser resuelto, y no podemos vivir una vida santa y sin pecado.

C. Ver que nuestra carne ha sido crucificada juntamente con Cristo

Cuando en verdad hemos visto la dificultad que presenta

la carne a la luz de Dios y nos hemos dado cuenta de que no hay absolutamente ninguna forma de tratar con la carne por nosotros mismos, quedamos totalmente sin esperanza en nosotros mismos. El Espíritu Santo entonces nos dará una revelación acerca de ser liberados por la cruz como se menciona en Romanos 6:6: "Nuestro viejo hombre fue crucificado juntamente con El para que el cuerpo de pecado sea anulado, a fin de que no sirvamos más al pecado como esclavos". El Espíritu nos mostrará que este viejo hombre ha sido crucificado juntamente con Cristo y que nuestro cuerpo de pecado ha sido ya destruido y ha perdido su función; entonces ¿por qué estamos todavía bajo su esclavitud? En Romanos 6 se menciona una y otra vez que hemos muerto al pecado, que hemos sido librados del pecado, y que el pecado no puede tener más dominio sobre nosotros, por lo tanto, hemos sido ya libertados del pecado. Una vez que venimos a la luz de la palabra de Dios y recibimos este hecho por la fe, esta palabra viene a ser la declaración de nuestra emancipación y una canción de nuestro triunfo. Podemos considerarnos muertos al pecado, pero vivos para Dios en Cristo Jesús. ¡Qué gracia gloriosa!

D. Permitir que el Espíritu Santo aplique la muerte de Cristo

Después de que vemos y recibimos el hecho de que nuestro viejo hombre ha sido crucificado juntamente con Cristo, debemos permitirle al Espíritu Santo que aplique este hecho dentro de nosotros. Cristo ha cumplido con el hecho objetivo en nuestro lugar, pero nosotros tenemos que hacernos responsables por la experiencia subjetiva por medio del Espíritu Santo. Ninguna de las experiencias del tratar con la carne será real para nosotros a menos que sea experimentada subjetivamente. Cualquiera que meramente crea el hecho de que hemos muerto con Cristo en la cruz no tendrá la experiencia real de tratar con la carne. Cuando el Señor murió en la cruz el velo fue rasgado en dos. Ese velo era Su carne. El se puso nuestra carne y fue clavado en la cruz. Este hecho fue para El una experiencia subjetiva, pero para nosotros es un hecho objetivo. Tenemos que dejar que el Espíritu Santo aplique esto a nosotros para que llegue a ser nuestra experiencia práctica y subjetiva.

Gálatas 5:24 dice: "Pero los que son de Cristo Jesús han crucificado la carne con sus pasiones y deseos". Este pasaje revela que nosotros, aquellos que somos salvos y somos de Cristo Jesús, somos los que deben tomar la iniciativa de crucificar la carne. Aquí no dice que el Señor crucificó nuestra carne, sino que nosotros mismos crucificamos la carne. A partir de esto nosotros vemos que tenemos la responsabilidad de tomar la iniciativa en crucificar la carne. Crucificar al viejo hombre es responsabilidad de Dios, pero crucificar la carne es responsabilidad nuestra.

Por lo tanto, Gálatas 5:24 habla de la experiencia subjetiva, que nosotros hemos crucificado la carne, no del hecho objetivo, que Cristo ha crucificado el viejo hombre, como es el concepto de muchos. Las razones son, primero, que la crucifixión de la carne mencionada aquí es un acto de nuestra propia iniciativa, no es lo que Cristo ha hecho por nosotros. Segundo, lo que se menciona aquí es crucificar la carne, no el viejo hombre. Hemos dicho que el viejo hombre tiene que ver con el aspecto objetivo, mientras que la carne siempre tiene que ver con nuestra experiencia subjetiva. Por otra parte, el mismo versículo menciona las pasiones y deseos, que son asuntos de nuestro vivir práctico diario. Tercero, todos los versículos anteriores y posteriores a éste nos hablan de la obra del Espíritu Santo; así que, la crucifixión de la carne mencionada en este versículo debe ser algo que experimentemos por medio del Espíritu Santo. En consecuencia, se refiere a nuestra experiencia subjetiva. Tomando estos tres puntos en consideración, podemos ver que este versículo nos habla enteramente de nuestra experiencia subjetiva.

¿Por qué entonces dice aquí que todos los que son de Cristo Jesús *han* crucificado la carne? ¿Por qué la crucifixión de la carne es un hecho cumplido? ¿Cómo puede esto corresponder a la experiencia de muchos? ¿Acaso la mayoría de los cristianos viven por la carne? La respuesta es que el apóstol hablaba de acuerdo con la obra normal del Espíritu Santo. Normalmente todos los que pertenecen a Cristo Jesús ya deberían haber crucificado la carne por medio del Espíritu Santo. ¡Si alguno pertenece al Señor y no ha crucificado la carne por el Espíritu Santo, es anormal! Muchos de los santos de Galacia

estaban en un estado anormal. Aunque eran salvos y pertenecían a Cristo, con todo, ellos vivían por la carne y no habían
crucificado la carne por el Espíritu Santo. El apóstol dijo a los
gálatas que de acuerdo a la manera normal, todos los que son
de Cristo Jesús han crucificado la carne. "Ya que vosotros gálatas sois de Cristo, ¿cómo es que todavía vivís por la carne? Ya
que Dios ha crucificado vuestro viejo hombre juntamente con
Cristo, también vosotros deberíais haber crucificado la carne
por el Espíritu Santo. Por lo tanto, no deberíais vivir más por
la carne, ni satisfacer las pasiones de la carne". Esto es lo que
quiso decir el apóstol en Gálatas 5:24.

Algunas personas piensan que la expresión "crucificado ...
juntamente con" en este versículo significa crucificado *con
Cristo*. Pero si leemos cuidadosamente las palabras del apóstol, nos daremos cuenta de que esto significa crucificar la
carne *con "sus pasiones y deseos"*. Aquí el apóstol no trata con
el hecho objetivo de que hemos sido crucificados juntamente
con Cristo, sino con la experiencia subjetiva de crucificar la
carne por medio del Espíritu Santo.

El propósito principal de discernir correctamente el significado de este versículo es que podamos ver que en este asunto
de tratar con la carne tenemos que tomar nuestra responsabilidad. No es suficiente que solamente creamos que nuestro
viejo hombre ha sido crucificado juntamente con Cristo; debemos tomar la iniciativa de crucificar la carne por el Espíritu
Santo. La Biblia nunca dice que debemos crucificar el viejo
hombre, porque esto es un hecho cumplido ya en Cristo. Ni
tampoco la Biblia dice que Cristo ya ha crucificado nuestra
carne, porque ésta es nuestra responsabilidad por el Espíritu
Santo.

Aun nuestra propia experiencia nos confirma esto. Puede
ser que hace medio año nosotros nos dimos cuenta claramente
del hecho de que nuestro viejo hombre fue crucificado en
Cristo. Pero si no hacemos morir la carne por el Espíritu Santo,
entonces hasta este mismo día seguimos viviendo por la carne.
Cuando vemos el hecho de que nuestro viejo hombre ha sido
crucificado en la cruz, todavía seguimos necesitando aplicar
la cruz por medio del Espíritu Santo como el cuchillo que
mata nuestra carne. Necesitamos hacer morir nuestra carne

diariamente por medio del poder del Espíritu Santo. De este modo tendremos la verdadera experiencia del trato con la carne.

Tenemos que poner la carne en la cruz; pero por supuesto, esta cruz no es nuestra. En el universo entero hay sólo una cruz que es considerada eficaz por Dios. Esta es la cruz de Cristo. Por lo tanto, nuestro trato subjetivo está basado en la crucifixión objetiva. Cuando comprendemos que nuestro ser, la vieja creación, el viejo hombre, ya ha sido tratado por la cruz de Cristo, y que este viejo hombre aún está expresando su vivir otra vez en la carne, nosotros debemos dejar que el Espíritu Santo nos aplique la cruz de Cristo paso a paso en nuestra vida diaria. Así, paso a paso, hacemos morir nuestra carne por medio del Espíritu Santo. Esta es la experiencia práctica del Espíritu Santo que nos crucifica interiormente. Cuando veamos que Cristo resolvió todos nuestros problemas en la cruz, debemos inmediatamente permitir que el Espíritu Santo haga este hecho eficaz dentro de nosotros. Esta eficacia es nuestra experiencia subjetiva.

Cuando Dios le ordenó a Saúl que matara a los amalecitas, Dios mismo no iba a realizar la matanza; Saúl fue el que ejecutó a los amalecitas. Sin embargo, el poder con el cual Saúl mató a los amalecitas no era suyo, sino de Dios. Cuando el Espíritu de Dios descendió sobre Saúl, El le dio el poder con el cual iba a matar a todos los amalecitas. Hoy, en el trato con la carne, el principio es el mismo. Por un lado, Dios mismo no trata con la carne; nosotros mismos debemos responsabilizarnos de tratar con la carne y hacerla morir. Por otro lado, es absolutamente por medio del poder de Dios que podemos tratar con la carne. Que tratemos con la carne es completamente diferente de la religión de los gentiles, la cual usa esfuerzos humanos para poner la carne bajo sujeción. En otras palabras, debemos tomar la responsabilidad de tratar con la carne mediante el poder del Espíritu Santo.

En resumen, crucificar el yo, nuestro ser, es un logro de Cristo. Pero crucificar nuestra carne es un logro del Espíritu Santo. Poner la cruz sobre el yo, sobre el "viejo hombre", fue el hecho objetivo realizado por el Señor Jesús en el Gólgota. Cuando el Espíritu Santo pone esta cruz sobre nuestra carne es cuando la cruz llega a ser nuestra experiencia subjetiva. Esto es lo que Gálatas 5:24 dice: "Han crucificado la carne con sus pasiones y deseos"; Romanos 8:13 dice: "Por el Espíritu hacéis morir los hábitos del cuerpo", y Colosenses 3:5: "Haced pues morir vuestros miembros terrenales".

VII. LA APLICACION DEL TRATO CON LA CARNE

Después de que pasamos por el proceso arriba mencionado, comenzamos a experimentar el trato con la carne. Incluso esta clase de experiencia y de trato no ocurre de una vez por todas. Necesitamos aplicar continuamente esta experiencia y trato a nuestro vivir práctico, permitiendo que el Espíritu Santo nos haga morir para que en todos los asuntos podamos tener la experiencia del trato con la carne. Esta experiencia continua es a lo que nos referimos cuando hablamos del trato con la carne. Podemos dividir este tema en tres puntos:

A. En la comunión del Espíritu Santo

La aplicación del trato con la carne es un asunto que ocurre completamente en la comunión del Espíritu Santo. Ninguno puede experimentar el trato de la cruz fuera de la comunión del Espíritu Santo. Por lo tanto, para poder experimentar y aplicar continuamente el trato con la carne, el requisito básico es tener un vivir en comunión, o vivir en el Espíritu Santo. Cuando no estamos en comunión con el Espíritu Santo, inmediatamente perdemos la realidad del trato con la carne.

Romanos 6 nos habla del hecho de que el viejo hombre es crucificado en Cristo mientras que Romanos 8 habla del trato con la carne en el Espíritu Santo. Romanos 6 habla de la muerte de Cristo, la cual resuelve nuestro pecado, y de la resurrección de Cristo, la cual resuelve nuestra muerte. Sin embargo, éstos son hechos objetivos que sólo pueden llegar a ser nuestra experiencia por la ley del Espíritu de vida de Romanos 8. Por eso, hemos dicho enfáticamente que el hecho que se menciona en Romanos 6 nunca puede ser nuestra experiencia a menos que sea puesto junto con el Espíritu Santo del capítulo 8. Es muy probable que alguno pueda entender claramente el hecho mencionado en el capítulo 6 y que también lo acepte por fe; sin embargo, si no vive en la comunión del Espíritu Santo del capítulo 8, este hecho no puede llegar a ser su experiencia. En consecuencia, ha habido muchos santos a través de las generaciones que ni siquiera han conocido adecuadamente la verdad que se encuentra en el capítulo 6 ni la han visto claramente a pesar de que se han mantenido en la comunión del capítulo 8; como resultado ellos han experimentado espontáneamente el ser librados de la carne. Por lo tanto, la comunión de Romanos 8 es absolutamente necesaria en la aplicación del trato con la carne.

Cuando nosotros tenemos comunión con el Espíritu Santo que mora en nosotros y le permitimos moverse libremente en nuestra comunión, entonces tocamos la vida del Señor en el Espíritu Santo. Uno de los elementos de esta vida, la muerte de la cruz o el elemento de muerte será entonces aplicado a nosotros en una manera práctica. Cuanto más se mueva el Espíritu Santo en nosotros, tanto más el elemento de muerte del Señor aplicará la obra de hacernos morir. Esta muerte es la aplicación de la cruz o la aplicación del trato con la carne. Por lo tanto, si deseamos aplicar el trato con la carne, necesitamos vivir continuamente en la comunión del Espíritu Santo.

B. Permitir que el Espíritu Santo aplique la muerte de Cristo a todas nuestras acciones

Cuando estamos en la comunión del Espíritu Santo, permitiéndole que aplique la muerte de Cristo a nosotros, Su actividad está limitada inicialmente, a unas pocas acciones nuestras y ocurre sólo ocasionalmente. No es sino hasta que nuestra experiencia se profundiza gradualmente que esta muerte será aplicada a todas nuestras acciones en general. En la etapa temprana, somos tratados solamente cuando descubrimos nuestras acciones carnales. Más tarde, permitimos que el Espíritu Santo purifique todas nuestras acciones, sean buenas o malas por medio de que se nos aplique la muerte de la cruz en nosotros. Consecuentemente, todo lo que seamos en nuestra constitución natural, la vieja creación, el yo, será resuelto por la cruz. Lo que permanezca será de Dios y la sustancia de Su vida.

Tomemos por ejemplo, el asunto de visitar a los santos, ofrecer un regalo, y cosas semejantes a éstas, las cuales pensamos que son buenas y espirituales. Aun en estos asuntos necesitamos primero permitir que el Espíritu Santo ponga en vigencia la muerte de Cristo. Así, podemos tener claridad, si debemos visitar a alguien o dar una ofrenda. La carne del hombre teme a la cruz más que a cualquier otra cosa, porque una vez que se encuentra con la cruz, está terminada. Pero Dios y Su vida en nosotros llega a ser más viviente mediante el contacto con la cruz. La cruz de Cristo es la línea divisoria entre la vieja creación y la nueva. Si nunca hemos pasado por la cruz de Cristo no podemos discernir la nueva creación de la vieja, el Espíritu Santo de la carne, o la vida de resurrección de la natural. Los dos están siempre confundidos el uno con el otro y es difícil diferenciarlos, especialmente cuando se trata de lo bueno y de las llamadas cosas espirituales. No obstante, una vez que pasamos a través de la muerte de la cruz, lo nuevo y lo viejo son separados. Todo lo que cae y es eliminado pertenece a la vieja creación, a la carne y a la constitución natural. Todo lo que queda firme y es permanente, es de la nueva creación, del Espíritu Santo, y de la vida de resurrección. Así que, la cruz es el mejor filtro. Retiene la carne y todo lo que pertenece a ella, mientras libera a Dios y todo lo que es de Dios.

Si aplicamos continuamente la experiencia de la cruz y permitimos que el Espíritu Santo aplique la muerte de la cruz a cada aspecto de nuestro vivir y actuar, la carne será tratada en una manera más eficaz y así quedará atrofiada. Si vivimos continuamente bajo la sombra de la cruz, la carne no tendrá manera de levantar su cabeza. Solamente así podremos estar en la iglesia sin causar ningún problema y estar entrelazados con los hermanos y hermanas como un Cuerpo para el mejor servicio al Señor.

Alabado sea el Señor, en años anteriores hemos servido al Señor con muchos colaboradores, sin embargo, entre nosotros no ha habido contienda ni división. Aparentemente, se ha debido a que todos hemos buscado al Señor y hemos amado al Señor con un mismo corazón y todo nuestro interés ha sido el Señor. Pero la razón más profunda es que todos hemos aprendido en algún grado la lección de tratar con la carne mediante la cruz. La cruz dentro de nosotros mata toda contienda y celos de la carne, al grado que no podemos contender ni ser divisivos.

C. Andar conforme a la ley del Espíritu de vida

Si aplicamos el trato con la carne a todas nuestras acciones, con el tiempo andaremos según la ley del Espíritu de vida. Romanos 8 nos muestra que vencer la carne es el resultado de obedecer al Espíritu Santo. El mover del Espíritu Santo dentro de nosotros es una ley, la ley del Espíritu de vida. En otras palabras, cuando estamos en comunión y aplicamos, por medio del poder del Espíritu Santo, la muerte de la cruz a cada parte de nuestro vivir, esta aplicación es la obediencia a la ley del Espíritu Santo en nosotros y también es permitir que el Espíritu Santo se mueva espontáneamente en nosotros. Por lo tanto, tratar con nuestra carne y hacerla morir por medio del Espíritu Santo, tienen una relación positiva con la ley espontánea del Espíritu Santo dentro de nosotros. Uno que experimenta verdaderamente el trato con la carne es uno que permite que el Espíritu Santo se mueva en él y también que la ley del Espíritu de vida opere en él.

Cuando obedecemos absolutamente la ley del Espíritu de vida, no ponemos nuestra mente en la carne, sino en el Espíritu. En todo momento hacemos morir las obras del cuerpo y no damos lugar a la carne. No solamente, no pecaremos ni erraremos según la carne, sino que no tocaremos las cosas espirituales ni serviremos a Dios en la carne. Sólo entonces habremos tratado cabalmente con nuestra carne en una manera práctica; sólo entonces seremos completamente liberados de la carne y viviremos en el Espíritu Santo.

VIII. RESUMEN

El primer punto en cuanto a tratar con la carne es que debemos saber qué es la carne y percibir la carne dentro de nosotros. En la experiencia espiritual, todos los tratos están basados en nuestro conocimiento y percepción con respecto a ese mismo asunto. El grado al cual hayamos llegado en nuestro conocimiento será el grado hasta el cual hayamos tenido tratos. La extensión y profundidad de nuestro trato va de acuerdo con nuestro conocimiento y percepción en este asunto. Por lo tanto, si deseamos tener una experiencia verdadera en el trato con la carne, necesitamos tener un conocimiento y una percepción claros en cuanto a la carne.

El significado de la carne tiene tres aspectos que son: la carne corrupta, el hombre caído en su totalidad y el lado bueno del hombre. Nos es fácil discernir la carne como cuerpo corrupto, es decir, el aspecto corrupto de la carne; por lo tanto, la primera etapa de nuestro trato con la carne tiene más que ver con este aspecto. Pero mientras seguimos adelante con el Señor, necesitamos tener un conocimiento y trato profundo tocante a los otros dos aspectos de la carne. No solamente debemos saber que pecar, perder la paciencia y hacer otras cosas malas provienen de la carne, sino que también debemos darnos cuenta de que aun el asunto de nuestra adoración y servicio a Dios, y aun el asunto de la piedad, también pueden estar llenos de la carne. En términos sencillos, cualquier cosa que hagamos debe ser resultado de nuestro contacto con el Señor y con el Espíritu mientras estamos en comunión, y debemos hacerlo confiando en Dios; de otra manera, no importa cuán bueno sea algo, debemos de todos modos condenarlo como cosa de la carne.

El segundo punto en cuanto al trato con la carne, es que debemos conocer la posición que la carne tiene delante de Dios. Debemos recibir luz de la Biblia para ver cómo la carne resiste a Dios y está en enemistad contra Dios. También necesitamos ver cómo la naturaleza de la carne es incompatible con Dios, y cómo Dios la rechaza y la considera abominable, y cómo El ha determinado exterminarla y no convivir con ella. Esta revelación hará que veamos como Dios ve, que condenemos lo que Dios condena y que aniquilemos lo que Dios aniquila. Entonces buscaremos ser libres de la carne, cooperaremos con Dios y dejaremos que el Espíritu Santo mate nuestra carne.

El tercer punto en cuanto a tratar con la carne es que debemos conocer la relación y la diferencia que existe entre la carne y el viejo hombre. Debemos ver que el viejo hombre, o nuestro viejo yo, es el verdadero ser de la carne, y que la carne es la expresión del viejo hombre o del viejo yo. Cuando el viejo hombre o nuestro viejo yo es el que se expresa en nuestro vivir en nuestra experiencia, llega a ser la carne. Por lo tanto, tratar con la carne es enteramente un asunto de tener la experiencia; es el trato con el viejo hombre de una manera práctica.

El cuarto punto en cuanto a tratar con la carne es que debemos conocer el trato en sí mismo. El trato consta de dos aspectos: el hecho objetivo y la experiencia subjetiva. Ambos aspectos son igualmente necesarios; ninguno debe ser descuidado. El aspecto del hecho objetivo es lo que Dios ha logrado por nosotros en Cristo, mientras que la experiencia subjetiva requiere nuestra cooperación con Dios en el Espíritu Santo.

Después de que nos demos cuenta de estos cuatro puntos básicos en cuanto a tratar con la carne, tendremos la experiencia de tratar con la carne. El proceso de nuestra experiencia al tratar con la carne empieza con un anhelo profundo y una búsqueda de las cosas espirituales. Cuando amamos al Señor y le seguimos, espontáneamente anhelamos poder tener una vida más profunda en El y que El viva en nosotros de una manera más profunda. Pero en la práctica, nuestro deseo a menudo es frustrado y fallamos. Lo que deseamos no lo podemos hacer, pero lo que no deseamos es lo que hacemos. El resultado de nuestros repetidos fracasos es que somos llevados a una total miseria y desesperación. A pesar de que a menudo buscamos liberación de parte del Señor, no podemos encontrar la manera de ser librados. En ese momento, el Espíritu Santo nos revela gradualmente que la razón por la cual fracasamos es que vivimos en la carne. Lo que más nos impide a nosotros tener una profunda mezcla con el Señor y le impide al Señor vivir más profundamente en nosotros es nuestra carne. Al mismo tiempo, el Espíritu Santo nos muestra cuán inmunda, corrupta, maligna y perversa es nuestra carne. Sin mencionar el aspecto malo de nuestra carne, aun lo que ordinariamente consideramos como bueno está también lleno del elemento del hombre y del yo. Nuestra carne, tanto la parte buena como la mala, es condenada por Dios y no es aceptable a El. Cuando hayamos visto esto, automáticamente, a la luz del Espíritu Santo, aborreceremos nuestra carne. Entonces el Espíritu Santo imprimirá en nosotros el hecho de que estamos crucificados con Cristo. Esta impresión, tan vívida como tomar una fotografía, hace que veamos que nuestra carne, nuestro viejo yo, nuestro viejo hombre, ya ha sido anulado en la cruz de nuestro Señor Jesús. La entrada de esta luz inmediatamente producirá un efecto que mata el cual hará que nuestro viejo hombre o nuestro viejo yo lleguen a ser gradualmente paralizados y debilitados, y que finalmente pierdan su posición y poder. Luego, todos los elementos carnales de nuestro vivir práctico automáticamente serán exterminados. Cuanto más permitimos que la luz del Espíritu Santo brille dentro de nosotros, más el viejo yo o el viejo hombre pierde su posición y más disminuyen y desaparecen gradualmente todos los elementos carnales de nuestro vivir. Allí tendremos una pequeña experiencia subjetiva en el asunto de tratar con la carne a través de la muerte de la cruz.

Sin embargo, nuestro trato con la carne no debe detenerse aquí. En nuestra comunión con el Señor y por medio del Espíritu Santo que mora dentro de nosotros y hace que participemos de la muerte del Señor, debemos aplicar la muerte a nuestra carne y sus expresiones vez tras vez y paso tras paso. Esta es nuestra aplicación de la muerte de la cruz mediante el Espíritu Santo. Esto es también lo que Gálatas 5:24-25 nos dice al respecto: la experiencia subjetiva de crucificar la carne con sus pasiones y deseos por medio del Espíritu Santo. Debido a que le damos a El la oportunidad, la base y nuestra cooperación, el Espíritu Santo dentro de nosotros nos capacitará para hacer morir nuestra carne a fin de que así podamos vivir la vida que Dios quiere que vivamos y hacer lo que Dios quiere que hagamos. Entonces, no solamente viviremos por el Espíritu, sino que también andaremos por el Espíritu; entonces no seremos más carnales, sino espirituales.

Debemos siempre examinarnos a nosotros mismos con respecto al proceso de tratar con la carne. ¿Vemos realmente el hecho objetivo? ¿Dejamos siempre que el Espíritu Santo imprima este hecho en nosotros? ¿Cuánta experiencia subjetiva tenemos? ¿Cuán a menudo aplicamos la muerte de la cruz en nuestro vivir práctico? Después de que nos examinamos estrictamente a nosotros mismos, podemos tener claridad con respecto al grado al que hemos llegado en nuestra experiencia y acudir al Señor para que nos guíe más adelante.

El proceso que hemos mencionado, el de tratar con la carne, no puede ser cabalmente experimentado en un período corto de tiempo. Necesitamos ir más profundo, paso por paso. Muchos asuntos de la carne no son reconocidos al principio, por lo tanto, no tenemos manera de tratar con ellos. No es sino hasta que nuestra experiencia espiritual se hace más profunda que reconocemos gradualmente nuestra carne y tenemos más tratos. Por lo tanto, en nuestro trato con la carne, nos encargamos primeramente del aspecto corrupto, y luego del lado bueno de la carne. Finalmente, ponemos todo nuestro ser bajo la muerte de Cristo y tratamos completamente con la carne.

Con respecto a la experiencia de tratar con la carne, entre los hermanos y hermanas hay más trato con el aspecto corrupto de la carne pero muy poco con el lado bueno de la carne. Todos tenemos un concepto natural acerca de la carne; naturalmente, solamente conocemos la carne corrupta. Por esto, nuestro trato con la carne tiende a centrarse en ese aspecto. Por ejemplo, un hermano puede testificar que algunas veces cuando da un mensaje le parece que lo hace bastante bien y también siente la presencia del Señor; por lo tanto, él se alegra mucho. Entonces, él condena este sentimiento de regocijo como algo de la carne, porque tiene el elemento de orgullo. Esta condenación es correcta y necesaria, pero en realidad esta clase de trato no es de importancia primaria. Lo importante es esto: cuando usted da un mensaje, ¿es usted quien habla, o es el Espíritu Santo quien lo hace a través de usted? Esto es lo que debemos juzgar. No es un asunto de si se tiene éxito al hablar, sino de quién está hablando. Tal vez usted ha hablado muy bien, y muchas personas recibieron ayuda, pero si usted habló en usted mismo, de acuerdo a lo que usted sabía y había memorizado, eso es la carne y debe ser condenado.

Cierto hermano puede testificar que él se enojó mientras estaba con un hermano. Más tarde, él se entristeció porque sintió que estaba en la carne, así que trató con el asunto y lo condenó. Esto es también un trato muy superficial. Si hemos aprendido la lección profunda de la experiencia de tratar con la carne, sentiremos que aunque no nos enojamos, sino que por el contrario fuimos buenos con otros, los ayudamos y aun oramos con ellos, con todo, si estas cosas no fueron hechas en el Espíritu Santo, no fueron más que obras buenas que hicimos nosotros mismos. Más tarde, seguiremos sintiendo que estamos en la carne. Si tratamos con nuestra carne a ese grado, entonces tendremos verdaderamente un trato cabal con la carne.

En realidad, si nuestro trato con la carne está solamente limitado al aspecto corrupto, entonces difiere poco del trato con el pecado, porque no hay mucho de la substancia real de tratar con la carne en ello. Si verdaderamente queremos tratar con la carne, debemos poner atención a tratar con el buen aspecto de la carne y aun todo el ser carnal. No solamente necesitamos ser tratados en lo ordinario, en los asuntos pequeños, sino también en las cosas piadosas y espirituales y en los asuntos pertenecientes a la adoración de Dios; necesitamos preguntarnos: ¿Estoy haciendo esto en mí mismo o lo estoy haciendo por medio de permanecer en el Señor? ¿Estoy haciendo esto de acuerdo a mis propios deseos o estoy siendo guiado por el Espíritu Santo? A menos que yo permanezca en el Señor y tenga comunión con El, todo lo que he hecho, por muy bueno que parezca, sigue siendo carnal y debe ser condenado.

No solamente debemos tratar con lo que hace la carne, sino también con lo que no hace la carne. Algunos hermanos y hermanas tienen algún conocimiento con respecto a la carne, y el Espíritu Santo les muestra cuánto de su servicio, tal como el visitar y el compartir, es hecho de acuerdo a su propio yo natural, y no por medio de la comunión del Espíritu Santo. Por lo tanto, ellos deciden que de ahora en adelante, nunca servirán, visitarán o compartirán. Pero si esta inactividad no se deriva de la comunión con el Espíritu Santo sino más bien de su propia decisión, entonces, éste es el peor tipo de carne. Algunos hermanos y hermanas han sido iluminados para ver que sus oraciones anteriores eran de la carne; en consecuencia, ellos no oran más. Sin embargo, ellos no saben que el no orar expresa la carne aún más. Por lo tanto, ¡nuestro "dejar de hacer" nunca es una manera de liberarnos de la carne! Por el contrario, muchos que han sido liberados de la carne son los más capaces de actuar. La Biblia revela que Dios es un Dios que trabaja, un Dios que ha estado continuamente trabajando hasta ahora. Por algunos miles de años El ha estado hablando y trabajando y nunca ha cesado su trabajo entre la humanidad.

De igual forma, todos aquellos que viven en el Espíritu Santo nunca pueden parar de trabajar, porque el Espíritu Santo es su poder motivador, y hace que trabajen aún más. Por lo tanto, no debemos pensar ni por un momento que la inactividad no es de la carne, sino del Espíritu. Todos aquellos que son inactivos están aún más en la carne. Estar en la carne es simplemente tomar uno su propia decisión y tener su propia opinión, es simplemente ser lo que usted es y hacer lo que usted quiere. Por lo tanto, tratar con la carne significa que yo reconozco que he sido crucificado en la cruz; hoy no soy yo quien decide si debo ministrar u orar, sino que es el Señor quien decide por mí. Lo que El hace, yo lo hago; lo que El no hace, tampoco yo lo hago. Cuando hayamos tratado realmente con la carne, no decidiremos nada de acuerdo con nosotros mismos, ya sea obrar o no obrar. Debemos vivir siempre en comunión y permanecer en el Señor; tener siempre un corazón que no confíe en nosotros mismos, sino tener siempre un espíritu que confíe en el Espíritu Santo. Un espíritu que confía y una actitud de confianza son marcas de que nuestra carne ha sido tratada.

Una vez más usemos el ejemplo del ministerio de la palabra. Muchas veces cuando un hermano habla, tiene plena confianza, sabe lo que debe decir y sabe cómo decirlo. Por lo tanto, él tiene todo bien preparado y ha puesto al Señor a un lado. Da la impresión de que si no hubiera un Señor en el universo, él podría igualmente dar un mensaje exitosamente. Tal situación prueba que su mensaje es dado en la carne. No es el mismo caso con uno cuya carne ha sido tratada. Aunque él también se prepara para dar un mensaje, ha aprendido la lección de rechazar la carne y depender del Espíritu. Puede ser que originalmente él se haya preparado para hablar de la justificación, pero cuando se para a hablar, el Espíritu Santo en ese momento lo guía a hablar de la santificación, así que, él cambia su tema sin vacilación. O puede ser que antes de hablar, el Señor no le haya mostrado el tema en el cual él debe ministrar. En el día del Señor, la reunión empieza a las 10:00 a. m. A las 9:50 él todavía no sabe de qué hablará. Puede ser que después de cantar y orar, él todavía no sepa qué decir; hasta ese momento él todavía no decide por sí mismo. El busca la dirección del Señor en lo más profundo de su ser. No es sino

hasta que se para y abre la Biblia diciendo: "Podemos leer..."
que él llega a saber cuál escritura leer y el tema que va a
ministrar. Algunas veces en el principio él todavía no está
seguro del punto, pero mientras habla él trata de tocar al
Señor interiormente hasta que finalmente toca la fuente. Esto
es similar a llegar a una fuente cuando se está cavando un
pozo. Después que toca la corriente de agua viviente, las palabras simplemente fluyen de él. Esta clase de ministerio es la
condición de todos aquellos cuya carne ha sido tratada.

La vida del Señor en esta tierra muestra que El puso Su
confianza enteramente en Dios. Nuestro Señor no tiene pecado
ni falta, no obstante El dijo: "No puedo hacer nada por mí
mismo" (Jn. 5:30). Cuando El estaba en esta tierra, El tampoco actuaba ni hablaba por Sí mismo. El estaba en el Padre,
y el Padre en El. El hacía todas las cosas y hablaba todas las
cosas a través de la comunión con el Padre. Este es el ejemplo
para nuestro trato con la carne. Debemos permanecer en el
Señor y actuar según la obra del Señor en nosotros; también
debemos hablar conforme a lo que el Señor hable dentro de
nosotros. Solamente de esta manera no estaremos en la carne.

Romanos 8 habla del trato con la carne como también de
andar conforme al Espíritu o poner la mente en el Espíritu.
Estas dos cosas van siempre juntas. Cuando no andamos conforme al Espíritu ni ponemos la mente en el Espíritu, ni vivimos en el Espíritu, estamos en la carne. Cuando tratamos
con la carne, no hacemos énfasis en el trato con los celos, el
egoísmo, o el orgullo de la carne, sino en nuestras obras y actividades, nuestra conducta y manera de vivir que estén fuera
del Espíritu Santo. En vista de que lo que hacemos es fuera del
Espíritu Santo y no tiene nada que ver con el Espíritu Santo,
cualquier cosa que hagamos es la carne y cualquier cosa que
dejemos de hacer es también la carne. Por lo tanto, no hay
otra manera, es decir, no hay ningún otro método de liberarnos
de la carne, sino el Espíritu Santo. Es solamente por medio de
andar por el Espíritu, poniendo la mente en el Espíritu y
viviendo en el Espíritu, que somos liberados de la carne. Por
lo tanto, el resultado de que tratemos con la carne es que vivimos en la ley del Espíritu de vida, dependiendo del Espíritu
Santo en todos los asuntos, nunca de nosotros mismos. No es

sino hasta que este punto es alcanzado que experimentamos el trato con la carne en su medida más plena. Que la gracia del Señor sea con nosotros.

Capitulo diez

TRATAR CON EL YO

Ahora llegamos al asunto de tratar con el yo. Esta experiencia está muy relacionada con el trato con la carne; es una experiencia muy importante en la etapa de la cruz.

Si deseamos tratar con el yo, necesitamos primero definir lo que es el yo. Hay muchos términos espirituales que usamos a menudo, pero cuando queremos saber el significado verdadero, es difícil explicarlo. Tal es el caso del yo. Muy a menudo escuchamos a la gente hablar acerca del yo, pero pocos lo pueden definir. ¿Qué es realmente el yo? El yo es simplemente la vida del alma con el énfasis en los pensamientos humanos y en las opiniones humanas. Podemos descubrir esto en la Biblia, donde el yo es mencionado claramente.

Leamos primero Mateo 16:21-25: "Desde entonces comenzó Jesús a declarar a sus discípulos que le era necesario ir a Jerusalén y padecer mucho de los ancianos, de los principales sacerdotes y de los escribas y ser muerto, y resucitar al tercer día. Entonces Pedro, tomándole aparte, comenzó a reconvenirle, diciendo: Señor, ten compasión de ti, en ninguna manera esto te acontezca. Pero El, volviéndose, dijo a Pedro: ¡Quítate de delante de mí, Satanás!; me eres tropiezo, porque no pones la mira en las cosas de Dios, sino en las de los hombres. Entonces Jesús dijo a sus discípulos: Si alguno quiere venir en pos de mí, niéguese a sí mismo, y tome su cruz, y sígame. Porque todo el que quiera salvar su vida, la perderá y todo el que pierda su vida por causa de mí, la hallará".

En este pasaje, el Señor le mostró a Sus discípulos en el versículo 21 cómo El debía sufrir, ser muerto y levantado otra vez. Todo lo que el Señor dijo aquí es la voluntad de Dios, porque la cruz del Señor es la voluntad de Dios ordenada en la eternidad. Pero en el versículo 22 Pedro tuvo una opinión, y se la expresó al Señor: "En ninguna manera esto te acontezca". Por lo tanto, en el versículo 23 el Señor lo reprendió, diciendo que él no ponía la mira en las cosas de Dios, sino en las de los hombres. Las cosas de Dios son la voluntad de Dios, o sea la cruz. Las cosas de los hombres consisten en tener compasión de uno mismo y no recibir la cruz. Lo que el Señor deseaba era la voluntad de Dios, pero lo que le importaba a Pedro era el pensamiento humano. Por lo tanto, en el versículo 24 el Señor pide a los discípulos que se nieguen a sí mismos, que tomen la cruz y que lo sigan. Cuando comparamos esta palabra con el versículo anterior, comprendemos que este yo que el Señor nos pide que neguemos es el pensamiento humano. El Señor les pide a los discípulos que nieguen y desechen el yo, lo cual significa poner a un lado su propio pensar. Cuando el Señor pidió a sus discípulos que recibieran la cruz, esto significaba que debían recibir la intención de Dios o la voluntad de Dios. Por lo tanto, aquí el Señor les pedía a los discípulos que hicieran a un lado su propio pensar y que recibieran la cruz, la cual es la voluntad de Dios.

Por esto vemos que el yo tiene mucho que ver con el pensamiento humano. Sin embargo, el yo no es el pensamiento humano, y el pensamiento humano no es el yo en sí mismo. Por tanto, en el versículo 25 el Señor pasa a decir que todo el que quiera salvar su vida la perderá, y todo el que pierda su vida por causa del Señor la hallará. La palabra "vida" en el idioma original es "alma", o "vida del alma". La negación del yo mencionado en el versículo anterior fue seguida inmediatamente por perder de la vida del alma. Esto indica que el yo que se menciona es la vida del alma de la cual se habla inmediatamente después. La vida del alma es el mismo yo.

En este pasaje la palabra del Señor sigue paso por paso. En el versículo 22 Pedro insta al Señor a que tenga compasión de Sí mismo; en el versículo 23 el Señor señala que esto es el pensamiento humano o la opinión humana; en el versículo 24 el Señor llevó esto hasta la raíz al decir que esta opinión es el yo. Por lo tanto, necesitamos desecharlo y negarlo. Entonces en el versículo 25 el Señor va hasta la raíz del yo al mostrarnos que el mismo yo es la vida del alma. Si se da muerte a la vida del alma, lo cual significa que el yo es negado, no habrá más opinión humana. En este pasaje, el versículo 23 habla de la opinión, el versículo 24 acerca del yo, y el versículo 25 acerca de la vida del alma. Cada versículo menciona un asunto, paso a paso, muy claramente.

Por consiguiente, podemos encontrar aquí una definición para el yo: el yo, en esencia, es la vida del alma, mientras que la expresión del yo es la opinión. El yo, la vida del alma y la opinión son tres aspectos de una misma cosa. Esto puede compararse con Cristo como el mismo Dios, y la expresión de Cristo como el Espíritu Santo. Los tres son uno. Dios encarnado y expresado es Cristo, mientras que la vida del alma, expresada, es el yo. Cuando Cristo es expresado ante los hombres y tocado por los hombres, El es el Espíritu Santo. De la misma manera, el yo es expresado ante los hombres y tocado por los hombres en forma de opinión humana y del punto de vista humano. De la misma forma que cuando tocamos el Espíritu Santo, tocamos a Cristo; así cuando tocamos la opinión y el punto de vista humano, tocamos tanto el yo como la vida del alma.

Leamos Juan 5:30: "No puedo yo hacer nada por mí mismo: según oigo, así juzgo ... no busco mi voluntad, sino la voluntad del que me envió".

En este versículo aprendemos que el caso es el mismo con el Señor Jesús que con nosotros en cuanto a expresar el yo en forma de opinión. Primero, el Señor dijo aquí que El, por Sí mismo, no puede hacer nada; luego dijo que El no busca Su propia voluntad. Hasta aquí vemos que "mí mismo" y "mi propia voluntad" son idénticos. Que El no haga nada por Sí mismo significa que El no busca Su propia voluntad. En consecuencia, queda claro que el yo está centrado en las ideas y las opiniones. El yo es expresado en opinión, y la opinión es la expresión del yo. Por ejemplo, si en cierta reunión en que tenemos comunión en cuanto al servicio cierto hermano expresa continuamente sus ideas y opiniones, no podemos decir que eso sea el pecado, el mundo o la carne. Pero seguramente podemos decir que es el yo, porque el yo se expresa en opiniones. Una persona que está llena de ideas y opiniones está llena del yo y de las expresiones del yo.

Ahora leamos Job 38:1-2: "Entonces respondió Jehová a

Job desde un torbellino, y dijo: ¿Quién es este que oscurece el consejo con palabras sin sabiduría?"

Job capítulos del tres al treinta y siete son crónicas de palabras y opiniones humanas. En estos treinta y cinco largos capítulos Job y sus tres amigos, y más tarde Eliú, hablan, argumentan y expresan sus opiniones continuamente. Por tanto, luego que ellos se habían expresado completamente, Dios vino y los reprendió, diciendo: "¿Quién es este que oscurece el consejo con palabras sin sabiduría?" Después de que Job fue iluminado por Dios, dijo en el 42:3-6: "¿Quién es el que oscurece el consejo sin entendimiento? … De oídas te había oído; mas ahora mis ojos te ven. Por tanto me aborrezco, y me arrepiento en polvo y ceniza". Al principio Job habló palabras sin entendimiento y expresó su propia opinión, pero al final se aborreció a sí mismo y se arrepintió en polvo y ceniza. Por esto vemos que la opinión de Job es su yo al cual él aborreció. Su opinión es la expresión de su yo.

En toda la Biblia, la persona que más habló fue Job. Dios le afligió con circunstancias y también dispuso que el estuviera rodeado de sus cuatro amigos. De esta manera todas las palabras que tenía en su interior fueron sacadas a la luz. El tenía sus propias opiniones, sus propias ideas, y no cedía al punto de vista de otros. El sentía que no había hecho nada malo y que no había necesidad de tratar con el pecado, el mundo, o la conciencia. Por lo tanto, él se golpeaba el pecho, deseando razonar con el Justo. En verdad la dificultad de Job no era el pecado, el mundo o la conciencia. Su dificultad era su yo. Su yo intacto era un problema que le impedía conocer a Dios.

Muchos en la iglesia son como Job; tienen mucho que decir. En realidad, un pecador, o alguien que ama el mundo, no habla mucho, porque está consciente de sus errores y defectos. La conciencia de todos aquellos que hacen mal está corrompida, y no pueden levantar la cabeza. Por tanto, ellos no hablan mucho y son fáciles de ayudar y dirigir. Pero aquellos que son del tipo de Job aparentemente no tienen vestigio de pecado y tampoco aman al mundo; sin embargo, ellos son extremadamente rectos en su propia justicia y siempre piensan que están en lo correcto. Con respecto a la iglesia y las cosas de Dios, tienen muchas opiniones e ideas. Así que, todo el día hablan acerca de esto o aquello, y aun hablan de cosas que no saben. Este tipo de gente es la más difícil de ayudar y dirigir; hace que otros se sientan incapaces de ayudarlos.

Una persona que está llena del yo siempre trae muchas dificultades a la iglesia. La razón de tantas divisiones en el cristianismo hoy no es sólo lo pecaminoso que es el hombre y su mundanalidad, sino mucho más el yo del hombre. Mucha gente sirve al Señor ayudando a los hermanos y hermanas, sin embargo ellos en realidad quieren que otros sigan sus ideas y opiniones, sus puntos de vista y sus métodos. El resultado es muchas divisiones en la iglesia hoy. Martín Lutero dijo que dentro de él hay un papa más grande que el de Roma: él mismo. En la iglesia, si el yo no es roto, cada persona será un papa, y cada uno vendrá a ser una división.

Además de Job en la Biblia, Pedro es también un ejemplo de uno que está lleno del yo. El yo de Pedro fue expresado a lo máximo porque él era el que más hablaba y el que más opiniones tenía. En muchas ocasiones en los Evangelios, Pedro habló y expresó sus opiniones. No había ningún asunto con respecto al cual él no tuviera una opinión o idea. Por lo tanto, cada vez que el Señor trataba con él, El trataba con sus opiniones e ideas. La enseñanza de negar el yo en Mateo 16 fue dada a causa de Pedro. En la noche que el Señor Jesús fue traicionado, El dijo a Sus discípulos: "Todos vosotros os escandalizaréis de mí esta noche; porque escrito está: Heriré al pastor, y las ovejas del rebaño serán dispersadas". Cuando Pedro escuchó esto, su yo salió inmediatamente a relucir, y dijo: "Aunque todos se escandalicen de ti, yo nunca me escandalizaré". El resultado fue que él negó al Señor tres veces y falló grandemente (Mt. 26:31-33, 69-75). Esto fue un verdadero quebrantamiento y un trato para Pedro. Pero aún después de tal trato, mientras los discípulos estaban reunidos después de la resurrección del Señor, fue él quien otra vez hizo una sugerencia, y dijo: "Voy a pescar" (Jn. 21:3). El era uno que realmente se ceñía a sí mismo e iba a donde quería (Jn. 21:18).

En el Nuevo Testamento, hay todavía otra persona que representa el yo. Esta es Marta. Cada vez que ella es mencionada en los Evangelios, siempre está hablando y dando su opinión. Juan 11 describe claramente sus características:

muchas palabras y muchas opiniones. Leemos ahí que su hermano Lázaro murió, y después de cuatro días el Señor Jesús vino. Cuando ella vio al Señor, lo culpó, diciendo: "Si hubieses estado aquí, no habría muerto mi hermano". Esta era su opinión. Entonces el Señor dijo: "Tu hermano resucitará". Marta inmediatamente le dijo: "Yo sé que resucitará en la resurrección, en el día postrero". Esto fue su explicación de las palabras del Señor según su propia opinión. El Señor le replicó: "Yo soy la resurrección y la vida; el que cree en mí, aunque esté muerto, vivirá. Y todo aquel que vive y cree en mí, no morirá eternamente. ¿Crees esto?" Ella contestó diciendo: "Yo he creído que tú eres el Cristo, el Hijo de Dios". Lo que ella contestó no fue lo que el Señor había preguntado; su comprensión de lo que el Señor había dicho era realmente remota. Después de que dijo esto, a ella no le importó si el Señor había terminado de hablar con ella, regresó a su casa y llamó a su hermana María secretamente, diciendo: "El Maestro está aquí, y te llama". Esto lo inventó ella misma y tomó la decisión por el Señor. Luego, cuando llegaron a la tumba, y Jesús pidió que quitaran la piedra, Marta ofreció su opinión otra vez, diciendo: "Señor, hiede ya, porque es de cuatro días". Esta historia revela la opinión y el punto de vista de Marta. Ella tenía muchas opiniones, lo cual indica que su yo era muy fuerte.

En estas narraciones relacionadas con las personas mencionadas, podemos ver claramente que la expresión del yo se da en pensamientos y opiniones humanas. Por lo tanto, una persona que esté llena de ideas y opiniones es una persona que está llena del yo.

I. LA DIFERENCIACION DE SIETE ASPECTOS

Ahora que hemos visto claramente la definición del yo, necesitamos ver la diferencia en siete aspectos relacionados: el viejo hombre, "mí", la vida del alma, la carne, el mal genio, el yo, y la constitución natural. Si procuramos la experiencia de la cruz, debemos conocer muy claramente la definición y diferenciación de estos siete aspectos, porque estos son los objetos del trato de la cruz.

Demos primero una definición simple de cada uno de estos siete aspectos:

El *viejo hombre* se refiere a nuestro propio ser, el hombre creado y caído.

El *"yo"* es el título con que el viejo hombre se refiere a sí mismo. El viejo hombre es el *"yo"* y *"yo"* es el viejo hombre.

La vida del alma es la vida del viejo hombre. La vida que posee el viejo hombre es la vida del alma.

Estos tres —el viejo hombre, el *"yo"* y la vida del alma— son una sola cosa. El viejo hombre es el hombre de la vieja creación el cual está en Adán; la vida del alma es la vida de este viejo hombre; y el *"yo"* es el título que el viejo hombre se da a sí mismo.

La *carne* es la expresión del viejo hombre en nuestro vivir, o el vivir del viejo hombre. Antes de que nuestra vida del alma sea expresada, es simplemente el viejo hombre, pero una vez que es expresada en el vivir, viene a ser la carne.

El *mal genio* es la disposición natural del hombre, refiriéndose especialmente a un temperamento áspero.

El *ego*, como hemos visto, es la vida del alma al expresarse en opiniones e ideas humanas.

La *constitución natural* es nuestra habilidad, capacidad e ingenio naturales.

Si unimos estos siete aspectos, podremos establecer lo siguiente: existe el hombre creado caído, cuyo nombre es el *viejo hombre*. Se llama a sí mismo el *"yo"*. La vida que hay en él es la *vida del alma*, la cual cuando se expresa en el vivir es *la carne*. En esta carne hay una parte que es mala, la irritabilidad y la ira de lo que es llamado el *mal genio*. En la carne también hay una parte buena, la opinión e ideas de lo que es llamado el *ego*, y la habilidad y capacidad de lo que es llamado la *constitución natural*.

Estos siete aspectos son el objeto del trato de la cruz. Sin embargo, estos tratos difieren. En toda la Biblia no encontramos ninguna referencia que diga que el Señor ha puesto nuestra vida del alma, nuestra carne, nuestro mal genio, nuestro yo, o nuestra constitución natural en la cruz[*]. Sólo podemos encontrar que nuestro viejo hombre ha sido crucificado con el

---

[*]Nota: En Gá 5:24, "...Han crucificado la carne" se refiere a nuestra aplicación de la cruz a través del Espíritu Santo, no a quel el Señor lo hace por nosotros. Hemos discutido este asunto exharusivamente en el capítulo previo, *Tratar con la carne.*

Señor en la cruz (Ro. 6:6). Lo que el Señor ha crucificado y a lo que le ha puesto fin en la cruz es nuestro viejo hombre. Este es un hecho que el Señor ha realizado. Cuando vemos este hecho y reconocemos que el Señor ha terminado con el viejo hombre en la cruz, entonces podemos decir: "Con Cristo estoy juntamente crucificado" (Gá. 2:20; 6:14). Estas dos referencias confirman lo que el Señor ha hecho por nosotros. Después de esta confirmación, necesitamos experimentar la cruz en el trato con estos últimos cinco asuntos: la vida del alma, nuestra carne, nuestro mal genio, nuestro yo y nuestra constitución natural.

Por lo tanto, toda la experiencia de la cruz descansa en los tres pasos siguientes: primero, la crucifixión de nuestro viejo hombre, lo cual es un acto objetivo consumado por Cristo; segundo, cuando reconocemos y recibimos este hecho, se convierte en "con Cristo estoy juntamente crucificado"; tercero, cuando pasamos a experimentar este hecho subjetivamente, hay cinco puntos diferentes, que se deben a los aspectos diferentes del viejo hombre. Primero, el viejo hombre tiene una vida del alma, la cual es expresada en la carne, en el mal genio, en el yo y en la constitución natural. Cuando aplicamos a nuestra experiencia la crucifixión de Cristo a través del Espíritu Santo a la vida del alma, eso llega a ser el trato con la vida del alma. Segundo, cuando aplicamos la muerte de la cruz a cualquier cosa que vivimos en la vida del alma, sea bueno o malo, eso llega a ser el trato con la carne. Tercero, tratar con la carne también incluye tratar con el mal genio. Cuarto, cuando aplicamos la muerte de la cruz a nuestras opiniones e ideas, eso llega a ser el trato con el yo, o llevar la cruz. Quinto, cuando aplicamos la muerte de la cruz a nuestras acciones, nuestra capacidad, nuestra habilidad, nuestros métodos, nuestra sabiduría y nuestro conocimiento, eso llega a ser el trato con la constitución natural, o el quebrantamiento de la cruz.

II. TRATAR CON EL YO

¿Cómo se trata con el yo? En otras palabras, ¿cómo debemos nosotros tratar con el yo? Ya mencionamos anteriormente que la Biblia dice solamente que nuestro viejo hombre ha sido crucificado con Cristo. La Biblia nunca dice específicamente que nuestro yo ha sido crucificado juntamente con el Señor. A pesar de eso, la manera de tratar con el yo es igualmente la cruz, así como también la manera de tratar con la carne es la cruz. Al considerar este asunto, lo dividiremos en el hecho objetivo y la experiencia subjetiva.

A. El hecho objetivo

El hecho objetivo de tratar con el yo, y de tratar con la carne, descansa en Cristo; es decir, nuestro viejo hombre ha sido crucificado con El. Esto se debe a que el yo es parte de la expresión del viejo hombre. Para Dios, el problema del viejo hombre ya ha sido resuelto; así que el problema del yo, el cual pertenece al viejo hombre, también ha sido resuelto. Por lo tanto, por el lado objetivo, el único hecho es que nuestro viejo hombre ha sido crucificado; pero por el lado subjetivo, hay más. Es como cuando cenamos pollo: lo que hemos matado es un pollo, pero cuando lo servimos en la mesa, hay muchas partes diferentes: la pechuga, los muslos, las alas, etc. Asimismo, cuando el Señor fue crucificado, El resolvió el problema de nuestro viejo hombre, pero así como el hombre tiene varias facetas, de la misma manera hay varios aspectos de trato en nuestra experiencia. Un aspecto es tratar con la carne, el mal genio, el yo y el quebrantamiento de la constitución natural. Estas son nuestra experiencia de la cruz.

B. La experiencia subjetiva

La experiencia subjetiva al tratar con el yo, exactamente como al tratar con la carne, se tiene por medio del Espíritu Santo. Si hemos visto el hecho de que nuestro viejo hombre ha sido crucificado, entonces en nuestro diario vivir, cada vez que descubrimos la expresión de nuestras propias ideas u opiniones, debemos dejar que el Espíritu Santo aplique la muerte de la cruz a estas ideas y opiniones para darles muerte. Esta es nuestra experiencia subjetiva en cuanto a tratar con el yo.

III. EL PROCESO DE TRATAR CON EL YO

A. Ver que el viejo hombre ha sido crucificado

El proceso de tratar con el yo es muy parecido al de tratar

con la carne. El primer requisito es ver el hecho de que nuestro viejo hombre ha sido crucificado. Esto significa que debemos recibir revelación de Dios para poder ver que nuestro viejo hombre ha sido crucificado con Cristo.

B. Ver que nuestras opiniones son una de las expresiones del viejo hombre

El segundo requisito es ver que un aspecto de la expresión del viejo hombre es nuestras opiniones. El viejo hombre se expresa a sí mismo no sólo en la carne, sino también en las opiniones, las cuales son el yo. Si uno ve solamente que el viejo hombre ha sido crucificado, pero no reconoce las maneras o formas en las cuales el viejo hombre es expresado, no podrá tener la experiencia subjetiva. Por consiguiente, el primer paso en nuestro trato con el yo subjetivamente es ver que nuestras opiniones son una de las expresiones del viejo hombre.

C. Aplicar la crucifixión de Cristo a nuestras opiniones

Una vez que sabemos que nuestro viejo hombre ha sido crucificado y terminado en Cristo y una vez que nos damos cuenta de que las opiniones e ideas son la expresión del viejo hombre, naturalmente no permitiremos que el viejo hombre se exprese otra vez en opiniones. Por consiguiente, aplicaremos la crucifixión de Cristo por medio del Espíritu Santo a nuestras opiniones. Esta es nuestra experiencia subjetiva al tratar con el yo. Esto es también a lo que el Señor se refiere en Mateo 16 como la negación del yo y el llevar la cruz.

Hoy, en el cristianismo caído, muchas verdades han sido entendidas mal. La verdad en cuanto a llevar la cruz es un caso en particular. Mucha gente entiende mal el hecho de llevar la cruz confundiéndolo con el sufrimiento. Este es un concepto erróneo, un concepto que hemos heredado del catolicismo romano. Debemos darnos cuenta de que el énfasis de la cruz no es el sufrimiento, sino la muerte. Cuando una persona va a la cruz lo principal al ir allí no es sufrir, sino morir. Hoy día cuando mencionamos fusilamiento, entendemos que eso significa muerte. De la misma manera, en el tiempo del Señor Jesús, cada vez que se mencionaba la cruz, lo que el hombre entendía con eso era muerte. Por lo tanto, la cruz no es sólo un castigo doloroso, sino también un castigo mortal. La cruz no causa meramente sufrimiento al hombre; la cruz mata al hombre. De la misma manera, llevar la cruz no es un asunto de sufrimiento, sino de ser muerto, no de estar sufriendo, sino de estar en el lugar de muerte. Llevar la cruz no es llevar el sufrimiento sino llevar la muerte; no es ponernos a sufrir sino matarnos. Hay mucha diferencia entre estos dos significados.

Así que, llevar la cruz no es nada más que una declaración de que en este universo la muerte de la cruz es cumplida por Cristo. Cuando la Palabra de Dios por el Espíritu Santo nos revela la cruz, la recibimos por fe, aplicando así la muerte de la cruz a nosotros y sin alejarnos de ésta. Esto es lo que significa llevar la cruz. En otras palabras, llevar la cruz significa llevar la muerte de Cristo en nosotros y dejar que la muerte de Cristo opere en nosotros continuamente para matar nuestro yo.

Llevar la cruz es diferente de la crucifixión. El hecho cumplido por Cristo en la cruz es llamado la crucifixión, mientras que nuestra experiencia diaria de la cruz es llamada llevar la cruz. Por esto, el Señor experimentó la crucifixión, y nuestra responsabilidad es llevar la cruz. La crucifixión en el Calvario la sufrió el Señor una vez y para siempre, y cuando nosotros recibimos lo que el Señor ha cumplido en la cruz, lo recibimos una vez y para siempre. Pero cuando nosotros seguimos experimentando esta cruz, la llevamos continuamente. No sólo la llevamos diariamente y en todo tiempo, sino que también la llevamos dondequiera.

El Señor Jesús primero llevó la cruz, y luego fue crucificado. Pero nosotros somos crucificados primero y luego llevamos la cruz. El Señor llevó la cruz toda Su vida. Había una cruz invisible que estaba puesta sobre El. La cruz estaba sobre El en Su vivir y en Su obra. Después El llevó la cruz visible en el camino al Gólgota (Jn. 19:17), hasta que finalmente El fue clavado a esa cruz. El Señor no sólo llevó la cruz y sobrellevó el sufrimiento, sino que El también sufrió la muerte. Aunque El tomó sólo la forma de un cuerpo pecador, sin la realidad de la carne, y aunque El mismo es santo, aún así, El recibió la muerte de la cruz en Sí mismo y permitió que ésta le diera muerte. Finalmente, en Su muerte en el Gólgota, El hizo morir Su ser entero. Por lo tanto, en el caso del Señor, El llevó primero la cruz y luego fue crucificado.

Después de llevar la cruz y de ser crucificado, El resucitó. Desde entonces, con respecto a Sí mismo El fue libertado de la cruz; pero dentro de Su vida, la cual pasó por la cruz, está el elemento mismo de la muerte de cruz. Así que, después de Su resurrección, cuando El entró en nosotros como el Espíritu, El automáticamente trajo consigo la crucifixión y el elemento de la muerte de cruz para que nosotros pudiéramos participar de Su crucifixión.

Todo esto lo hizo el Señor para nosotros, pero de nuestra parte necesitamos que el Espíritu Santo abra nuestros ojos de manera que podamos ver que la cruz de Cristo no sólo ha inmolado al Señor, sino que al mismo tiempo nuestro viejo hombre ha sido crucificado y terminado allí. Nosotros realmente hemos muerto con Cristo. Una vez que recibimos este hecho, el Espíritu Santo nos revelará más que nuestras opiniones e ideas son la expresión del viejo hombre. Ya que el Señor ha crucificado nuestro viejo hombre, ¿por qué entonces yo dejo que el viejo hombre se exprese de esa manera? En consecuencia, nos aplicaremos la muerte de la cruz a nosotros mismos. Cada vez que descubramos que vamos a expresar nuestras opiniones e ideas, inmediatamente nos negaremos a ellas y las pondremos bajo la muerte de la cruz. Esto es llevar la cruz. Por lo tanto, con respecto a nosotros la crucifixión es primero y luego viene el llevar la cruz.

Aunque presentamos este asunto de llevar la cruz y tratar con el yo en una forma simple, con todo, creo que nos queda muy claro. Hace más de diez años, cuando buscábamos al Señor, no teníamos claridad con respecto al significado de la cruz, el llevar la cruz y tratar con el yo. En ese tiempo estábamos realmente escudriñando. Alabamos al Señor porque en estos años El ha tenido misericordia de Su iglesia y continuamente nos ha mostrado Su luz para que podamos presentar en detalle estos asuntos espirituales. Así que, los hijos del Señor hoy, mientras tengan un corazón que busque, encontrarán mucho más fácil conocer y experimentar todas estas lecciones.

IV. APLICAR LA EXPERIENCIA DE TRATAR CON EL YO

A. En la comunión del Espíritu Santo

La aplicación de la experiencia de tratar con el yo se tiene primeramente en la comunión del Espíritu Santo. Aunque nosotros entendemos la crucifixión del viejo hombre y sabemos que las opiniones son la expresión del yo, aún así, si no vivimos en la comunión del Espíritu Santo, esto no es más que una doctrina vacía y no proporciona una experiencia práctica. Si no vivimos en la comunión del Espíritu Santo y seguimos esforzándonos todavía en tratar con el yo, tal ejercicio es exactamente igual que los arduos esfuerzos que practican los budistas, los hindúes y los chinos moralistas; no es una experiencia espiritual. Sólo el Espíritu Santo es el Espíritu de verdad, el Espíritu de realidad; por lo tanto, sólo cuando vivimos en la comunión del Espíritu Santo nuestra visión es la visión verdadera, y nuestra experiencia es la experiencia real. Así pues, si deseamos vivir continuamente en la experiencia de tratar con el yo, el requisito básico es vivir en la comunión del Espíritu Santo.

B. Dejar que el Espíritu Santo ponga en vigencia la crucifixión de Cristo a nosotros

Si vivimos en la comunión del Espíritu Santo y tocamos al Espíritu Santo, entonces debemos permitir que el Espíritu Santo ponga en vigencia la crucifixión de Cristo a todo nuestro vivir y nuestras acciones. Este permiso es nuestra cooperación con el Espíritu Santo. Cuando permitimos que el Espíritu Santo efectúe Su obra en nosotros, eso significa que estamos cooperando con El. En esta forma, por un lado aplicamos la crucifixión de Cristo por medio del Espíritu Santo y por otro, dejamos que el Espíritu Santo ponga en vigencia la crucifixión de Cristo en nosotros. Por un lado esto es nuestra obra, y por otro, es la obra del Espíritu Santo; es imposible separar una de la otra en la comunión del Espíritu Santo. Ahora estamos viviendo en Romanos 8, en la ley del Espíritu de vida; estamos matando por medio del Espíritu Santo todas las expresiones del viejo hombre.

Si uno que ama a Dios tiene una voluntad dócil y está

dispuesto a cooperar con el Espíritu Santo, el Espíritu Santo lo introducirá más y más profundamente en la cruz y matará su yo por completo.

V. LA RELACION
ENTRE SATANAS Y LA OPINION PROPIA

Hemos dicho previamente que nuestras opiniones son una de las expresiones de nuestro viejo hombre. Sin embargo, en la experiencia de nuestro trato con el yo debemos prestar atención a un asunto adicional: la relación entre el yo y Satanás. Muy pocas personas prestan alguna atención a esta relación y rara vez alguien se da cuenta de que Satanás tiene una posición definida en nuestro yo y en nuestras opiniones. Por lo tanto, debemos dar algún énfasis a este asunto.

Escondido en el yo del hombre está Satanás. Satanás no sólo es el pecado que está en nuestro cuerpo, sino que él también es la buena opinión de nuestro yo. Cuando hablamos de pecado, muchas personas están conscientes de su corrupción; por lo tanto, ellos aborrecen el pecado y lo condenan. Pero cuando se hace mención de las opiniones, muchas personas las consideran algo bueno. No solamente piensan que su opinión es mejor que la de los demás, sino que aun piensan que las opiniones mismas son esencialmente buenas. Ninguno de nosotros aborrece sus propias opiniones; todos las amamos y las consideramos como buenas y admirables. A pesar de esto, la Biblia revela que no sólo el pecado es de Satanás, sino que aun las opiniones, las cuales el hombre considera buenas, son también de Satanás. La opinión de nuestra alma es tanto la incorporación de Satanás como lo es el pecado en nuestro cuerpo. Podemos decir que la "encarnación" de Satanás en nosotros hace que él sea por un lado el pecado que está en nuestro cuerpo y por otro, la opinión que está en nuestra alma.

Puesto que Satanás tiene tal posición definida en nuestro cuerpo y alma, cuando él viene a poseer, a ganar y a corromper al hombre, él trabaja en estas dos partes de nuestro ser. Por un lado estimula la lujuria de los miembros del cuerpo, y por otro suscita opiniones en la mente. Además, cuando Satanás obra, obra en ambas partes al mismo tiempo. Siempre que Satanás viene a tentar al hombre, primero hace que el hombre tenga una opinión en su alma; y luego motiva al cuerpo a pecar.

Esto se aplica a la caída de la raza humana cuando Satanás tentó a Eva en el principio. El vino primero a seducir su mente dándole una sugerencia. En otras palabras, por sus hábiles preguntas hizo que la mente de Eva se entretuviera con dudas, las que a su vez hicieron que ella formulara opiniones. El Dr. Haldeman dijo que en el principio, cuando la serpiente que estaba en el huerto preguntó: "¿Conque Dios os ha dicho?", tomó ella misma la forma de un signo de interrogación, teniendo la cabeza levantada y el cuerpo encorvado. Esto en verdad es significativo. Por lo tanto, si queremos conocer el principio espiritual de la caída del hombre, debemos darnos cuenta de que el primer paso de la caída fue que el hombre tuvo una opinión, y que su opinión provino de Satanás.

Esta opinión de Satanás injertada en el hombre fue la primera opinión de la raza humana. Cuando el hombre fue creado en el principio, antes de ser seducido por Satanás, él vivía de una manera muy simple delante de Dios, sin dudas ni opiniones. La primera opinión que tuvo el hombre provenía de la sugerencia que Satanás inyectó en la mente humana. Por lo tanto, vemos que en el primer paso de Satanás para entrar en el hombre no se valió del fruto del árbol de la ciencia del bien y del mal, del cual el hombre participó al comer de él, sino de una opinión transmitida al alma del hombre. Cuando el alma del hombre fue estimulada y recibió la sugerencia de Satanás, su cuerpo la siguió, y él comió del árbol de la ciencia del bien y del mal.

Debido a esto, hemos dicho que la opinión y el pecado están siempre relacionados. Cuando nuestra opinión es expresada, nueve de cada diez veces está relacionada con el pecado, porque la opinión no viene de nuestro yo, sino que emana del autor del pecado, el cual es Satanás. Satanás se esconde dentro de la opinión y podemos decir que la opinión es la incorporación de Satanás.

En Mateo 16:21-25 vemos claramente la relación entre la opinión propia y Satanás. Cuando el Señor Jesús le mostró a Sus discípulos que El debía ir a Jerusalén y morir, Pedro en aquel entonces tuvo su propia opinión, y tomando al Señor le dijo: "Señor, ten compasión de ti; en ninguna manera esto te acontezca". Pero el Señor se volvió y regañó a Pedro diciendo: "¡Quítate de delante de mí, Satanás!; me eres tropiezo, porque no pones la mira en las cosas de Dios, sino en las de los hombres". El Señor aquí reprendió a Pedro directamente como a Satanás, porque el Señor sabía que Satanás estaba escondido detrás de esa opinión de Pedro. Aunque la opinión de Pedro era motivada por su amor al Señor, aunque era una excelente opinión y estaba en favor de los intereses del Señor, aún así esta opinión era la incorporación misma de Satanás. Usualmente pensamos que una mala opinión procede de Satanás, pero a los ojos del Señor, sea ésta buena o mala, siempre que sea una opinión, procede de Satanás. A los ojos de Dios la mejor opinión que el hombre pueda tener sigue siendo la incorporación de Satanás. Debemos estar conscientes de esto.

Hay otro lugar en la Biblia en que se habla claramente de la relación entre Satanás y la opinión propia. Efesios 2:2-3 dice: "En los cuales anduvisteis en otro tiempo, siguiendo la corriente de este mundo, conforme al príncipe de la potestad del aire, del espíritu que ahora opera en los hijos de desobediencia, entre los cuales también todos nosotros nos conducíamos en otro tiempo en los deseos de nuestra carne, haciendo la voluntad de la carne y de los pensamientos..." Este pasaje nos muestra primeramente que todos los seres humanos andan hoy de acuerdo con la obra del espíritu de Satanás dentro de ellos. Luego nos muestra que el resultado de la obra de Satanás es motivar a los hombres a vivir en la lujuria de su carne y a conducirse en los deseos de su carne y de su mente, haciendo la voluntad de la carne. Por un lado ellos satisfacen los deseos de la concupiscencia de su carne, y por otro lado satisfacen los deseos de su mente. Por lo tanto, la obra de Satanás dentro del hombre tiene dos aspectos: lo que hace en la carne de los hombres y lo que hace en la mente de los hombres. Cuando Satanás trabaja en nuestra carne, esto resulta en la lujuria de nuestra carne, lo cual es el pecado; cuando él trabaja en nuestra mente, el resultado es la opinión, o sea el yo.

Un hermano testificó una vez que siempre que se enfrentaba a una situación, y dentro de él había una opinión que deseaba expresar, si no la expresaba sentía mucha "comezón" por dentro. Esto es realmente cierto. Este sentimiento de comezón es el deseo dentro de él. Siempre que un adicto al opio es confrontado con el opio, siente comezón; siempre que un jugador ve los dados o la baraja, siente comezón. De la misma manera, cuando Satanás trabaja en la mente del hombre y le da una opinión al hombre, este hombre siente comezón por dentro y no puede contenerse sino que tiene que expresarla. Por lo tanto, así como el pecado es el resultado de los deseos de la carne del hombre, así también nuestra opinión es el resultado de los deseos de la mente del hombre. Ambos son el resultado de la obra de Satanás dentro del hombre.

Lamentamos decir que en el pasado teníamos muy poco conocimiento con respecto a nuestra propia opinión. Muy pocos condenan su opinión, y son aún menos los que se dan cuenta de que su opinión es Satanás. Todo el mundo considera muy alta su propia opinión, la valora y se siente muy agradado al meditar en ella. Amamos a nuestros propios hijos, pero de acuerdo a mi comprensión amamos nuestras propias opiniones mucho más de lo que amamos a nuestros hijos. En nuestro sentir, las opiniones son siempre la cosa más loable.

Necesitamos profundamente pedirle al Señor que nos dé un viraje completo en nuestro concepto a la luz de estas palabras. Debemos ver que si el pecado es horrible, mucho más es nuestra opinión. Si para resistir al enemigo necesitamos resistir el pecado, mucho más necesitamos negarnos a nuestras opiniones. Necesitamos darle muerte a todas nuestras opiniones por medio de la cruz. De esta manera, nos negamos a nosotros mismos en una manera práctica, negamos completamente el lugar de Satanás en nosotros, y derrotamos la fortaleza de Satanás en nosotros.

VI. LA DIFERENCIA ENTRE TRATAR CON EL YO Y SER MAGNANIMOS

El tratar con el yo del que estamos hablando es totalmente diferente de la nobleza de la que comúnmente se habla entre las personas mundanas. Nuestro trato con el yo está basado en nuestra comprensión de que nuestra opinión no es sólo la expresión del viejo hombre, sino también la incorporación de Satanás. Por lo tanto, aplicamos la cruz a nuestra opinión y por consiguiente le damos muerte. Una vez que matamos nuestra opinión, nuestro yo también es tratado. Sin embargo, éste no es el caso con aquellos que son magnánimos. Las personas magnánimas, cuando se asocian con otras, nunca causan problemas expresando sus opiniones. Ellos luchan por mantener la paz con otros; de esta manera, en todo aparentan ser muy corteses y nunca contenciosos. En todos los asuntos, sin embargo, tienen sus propias opiniones e ideas. De acuerdo a su sentir, la opinión de los demás no es tan buena como la de ellos. Pero si otros no aceptan su opinión, ellos pueden restringirse de expresarla; nunca forzarían a otros a aceptarla. Ellos aun externamente irían al punto de acomodarse a la opinión de otros y seguir la manera en que otros hacen las cosas. De esta forma no hay discordia con otros. Por lo tanto, ellos actúan externamente de una manera, e internamente de otra. Externamente ellos no insisten en nada, pero internamente nunca abandonan su propia opinión; más bien la guardan por siempre. Esto se llama ser magnánimo.

Ser magnánimos de esta manera no es tratar con la opinión en lo absoluto ni tampoco con el yo; por el contrario, promueve las opiniones. Una vez que la opinión es alimentada, el yo es desarrollado porque el yo crece en el terreno de la opinión. La opinión es el mejor fertilizante y un vivero para el yo. Cuanto más opinión humana hay y cuanto más lugar se le da y más se preserva, tanto más crece el yo. Por el contrario, tratar con la opinión del hombre equivale darle muerte al yo. El hombre no está dispuesto a poner a un lado su opinión porque él no está dispuesto a negar su yo. A través de todas las generaciones vemos personas cuyo yo es fuerte, a tal grado que usted puede cortar sus cabezas, pero nunca puede hacer que abandonen su opinión. De ahí que, tratar con la opinión y negar el yo son asuntos muy difíciles.

Ser magnánimos, repetimos no es tratar con el yo. La persona magnánima nunca condena su propia idea u opinión. Tal persona siempre piensa que su propia opinión es la más correcta y la mejor. La única razón por la que no insiste en su propia opinión es que él es capaz de hacer concesiones para otros y sobrellevar a otros. El tiene una mente amplia, tiene una medida tan amplia como el mar. Sin embargo, este tipo de persona se considera a sí misma como la más sabia y su opinión, como la mejor. Cuando otros no aceptan su opinión, él las sobrelleva y manifiesta su amplia mentalidad.

Estas personas aparentemente son mansas, pero en verdad siempre se creen muy justas; son aparentemente humildes, pero en realidad son las más arrogantes. Están en total oscuridad y son las más ciegas. Se parecen a los fariseos, justos y rectos en su propio concepto, a quienes el Señor reprendió por estar en oscuridad y por su ceguera. Cuanto más exitosa es una persona en ser magnánima, más ajena está a las cosas espirituales. Nunca tiene la luz de Dios ni tampoco conoce la intención de Dios. Carece de cualquier entendimiento espiritual; todo su ser es como una pared de hierro y bronce. Aquel que es más magnánimo, es más capaz de sobrellevar a otros, y aquel que es más capaz de adaptarse a otros, es el más retrasado en crecimiento espiritual. Este tipo de persona desarrolla su magnanimidad por esfuerzo humano, por lo tanto, cuanto más magnánimo es, más fuerte y corpulento es su yo. Una persona magnánima no abandona su yo; más bien, acumula su yo, hasta que un día abrirá su boca y sacará todas las opiniones reprimidas por dentro; entonces será exactamente como Job. El piensa que es el padre de los huérfanos, los ojos del ciego, los pies del cojo, que siempre ayuda a otros y que sobrelleva a los demás. Esto prueba que su yo está totalmente sellado, y que nunca ha menguado un poco.

Tratar con el yo es un asunto absolutamente diferente. Ser magnánimos es esconder su opinión, pero tratar con el yo es rechazar su opinión. Ser magnánimos es tragarse su opinión temporalmente, pero tratar con el yo es entregar su opinión al quebrantamiento total que produce la cruz. Por lo tanto, aquel que realmente haya aprendido la lección de tratar con el yo, tiene por un lado una firme decisión en su espíritu, y por otro, debido a que ha sido quebrantado, no parece tener ninguna opinión. Si Dios obra a su manera, él dice amén; si Dios obra de otra manera, su opinión no cuenta para nada. Debido a que ya el yo ha sido quebrantado por la cruz, él no puede airarse ni tampoco puede ser magnánimo, aunque lo desee. Algo dentro de él ha sido quebrantado. De esta manera él puede tener luz. Por lo tanto, hemos visto que las personas que son francas, opinantes, y extravertidas son más fácilmente libradas que aquellas llamadas "buenas personas", aquellas personas magnánimas que siempre sobrellevan a otros. Debido a que su yo es expuesto, después que han sido quebrantados por la cruz, son verdaderamente tratados; el resultado entonces es que ellos no tienen ninguna opinión propia.

Por consiguiente, nunca debemos tener el concepto de que tratar con el yo significa ser magnánimos y así llegar a ser una persona bondadosa. Debemos diferenciar claramente el asunto del tratar con el yo con el de ser magnánimos. Por ejemplo, en la iglesia o en el hogar, una vez que hemos descubierto que tenemos nuestras propias opiniones, no las debemos dejar pasar ligeramente, sino que debemos tratar con ellas. Ni tampoco debemos retirar nuestra opinión pasivamente y dejar el asunto en el aire. La actitud de ser tolerante proporcionará más crecimiento a nuestra opinión. Debemos ver que ya hemos sido crucificados con el Señor en la cruz; entonces siempre que la opinión y el yo sean expresados, debemos aplicar el quebrantamiento de la cruz por medio del poder del Espíritu Santo de dar muerte a la opinión y al yo. Sólo cuando aplicamos repetidas veces esta muerte, nuestro yo mengua gradualmente y la vida de Cristo crece gradualmente dentro de nosotros.

VII. PALABRA DE CONCLUSION

Entre los cristianos hay muy pocos que tratan con el yo y con la opinión. En cuanto al trato con la carne y al trato con el mal genio, todos aquellos que han procurado las cosas espirituales han tenido alguna experiencia. Sin embargo, muy pocos hermanos y hermanas están conscientes de que el yo necesita ser tratado. Esto se debe a que nosotros no conocemos el significado del yo, ni tampoco sabemos que tal opinión es la expresión del yo o la incorporación del yo. Pero la razón mayor es que pensamos que nuestras opiniones son buenas y loables, sin saber que el yo está escondido en ellas. Hemos mencionado muchas veces que en Mateo 16 la opinión de Pedro era digna de elogio ya que mostraba su amor por el Señor, pero él no sabía que el yo y aún Satanás mismo estaban escondidos detrás de ella. Sólo aquellos que han sido iluminados por el Señor saben que la opinión del hombre es enemiga de la voluntad de Dios y que también es contraria a la cruz. Cada vez que nos importe la opinión del hombre, de seguro descuidaremos la voluntad de Dios. Cada vez que nos preocupen las cosas de los hombres, no podremos cuidar de las cosas de Dios. Cada vez que nuestra opinión sea fructífera, nuestro yo crecerá. La opinión es la tierra fértil, y el yo es plantado allí. Aquel que tenga más opiniones tendrá el yo más robusto. Por lo tanto, cuando estamos con algunos hermanos y hermanas jóvenes, necesitamos seguir este principio y no dar lugar a sus opiniones. Dar lugar a las opiniones significa darle al yo una tierra fértil para que crezca.

Cuando vemos lo detestable que es el yo y estamos dispuestos a aprender la lección y tratar con el yo en nuestro diario vivir, debemos estar alerta a una cosa: nunca seguir el camino de la magnanimidad, la cual es exactamente contraria a la meta de tratar con el yo. Desafortunadamente, la mayoría de nosotros no tenemos claridad con respecto a este aspecto de la verdad e inconscientemente caemos en el error de ser magnánimos. Cada vez que estamos con otros, algunas veces tenemos nuestra opinión; pero a fin de no contender con otros, nos refrenamos de ofrecer nuestra opinión. De la misma manera, en nuestros hogares muchas veces somos confrontados con muchas situaciones que son incompatibles con nuestra opinión, sentimos que no vale la pena decir nada; así que simplemente nos tragamos nuestra opinión y nos quedamos callados. Hoy en muchas iglesias y hogares, hay muchas situaciones como éstas. De acuerdo a los hombres, esta condición es mucho mejor que la de contender. Sin embargo, de acuerdo a la vida, este estado es mucho más difícil de ser tratado que tratar con las contenciones. El contender expone la corrupción del hombre, así que cuando el hombre es alumbrado por el Espíritu Santo, él cae delante de Dios. Es difícil que aquellas personas magnánimas que nunca contienden sean iluminadas. Es difícil que sean tocadas por el Espíritu Santo o que brille sobre ellas. Aquellos que siempre se tragan su opinión son los que siempre buscan la luz del Señor para otros. En verdad ellos mismos son los que más necesitan la luz. Aunque una persona magnánima retira su opinión cuando es rechazada por otros, aún así, se considera a sí misma muy justa y alaba su propia opinión como la más alta. Continuamente vive en el yo, sin saber que el yo es el más grande enemigo de Dios. Por lo tanto, la magnanimidad no causa que seamos quebrantados, sino que, al contrario, hace que nuestro yo crezca y se endurezca.

No es lo mismo con el asunto de tratar con el yo. Al tratar con el yo debemos ver que siempre que vivamos y crezcamos en nosotros mismos, Cristo no tendrá manera de vivir ni de crecer. Ya que vivimos en nuestra opinión, debemos condenarla por medio de hacerla morir, esto es, debemos hacer morir el yo. Esta es la obra de la cruz, que da por resultado que Cristo sea aumentado en nosotros. No estamos tomando el camino de la magnanimidad, más bien estamos tomando el camino de hacer morir el yo, y con eso permitimos que Cristo tenga un lugar para crecer y ser formado en nosotros.

En cuanto a aplicar la experiencia de la cruz, debemos darnos cuenta de que todo trato con la carne y el yo es continuo y no de una vez por todas. Todos los hechos objetivos en Cristo han sido realizados una vez y para siempre; casi todas las experiencias subjetivas en el Espíritu Santo son continuas. Nuestras opiniones no pueden ser crucificadas todas de una vez; ni tampoco podemos tratar con la carne de una vez. El agricultor quita la maleza del campo; hoy la hierba es quitada, pero mañana crecerá otra vez, y él la tiene que quitar otra vez. El nunca puede ejercer un esfuerzo supremo para obtener una comodidad perpetua. De la misma manera, hoy todavía estamos en la vieja creación, y el viejo hombre no se puede refrenar de expresarse a sí mismo en varios aspectos. Por lo tanto, cuando aplicamos el trato de la cruz mediante la comunión en el Espíritu Santo, no es suficiente una sola aplicación; debemos aplicarlo en la mañana, al mediodía y en la noche. Cuando estas experiencias subjetivas llegan a ser maduras y profundas, podemos aplicar una crucifixión completa y final, y un trato severo a cierta expresión del viejo hombre, dándole fin. Sin embargo, en el estado inicial de nuestra experiencia, debemos aplicar el trato una y otra vez. Por consiguiente, cuando se habla del trato subjetivo, el Señor dice que necesitamos llevar la cruz, haciéndonos ver que no podemos salirnos de la cruz. Mientras se encuentra cierto hermano en una reunión, puede tener una opinión; él la condena y se contiene de hablar, pero después de la reunión, en privado, él la emite. Esto no es llevar la cruz. No es que usted lleve la cruz cuando usted tenga una opinión durante la reunión y luego de la reunión usted pone a un lado la cruz. Nosotros siempre debemos estar clavados en la cruz y siempre debemos llevar la cruz. El significado de llevar la cruz es no apartarse de la cruz.

A través de todas las generaciones todos aquellos que han experimentado la cruz, tales como el hermano Lawrence y Madame Guyón, han estado de acuerdo en que el que lleva la cruz no puede separarse de la cruz. La persona que lleva la cruz es uno con la cruz; no puede separarse de la cruz. Cuando ve el hecho de la muerte por medio de la cruz, tal persona recibe la marca de la muerte como un sello sobre sí, y desde entonces aplica continuamente la muerte a su vida práctica. Esto se llama llevar la cruz. Por lo tanto, la aceptación de la muerte de la cruz no es algo que se hace una sola vez para siempre, sino que la cruz se tiene que llevar diariamente.

Cuando el Señor habló del asunto de tratar con el yo, El habló acerca de llevar la cruz y no de la crucifixión. La crucifixión tiene dos significados. Uno es ser clavado a la cruz; el otro es ser llevado a una terminación. Muchos piensan que una vez que aceptamos la cruz, nuestro yo es terminado y no hay más necesidad de llevar la cruz. Sin embargo, el Señor habló de nuestra necesidad de llevar la cruz, mostrándonos así que nuestro yo no es llevado a un fin al aceptar simplemente la verdad de la cruz. Todavía tenemos que llevar la cruz y no ser separados de ella. Cuando recibimos el hecho de que estamos crucificados, eso es crucifixión. Pero cuando pasamos a experimentar la crucifixión, eso es llevar la cruz.

Cuando el Señor Jesús era un hombre que vivía en esta tierra, El primero llevó la cruz; El la llevó hasta que un día fue al Gólgota y fue clavado en la cruz. A esto se le llama la crucifixión. Cuando el Señor fue crucificado, El murió y se le dio fin. Cuando El murió, fue separado de la cruz. Así también nosotros. De hecho, el Señor nos crucificó juntamente con El en la cruz, pero en la experiencia no hemos muerto. Por lo tanto, necesitamos llevar la cruz continuamente hasta que seamos arrebatados y transfigurados, y en ese momento podremos ser separados de la cruz. En realidad, no importa cuán espiritual sea un cristiano, él no puede ni por un momento ser separado de la cruz. Cada vez que se separa de la cruz, está viviendo en la carne y por su yo. Cuando aplicamos la cruz por medio del Espíritu Santo de tal manera que tenemos la marca de la cruz sobre nosotros continuamente, entonces llevamos la cruz. Por consiguiente, tratar con el yo es una larga lección de toda la vida. Durante toda nuestra vida debemos aplicar la muerte de la cruz a nuestro yo y ser uno que se niega a sí mismo y lleva la cruz.

CAPITULO ONCE

TRATAR CON LA CONSTITUCION NATURAL

Ahora llegamos a la undécima experiencia de vida, a saber, tratar con la constitución natural.

I. LA DEFINICION
DE LA CONSTITUCION NATURAL

"Constitución" según se utiliza aquí significa "el conjunto de los poderes físicos y mentales del hombre". En la Biblia no tenemos la expresión "la constitución natural", y rara vez se menciona entre los cristianos; no obstante, existe tal cosa en nuestra experiencia. La constitución natural es una característica sobresaliente del hombre anímico y es una expresión notable del vivir del viejo hombre. Si nosotros buscamos la experiencia de la cruz, no podemos descuidar este aspecto del trato. Por consiguiente, con mayor razón presentamos esta lección: el trato con la constitución natural.

Hemos dicho que cuando se vive conforme al viejo hombre, éste tiene sus varias clases de expresiones, tales como el mal genio, la carne, el yo y la constitución natural. Algunas personas pierden la paciencia y se enfurecen fácilmente, lo cual significa que ellos son de un temperamento que reacciona con rapidez. Algunas personas hablan mucho y siempre expresan su propia opinión, lo cual significa que su yo es muy fuerte. Sin embargo, hay otros que nunca pierden la paciencia, no hablan mucho, pero son muy capaces de emprender cualquier cosa; esto indica que ellos son muy fuertes en su constitución natural. Por lo tanto, la constitución natural es la expresión del vivir del viejo hombre que tiene que ver con la habilidad, la capacidad, la sabiduría, el ingenio, las maquinaciones y las destrezas humanas.

Cuando hablamos del yo, podemos tomar como modelo a Job, quien se consideraba justo y hablaba mucho. Pero cuando hablamos de la constitución natural, Jacob, en el libro de Génesis, es el personaje que mejor representa este aspecto. Generalmente pensamos que los hechos de Jacob muestran su astucia. Pero, en realidad, la característica más sobresaliente en toda la vida de Jacob es su esfuerzo y sus maquinaciones naturales. Todos aquellos que maquinan son inevitablemente astutos. Así también era Jacob. Su astucia es sólo la expresión superficial; su constitución natural es su característica oculta. Antes de que Jacob llegara a ser maduro, toda su historia revelaba su constitución natural. El era apto, ingenioso, lleno de maquinaciones, muy capaz y diestro; ciertamente era extremadamente fuerte en su constitución natural.

La constitución natural de Jacob fue expresada aun antes de su nacimiento. En el vientre de su madre se asió del calcañar de Esaú, luchando por nacer primero. Cuando creció, maquinó hábilmente para ganar una posición de ventaja. El usó la intriga y engañó a Esaú quitándole la primogenitura. Entonces, con una hábil artimaña obtuvo la bendición del primogénito de su padre. Cuando el dejó su hogar, en su vagar, Dios se le apareció en Betel y le prometió que lo bendeciría; allí también aplicó su habilidad y le planteó un negocio a Dios. El dijo: "Si fuere Dios conmigo, y me guardare en este viaje en que voy, y me diere pan para comer y vestido para vestir, y si volviere en paz a casa de mi padre, Jehová será mi Dios. Y esta piedra que he puesto por señal, será casa de Dios; y de todo lo que me dieres, el diezmo apartaré para ti" (Gn. 28:20-22). Dios le había prometido bendecirlo incondicionalmente, sin embargo, él regateó con Dios sobre ciertas condiciones ¡Esto sólo prueba cuán astuto y hábil era él!

Mientras él estuvo con Labán, su tío, aun allí maquinó intrigas y artimañas conforme a su habilidad natural. En poco tiempo, él llegó a ser muy próspero, adquiriendo muchos rebaños, sirvientes, camellos y asnos. En el vado de Jaboc, Dios trató con él y tocó el tendón de su muslo dejándole así cojo. Sin embargo, tan pronto pasó el río para encontrarse con su hermano Esaú, él seguía usando sus propias maquinaciones e intrigas. Conforme al plan que previamente había fabricado, dividió los hombres, los rebaños, los ganados y los camellos en dos grupos, dejando a su esposa amada y a José su hijo amado, en la parte posterior para que en caso de un ataque ellos pudieran escapar.

La razón por la cual Jacob era tan astuto consistía en que él era muy fuerte en su constitución natural. Por lo tanto, a través de toda su vida, Dios trató especialmente con su constitución natural. Las aflicciones, sufrimientos y problemas que le asediaban, tenían como fin quebrantar su constitución natural. La crisis de su vida ocurrió cuando Dios tocó el tendón de su muslo en Peniel. Finalmente, en Génesis 35, Dios le pidió que fuera a Betel y edificara allí un altar a Dios, quien se le había aparecido cuando él huía de la presencia de su hermano. Desde aquel entonces Jacob cesó todas sus maquinaciones, y su hombre natural cayó ante Dios. Luego, cuando su hijo Rubén mancilló su lecho, aunque él lo supo, no actuó. Cuando sus hijos le engañaron vendiendo a José, a quien él amaba y quien fue llevado a Egipto, él lo sufrió. Finalmente, cuando fue afectado por el hambre, tuvo que rogarle a sus hijos que compraran alimento para él. Toda su habilidad, maquinación, inteligencia y capacidad evidentemente desaparecieron y cesaron. Todo su ser fue cambiado completamente.

Cuando la constitución natural de Jacob fue enteramente quebrantada, su vida en Dios alcanzó una etapa de plena madurez. El no fue más Jacob, sino Israel. El no fue más un suplantador (el significado de "Jacob"), sino un príncipe de Dios (el significado de "Israel"). Como resultado, él pudo bendecir a Faraón, e impartió abundantes bendiciones a sus hijos antes de su muerte.

Deducimos, por lo tanto, a partir de la narración de la vida de Jacob, que Génesis 35 fue el punto decisivo. Antes del capítulo 35, todo lo que Jacob expresaba era su habilidad natural, sus recursos, inteligencia y capacidad, las cuales eran el resultado del vivir de su viejo hombre. Después del capítulo 35, él no volvió a utilizar la habilidad natural, ni sus recursos, ni su inteligencia ni su capacidad, porque su constitución natural fue completamente tratada, y él llegó a ser una persona que vivía en la presencia de Dios. Espiritualmente hablando, en esa ocasión él fue completamente liberado de ser natural y entró en resurrección. En toda su vida él fue afligido y tratado por Dios para lograr así que su constitución natural fuese quebrantada y para poder llegar a ser un hombre resucitado. El hombre natural es inútil ante Dios; solamente uno que ha sido resucitado puede ser útil ante Dios. Por esta razón, la constitución natural necesita ser quebrantada y tratada.

II. LA DIFERENCIA ENTRE LA CONSTITUCION NATURAL Y LA VIDA DE RESURRECCION

Hemos definido la constitución natural como aquello que corresponde a la habilidad, capacidad, sabiduría y astucia humanas, pues todas éstas se derivan de nuestra vida natural y no de la vida de resurrección de Dios. Son adquiridas por nacimiento; no brotan de la resurrección, la cual sólo se experimenta después que hemos sido quebrantados en Cristo. La diferencia entre la constitución natural y la vida de resurrección es indudablemente grande. Nuestro trato con la constitución natural consiste en que nuestra habilidad inherente, nuestra capacidad, sabiduría y astucias innatas experimenten la muerte de cruz, y sean resucitadas, para que así lleguen a ser aceptables y útiles a Dios.

Cuando algunas personas oyen acerca del trato con la constitución natural, ellos piensan que Dios no desea nuestra habilidad ni nuestra capacidad. Este concepto es erróneo. Para ser útiles a Dios, indiscutiblemente necesitamos nuestra habilidad y nuestra capacidad.

Según la revelación que presenta la Biblia, nosotros vemos claramente que la obra de Dios en esta tierra requiere la cooperación del hombre. Es imposible que el hombre coopere con Dios si no posee ninguna habilidad o capacidad. De la misma manera que la madera y la piedra no pueden cooperar con Dios, así tampoco las personas necias e incapaces pueden cooperar con Dios. Nosotros siempre decimos que el hombre inteligente es inútil para Dios, pero el necio es aún menos útil. También decimos que un hombre capacitado es inútil ante Dios, pero los que no lo son, son aún más inútiles. Realmente, todos aquellos que son inútiles en este mundo también lo son en la mano de Dios. A través de todas las generaciones, todos aquellos que han sido usados por Dios han sido personas capaces ganadas de este mundo. Tenemos que admitir que Moisés fue un hombre muy idóneo con capacidad, previsión, sabiduría e inteligencia; por lo tanto, Dios lo pudo usar para liberar a los israelitas de Egipto. Además, por medio de él fueron escritos los libros más importantes del Antiguo Testamento, el Pentateuco. También tenemos que reconocer que Pablo fue un hombre idóneo, que poseía una educación elevada y que era rico en pensamiento; por lo tanto, tenía capacidad para recibir revelación de parte de Dios, lo cual le permitió escribir las verdades profundas y elevadas del Nuevo Testamento. Si bien Pedro y Juan fueron sólo pescadores de Galilea, podemos suponer que ellos estaban entre los mejores pescadores y de ninguna manera eran hombres ordinarios.

El más grande principio en el servicio espiritual es que el hombre debe cooperar con Dios. Aunque Dios hace todas las cosas, sin embargo en todas las cosas Dios necesita que el hombre coopere con El. Nunca puede ocurrir que aquellos que no saben hacer nada, que son incapaces y reacios a hacer algo, puedan ser usados por Dios. A menudo oímos a los hermanos y hermanas decir: "Yo creo que Dios puede hacerlo", no obstante ellos mismos no hacen ningún esfuerzo para cooperar. Esta clase de fe es vana. Sin duda, Dios puede hacerlo, pero también es necesario que el hombre pueda hacerlo. Si el hombre no puede hacer algo, aun cuando Dios pueda, El no lo hará. Dios tendrá que buscar aquellos que son aptos y que están dispuestos a cooperar con El. Dios obra según la capacidad del hombre. Dios obra de acuerdo al grado de cooperación del hombre. Por lo tanto, nosotros debemos ser aptos e idóneos, y aprender a ser hombres útiles en todo aspecto; entonces seremos adecuados para que El nos use.

Sin embargo, en cualquier caso Dios no puede usar a uno que sea apto meramente en lo natural. La capacidad natural, hasta que no sea quebrantada, es un impedimento para Dios. Esta debe ser quebrantada, debe pasar por la muerte y ser resucitada para poder ser usada por Dios. La habilidad natural es similar al hierro crudo el cual, debido a que es demasiado duro y quebradizo, no es muy útil y se rompe con facilidad. La habilidad resucitada es como acero forjado, firme pero maleable, es decir, bueno para el uso, y no se agrieta fácilmente. Por lo tanto, Dios no puede usar a alguien que no está capacitado, ni tampoco puede usar a alguien que está capacitado, pero que no ha sido quebrantado todavía. Todos aquellos que son útiles en la mano de Dios son aquellos que son idóneos, pero cuya idoneidad ha sido quebrantada. Si examinamos a todos aquellos que han sido usados por Dios a través de todas las generaciones, veremos que casi todos ellos eran idóneos, ricos en el poder del alma, y tenían previsión e inteligencia, pero al mismo tiempo, habían sido quebrantados por Dios.

El ejemplo más sobresaliente de la Biblia es Jacob, de quien ya hemos hablado. En el aspecto natural, él era hábil y astuto. Pero un día Dios lo quebrantó y él llegó a ser Israel; entonces perdió su habilidad y astucia. No obstante, cuando lo observamos en el momento de bendecir a los dos hijos de José, él no estaba confundido en absoluto. El tuvo suma claridad y previsión. Además, las bendiciones que impartió a sus hijos (Gn. 49) son profecías grandes en la Biblia. Aquellas palabras son verdaderamente grandes y maravillosas. Si Jacob hubiera sido insensible y necio, ¿cómo podría haber pronunciado tales palabras? Por otro lado, si Jacob hubiera dependido meramente de su mente natural, su pensamiento o su capacidad natural, tampoco habría podido pronunciar esas palabras. Su mente, pensamiento y habilidad naturales después de haber sido quebrantadas por Dios, llegaron a estar resucitadas y a ser espirituales; de este modo el pudo ser usado por Dios para hablar esas grandes profecías.

El mismo principio se aplica a nuestro entendimiento de la voluntad de Dios. Dios es un Dios extremadamente sabio e inteligente. Por lo tanto, para entender Su voluntad, se requiere la sabiduría y la inteligencia humanas. Una persona necia nunca puede entender la voluntad de Dios. No obstante, una persona que depende solamente de su propia sabiduría e inteligencia tampoco puede. Lo que es necesario es que el hombre tenga inteligencia, sabiduría y un pensamiento claro, y que ponga todos éstos bajo la cruz, permitiendo que la cruz ponga su sello de muerte sobre ellas. Esta clase de persona tiene su propia mente, sabiduría y pensamiento, no obstante, no hace las cosas de acuerdo a sí misma, para sí misma, o dependiendo de sí misma; es usada solamente de acuerdo a Dios, para Dios, y dependiendo de Dios. Tal persona no tiene su propia intención ni ningún elemento de su propio ser, mucho menos el designio de su propia mano maquinadora; solamente confía en la misericordia de Dios; espera Su visitación y busca Su revelación. Solamente esta clase de persona puede entender la voluntad de Dios y tener claridad en cuanto a Su dirección.

A partir de esto aprendemos que la habilidad y la capacidad naturales no quedan invalidadas luego de haber sido tratadas. El quebrantamiento y la muerte de la cruz no es el paso final. La verdadera muerte de la cruz siempre trae resurrección. Jesús de Nazaret fue muerto en la cruz, no obstante Cristo fue resucitado. Después de Génesis 35, Jacob fue completamente tratado y terminado, sin embargo, surgió un Israel maduro. Por lo tanto, el trato de la cruz siempre trae resurrección. Cuanto más son tratadas las capacidades de uno mediante la cruz, más capacitado uno viene a ser. Cuanto más es tratada la inteligencia de uno mediante la cruz, más sabio llega a ser uno. Así que, esta capacidad y esta sabiduría están en resurrección.

Por esta razón, por una parte, animamos a las personas a leer y a estudiar la Biblia, para que ejerciten su mente y previsión, para que aprendan a comportarse como seres humanos, a manejar las cosas y a trabajar, a fin de estar capacitados. Por otra parte, nosotros siempre le decimos a la gente que la educación, así como la capacitación, son inservibles. Cuando decimos esto, queremos decir que estas cosas tienen que ser quebrantadas y resucitadas. Estos dos aspectos aparentemente se contradicen, pero para nosotros son prácticos y absolutamente necesarios.

¿Cómo podemos diferenciar entre la habilidad natural y la habilidad resucitada? ¿Cómo podemos decir cuál es la habilidad innata y cuál es la habilidad que ha sido quebrantada? Hay siete puntos de comparación. Primero veremos la habilidad natural.

Primero, toda habilidad humana es egoísta, y todas sus maquinaciones y sus estratagemas tienen como fin el beneficio de nuestro yo. Segundo, toda habilidad natural está mezclada con los elementos de la carne y del temperamento; por lo tanto, cuando es desaprobada se siente irritada.

Tercero, toda habilidad natural envuelve astucia y manio-
bras. Cuarto, toda habilidad natural contiene orgullo y hace
que uno se sienta capaz, resultando así en jactancia y glorifi-
cación propia. Quinto, ninguna habilidad natural está bajo el
control del Espíritu Santo y es extremadamente osada al hacer
cualquier cosa. Sexto, ninguna habilidad natural tiene cuidado
por la voluntad de Dios; actúa enteramente de acuerdo a su
propia voluntad. Séptimo, la habilidad humana no se apoya
en Dios y no tiene que hacerlo, sino que confía totalmente en
el yo.

La habilidad resucitada es exactamente lo opuesto. Primero, toda habilidad que ha sido quebrantada y resucitada no
apunta al yo, y tampoco tiene elemento alguno del yo. Segundo,
toda habilidad resucitada está desprovista de la carne. Tercero, la habilidad resucitada no maquina. Cuarto, la habilidad
resucitada no es orgullosa ni se jacta en sí misma. Quinto, la
habilidad resucitada está controlada por el Espíritu Santo y
no se atreve a actuar de acuerdo a sus deseos. Sexto, la habilidad resucitada concuerda con la voluntad de Dios. Séptimo,
la habilidad resucitada confía en Dios y no se atreve a actuar
de acuerdo al yo, aunque sea verdaderamente apta e idónea.

Como ya tenemos claridad con respecto a la diferencia
entre la habilidad natural y la habilidad resucitada, debemos examinarnos a nosotros mismos en nuestra experiencia.
Cuando ejercitamos nuestra habilidad, ¿lo hacemos para nosotros o para Dios? ¿Tomo yo decisiones por mí mismo y actúo
individualmente y egocéntricamente, o puedo sufrir la crítica
de otros y su oposición? ¿Empleo maquinaciones, o busco la
gracia de Dios? ¿Doy la gloria a Dios, o me jacto y me glorío de
mí mismo? ¿Estoy siendo controlado por el Espíritu Santo
o estoy actuando según mi deseo? ¿Estoy cumpliendo mis propios deseos, o me ocupo de la voluntad de Dios? ¿Intento yo
llevar a cabo la meta por cualquier medio, o encomiendo todas
las cosas en las manos de Dios, confiándole a El los resultados?
¿Estoy dependiendo exclusivamente de mis propios recursos,
o estoy confiando en Dios con temor y temblor? Si nos examinamos estrictamente, descubriremos que en nuestra vida y
servicio, muchas áreas están aún en la constitución natural
de la vieja creación; por lo tanto, no podemos llevar fruto de

resurrección. Por consiguiente, tratar con la constitución natural es la liberación que más necesitamos.

III. TRATAR CON LA CONSTITUCION NATURAL

A. El hecho objetivo

Tratar con la constitución natural es lo mismo que tratar con la carne y con el yo; está basado en un hecho objetivo. Puesto que nuestro viejo hombre ha sido crucificado con Cristo, nuestra constitución natural también ha sido tratada con el viejo hombre. A los ojos de Dios esto es un hecho consumado. Nosotros también debemos ver esto por el Espíritu Santo. Sólo aquellos que ven este hecho objetivo tendrán la experiencia del trato subjetivo.

B. La experiencia subjetiva

La carne, el yo y la constitución natural son las expresiones del viejo hombre. Por lo tanto, el principio al tratar con ellas es el mismo; por un lado tenemos el hecho objetivo, y por otro, necesitamos la experiencia subjetiva. El hecho objetivo es que Cristo ya ha crucificado nuestro viejo hombre, mientras que la experiencia subjetiva es la aplicación de la muerte de Cristo, por medio del Espíritu Santo, a nosotros mismos. Si aplicamos esta experiencia a la carne, estamos tratando con la carne; si la aplicamos a nuestra propia opinión, estamos tratando con el yo; y si la aplicamos a nuestra habilidad y capacidad, estamos tratando con la constitución natural.

IV. EL PROCESO DE LA EXPERIENCIA DE TRATAR CON LA CONSTITUCION NATURAL

El proceso de la experiencia de tratar con la constitución natural se asemeja estrechamente a la de tratar con el yo.

A. Vemos que nuestro viejo hombre ha sido crucificado con Cristo

Esta visión espiritual es el primer paso hacia nuestra experiencia en el trato con la constitución natural. Debemos ver que nuestro viejo hombre ha sido crucificado con Cristo; de esta manera experimentaremos los siguientes tratos.

B. Comprendemos que la constitución natural es una expresión muy fuerte del viejo hombre

Esto también es una visión espiritual. Por supuesto, esto también incluye la percepción de lo que se relaciona con la constitución natural y cuáles son sus expresiones.

C. Recibimos la crucifixión de Cristo en nuestra constitución natural

Después de haber visto los primeros dos puntos, automáticamente la crucifixión de Cristo será aplicada a nuestra constitución natural. Esto también significa que nosotros podemos aplicar la crucifixión de Cristo a nuestra expresión natural mediante el poder del Espíritu Santo. Una vez que recibamos y apliquemos esto, toda nuestra habilidad será sellada con la marca de la muerte y gradualmente se marchitará. Este recibimiento constituye una gran crisis espiritual en nuestra vida; quizá puede llegar a ser nuestro Peniel en experiencia. Es aquí donde nuestra habilidad y capacidad naturales son "tocadas" por Dios y se disloca la coyuntura de nuestro muslo, donde descansa la fuerza de nuestro cuerpo, se debilita. De ahí en adelante no podemos seguir valiendonos de nuestra propia habilidad y capacidad como deseamos. De este modo, mientras tomamos las medidas necesarias con respecto a nuestra constitución natural, y experimentamos una crisis y ganamos una experiencia profunda y subjetiva.

V. APLICAR LA EXPERIENCIA DE TRATAR CON LA CONSTITUCION NATURAL

A. En la comunión del Espíritu Santo

Para poder experimentar el trato con la constitución natural, primero debemos estar en la comunión del Espíritu Santo. Ya sea que tratemos con el yo o con la constitución natural, si deseamos tener una experiencia continua, debemos vivir en la comunión del Espíritu Santo. Para aplicar esta experiencia, necesitamos aplicar la muerte de la cruz por medio del Espíritu Santo. Si no vivimos en la comunión del Espíritu Santo, no podemos vivir dependiendo del Espíritu Santo, ni podemos aplicar la muerte de la cruz.

B. Permitir que el Espíritu Santo ponga en vigencia la crucifixión de Cristo a toda área de nuestra constitución natural según sea descubierta

Si nosotros vivimos en la comunión del Espíritu Santo, necesitamos permitir que el Espíritu Santo aplique la crucifixión de Cristo a todas las áreas de nuestra constitución natural que vayamos descubriendo. En otras palabras, cada vez que descubramos nuestra propia astucia, maquinaciones y capacidad, debemos aplicarles la muerte de la cruz inmediatamente. De este modo el sello de la muerte de la cruz es aplicado a todas diferentes maneras prácticas en que se expresa nuestra constitución natural. Esto no es meramente aceptar la obra de la cruz una vez y para siempre; esto también deberá ser una aplicación diaria. Debemos aplicar la cruz a nuestra constitución natural a diario, momento a momento. Desde el comienzo mismo, cuando aceptamos la obra de la cruz, debemos permitir que Dios toque toda expresión de nuestra constitución natural en la comunión del Espíritu Santo. Podemos ser muy ingeniosos y muy capaces, sin embargo, debemos recibir la cruz y llevar la cruz; la cruz debe continuamente hacer la obra de quebrantarnos; entonces después de cierto período, todo lo que provenga de nuestra constitución natural gradualmente estará en el estado de haber pasado por la muerte y entrando en la resurrección.

UNA PALABRA DE CONCLUSION

Tratar con el yo y tratar con la constitución natural son experiencias más profundas en la etapa de la cruz. Así que, después de haber estudiado estas dos experiencias haremos un resumen de las mismas.

Tratar con el yo y tratar con la constitución natural son extremadamente importantes en nuestra experiencia espiritual. Estas no sólo están relacionadas con la vida, sino también con el servicio. Tratar con el yo y tratar con la constitución natural son preparativos para nuestro servicio a Dios. Si deseamos tener el tipo de servicio que concuerda con el deseo que Dios tiene en Su corazón, es necesario tratar con el yo y con la constitución natural. Hablando con propiedad, aquellos que nunca han sido tratados en su yo o en su constitución natural no pueden servir a Dios.

Este asunto es claramente demostrado en la vida de Moisés. Antes de que Dios lo usara, la obra que Dios hizo en él fue tratar con su yo y con su constitución natural. Cuando él tenía cuarenta años, tenía una constitución natural muy fuerte. "Fue enseñado Moisés en toda la sabiduría de los egipcios; y era poderoso en sus palabras y obras" (Hch. 7:22). Así que, él estaba a punto de usar sus propias fuerzas para libertar a los israelitas. Un día, cuando él vio a un egipcio que golpeaba a un hebreo, es decir, uno de sus hermanos, él mató al egipcio y lo escondió en la arena. Esto fue su fuerza o estratagema natural. Sin embargo, esta constitución natural suya, no podía ser usada por Dios. Dios no puede usar a quien obra para El usando sus propias habilidades naturales. Así que, Dios lo puso en una situación que le obligó a huir al desierto, y por cuarenta años Dios lo afligió y lo trató para poder acabar con su constitución natural. Cuando Moisés escribió el salmo 90 él dijo: "Los días de nuestra edad son setenta años; y ... en los más robustos son ochenta años" (v. 10). No fue sino hasta cuando tuvo ochenta años, que de acuerdo a su propio cálculo era el tiempo de los días de debilidad cercanos a la muerte, que Dios lo llamó y lo usó. Además, en el tiempo en que Dios le llamó, Dios hizo que él viera la visión de la zarza ardiente que no se consumía, lo cual le indicaba que el poder de la obra de Dios se manifestaría a través de él, pero sin utilizar como combustible lo que él tenía por nacimiento, es decir, su constitución natural.

Cuando estudiamos la vida de Moisés, vemos que desde que fue llamado por Dios, nunca más usó su propio poder y habilidad en su obra para El. Desde el primer momento en que él vio a Faraón en Egipto hasta que murió en el monte Nebo (cuarenta años), a pesar de que él todavía tenía habilidad, ésta ya no era natural, sino que había pasado por el quebrantamiento y la resurrección.

Además, tratar con la constitución natural y con el yo son cosas íntimamente relacionadas. Aquellos que son hábiles e idóneos, siempre tienen muchas opiniones. Si alguien no tiene opiniones ni ideas, seguramente no tiene capacidad. Debido a que las habilidades naturales de Moisés habían sido tratadas, durante los cuarenta años que sirvió al Señor él no tuvo sus propias opiniones o ideas. Aunque él oraba a Dios, sólo buscaba el consejo de El; nunca expresó sus propias opiniones o ideas, excepto en una ocasión. La única excepción ocurrió cuando fue irritado por los israelitas, que habló precipitadamente y golpeó la roca dos veces; fuera de esto él no cometió ningún error en cuarenta años. El sirvió a Dios no conforme a su propia fuerza o a sus propias opiniones. El fue una persona que ciertamente había sido completamente liberada del yo y de la constitución natural. Por lo tanto, él llegó a ser la persona más usada por Dios en los tiempos del Antiguo Testamento.

Según este mismo principio Dios dirigió a los israelitas a que le sirvieran a El en el desierto. Cuando los israelitas fueron llevados al desierto, donde Dios deseaba que ellos le sirvieran, la primera lección que ellos tuvieron que aprender fue que sus fuerzas así como sus opiniones tenían que ser puestas a un lado. Ellos no podían servir a Dios con sus fuerzas ni tampoco podían servirle de acuerdo a sus propias opiniones. Los medios por los cuales ellos servían a Dios eran el tabernáculo y las ofrendas. El tabernáculo indicaba que todos sus caminos y actividades relacionados con el servicio de Dios tenían que concordar con el patrón mostrado en el monte, según la revelación de Dios y no según sus propias opiniones. Las ofrendas indicaban que su servicio solamente podía ser aceptable y satisfacer a Dios si era ofrecido por medio de los sacrificios y no de su propia habilidad y capacidad. Por lo tanto, cuando Dios en el monte Sinaí preparó a los israelitas para que le sirviesen, les dio, por un lado, el tabernáculo, mostrándoles la necesidad de poner a un lado su propia opinión, y por otro, les dio las ofrendas, las cuales mostraban la necesidad de poner a un lado su constitución natural. El servicio ofrecido por medio del tabernáculo no contenía ninguna opinión propia, mientras que el servicio por medio de las ofrendas no contenía ninguna constitución natural. Ya que tanto el tabernáculo como las ofrendas tipifican a Cristo, debemos tomar a Cristo como nuestra sabiduría y nuestro camino, así como nuestra fuerza y habilidad, permitiéndole que reemplace nuestra propia opinión y nuestra constitución natural; de este modo, podemos servir a Dios.

Una persona cuyo yo ha sido negado y cuya constitución natural ha sido quebrantada delante de Dios es debilitada y disminuida; por consiguiente, Cristo crece en él. Esta no sólo es una gran crisis en su vida y servicio espirituales, sino que en sí misma es un asunto muy serio a los ojos de Dios. A través de todas las generaciones, el propósito de Dios ha sido dirigir a Sus santos a que pasen por la etapa de que su constitución natural sea quebrantada para que así alcancen la plenitud de Cristo. Podemos ver esto en la Biblia en la vida de muchos personajes que fueron guiados por Dios. Esto no sólo es cierto en el caso de Moisés, sino también en el de Abraham y el de Jacob. El período de la vida de Abraham que precedió y siguió al nacimiento de Ismael, y los veinte años que Jacob permaneció en Padan-aram son iguales a los cuarenta años de Moisés en el desierto, y éstos muestran la condición del hombre que vive en la constitución natural. No fue sino hasta que Abraham fue circuncidado, hasta que el tendón del muslo de Jacob fue tocado y vino a ser cojo, y hasta que Moisés alcanzó la edad de ochenta, que la condición de ellos presentó el quebrantamiento de su constitución natural. Habiendo pasado a través de este quebrantamiento, hubo un gran cambio en su condición delante de Dios.

Dios no sólo dirigió a los santos del Antiguo Testamento de tal forma, sino que también usó muchos objetos y situaciones en la Biblia para tipificar este asunto. Por ejemplo, el establecimiento del tabernáculo y la travesía de los israelitas por el desierto tipifican la experiencia espiritual de un cristiano, en cuya vida el quebrantamiento de la constitución natural ocupa un lugar importante.

Primero consideraremos la tipología del arreglo interno del tabernáculo, tal como estaba dividido, en atrio, lugar santo y lugar santísimo. Estas tres secciones muestran las tres etapas de nuestra experiencia espiritual. En el atrio están el altar y el lavacro. El altar tipifica la redención de la cruz, con el énfasis en resolver el problema del pecado para que podamos experimentar salvación. El lavacro representa la limpieza del Espíritu Santo, subrayando el lavamiento de nuestras contaminaciones mundanas para que podamos ser renovados. Por lo tanto, el atrio tipifica la primera etapa de nuestra salvación, la cual es casi equivalente a las primeras dos etapas de nuestra experiencia espiritual de vida.

En el lugar santo están la mesa de los panes de la proposición, el candelero de oro y el altar de oro del incienso. Los panes de la proposición tipifican a Cristo como nuestro suministro de vida para nuestra satisfacción y disfrute. El candelero de oro tipifica a Cristo como nuestra luz para nuestra iluminación. El altar de oro del incienso tipifica a Cristo como nuestra aceptación delante de Dios para que podamos tener paz y gozo. Estas son las condiciones de experimentar a Cristo como nuestra vida. Estos aspectos se aproximan, en tipología, a la tercera etapa de nuestra vida espiritual, una etapa que incluye experiencias más profundas. No obstante, en estas experiencias todavía está el elemento de los sentimientos del alma. Por lo tanto, la condición de aquellos que están en esta etapa está llena de altibajos y no es muy estable.

Después del lugar santo está el lugar santísimo. En el lugar santísimo sólo está el arca, la cual contiene las tablas del pacto, la urna de oro con maná y la vara de Aarón que reverdeció (He. 9:4). Las tablas del pacto tipifican a Cristo como la luz, y corresponden al candelero de oro en el lugar santo. El maná escondido tipifica a Cristo como el suministro de vida, equivalente a los panes de la proposición en el lugar santo. La vara de Aarón que reverdeció tipifica a Cristo como nuestra aceptación ante Dios, y corresponde al altar de oro del incienso en el lugar santo. Por lo tanto, estos tres objetos en el arca son iguales en naturaleza y en tipología a los tres objetos en el lugar santo; no obstante, las condiciones han cambiado. En el lugar santo, los panes de la proposición están exhibidos, la luz de la lámpara está alumbrando, y el altar de oro del incienso está emitiendo fragancia; todos ellos se manifiestan externamente. Sin embargo, en el lugar santísimo, estos tres aspectos están ocultos. Los panes de la proposición que permanecían expuestos ahora son el maná escondido, el candelero que alumbra viene a ser la ley escondida, y el fragante altar de incienso viene a ser la vara escondida que reverdeció.

La condición que se ve en el lugar santísimo tipifica la condición que se ve en nuestro espíritu. Cuando el hombre se vuelve a su espíritu, entra al lugar santísimo. El ya no vive según el sentir del alma, ni tampoco expone nada ante los hombres. Todo está escondido, ya no está en la superficie, sino muy profundo. En esta etapa, su vida espiritual alcanza el grado de madurez. Por consiguiente, la condición que se ve en el lugar santísimo tipifica la cuarta etapa de nuestra experiencia en la vida espiritual.

¿Cómo podemos entrar a la experiencia profunda del lugar santísimo partiendo de la experiencia superficial del atrio? Necesitamos pasar por dos crisis. Primero, tenemos que pasar la cortina que separa el atrio del lugar santo. Según la Biblia, esta cortina no constituye una separación tan grande y no es tan difícil de cruzar. Segundo, para entrar al lugar santísimo desde el lugar santo, necesitamos pasar el velo. Este velo es una gran crisis. Para que uno entre al lugar santísimo, el velo tiene que ser rasgado. Que este velo sea rasgado tipifica el quebrantamiento de nuestro ser. Por lo tanto, este tipo nos muestra que nuestro ser tiene que ser rasgado, y nuestro yo y la constitución natural quebrantados, entonces seremos capaces de dejar nuestra condición superficial para entrar en la profundidad del espíritu; entonces tendremos comunión con Dios cara a cara y viviremos en la presencia de Dios, es decir, viviremos en Dios. Por lo tanto, el quebrantamiento de nuestra constitución natural es ciertamente un gran momento crucial en nuestra senda espiritual.

De igual manera, la travesía de los israelitas al entrar a Canaán también tipifica la senda espiritual del cristiano. Canaán se refiere a la esfera celestial y es comparable al lugar santísimo. Aquellos que entraron a Canaán estaban viviendo en el lugar santísimo. Ellos vagaron en el desierto por cuarenta años, hasta que gradualmente la vieja creación murió. El paso del Jordán se compara con el rasgar del velo. Desde aquel entonces, su carne fue puesta a un lado.

Por consiguiente, debemos empezar desde el altar e ir hacia adelante, hasta que un día experimentemos el rasgar del velo y entremos al lugar santísimo. Debemos también comenzar nuestra travesía desde el monte Sinaí e ir hacia adelante hasta que lleguemos al Jordán, donde nuestra vieja creación es tratada; entonces podremos entrar a la tierra de Canaán. La generación vieja de los israelitas representa todo lo que pertenece a la vieja creación en nosotros, es decir, nuestra carne, nuestro yo y la constitución natural. Por consiguiente, cuando Dios rechazó la vieja generación de los israelitas, el significado espiritual es que Dios rechaza todas las cosas que están en nosotros que pertenezcan a la vieja creación. Desde el momento en que comenzamos a aprender a servir a Dios, El hace que nosotros experimentemos la muerte diariamente para matar y anular en nosotros todo lo que pertenece a la vieja creación. Dios emplea un largo período de tiempo y una larga travesía para dirigirnos a nosotros "los Jacobos", quienes hemos hallado gracia delante de Dios, y a "los israelitas", quienes hemos sido redimidos, para que al fin todos los aspectos de nuestra carne, la opinión propia y la constitución natural puedan ser manifestados uno por uno en nuestra experiencia práctica; entonces uno por uno El los mata por nosotros. Por lo tanto, cuando veamos que nuestra carne y nuestras opiniones son expuestas en la iglesia, no debemos atemorizarnos o sentirnos preocupados, porque si no son expuestas, permanecerán ocultas; pero una vez que son expuestas, tenemos liberación.

Ciertamente, tratar con la carne, el yo y la constitución natural requiere muchos años. Los israelitas en el desierto durante cuarenta años no hicieron otra cosa que servir a Dios; algunos cargaban la tienda de reunión, algunos mataban las ovejas y los bueyes, y algunos preparaban los panes de la proposición en el lugar santo. Cuando la columna de nube se levantaba y la trompeta sonaba, todos marchaban. Ellos vivieron de esta manera por cuarenta años antes de que la vejez fuera completamente purgada. De la misma manera, nosotros hoy como cristianos debemos pagar el precio, abandonar el mundo, buscar al Señor, llevar el testimonio de Dios, servir diariamente a Dios, e ir adelante con El; entonces el incidente de Tabera (Nm. 11:1-3), la rebelión de Coré y Datán, y la falta de sumisión de Miriam a la autoridad, más otras numerosas condiciones que revelan la mezcla que hay en nosotros y de las cuales no estamos conscientes, serán gradualmente expuestas.

Cuanto más expuestos somos, más estamos siendo purgados. Si vamos adelante de esta manera, y si nos demoramos ocho o diez años para pasar el Jordán y ser limpiados de la vieja creación que hay en nosotros, esto será una inmensa gracia del Señor. Si por el contrario ponemos nuestro corazón en el mundo, y lo que pensamos y hacemos son cosas ajenas a Dios; aunque vayamos a las reuniones y leamos las Escrituras ocasionalmente, aun después de cincuenta años todavía será imposible que nosotros pasemos el Jordán; y tampoco podremos hacerlo hasta el día en que partamos del mundo. Que el Señor tenga misericordia de nosotros para que podamos ver Su camino y andemos por él.

Capitulo doce

LA ACEPTACION DE LA DISCIPLINA DEL ESPIRITU SANTO

Ahora consideraremos la duodécima experiencia de nuestra vida espiritual: La aceptación de la disciplina del Espíritu Santo.

I. EL SIGNIFICADO DE LA DISCIPLINA DEL ESPIRITU SANTO

La disciplina del Espíritu Santo que estamos considerando no se refiere a la disciplina interna del Espíritu Santo, pues ésa es la función del Espíritu Santo dentro de nosotros como la unción. La disciplina del Espíritu Santo se refiere a lo que el Espíritu Santo está haciendo en nuestro ambiente externo; se refiere a Su arreglo de todas las personas, cosas y sucesos a través de las cuales somos disciplinados.

Aparte del Espíritu Santo como la unción, la obra principal que Dios hace con respecto a nosotros por medio del Espíritu Santo, es Su disciplina externa. Estos dos aspectos incluyen casi toda la obra del Espíritu Santo. Por ejemplo, Romanos 8, que habla de la obra del Espíritu Santo, nos dice en la primera parte cómo el Espíritu Santo, el cual contiene la ley de vida, puede librarnos del pecado, y cómo por medio de El podemos hacer morir los hábitos del cuerpo. Ese capítulo también dice cómo el Espíritu Santo nos guía para que podamos vivir conforme a El, y finalmente, cómo El nos ayuda en nuestras debilidades y ora por nosotros. Todas estas actividades son la obra que el Espíritu Santo como la unción hace dentro de nosotros. En la última parte de ese capítulo leemos: "A los que aman a Dios, todas las cosas cooperan para bien" (v. 28). Esto habla de la disciplina del Espíritu Santo en nuestro ambiente exterior. La obra de esta disciplina externa se coordina con Su movimiento y dirección internos. El Espíritu Santo arregla y determina todo lo que viene sobre nosotros en conformidad con la voluntad de Dios. A pesar de que en muchas ocasiones esto causa dolor y problema temporal, aún así, al final redunda en el bien de aquellos que aman a Dios, para que ellos sean conformados a la imagen de Su Hijo. Este arreglo es a lo que nos referimos con la disciplina del Espíritu Santo.

¿Por qué la obra del Espíritu Santo en nosotros requiere la coordinación de la disciplina externa? Porque usualmente la obra interna del Espíritu Santo sola no es suficiente. Podemos decir que la obra interna del Espíritu Santo es hecha mayormente en los que son obedientes, y la disciplina externa del Espíritu Santo es hecha mayormente en los que son obstinados. Cuando el Espíritu Santo se mueve en nosotros y nos unge y cuando nosotros obedecemos el sentir que El imparte, la voluntad de Dios se cumple y Sus atributos se incrementan dentro de nosotros. Por lo tanto, la unción interna del Espíritu Santo es hasta cierto punto suficiente para los que son obedientes. Sin embargo, si somos obstinados, si no obedecemos la unción interna y nos rebelamos vez tras vez, el Espíritu Santo se ve obligado a producir una atmósfera apropiada para corregirnos y disciplinarnos, haciendo así que nos sometamos. De esta forma, la unción del Espíritu Santo dentro de nosotros es una dulce acción del amor de Dios hacia nosotros y es Su deseo original, mientras que la disciplina externa del Espíritu Santo es una acción de la mano de Dios, una acción que El se ve obligado a llevar a cabo. Es algo adicional.

Por consiguiente, tanto en el deseo original de Dios como en la enseñanza del Nuevo Testamento, el lugar de la disciplina del Espíritu Santo no es tan importante como el de la unción del Espíritu Santo. En la Palabra de Dios, se habla mucho del Espíritu Santo como la unción, como por ejemplo, el guiar del Espíritu Santo, la iluminación del Espíritu Santo, el fortalecimiento del Espíritu Santo, y de nuestra necesidad de vivir en el Espíritu Santo, de andar conforme al Espíritu Santo y de llevar fruto por medio del Espíritu Santo, etc. Sin embargo, la Biblia habla muy poco en una forma explícita en cuanto a la disciplina del Espíritu Santo; en realidad no contiene tal frase. Esto se debe a que la disciplina del Espíritu Santo no es un asunto que sea agradable al sentir de Dios. Tal condición puede compararse con el hecho de que la mayoría de los padres preparan buenas cosas para sus hijos, no azotes ni varas. En muchas familias el padre se ve obligado a recurrir a represiones y azotes a causa de la contumacia y rebelión de sus hijos. De hecho, para el sentir del padre, tales castigos nunca son agradables. De igual manera, lo que Dios ha preparado para nosotros en el Nuevo Testamento siempre es positivo, pero debido a nuestra obstinación, terquedad, desorden y desobediencia, Dios se ve obligado a disciplinarnos. En una situación normal entre los santos y en la iglesia, la unción del Espíritu Santo debe siempre exceder la disciplina del Espíritu Santo; no debe haber un encuentro constante con la disciplina. Siempre es anormal que los niños en una familia son castigados todos los días.

Por lo tanto, cuando aceptamos la disciplina del Espíritu Santo, no debemos esperar que sea algo agradable. Algunos hermanos y hermanas parecen gloriarse al testificar de su experiencia de ser disciplinados por el Espíritu Santo. Esto no debe ser así. Ningún niño está orgulloso luego de haber sido castigado por su padre. De igual manera, debemos sentirnos avergonzados cuando recibimos la disciplina del Espíritu Santo. Debemos darnos cuenta de nuestra obstinación, terquedad, desorden y desobediencia, los cuales causan el castigo de parte de Dios nuestro Padre. Indudablemente El me castiga porque me ama, pero cuando yo hablo de Su castigo, ¡esto no es mi gloria! Es por causa de que soy tan rebelde y terco, como una mula sin entendimiento, que Dios se ve obligado a disciplinarme. Esta es mi vergüenza. Por esto, no debemos jactarnos con relación a la disciplina que recibimos. Todos aquellos que se jactan de la disciplina del Espíritu Santo son aquellos que no conocen la naturaleza de la disciplina del Espíritu Santo.

Debido a que la disciplina del Espíritu Santo es algo tan desagradable, Dios en Su intención original puso mayor énfasis en la unción interna, la cual tiene un carácter positivo, que en la disciplina exterior, la cual tiene un carácter negativo. Pero desde el punto de vista de nuestra condición, la disciplina del Espíritu Santo es muy necesaria, porque somos por naturaleza rebeldes, desordenados y desobedientes. Muchas veces no le damos importancia y desobedecemos el mover y la iluminación del Espíritu Santo. Parece que Su unción sola, la cual es Su dulce acción, no es suficiente para que cumplamos Su propósito, sino que necesitamos además la disciplina externa como un factor coordinante para que nos castigue y trate con nosotros a fin de que seamos domados. Por lo tanto, en nuestra experiencia la disciplina del Espíritu Santo no debe ser pasada por alto.

II. EL PROPOSITO
DE LA DISCIPLINA DEL ESPIRITU SANTO

El propósito de la disciplina del Espíritu Santo para con nosotros puede ser dividido en tres aspectos: el castigo, la educación y el quebrantamiento.

A. El castigo

En Hebreos 12:10 se nos dice que el Padre de los espíritus nos corrige "para lo que nos es provechoso, para que participemos de su santidad". El castigo mencionado aquí es la primera intención o la primera categoría de la disciplina del Espíritu Santo.

El castigo es necesario debido a nuestra rebelión, terquedad y desobediencia. Muchas veces en nuestra experiencia el Espíritu Santo ya nos ha hablado interiormente y nos ha ungido para hacernos saber la voluntad de Dios, pero debido a nuestra terquedad y rebelión o por alguna otra razón no hemos prestado atención a la voz de Dios ni al sentir del Espíritu Santo. Por esto Dios ha arreglado situaciones en nuestro entorno por medio del Espíritu Santo, para hacer que nos sintamos afligidos, adoloridos, reprimidos y miserables a fin de que seamos castigados y corregidos.

Por ejemplo, considere el caso de un hermano que ha obtenido un ingreso económico de una manera deshonesta y ha sido iluminado por el Espíritu Santo para tratar con la situación; sin embargo, debido a su orgullo y su preocupación por las pérdidas financieras, se rehúsa a obedecer la voluntad de Dios en este asunto. Aun cuando el Espíritu Santo repetidas veces se mueva y le inste, él no obedecerá. En tal circunstancia,

Dios no tiene otra alternativa que usar el ambiente externo para corregirlo. Quizá él sea arrollado por un automóvil. Aunque él no muera, ni quede herido críticamente, sufre gran dolor. Mientras está en el hospital gimiendo en angustia, el Espíritu Santo le habla nuevamente, recordándole el antiguo reclamo. El se humilla, se somete y está dispuesto a tratar con su comportamiento de acuerdo a la voluntad de Dios. Poco después de obedecer y aceptar el trato, su herida es sanada gradualmente. Esto es la disciplina ambiental arreglada por el Espíritu Santo según la voluntad de Dios y según nuestra necesidad de corrección. Esto es Su manera de tratar especialmente con nuestra terquedad y desobediencia, para que seamos disciplinados.

El propósito del castigo puede subdividirse en dos clases. Un propósito es tratar con la rebelión y consiste puramente en castigos por nuestra rebelión. El otro es corregir nuestros errores. Esto quiere decir que cuando nos hemos descarriado y rehusamos volvernos a la enseñanza del Espíritu Santo, o cuando estamos a punto de errar, aunque el Espíritu Santo nos haya dado cierto sentir, y procedemos precipitadamente a errar, entonces el Espíritu Santo es forzado a levantar un ambiente que sea un golpe para nosotros a fin de que seamos advertidos y corregidos del error o que seamos guardados de caer en el error. Todas estas actividades son contadas como disciplina.

B. La educación

El segundo propósito o la segunda categoría de la disciplina del Espíritu Santo es la educación. Hablando con propiedad, la corrección mencionada previamente también es una forma de educación. No obstante, la educación que corrige es un castigo debido a nuestra falta, mientras que la disciplina educativa pura no tiene nada que ver con el castigo ni con nuestra falta, aun cuando no hayamos cometido ninguna, de todos modos tenemos que ser educados. Por lo tanto, en este aspecto, la disciplina del Espíritu Santo es necesaria para cada uno de nosotros.

La educación dada por medio de la disciplina del Espíritu Santo coordina con la obra de unción que hace el Espíritu Santo dentro de nosotros para poder lograr la meta de que Dios se mezcle con el hombre. Hemos dicho con frecuencia que el propósito de la unción del Espíritu Santo dentro de nosotros es impartirnos el elemento de Dios. A pesar de eso hay muchos elementos del yo dentro de nosotros que reemplazan los elementos de Dios y que son contrarios a ellos; por lo tanto, esto presenta un gran obstáculo a Dios. En consecuencia, la disciplina del Espíritu Santo para la educación es dada a fin de purgarnos de los elementos contrarios por medio de preparar el ambiente, de tal manera que el elemento de Dios nos pueda ser impartido por medio de la unción. La disciplina que nos corrige trata sólo con nuestra *falta* y tiene que ver con el problema de nuestro comportamiento exterior, mientras que la disciplina educativa trata con nuestro *elemento* humano y tiene que ver con el problema de nuestra naturaleza interna. No importa si nuestro comportamiento exterior es bueno o malo, nuestra naturaleza interna está siempre en oposición a Dios.

Por ejemplo, sería muy difícil aplicar una capa de pintura adicional a una mesa pequeña que ya ha sido pintada con una capa gruesa de pintura brillante. Tal superficie simplemente no puede absorber la nueva pintura. En otras palabras, el elemento original viene a ser un opositor del elemento que se ha de añadir. Es por eso que debemos lijar la pintura original para que la superficie quede áspera y pueda absorber la nueva pintura. De igual manera, si estamos llenos del elemento del yo, al Espíritu Santo le es difícil ungirnos por medio de Su mover y de la unción interior. En consecuencia, también es necesario que el Espíritu Santo produzca circunstancias que actúen como una lija sobre nosotros. Este tipo de lijado no tiene como fin castigarnos debido a nuestra rebelión, ni corregir nuestros errores, sino hacernos ásperos, permitiendo así que el Espíritu Santo nos imparta el elemento de Dios por medio de ungirnos; pues, de otra manera seríamos brillantes y lisos, sin tratamiento alguno y duros.

Hay muchos hermanos y hermanas que son como el cristal, resbalosos y duros. A pesar de que el Espíritu Santo muchas veces les habla, ellos no escuchan. Ellos han escuchado muchos mensajes, de hecho han llegado a ser "expertos" en ellos. No importa cuál sea el mensaje, ellos conocen todos los puntos en la secuencia apropiada; sin embargo, la verdad es que ellos no han tocado ni siquiera la realidad del mensaje. Este tipo de persona sólo puede ser tratada por el Espíritu Santo a través de varias dificultades del ambiente que lo cortan y lijan aquí y allá; entonces escuchará el mensaje en una manera seria. En ese momento la palabra del Espíritu Santo, así como la unción y el mover del Espíritu Santo, serán eficaces. Por eso, el segundo propósito de la disciplina del Espíritu Santo es coordinar con la unción interna del Espíritu Santo, educándonos así para que podamos ser receptivos a la obra del Espíritu Santo.

Para preparar un huevo con condimentos, el cascarón debe ser quebrado a fin de que los condimentos puedan penetrar en el huevo. Cuando Dios desea que el Espíritu Santo penetre en nosotros los que estamos enteros de acuerdo a nuestra naturaleza, así como el cascarón reluciente, necesitamos ser quebrantados en coordinación con la obra de Dios de penetrar en nosotros. Este es el propósito educativo de la disciplina del Espíritu Santo.

Con un propósito educativo, la disciplina del Espíritu Santo es dada no sólo para rompernos de manera que el elemento de Dios pueda mezclarse más con nosotros, sino también para cocinarnos, ya que estamos muy crudos y somos hoscos por naturaleza. Cuando cocinamos arroz, no lo hacemos porque el arroz tenga fallas y necesite ser corregido. Ponemos el arroz en la olla y lo cocinamos con agua sobre el fuego para que el arroz, el cual está crudo y duro, se cueza y se suavice, y quede sabroso y comestible. Igualmente, todos nosotros, antes de ser tratados por Dios, estamos crudos, somos agrestes y estamos duros. Necesitamos la disciplina de Dios por medio del Espíritu Santo y del ambiente para que nos queme y cocine. Tal cocción hará que suframos y seamos afligidos, como si hubiésemos pasado por fuego y por agua, pero esto es hecho para que nuestra condición cruda y dura venga a ser madurada y suavizada, y para que tengamos la fragancia de la madurez y podamos suplir la necesidad del hombre y satisfacerle.

Una persona cruda no sólo es agreste y dura, sino que también tiene un olor desagradable, como cualquier pescado o carne cruda, no importa cuán buena sea la calidad. Un hermano crudo puede tener muchas virtudes naturales: puede ser muy gentil y humilde, puede amar, buscar y servir fervientemente al Señor. Todo esto es bueno; sin embargo, debido a que todavía está crudo, no cocido, y que pertenece a la vida natural no resucitada, todas sus virtudes llevan un desagradable olor humano y no la fragancia de Cristo. Si usted se encuentra con un hermano así después de que ha sido puesto en dificultades por cierto tiempo, o ha pasado por enfermedades serias, encontrará que él aún es gentil y manso, aún ama al Señor, lo busca y le sirve; sin embargo, usted sentirá que todas estas cualidades son diferentes: el olor crudo y desagradable ha sido grandemente eliminado, y un olor fragante fluye de él. Si es así, debemos humillarnos y alabar al Señor y decir que este hermano ha sido realmente educado por la disciplina del Espíritu Santo.

C. El quebrantamiento

El tercer propósito de la disciplina del Espíritu Santo es el derrumbamiento o quebrantamiento. Hemos dicho repetidas veces que la obra de Dios en nosotros tiene como propósito central mezclar Su elemento con nosotros y forjarlo dentro de nosotros. Para alcanzar esta meta, debemos primero ser derribados. El propósito educativo del cual hemos hablado es trivial y secundario cuando se compara con esto. La disciplina educativa hace que meramente tengamos una abertura o una grieta, mientras que el quebrantamiento nos aplasta y demuele completamente, hasta el punto de que todo lo que haya en nosotros de la creación natural y vieja se desintegra completamente. Por lo tanto, el quebrantamiento es el paso más severo y también la meta final en la disciplina del Espíritu Santo.

Lamentamos decir que en nuestro medio no hemos visto que muchos sean disciplinados por el Espíritu Santo en una forma tan severa, y que muchos de nosotros no conocemos la disciplina del Espíritu Santo a ese grado. Por el contrario, vemos algunos que cuanto más son disciplinados por el Espíritu Santo, más duros y más consolidados en sí mismos se vuelven. Esta es una condición equivocada. Normalmente, cuanto más es disciplinada una persona por el Espíritu Santo, más es terminada. El resultado final de la disciplina del Espíritu Santo siempre es que podemos ser derribados, rotos y reducidos a nada. Es mediante la disciplina del Espíritu Santo que Dios derriba completamente nuestra vieja creación de manera que el elemento de Su nueva creación sea edificado en nosotros.

Si consideramos la disciplina del Espíritu Santo meramente como una corrección o una educación espiritual, entonces este tipo de disciplina hará que el hombre sea edificado y perfeccionado. Parecerá entonces que uno que originalmente estaba incompleto ha venido a estar completo por medio de ser disciplinado por el Espíritu Santo; o uno que originalmente estaba en una condición pobre, después de haber sido disciplinado por el Espíritu Santo, ha mejorado muchísimo. No obstante, la disciplina del Espíritu Santo nunca tuvo esta finalidad. Por el contrario, la disciplina del Espíritu Santo es dada para romper y moler aquel que es completo, y para desordenar a aquel que está muy bien. El propósito original de la disciplina del Espíritu Santo no es edificarnos, sino quebrantarnos. Por esto, si una persona siempre es dócil, el Espíritu Santo le perturbará hasta tal punto que ya no podrá seguir siendo dócil. Si hay alguno que nunca contiende con otros, el Espíritu Santo le turbará a tal grado que sea forzado a contender. Nunca piense que si una persona no es dócil, es que está siendo disciplinada por el Espíritu Santo. Algunas personas son siempre dóciles; sin embargo, el Espíritu Santo produce un ambiente que las perturbe y las obligue a dejar de ser apacibles, incluso los hace enojar terriblemente. Este terrible enojo es un tipo de quebrantamiento para ellos.

El motivo por el cual Dios nos quebranta es que ninguno de nuestros elementos naturales tiene lugar delante de Dios. La afabilidad, la obediencia y otras cualidades de algunas personas pertenecen a la constitución natural y vienen por nacimiento. Algunas personas nacen con un buen temperamento; por eso ellos reciben elogios del hombre y se consideran dignos de alabanza, sin saber que ese buen rasgo natural es el mayor obstáculo para la obra del Espíritu Santo dentro de ellos. De ese modo, sus vidas espirituales son retardadas. Por lo tanto, el Espíritu Santo producirá circunstancias una y otra vez que irritan a tal persona y hacen que se enoje. Llegará el día en que no podrá soportar más todas las irritaciones y se enojará en una forma terrible. Entonces se desanimará, pensando que por haber perdido la paciencia tan terriblemente, no podrá seguir sirviendo al Señor, y su futuro estará terminado. El no sabe que mientras tiene miedo de ser terminado, el Espíritu Santo teme que él no lo sea. El motivo por el cual el Espíritu Santo continuamente le irrita y presiona es que él sea terminado. Tal es la naturaleza severa de la disciplina del Espíritu Santo.

Si hemos experimentado más al Señor, debemos confesar que la disciplina que nos da el Espíritu Santo, ya sea castigo o educación, es para nuestro quebrantamiento. En realidad, no hay ni castigo ni educación; toda la disciplina del Espíritu Santo tiene como fin derrumbar y quebrantar. Sólo cuando los definimos podemos clasificarlos en las tres categorías de castigo, educación y quebrantamiento. De hecho, después de que todo está dicho y hecho, la disciplina del Espíritu Santo tiene un solo propósito: rompernos y quebrantarnos.

Puesto que el propósito principal de la disciplina del Espíritu Santo es quebrantar, no tiene que ver necesariamente con ningún error de nuestra parte. El nos disciplina sin importar nuestros errores. Por supuesto, si somos desobedientes, seremos tratados; no obstante, aunque seamos obedientes, con todo, seremos tratados. Su propósito no es sólo corregirnos o hacer que seamos más obedientes, sino quebrantarnos. El propósito básico de Su disciplina es quebrantar. Cuanto más completa sea una persona, más necesita ser despedazada. Parece ser que aquellos cuyo comportamiento es muy desordenado no necesitan el quebrantamiento disciplinario; puesto que ellos ya están llenos de heridas, sólo necesitan un profundo arrepentimiento el día que son iluminados. Más bien, aquel que nunca ha hecho nada incorrecto o nunca ha caído, quien es tan completo y que se comporta tan bien, es la persona que necesita el zarandeo, los golpes, el trato y el quebrantamiento del Espíritu Santo a través del ambiente hasta que llegue a ser totalmente aplastado y terminado.

La salvación que Dios da es muy especial. Por un lado El necesita la bondad del hombre, mientras que por el otro, El la rompe. De acuerdo al punto de vista humano, esto ciertamente es contradictorio. Cuando una persona desobedece, Dios quiere que obedezca; pero cuando ella es obediente, Dios aplasta su obediencia. Si una persona no es dócil, Dios quiere que sea dócil; pero cuando llega a ser dócil, Dios aplasta su docilidad. Cuando no le amamos fervientemente, El quiere que seamos fervientes, y El nos llevará a amarle; pero cuando le amamos fervientemente, El nos rompe en pedazos. En la dirección de Dios, Su obra siempre parece tan contradictoria. Sin embargo, esta contradicción es exactamente la obra quebrantadora de la disciplina del Espíritu Santo en nosotros.

Por lo tanto, en la experiencia de esta lección debemos prestar atención especial al aspecto del quebrantamiento. Necesitamos ver que a pesar de que la disciplina del Espíritu Santo tiene el propósito doble de castigar y educar, aún así, el propósito final es el quebrantamiento. En términos sencillos: toda la disciplina del Espíritu Santo tiene como fin nuestro quebrantamiento. El nos quebranta si estamos bien o si estamos mal. Nos quebranta si somos obedientes o si somos desobedientes. Nos quebranta si somos rebeldes o si no lo somos. Delante de Dios, nuestra maldad no vale nada, y lo mismo ocurre con nuestra bondad; que estemos equivocados no significa nada, lo mismo que si estamos en lo correcto; tanto nuestras desobediencias como nuestras obediencias no significan nada; tampoco nuestras rebeliones y nuestras sumisiones tienen valor alguno. Todas éstas necesitan ser quebrantadas. La disciplina del Espíritu Santo tiene como propósito final el quebrantamiento del hombre.

III. LA POSICION DE LA DISCIPLINA DEL ESPIRITU SANTO

La posición de la disciplina del Espíritu Santo en la obra completa de Dios es primeramente exterior, no es interior. A pesar de que la disciplina del Espíritu Santo trata con cosas que hay dentro de nosotros, la disciplina misma está en nuestro ambiente exterior. El Espíritu Santo usa todo tipo de ambiente fuera de nosotros para disciplinarnos y quebrantarnos.

Segundo, la disciplina del Espíritu Santo es negativa, no

es positiva. Hemos dicho que la obra positiva de Dios por medio del Espíritu Santo es ungir, guiar, iluminar, fortalecer interiormente, etc. La Biblia habla mucho de estos aspectos, todos los cuales son gloriosos, dulces y de capital importancia a los ojos de Dios. No obstante, dentro de nosotros hay muchos elementos naturales que deben ser quitados; en consecuencia, en la obra de Dios hay una parte adicional, la cual es el trato o disciplina ambiental. Según nuestra experiencia, estos tratos y disciplinas son extremadamente vitales; sin embargo, son dolorosos y avergonzantes, y a los ojos de Dios no son de primordial importancia, así que son negativos.

Además, la obra positiva del Espíritu Santo dentro de nosotros es siempre llevada a cabo por medio del Espíritu de Dios, mientras que la disciplina negativa del Espíritu Santo en nuestro medio ambiente es efectuada por obra de Satanás. Todas las personas, cosas y sucesos usados en la disciplina del Espíritu Santo son manipulados por Satanás. Por ejemplo, si alguien se nos opone y nos causa problemas, esta oposición o problema indiscutiblemente no viene directamente de Dios, sino directamente de Satanás. Además, un ladrón que roba nuestra ropa, o un fuego que quema nuestra casa, sin duda no es enviado directamente por Dios, sino por Satanás. Si alguien es obstinado y rebelde y peca contra Dios, y como resultado cae enfermo de cuidado, esta enfermedad no es enviada directamente por Dios, sino por Satanás. Por eso, todas las personas, las cosas y los sucesos envueltos en la disciplina del Espíritu Santo son medidas para nosotros por Dios según nuestra necesidad. Pero aquel que actúa tras la gente, las cosas y los sucesos para hacernos daño, es Satanás. Por consiguiente, ésta es otra razón importante por la cual decimos que la disciplina del Espíritu Santo no es dulce.

Ya que la posición de la disciplina del Espíritu Santo es externa y negativa, no debemos considerarla más importante que la unción positiva interna del Espíritu Santo. El propósito de que nosotros experimentemos la disciplina del Espíritu Santo es que podamos experimentar la unción del Espíritu Santo. Si sólo tuviésemos la disciplina del Espíritu Santo, pero no Su unción, ésta no tendría significado.

IV. LAS CARACTERISTICAS
DE LA DISCIPLINA DEL ESPIRITU SANTO

Hay dos características de la disciplina del Espíritu Santo: una es temporal, la otra de larga duración. La disciplina temporal es sólo por un corto período de tiempo, y usualmente viene repentinamente y pasa rápidamente. Tome como ejemplo uno que es golpeado por un automóvil y gravemente herido, pero que no muere. Luego de dos semanas en el hospital él se recuperará, y la disciplina terminará. Eso es disciplina temporal.

La disciplina de larga duración es de un período de tiempo más largo, bien sea varios años, o puede requerir toda nuestra vida. Así, el dolor es grande, y el quebrantamiento es severo. Suponga, por ejemplo, que Dios le da a un hermano una esposa que le gusta pelear, o que El le da a una hermana un esposo poco razonable, causándole un sufrimiento diario, quizás difícil de sobrellevar. Puesto que, como cristianos, no se pueden divorciar, la esposa viene a ser una disciplina de toda la vida para el esposo, y de igual manera, el esposo para la esposa.

Las disciplinas de larga duración son mayormente en un ambiente en el que vivimos regularmente, tal como nuestra familia, el trabajo, la iglesia o los parientes. Entre éstos, la disciplina de la familia es la de mayor duración y es la más severa. Muchos en China dicen que una familia es un cepo*. Esto es muy significativo. La gente de este mundo toman el matrimonio como un disfrute; pero en la práctica, cuando nos casamos, recibimos un trato doloroso, y debemos prepararnos para ponernos el cepo y llevar un candado. No hay nada que ate más a la gente que la familia. Aquel que tiene una familia recibe un yugo y una disciplina de Dios. El esposo es una disciplina de toda la vida para la esposa, y la esposa para el esposo.

Los niños en la familia son también un medio de disciplina. Aquellos que no tienen niños siempre desean tener niños, pero a pesar de sus deseos, algunos permanecen sin niños. Otros, que tienen muchos niños, no quieren ni uno más, sin embargo

---

*Un collar cuadrado de madera como de 1 metro de lado, usado en países orientales para aprisionar el cuello y a veces también las manos de alguien para castigarlo.

mientras menos los desean, más tienen. Cierta hermana puede desear tener un hijo dócil como Jacob, pero desafortunadamente su niño es tan salvaje como Esaú y crea muchos problemas en la casa todos los días. Ella llega a sentir que su casa es como un horno. Los sirvientes se pueden despedir, pero los niños se tienen que conservar ya sea que a ella le guste o no. Ellos la siguen por toda la vida y sirven como una disciplina de larga duración para ella.

La iglesia es también un lugar donde el hombre es disciplinado severamente. Dios ordena que no podemos ser cristianos aislados; debemos estar en la iglesia y en el Cuerpo, sirviendo al Señor y coordinando con los hermanos y hermanas. Sin embargo, Dios también dispone que algunos hermanos y hermanas peculiares estén con nosotros. Ellos aman al Señor y están consagrados, pero tienen una disposición peculiar. Ellos siempre están en conflicto con nosotros y nos hacen sufrir. Esto también es la disciplina del Espíritu Santo a largo plazo.

A través de nuestra vida encontramos muchos casos de este tipo de disciplina. Algunos, como Pablo, viven continuamente con un aguijón en el cuerpo, que puede ser una debilidad de su cuerpo físico o alguna incapacidad. Esta es una disciplina de larga duración. La disciplina temporal dura un corto período de tiempo, así que tenemos esperanza de ser librados; pero la disciplina de larga duración requiere un período largo y no deja ni cambia su sabor; siempre permanece igual. Por lo tanto, cuando la disciplina de larga duración venga sobre nosotros, no debemos esperar que ésta pase; más bien, debemos abandonar toda esperanza y estar dispuestos a aceptarla a lo largo de nuestra vida. En realidad, la disciplina de larga duración es la más preciosa; ella sola nos puede dar un quebrantamiento largo y severo. Las buenas lecciones son aprendidas por medio de pasar por la disciplina de larga duración. Por lo tanto, debemos prestar atención no sólo a la disciplina temporal, sino, aún más, a la disciplina de larga duración.

V. EL ALCANCE DE LA DISCIPLINA DEL ESPIRITU SANTO

El alcance de la disciplina del Espíritu Santo es universal. Sus dimensiones son iguales a las del universo. Todo lo que está en el universo está incluido en este alcance. Por eso, todo lo que viene a nosotros, incluyendo personas, cosas y sucesos, grandes o pequeños, es la disciplina del Espíritu Santo. Debemos creer que nada de aquello con lo que los cristianos se topan es lo que la gente del mundo llama coincidencia o suerte, sino que es el arreglo y la disciplina del Espíritu Santo. No es que ciertos aspectos, cierto tipo de cosas, o ciertos asuntos sean la disciplina y arreglo del Espíritu Santo, y todo lo demás no lo sea. Debemos admitir que en todo nuestro vivir, todo asunto es la disciplina del Espíritu Santo. La razón por la cual usted tiene cierta oportunidad de empleo es la disciplina del Espíritu Santo. La razón por la cual usted conoce a ciertos hermanos y hermanas es también la disciplina del Espíritu Santo. Usted desearía ser saludable, pero desafortunadamente usted es débil; ésta es la disciplina del Espíritu Santo. Usted espera que su trabajo se ensanche para poder rendir un buen servicio al Señor, pero desafortunadamente usted encuentra tantos problemas que no es capaz de moverse, ésta también es la disciplina del Espíritu Santo. Que usted tenga una esposa virtuosa y prudente o que se haya casado con el esposo que usted deseaba, depende de la disciplina del Espíritu Santo. Que tenga o no la vida de hogar perfecta depende también de la disciplina del Espíritu Santo. Usted no desea tener muchos hijos, sin embargo desafortunadamente sus hijos son especialmente numerosos; ésta es la disciplina del Espíritu Santo. O usted deseaba tener hijos pero desafortunadamente usted no tiene ninguno; ésta es la disciplina del Espíritu Santo. Aun la pérdida de propiedad, la mala administración de los negocios, o la carencia en asuntos espirituales son la disciplina del Espíritu Santo. Debemos aplicar la disciplina del Espíritu Santo a todo nuestro vivir, a todo nuestro ambiente. Debemos admitir especialmente que todas aquellas circunstancias que no son ni placenteras ni agradables están dentro del rango de la disciplina del Espíritu Santo. De este modo aprenderemos la lección en una forma completa.

VI. LA ACEPTACION DE LA DISCIPLINA DEL ESPIRITU SANTO

Para aceptar la disciplina del Espíritu Santo debemos tomar nota de los siguientes puntos:

A. Reconozca que
es la disciplina

El reconocimiento precede a la aceptación. Cuando recibimos al Señor como nuestro Salvador, primero debemos reconocer que El es el Salvador. De igual manera, al aceptar la disciplina del Espíritu Santo, primero debemos reconocer que todo lo que afrontamos proviene de la disciplina del Espíritu Santo. En otras palabras, cada vez que nos encontramos con algo, debemos darnos cuenta de que esto procede del Espíritu Santo, y debemos reconocerlo como Su disciplina.

Previamente nos hemos referido a Romanos 8:28, que dice que *todas las cosas* obran para bien. Mateo 10:29-30 también dice: "No se venden dos pajarillos por un cuarto? Con todo, ni uno de ellos cae a tierra sin vuestro Padre. Pues aun vuestros cabellos están todos contados". Estos pasajes muestran que todas las cosas que vienen a nosotros, aun un asunto trivial como la caída del pelo, han sido permitidos y medidos por Dios para que obren en nuestro beneficio espiritual. En consecuencia, con respecto a todas las cosas, debemos admitir que son la disciplina del Espíritu Santo.

B. Encuentre el propósito

Puesto que reconocemos que cualquier cosa que venga a nosotros es la disciplina del Espíritu Santo, debemos descubrir cuál es el propósito de la disciplina. Por ejemplo, alguien que haya sido golpeado por un automóvil no puede pensar ingenuamente que puesto que esta es la disciplina del Espíritu Santo, es suficiente alabar al Señor; si tal es el caso, él no puede cosechar el beneficio. El debe preguntarse: ¿Por qué fui golpeado por el automóvil? ¿Cuál es el propósito del Espíritu Santo al darme tal disciplina? ¿Es esto para castigarme, educarme o quebrantarme? El debe tener un corazón anhelante y un espíritu de oración; él debe permanecer callado delante del Señor buscándole hasta que sepa con certeza que es un problema o una necesidad en particular lo que causa que sea disciplinado por el Espíritu Santo. De esta manera él puede aprender la lección espiritual y obtener un beneficio práctico.

C. Confiese en cuanto al punto específico por el cual es tratado

Una vez que nos cercioramos de que el propósito de la disciplina del Espíritu Santo al tratar con nosotros tiene que ver con un problema, debemos confesarlo de una manera seria delante del Señor. Si no hubiese sido por ese problema y dificultad no habríamos tenido necesidad de la disciplina del Espíritu Santo. Ya que el Espíritu Santo arregla el ambiente para disciplinarnos con respecto a un punto específico, debemos darnos cuenta de que es en tal punto específico que tenemos un problema delante de Dios, ya sea que seamos obstinados u orgullosos, testarudos o desobedientes, no dispuestos a pagar el precio, o no dispuestos a negar el yo; es una cosa u otra la cual debe ser quitada o quebrantada, tratada o derribada. De cualquier manera existe un problema. Debemos recordar que la disciplina del Espíritu Santo nunca hace que suframos sin razón; más bien, se debe siempre a que hay áreas dentro de nosotros que necesitan ser tratadas. El Espíritu Santo ya nos ha ungido muchas veces quizás, sin embargo, seguimos desobedeciendo; por lo tanto, El ha dispuesto tal disciplina para ayudar Su unción interna. En consecuencia, una vez que descubrimos el propósito de la disciplina del Espíritu Santo, debemos tener una confesión cabal con relación al punto en cuestión.

D. Sométase

Después de que confesamos nuestros pecados, debemos someternos mediante el Espíritu Santo. Esta sumisión implica aceptación. Después de que vemos que el propósito de esta disciplina es tratar con un punto específico, debemos someternos en ese punto particular. Sólo entonces podemos aceptar la disciplina del Espíritu Santo.

E. Adore

Después de que aceptamos la disciplina del Espíritu Santo, debemos adorar a Dios. La adoración es la forma más alta de gratitud. Debemos adorar a Dios por Su obra en nosotros y la forma en que trata con nosotros. Por Su trato con nosotros, por Su deseo en nuestra vida y por quebrantarnos en tal manera, debemos no sólo dar gracias delante de El, sino también adorarle.

El cuadro más claro en la Biblia de un hombre que adora a Dios se ve en Jacob. Cuando estaba muriendo, él adoró a Dios apoyado en su bastón. Ese bastón, el cual él llevó consigo a través de toda su vida, muestra por un lado la experiencia completa de su vida, y por otro, su vida como un peregrino. Ponemos más énfasis en el aspecto de la experiencia de toda su vida, porque ésta incluye su vida como peregrino. Por lo tanto, que Jacob adorara a Dios apoyado en su bastón, significa que él adoró a Dios en conformidad con su experiencia. Cuando una persona tiene la experiencia de ser dirigida por Dios, entonces puede rendir adoración delante de El. Sin embargo, si alguien nunca ha tenido la experiencia de ser tratado por Dios, le es difícil rendir adoración delante de Dios. Toda adoración del hombre a Dios está basada en la experiencia del hombre delante de Dios. En consecuencia, después de haber sido disciplinados delante de Dios necesitamos tener una adoración muy clara, segura y solemne. En este momento, estamos realmente aceptando la disciplina de Dios en una manera firme.

Algunas veces parece que hemos aceptado la disciplina delante de Dios, sin embargo, ni hemos confesado cabalmente ante El, ni hemos aceptado la disciplina de Dios, ni lo hemos adorado solemnemente. Tal parece que hemos aceptado la disciplina pero no la hemos aceptado cabalmente; por esto la aceptación no es sólida. Que en lo sucesivo, cuando aceptemos la disciplina del Espíritu Santo, podamos descubrir el propósito, reconocer nuestras flaquezas y debilidades, someternos desde lo más profundo y finalmente adorar a Dios. En esta forma nuestra aceptación será muy firme.

VII. LA APLICACION
DE LA DISCIPLINA DEL ESPIRITU SANTO

Aplicación significa aceptación continua. Si la naturaleza de la disciplina es temporal, ésta termina después de que la hemos aceptado. Sin embargo, si la naturaleza de la disciplina es de una duración extensa y larga, necesitamos no sólo aceptarla, sino saber cómo aplicarla.

Tome por ejemplo el caso dado anteriormente con respecto al accidente automovilístico. Aquella fue una disciplina temporal. Mientras el hermano que fue golpeado estuvo en la cama del hospital, él se dio cuenta de la causa de ser disciplinado y se sometió. Poco después fue sanado y de esta manera la disciplina terminó. No obstante, cuando Dios prepara una esposa, un esposo o un colaborador para nosotros, uno que esté diariamente a nuestro lado, esta clase de disciplina la debemos no meramente aceptar una vez, sino que debemos aplicarla continuamente. Aplicar la disciplina quiere decir que nosotros cooperamos con el Espíritu Santo y le ayudamos a que nos discipline y nos trate. Cuando los niños pequeños toman medicinas, algunas veces necesitan que un adulto les tape la nariz forzándolos, para que de esta manera la medicina pase por su garganta. Esto no es necesario cuando los adultos toman medicina. A pesar de que la medicina es amarga, ellos se la toman solos. Por esto, para aplicar la disciplina del Espíritu Santo, no debemos ser como niños pequeños al tomar medicinas, que tienen que ser forzados por Dios para que la acepten, en vez de eso, debemos aplicarla voluntariamente y de buena gana.

Debemos creer que todas las circunstancias que se nos plantean no son sólo un arreglo temporal o accidental del Espíritu Santo, sino que han sido dispuestas de antemano por el Espíritu Santo en el plan eterno de Dios. Antes de que fuésemos salvos y aun antes de que naciéramos, Dios había dispuesto de antemano nuestros padres, cónyuge, hijos, iglesia o colaboradores. En todo el universo, Dios ha ejercido Su sabiduría grandemente al ocuparse de todas estas medidas disciplinarias maravillosas para poder tratar con nosotros. Por lo tanto, nunca debemos desear que Dios cambie a la parte contraria o el ambiente. Debemos continuar aceptando y aplicando Su disciplina hasta que seamos derribados y quebrantados.

VIII. LA EXAMINACION DEL RESULTADO

Cuando aceptamos la disciplina del Espíritu Santo, necesitamos echar una mirada atrás después de un cierto período de tiempo y examinar qué resultado hemos obtenido de esta disciplina. Algunas personas han sido disciplinadas continuamente, sin embargo, no hay resultado alguno. Cierto hermano pudo haber pasado a través de diez o veinte años de disciplina y haber experimentado todo tipo de problemas, tales como estar sin trabajo, atravesar pobreza, enfermedades, angustias y otras amarguras de la vida; sin embargo en él no hay evidencia de ninguna grieta, herida o quebrantamiento. El es como una concha irrompible de hierro. No importa cuántos tratos él haya atravesado, permanece sellado e intacto, sin ningún resultado de la disciplina. ¡Esto es ciertamente lamentable!

No piense que nosotros no tenemos heridas porque no ha habido ninguna disciplina. Realmente, a ninguno de nosotros se nos deja sin disciplina. Nuestro Dios nunca ha errado, Su mano puede ser vista en todo lo que emprendemos. Como regla general cada uno de nosotros debe ser quebrantado y mostrar el resultado de haber sido disciplinado. Cuanto más tiempo un hermano ha estado en la iglesia, más quebrantamiento debe de tener. Ser quebrantado es ser derribado. Por medio del quebrantamiento nuestra constitución natural llega a su fin. Sin embargo, si pasamos por la disciplina y no hemos sido quebrantados, ni mostramos evidencia de haber sido golpeados o derribados, esto prueba nuestra falta de aceptación de la disciplina del Espíritu Santo y especialmente nuestra falta de aplicar esta disciplina. Si tal es el caso, simplemente hemos puesto todo en manos del destino, permitiendo que las circunstancias pasen de largo sin ningún sentido mientras el tiempo pasa.

Por esto, cada uno de nosotros debe mirar siempre atrás y examinar el resultado obtenido de la disciplina. El resultado mostrará si nuestra condición espiritual es rica o pobre. Cuanto más aceptemos la disciplina del Espíritu Santo, mayor será el resultado y más rica será nuestra condición espiritual. Sin embargo, si aceptamos poca disciplina, el resultado correspondiente será pequeño y la condición espiritual pobre.

IX. LA PRUEBA
DE LA DISCIPLINA DEL ESPIRITU SANTO

La disciplina del Espíritu Santo no sólo es dada para tratar con nosotros o quebrantarnos, sino también para probarnos.

Algunas personas han estado en aflicciones dolorosas, pero después de un período de tiempo sus sufrimientos pasan y sus vidas se vuelven cómodas. No se les critica sino que se les alaba; no se les oprime, sino que se les exalta; todo les sale bien. Tal ambiente próspero prueba dónde estamos en el camino.

Por lo tanto la disciplina del Espíritu Santo consta no sólo de las pruebas de los sufrimientos, sino también de las pruebas de la prosperidad. Algunos hermanos y hermanas pueden soportar las aflicciones de la pobreza, pero no pueden pasar la prueba de ser ricos. Algunos pueden soportar la crítica y el ataque, pero no pueden pasar la prueba de ser alabados y exaltados. Algunos, que nunca han sido expuestos a las riquezas aseguran que ellos no aman el dinero. Esto no es confiable. No es sino hasta que el oro y la plata están al alcance de ellos que será probado si ellos realmente aman el dinero o no. Algunos dicen que ellos amarán a sus esposas, pero esto lo dicen porque no la tienen; una vez que ellos tienen una esposa a la cual amar, será probado si ellos la aman o no. Para exponer nuestra condición interior necesitamos que el Espíritu Santo no sólo use un ambiente doloroso de aflicciones, sino que también necesitamos que el Espíritu Santo nos ponga en un ambiente favorable para probarnos. Por eso, la disciplina del Espíritu Santo obra por medio de las aflicciones y de las pruebas simultáneamente. Pero normalmente la disciplina del Espíritu Santo que viene por medio de las aflicciones es siempre más frecuente que las pruebas que vienen a través de la prosperidad.

X. PALABRA DE CONCLUSION

La disciplina del Espíritu Santo es una lección importante para los santos. Hay muchas lecciones positivas para los santos, pero ésta es la única que es negativa. A pesar de que hay otras lecciones de tratos que tienen que ver con aspectos negativos, aún así, todos ellos requieren la coordinación de la disciplina del Espíritu Santo. En la Biblia, los antepasados y todos los vencedores en el camino de la vida, según se narra en la historia de la iglesia, han tenido experiencias ricas y definidas en este respecto. A pesar de que ellos no utilizaron necesariamente la expresión "la disciplina del Espíritu Santo", con todo, es sumamente evidente que ellos experimentaron circunstancias diversas que les confrontaban con aflicciones y pruebas. El apóstol Pablo, en Filipenses capítulo 4, nos dice que él sabía vivir humildemente y tener abundancia; esto se debe a que había aprendido las lecciones de la disciplina del Espíritu Santo en medio de todas las circunstancias. Mucho más nosotros, quienes buscamos el crecimiento en vida, debemos prestar plena atención a esta lección, no sólo para conocer plenamente estos puntos, sino para aceptar cabalmente los tratos. Entonces permitiremos que la mano del Alfarero nos moldee y nos forme a nosotros, los pedazos de barro, para que lleguemos a ser vasos apropiados, llenos de la gloriosa imagen de Su Hijo.

Capitulo trece

TRATAR CON EL ESPIRITU

Ahora que hemos visto la disciplina del Espíritu Santo, estudiaremos el trato con el espíritu. Juntamos estas dos lecciones porque están estrechamente relacionadas en nuestra experiencia espiritual. Muchas veces nuestro espíritu no es recto ni está correcto porque no hemos recibido la disciplina del Espíritu Santo. Por lo tanto, la disciplina del Espíritu Santo usualmente revela la condición de nuestro espíritu. Además, únicamente cuando hemos tratado adecuadamente con nuestro espíritu, podamos aceptar desde lo más profundo de nuestro ser el trato del Espíritu Santo.

I. BASE BIBLICA

Salmos 51:10: "...renueva un espíritu *recto* dentro de mí". Un espíritu recto no es lo que originalmente tenemos, sino usualmente el resultado de la visitación de Dios y de Su trato con nosotros.

2 Timoteo 1:7: "Nos ha dado Dios espíritu ... de *poder*, de *amor* y de *cordura*". Este tipo de espíritu que es poderoso, amoroso y que posee dominio propio, es dado por Dios.

Gálatas 6:1: "Con espíritu de *mansedumbre*". El espíritu de mansedumbre que puede restaurar a aquellos que están enredados en una falta, y que tiene el hombre espiritual, debe ser el resultado de que el hombre haya sido tratado por Dios.

1 Pedro 3:4: "...el incorruptible ornato de un *espíritu afable* y *apacible*". Esta clase de espíritu no sólo es afable, sino también apacible y es, por lo tanto, un ornato valioso a la vista de Dios. Esto también debe ser el resultado del hombre que ha sido tratado por Dios.

Proverbios 16:19: "Mejor es *humillar* el espíritu". Un

espíritu humillado, un espíritu que no es altivo, se obtiene a través de haber sido afligidos y tratados.

Mateo 5:3: "...*pobres* en espíritu". Esto quiere decir que no hay satisfacción propia ni justicia propia en el espíritu. Esta clase de espíritu se obtiene por haber pasado por el azote severo y la disciplina.

2 Corintios 7:1: "*Limpiémonos* de toda contaminación ... de espíritu". Este versículo habla de tratar con el espíritu y de quitar de allí toda contaminación para que podamos tener un espíritu limpio.

II. LA DEFINICION DEL ESPIRITU

Si deseamos tratar con el espíritu, debemos tener claridad en cuanto a lo que es el espíritu. El hombre es tripartito: cuerpo, alma y espíritu. La parte más profunda y a la vez la más elevada es el espíritu. Además, debemos señalar especialmente que el espíritu es la parte más genuina del hombre. Podemos decir que el espíritu es lo genuino del hombre, el hombre genuino.

El espíritu es más profundo que el corazón. Por lo tanto, el espíritu es más genuino que el corazón. Nuestro vivir y actuar debe estar de acuerdo con nuestro espíritu para que logremos ser genuinos. Sólo cuando hablamos desde nuestro espíritu, hablamos genuinamente. Unicamente cuando tratamos con otros en nuestro espíritu, tratamos con ellos genuinamente. Aun nuestras actividades espirituales, como por ejemplo orar, tener comunión con otros y predicar, deben realizarse en nuestro espíritu para que sean genuinas. Cualquier actividad sin el ejercicio de nuestro espíritu es externa, superficial y falsa. Cualquier actividad que no se origine en la parte más profunda no es genuina. Esto no es un fingimiento intencional, sino el uso del órgano inadecuado. Por lo tanto, debemos aprender a ejercitar nuestro espíritu y ser personas genuinas en el espíritu.

Generalmente un hombre es más genuino cuando se enoja, porque en ese momento su espíritu es liberado. Cuando un hombre no está enojado, siempre sigue ciertas reglas o éticas objetivas, escondiendo dentro de sí su condición verdadera. Pero cuando se enoja extremadamente, hasta el punto de que ni siquiera puede tolerar su enojo ni esconderlo más, estalla por encima de todo. Lo que él siente interiormente lo habla exteriormente y el enojo que siente por dentro, lo expresa por fuera, sus ademanes externos revelan su verdadera condición interna. En ese momento su espíritu, que es lo genuino, se manifiesta. Por lo tanto, alguien que es refinado en su apariencia y que pocas veces se enoja es usualmente un hombre falso, mientras uno que frecuentemente se enoja es genuino. Su autenticidad descansa en el hecho de que su espíritu se está liberando. En conclusión, la parte más profunda y genuina del hombre es el espíritu, y el espíritu es lo genuino del hombre.

III. EL SIGNIFICADO DE TRATAR CON EL ESPIRITU

Debemos aprender la lección tocante al espíritu en dos aspectos: uno de ellos es dejar que el espíritu brote, y el otro es dejar que el espíritu brote en una forma limpia.

El propósito de las lecciones previas al tratar con la carne, el yo y la constitución natural es dejar que el espíritu brote. El resultado de estos tratos es que el espíritu puede ser liberado.

En el arreglo original de Dios para el hombre, El puso el espíritu del hombre por encima de su alma y de su cuerpo para que el hombre pudiera vivir por el espíritu, por un lado, ejercitando su espíritu para tocar a Dios y ser regido por El, y por otro, ejercitando el espíritu para controlar todo su ser. Pero después de la caída, el cuerpo y el alma usurparon la posición del espíritu para que ese hombre ya no viviera por el espíritu, sino por la carne y el alma. De ahí en adelante, el espíritu del hombre gradualmente se fue marchitando y se aproximó a la muerte. Por lo tanto, todos aquellos que no han experimentado la salvación, viven en la carne y en el alma. El espíritu dentro de ellos parece existir, sin embargo, casi no tiene ninguna función. Además, el cuerpo del hombre ha venido a ser la carne por causa del pecado, mientras que el alma ha venido a ser el "yo" por causa de su propia opinión, y se ha vuelto natural por causa de su habilidad natural. La carne, la opinión propia y la constitución natural encierran firme y herméticamente al espíritu. Cuando Dios salva al hombre, Su Espíritu entra al espíritu del hombre para que éste sea avivado y fortalecido, y le capacita para que pueda vivir otra vez por el espíritu. No obstante, el espíritu del hombre está sitiado por la carne, la opinión propia y la constitución natural, además del hecho de que el hombre está acostumbrado a vivir por estas cosas; por lo tanto Dios requiere que el hombre, a través del efecto mortal de la cruz del Señor, las haga morir a todas, tratando con ellas y quebrantándolas para que haya alguna hendidura por la cual el espíritu tenga salida. Cuando el espíritu del hombre brota, también brota el Espíritu de Dios. Por lo tanto, el hombre puede vivir por el espíritu, dirigiendo su alma, controlando su cuerpo, siendo un hombre genuino, viviendo y actuando, adorando y sirviendo a Dios por el espíritu. Por lo tanto, el trato con la carne, con el yo y con la constitución natural, que se mencionaron previamente, tienen como fin el quebrantamiento del alma y de la carne del hombre para hacer que el espíritu brote. Este es el primer aspecto de la lección que debemos aprender con relación al trato con el espíritu.

No es suficiente, sin embargo, que nosotros simplemente experimentemos el quebrantamiento de los contornos que rodean al espíritu para que éste pueda ser liberado; porque cuando es liberado, el hecho de que esté o no en una condición apropiada, recta, pura y sin mezcla, es otro aspecto del problema. Nuestra experiencia prueba que algunos hermanos o hermanas son verdaderamente muy fieles en negar el yo y en tratar con la constitución natural para que su espíritu pueda ser liberado. Sin embargo, cuando su espíritu brota, trae consigo ciertas condiciones impropias, como por ejemplo el ser rudo, arrogante, torcido o injusto. Esto prueba que en su espíritu hay mucha mezcla que desagrada a Dios.

Por ejemplo, nosotros hemos dicho que cuando un hombre se enoja, su espíritu se asoma fácilmente. Pero el espíritu que es liberado en ese instante es indudablemente cruel, lleno de odio y rudo. Esa es una condición impropia del espíritu. Como otro ejemplo, considere a un hermano que va a cierto sitio a predicar. El sabe por experiencia que él no puede depender de su hombre exterior, sino que debe permitir que su espíritu sea liberado; por lo tanto, niega su yo y rechaza su constitución natural. Como resultado, tanto su espíritu como el Espíritu

Santo en su espíritu son realmente liberados de manera que muchas personas son conmovidas. No obstante, mientras él está hablando, hay un deseo de exhibirse y de obtener alabanzas de hombre, así como un deseo de competir con otros y sobrepasarlos. Esta condición impropia de vanagloria es manifestada juntamente con la liberación de su espíritu. Sin duda alguna, su espíritu es liberado en tal ocasión, pero la condición de dicha liberación no es ni correcta ni pura.

Hablando con propiedad, dentro de nuestro espíritu hay muchos elementos impuros, tales como arrogancia, vanagloria, perversidad, falsedad, astucia, sutileza, rebelión y obstinación. La condición es complicada y delicada, más allá de lo que uno se imagina. Por lo tanto, es un problema que nuestro espíritu sea liberado o no, pero el problema es aún mayor si nuestro espíritu no está limpio cuando es liberado. En relación con nuestro espíritu, no solamente debemos dejar que sea liberado sin impedimento, sino que también debemos tratar de que esté limpio, puro y propio cuando sea liberado. Este es el segundo aspecto de la lección que debemos aprender en relación con el espíritu, la lección que llamamos tratar con el espíritu. En conclusión, en relación con el espíritu, necesitamos, por un lado, ser quebrantados para poder liberar el espíritu y por otro, ser tratados de tal manera que el espíritu sea limpio; esto último es lo que llamamos tratar con el espíritu.

IV. EL ESPIRITU MISMO NO ESTA CONTAMINADO

A pesar de que hemos dicho que el espíritu debe ser limpio, queremos aclarar que el espíritu en sí no está sucio en realidad. De hecho, 2 Corintios 7:1 dice: "Limpiémonos de toda contaminación de ... espíritu", pero esta contaminación no es del espíritu mismo, sino que es una contaminación del alma y del cuerpo.

Nuestro entendimiento con relación a esto se basa en el proceso de la caída humana que narra la Biblia. En Génesis 3 vemos que en la caída, el hombre aceptó la sugerencia de Satanás primero en su alma; por lo tanto el alma del hombre fue corrompida y ensuciada. Además de esto, con su cuerpo el hombre comió del árbol de la ciencia del bien y del mal; por lo tanto el cuerpo del hombre fue contaminado con la mezcla del elemento de Satanás. Hasta entonces el espíritu del hombre no estaba involucrado. El espíritu no participó en el primer pecado del hombre. Por lo tanto, después de la caída humana, a pesar de que el espíritu del hombre fue amortecido por la influencia contaminante del alma y del cuerpo, aún así, no había mezcla del elemento de Satanás con el espíritu. Por eso, el espíritu mismo no está contaminado.

Por ejemplo, nuestra conciencia a veces es contaminada y produce sentimientos de culpa; pero aun así, la conciencia en sí no tiene problemas. Este hecho es válido aun hoy y es probado por las personas no salvas, quienes permanecen del lado de Dios cuando sus espíritus son revivivos o cuando sus conciencias son conmovidas. Ellos son capaces de diferenciar entre lo bueno y lo malo y, por medio de la comunión en su espíritu, tienen el concepto de adorar a Dios. Hasta el ateo más recalcitrante que niega la existencia de Dios todavía tiene dentro de él un profundo sentido de Dios. Estas funciones que le quedan al espíritu prueban que el espíritu mismo está limpio.

V. EL TRAYECTO QUE RECORRE EL ESPIRITU ESTA SUCIO

Si el espíritu mismo no está sucio, ¿por qué algunas veces se manifiesta de una forma inapropiada e impura? Porque el espíritu, para manifestarse debe pasar a través de muchas de nuestras partes internas. Dentro de las partes internas hay suciedad, así es que cuando el espíritu pasa a través de ellas se contamina y así la suciedad también se manifiesta. Por lo tanto, cuando el espíritu es liberado y manifestado, exhibe cierta condición contaminada e impropia.

Por ejemplo, las aguas termales muchas veces tienen un olor a azufre. En realidad, el agua misma es limpia y no tiene olor, pero cuando pasa por un depósito de azufre, trae consigo el elemento sulfúrico. Debido a que hay azufre en el agua, ésta se convierte en agua sulfurosa y cuando fluye lleva consigo el olor del azufre.

Igualmente el espíritu es nuestra parte más interna; es puro y no está contaminado. Sin embargo, alrededor del espíritu está el alma y el cuerpo, y ambos han sido mezclados con los elementos malignos de Satanás y, por lo tanto, están sucios y son corruptos. Así que, cuando el espíritu brota y pasa a través del alma y del cuerpo, se contamina con la suciedad y corrupción que allí hay. Por eso, cuando se manifiesta, el espíritu lleva cierta suciedad, corrupción, impureza, cosas impropias, y varias otras cosas indeseables. Si una persona es orgullosa en su alma, el espíritu también se manifiesta con orgullo; si una persona es iracunda en la carne, su espíritu también revela la ira. Muchas veces nos enfrentamos con un espíritu ansioso, un espíritu celoso, un espíritu perverso o un espíritu rudo, ninguno de los cuales es problema del espíritu mismo, sino la influencia corrupta de los elementos indeseables del alma y del cuerpo sobre el espíritu al pasar éste a través de ellos. Podemos diferenciar la clase de contaminación según la clase de espíritu; la clase de espíritu revela la clase de hombre.

¡Que el espíritu del hombre lleve esta suciedad del alma y del cuerpo es de cierto una cosa temible! Parece que cuando el espíritu está inerte, la suciedad del alma y del cuerpo no es tan crítica, pero cuando el espíritu es activado y liberado, entonces toda la suciedad del alma y del cuerpo salen a la superficie. Esto es muy serio. Podemos comparar esto con la dinamita, que, cuando se mantiene almacenada no es peligrosa. Pero cuando se enciende fuego en el almacén y causa una explosión, la condición es seria. El fuego en sí no es explosivo, pero cuando pasa a través de la dinamita, los dos explotan juntos. Igualmente si una persona odia a otros en el alma, no es tan serio; pero si su espíritu es liberado mientras él está odiando a otros, lleva consigo el odio del alma y así se convierte en espíritu de odio. Esto es muy grave.

Por lo tanto, no es suficiente que aprendamos a liberar el espíritu; debemos tratar completamente con todas las mezclas de nuestro espíritu, de manera que cuando el espíritu sea liberado, no sea peligroso ni cause problemas a otros.

VI. EL ALCANCE DEL TRAYECTO QUE RECORRE EL ESPIRITU

El trayecto que recorre el espíritu puede simplificarse en el alma y el cuerpo, pero cuando se estudia minuciosamente puede ser dividido en el propósito del corazón, el motivo, la finalidad, la intención, la disposición del corazón, la voluntad, y la carne, etc. El propósito del corazón tiene algo que ver con el corazón mismo, mientras que el motivo y la intención, etc., pueden estar o en el corazón o en el alma. La carne tiene que ver con el cuerpo físico.

Puesto que todas las partes de este trayecto que recorre el espíritu rodean nuestro espíritu, naturalmente afectan al espíritu, el cual tiene que pasar por ahí para poder ser liberado, y el cual a su vez saca a la superficie los elementos y las condiciones de dicho trayecto. Por eso, la condición del espíritu refleja la condición de todas las partes de este trayecto. Si nuestro motivo no es puro, el espíritu tampoco lo es cuando es liberado; cuando nuestra intención no es limpia, tampoco lo es el espíritu cuando sale.

Podemos ver esto con mayor claridad por el ejemplo que hemos usado en cuanto a la predicación, cuando ésta es usada para exaltarse uno mismo y para competir. Cuando el hermano está predicando, su espíritu es liberado, pero con un aire de ostentación y competencia. Esto se debe a los elementos de exhibición y competencia que hay en el propósito de su corazón y en sus motivos. Cuando el propósito del corazón es la gloria propia, el resultado es un espíritu vanaglorioso y jactancioso. Sus motivos competitivos, además, hacen que otros detecten un espíritu de competencia y lucha.

Por lo tanto, el espíritu del hombre es de cierto la parte más genuina de él. No importa cuál sea la condición del hombre, ésta es manifestada cuando su espíritu se expresa. Cuando nos ponemos en contacto con otros o cuando ayudamos a otros en asuntos espirituales, debemos tocar sus espíritus y saber cuáles son sus intenciones y motivos, etc. Así, entenderemos la verdadera condición del hombre en lo profundo de él.

Por ejemplo, un hermano va a ver a los ancianos y les dice: "El hermano fulano y yo hicimos un negocio y él me engañó. No vengo a acusarlo, sino simplemente a tener comunión con ustedes, los hermanos responsables". Aunque él declare que no ha venido para acusar a su hermano, su espíritu muestra otra cosa. Su motivo e intención en la comunión es acusar a su hermano. Una vez que tocamos su espíritu, sus motivos e intenciones no pueden evitar ser discernidos.

El propósito del corazón y el motivo del espíritu del hombre es como el acento de una persona, son muy difíciles de esconder. Por ejemplo, suponga que un sureño insiste en que él es del norte. Si se mantiene callado puede ser que pase, pero cuanto más discuta, más se revelará en su acento que es del sur. El día que Pedro estaba en la corte del sumo sacerdote, cuanto más se defendía diciendo que él no era uno de los nazarenos, más lo delataba su acento galileo (Mt. 26:69-73). Igualmente alguien puede decir que es humilde, pero su espíritu delata su orgullo. Alguien puede declarar que es absolutamente honesto, pero por su espíritu detectamos su perversidad. Otro tal vez diga que estaría deseoso de ayudar si tuviera la oportunidad; pero usted puede detectar la mala voluntad que hay en su espíritu. Aún otro quizá diga que realmente quiere obedecer, pero que por cierta dificultad no lo puede hacer; por su espíritu podemos discernir que desde el mismo principio nunca ha deseado obedecer. La condición del espíritu del hombre es mucho más complicada que la expresión externa. Por lo tanto, debemos juzgar de acuerdo al espíritu del hombre, no de acuerdo a sus palabras.

Todos los hermanos y hermanas que desean servir al Señor en la iglesia deben aprender esta lección en particular. Si sólo observamos la actitud externa del hombre y oímos sus palabras, podemos ser engañados fácilmente. Desde luego, si aprendemos a tocar su espíritu, el propósito de su corazón, sus motivos, su meta y su intención, no pueden escapar de nuestra observación. Debido a que éstas son las partes del trayecto que recorre el espíritu y a que el espíritu lleva consigo estas condiciones cuando se está liberando, su condición refleja esas mismas condiciones. No hay excepción para esto.

VII. TRATAR CON EL ESPIRITU ES TRATAR CON EL TRAYECTO QUE RECORRE

Debido a que la contaminación del espíritu se debe a todo aquello por lo que el espíritu tiene que pasar (que incluye las intenciones del corazón, los motivos, las metas, los deseos, etc.), entonces tratar con el espíritu no es tratar con el espíritu en sí, sino con todo aquello que el espíritu ha tenido que pasar, es decir, las intenciones del corazón, los motivos, las metas,

nuestros deseos, etc. Cuando estamos prestos a actuar o
a hablar, no sólo necesitamos preguntarnos si lo que vamos a
hacer es correcto o incorrecto, bueno o malo, sino que también
necesitamos discernir si nuestra intención es limpia, nuestros
motivos puros y nuestro propósito es exclusivamente para
Dios. ¿Hay alguna intención egoísta detrás de nuestra acción?
¿Hay alguna inclinación egoísta? Esta clase de trato es el trato
con el espíritu.

Por ejemplo, supongamos que hay cierto hermano que
tiene una controversia con usted, lo cual hace que usted esté
muy molesto y disgustado. Cuando usted lo menciona a otros,
a pesar de que exteriormente hable suavemente como si no
tuviese ninguna importancia, sus palabras hacen que otros
perciban un espíritu de condenación y de ira. Un día, quizás
durante una reunión o mientras ora, usted reciba misericordia del Señor y se dé cuenta de que puesto que el Señor le ha
perdonado a usted, usted está obligado a perdonar a su hermano. En ese momento, desde lo más profundo de su ser, usted
empieza a confesar el resentimiento que abrigaba en su corazón
y sus motivos. Luego, cuando usted menciona este hermano a
otros, a pesar de que usted mencione el incidente que tuvo con
él, su espíritu no se turba y se siente bien. En ese momento,
su espíritu no sólo se manifiesta, sino que se manifiesta limpio
sin ninguna motivación impura.

En la iglesia, aquellos que realmente son un suministro
para otros y edifican a los hermanos y hermanas son aquellos
que tienen un espíritu limpio que ha sido tratado en esta
forma. Si nuestro espíritu nunca ha sido tratado, aun cuando
alabamos a otros causamos un sentir incómodo en los demás.
Esto se debe a que nuestro espíritu no está limpio. Puede ser
que en nuestra alabanza haya un propósito de ensalzamiento
o la intención de ser recompensado por otros. Por el contrario,
uno que tenga un espíritu que haya sido tratado puede quizás
reprender a otros con firmeza y franqueza causando que
aquellos que son reprendidos se sientan turbados en su alma;
pero en su espíritu ellos recibirán el suministro de vida y la
iluminación y podrán así sentirse refrescados y satisfechos.
Esto se debe a que su espíritu es limpio y puro y no tiene otro
motivo.

Por esta razón necesitamos que no sólo la carne, el yo y la constitución natural de nosotros sean quebrantados de manera que el espíritu pueda manifestarse, sino que también debemos dar un paso adicional y tratar con todos los propósitos negativos del corazón, las intenciones indeseables, las inclinaciones impuras, los deseos impropios y las emociones mezcladas hasta el final, no sólo para que el espíritu tenga salida, sino para que pueda salir en una manera correcta, limpia y pura. Por lo tanto, necesitamos estos dos pasos en el trato. El primer paso es el trato del quebrantamiento a fin de liberar el espíritu; el segundo paso es tratar con todos los elementos que hay en el trayecto del espíritu, de manera que el espíritu pueda salir en una forma limpia. Tratar así con todos los elementos es tratar con el trayecto del espíritu y también con el espíritu mismo.

Debido a que nuestro espíritu, para manifestarse, tiene que atravesar todas las partes de nuestro ser, tenemos que tratar con la condición de cada una de ellas a medida que ellas afecten nuestro espíritu. Esta obra es más profunda y más fina que los varios tratos mencionados anteriormente. Si comparamos el trato con el pecado y el trato con el mundo con nuestro lavado de ropa, el trato con la conciencia con bañarnos, el trato con la carne con afeitarnos, el trato con el yo con quitarnos la piel, y el trato con nuestra constitución natural con cortarnos, entonces tratar con el espíritu se puede comparar con quitar todas nuestras células sanguíneas para examinarlas y limpiar cada una de ellas. Empezando con la confesión de nuestros pecados, cada paso de esta obra viene a ser más profundo y más fino a medida que continúa. Cuando llegamos al trato con nuestra constitución natural, todo nuestro ser está afectado tanto por dentro y por fuera. La única parte que queda es la mixtura que brota de nuestro espíritu. Cuando hemos tratado con el espíritu y ha sido limpiado de toda mixtura de manera que el espíritu no sólo brota, sino que brota limpio, puro y con una actitud correcta, entonces todo nuestro ser es completa y minuciosamente tratado. Desde luego, después de esto, obtenemos el ser llenos del Espíritu. Cuando hayamos tratado con todos los elementos de nuestra vieja creación, entonces el Espíritu Santo podrá poseer y llenar todo nuestro ser.

VIII. LA DIFERENCIA ENTRE
TRATAR CON NUESTRO ESPIRITU
Y TRATAR CON NUESTRA CONCIENCIA

El trato con la conciencia y con el espíritu son tratos muy delicados dentro de nosotros y aparentemente son difíciles de distinguir. Sin embargo, cuando los comparamos cuidadosamente, nos damos cuenta de que el objetivo del trato con cada uno de ellos difiere. El trato con el espíritu pone énfasis en el trato con las intenciones impuras, los motivos y otras impurezas que hay dentro de nosotros; mientras que el trato con la conciencia recalca el trato con los sentimientos de la conciencia hacia todas las contaminaciones.

Por ejemplo, considere a una hermana que relata a otros cierto asunto. Mientras ella habla, hay un mal motivo escondido en ella. Después su conciencia la condena, causándole el sentir de que no fue correcto haber hablado con un mal motivo. Ella lo confiesa delante de Dios y trata con este motivo delante de otros. En ese momento, ella ha tratado con el asunto de haber hablado a otros con un mal motivo y tiene paz en su conciencia. Ella no ha tratado aún con el mal motivo en sí. Por tanto, ese elemento, esa impureza, todavía permanece dentro de ella, aunque no se manifestará mientras ella permanezca callada y no libere su espíritu. Sin embargo, tan pronto como ella mencione el mismo asunto con su espíritu liberado tal motivo en particular, tal contaminación, automáticamente se manifestará. Más adelante cuando ella es alumbrada y ve cuál es la base de su motivo y que no debe permanecer allí, trata con ese mal motivo por medio del poder del Espíritu Santo. En este momento ella no sólo ha tratado con su comportamiento exterior impropio, sino también con la contaminación misma dentro de ella. Al tratar con el comportamiento exterior en lo que se refiere al comportamiento mismo, ella trata con el pecado; en cuanto al sentir de la conciencia con respecto al comportamiento, está tratando con la conciencia; mientras que el trato con la contaminación interna es el trato con el espíritu.

Considere otro ejemplo. Un hermano está muy disgustado con otro y tiene muchos sentimientos de crítica y queja. A pesar de que esos sentimientos no han sido expresados, en su conciencia se da cuenta de que esto no está correcto; por lo tanto, él confiesa esto como pecado delante de Dios. Este es su trato con su propia conciencia. Sin embargo, él no está dispuesto a abandonar esos sentimientos de desagrado ni a tratar con esa contaminación. Por lo tanto, cada vez que recuerda a ese hermano o lo menciona, su espíritu aún contiene esa mezcla y es todavía un espíritu de desagrado lleno de crítica. Hasta este punto él sólo ha tratado con el sentir de la conciencia, pero no con la contaminación que hay en su espíritu. El ha tenido sólo la experiencia de tratar con su conciencia, pero no la experiencia de tratar con su espíritu. Por lo tanto, puede ser que tenga paz en su conciencia, pero las contaminaciones que hay en su espíritu todavía no han sido eliminadas. No será sino hasta que él reciba misericordia otra vez y abandone ese disgusto escondido muy profundo dentro de él, de manera que ya no haya dicha contaminación en su espíritu, que él finalmente aprenderá la lección de tratar con su espíritu.

En conclusión, el trato con la conciencia es sólo asunto de tratar con el sentir. Necesitamos tratar con el espíritu a fin de tratar con la naturaleza interna. Es sólo cuando se trata con la naturaleza del asunto que podemos tratar con su raíz. Por lo tanto, tratar con el espíritu es más profundo y más severo que tratar con la conciencia. El trato con la conciencia es sólo una lección de la segunda etapa de la experiencia espiritual en vida, mientras que el trato con el espíritu puede ser sólo experimentado al final de la tercera etapa.

IX. LA MANERA DE TRATAR CON EL ESPIRITU

A. Nuestra iniciativa

La manera práctica de tratar con el espíritu es similar a aquellos diversos tratos mencionados anteriormente. Primero, tenemos que condenar las contaminaciones, y luego, tenemos que quitarlas por el poder del Espíritu Santo. Por ejemplo, si tenemos un espíritu torcido, tenemos primero que condenar esta perversidad como pecado. Segundo, tenemos que extirpar esta perversidad de dentro de nosotros por el poder del Espíritu Santo. A pesar de que la condenación y la eliminación se realizan por medio del poder del Espíritu Santo, provienen de nuestra propia iniciativa. Tenemos que estar dispuestos a tener dichos tratos y desearlos; entonces podemos obtener el poder del Espíritu Santo. El Espíritu Santo requiere la cooperación de nuestra voluntad; cuando Él tenga esto, nos suministrará Su poder para ese trato. Este es el principio básico de que llevemos a cabo estos tratos en vida.

El hacer morir que se menciona en Romanos 8:13 quiere decir que nosotros tomamos la iniciativa en hacer morir; no quiere decir que el Espíritu Santo lo hace por nosotros. El Espíritu Santo es el medio, pero nosotros debemos tomar la iniciativa. El Espíritu Santo suministra la fortaleza, pero nosotros debemos tomar la iniciativa en hacer morir las obras de la carne por medio del Espíritu Santo. Hemos hablado anteriormente de Gálatas 5:24 que dice que nosotros los que somos de Cristo, hemos crucificado la carne con sus pasiones y deseos. Esta crucifixión proviene también de nuestra iniciativa, no del Señor. Sin duda alguna, quien fue crucificado fue el Señor, pero eso es únicamente la base objetiva; tomar la iniciativa de crucificar la carne es nuestra aplicación subjetiva. Necesitamos tomar la iniciativa en aplicar la cruz y crucificar las partes por las que pasa el espíritu; incluyendo nuestra carne, nuestro yo, nuestra constitución natural, el propósito de nuestro corazón, nuestra aspiración, nuestras intenciones, nuestra inclinación, nuestros motivos, etc.

B. La cruz como la base

Este tipo de trato iniciado por nosotros difiere del refinamiento humano. El refinamiento humano es puramente el trabajo del hombre, mientras que el trato que nosotros iniciamos está basado en la realidad de la cruz. Es debido a que el Señor ya ha condenado el pecado en la cruz que nosotros podemos tratar con el pecado. Debido a que el Señor ya ha juzgado al mundo en la cruz, nosotros podemos tratar con el mundo. Igualmente, ya que el Señor ha terminado con el viejo hombre en la cruz, así como con nuestra carne, nuestro temperamento, nuestro yo, nuestra constitución natural y todas las otras contaminaciones, nosotros podemos emplear esa realidad como la base sobre la cual podemos tratar con nuestra carne, temperamento, voluntad propia, habilidad natural y todas las contaminaciones que hay en el trayecto de nuestro espíritu.

C. La función de la vida

En el trato con el espíritu, tenemos como base no sólo la realidad alcanzada por el Señor en la cruz, sino, aún más, tenemos como poder la vida de la muerte y resurrección del Señor. Puesto que esta vida emana de la muerte en la cruz, tiene dentro de sí el elemento de la muerte en la cruz. Por lo tanto, cuando Su vida fluye en nosotros nos regresa a la muerte en la cruz a fin de unirnos con la muerte en la cruz, y así unirnos a la cruz. Esto se puede comparar con la corriente eléctrica que fluye a través de una lámpara; la corriente conecta la lámpara con la planta eléctrica, mientras que al mismo tiempo la electricidad de la planta eléctrica puede manifestar su función haciendo que la lámpara emita luz. Igualmente, cuando la vida de resurrección del Señor entra en nosotros y se mueve dentro de nosotros, produce muerte, lo cual nos capacita para que tengamos los varios tratamientos que consisten en hacer morir varias cosas. Esta vida dentro de nosotros espontáneamente produce sentimientos que nos exigen que tratemos con el pecado, el mundo, los sentimientos de la conciencia, la arrogancia y deseos de la carne, nuestra opinión, la habilidad de la vida natural y todas las contaminaciones que haya en las diferentes partes de nuestro ser. Todos estos tratos están en la obra consumada de Cristo en la cruz y son ahora experimentados por nosotros en el Espíritu Santo.

Una vez que tenemos el sentir que proviene de la vida del Señor dentro de nosotros, necesitamos ejercitar nuestra voluntad para cooperar con Su vida e inmediatamente iniciar el tratamiento. Si cooperamos en esta forma, este sentir de vida se convierte en un poder destructor, el cual nos capacita para que tengamos la experiencia de la muerte en la cruz. Entonces, la muerte en la cruz se manifiesta en nuestro vivir en una manera muy práctica quitando nuestras injusticias, nuestra falta de santidad, las ofensas que haya en nuestra conciencia, nuestra carne, nuestro temperamento, nuestra opinión, nuestra constitución natural y todas las contaminaciones que haya en las varias partes de nuestro ser. En esta etapa, todo nuestro ser no sólo es quebrantado para que el espíritu pueda ser liberado, sino que también es purificado, de modo que el espíritu que es liberado, sea puro, recto, manso y normal.

D. La norma de la paz

La norma de nuestro trato con el espíritu de todos modos es "vida y paz". Solamente debemos tratar hasta el grado en que tengamos paz interior; esto es suficiente. Sin embargo, en cuanto a tratar hasta el grado en el que podemos tener paz, el Espíritu Santo será responsable de hablarnos y darnos un sentir claro. Muchas veces el hablar del Espíritu Santo dentro de nosotros tiene una norma mayor que la demanda externa. Si nuestro crecimiento en vida alcanza el grado de tratar con nuestro espíritu, entonces la demanda que el Espíritu Santo hace dentro de nosotros no solamente será más alta que la ley de este mundo, sino más elevada y más severa que las regulaciones de la letra de la Biblia. Por lo tanto, mientras sintamos que no hay ningún problema profundo en nuestro ser, eso es suficiente. Pero, desde luego, si hay algún problema profundo en nosotros que nos impide tener paz, no debemos prestar atención a los razonamientos externos. Debemos poner atención a la demanda interna del Espíritu Santo y así llegar a la medida requerida por el Espíritu Santo dentro de nosotros.

CAPITULO CATORCE

SER LLENOS DEL ESPIRITU SANTO

Ahora llegamos a la decimocuarta experiencia de vida, la cual es ser llenos del Espíritu Santo. Este es un asunto muy complicado, porque es un tema extenso en la Biblia. En los dos mil años pasados, todos los expositores de la Biblia, como también aquellos que tienen una búsqueda espiritual, han tenido diferentes puntos de vista y varias explicaciones con respecto a este tema. Por lo tanto, hasta hoy, muchos, incapaces de encontrar una definición común, están más bien confundidos con respecto a este tema. Sin embargo, si aceptamos la palabra del Señor con un corazón puro y si comparamos nuestra experiencia con ella, sentiremos que es muy sencilla. Cuando discutamos este tema, trataremos de simplificarlo todo lo posible, haciendo completamente a un lado el carácter investigativo y simplemente hablando acerca de nuestra experiencia en conformidad con la Escritura.

Cuando consideramos este asunto de ser llenos del Espíritu Santo o de la obra del Espíritu Santo sobre nosotros, debemos ver claramente que la Biblia está dividida en dos períodos —el Antiguo Testamento y el Nuevo Testamento—, y que nuestra experiencia se divide en dos grandes aspectos: el exterior y el interior.

I. LAS CARACTERISTICAS DE LA OBRA DEL ESPIRITU SANTO EN LOS DOS GRANDES PERIODOS, EL ANTIGUO TESTAMENTO Y EL NUEVO

A. *En el Antiguo Testamento el Espíritu de Dios venía sobre el hombre exteriormente, mientras que en el Nuevo Testamento el Espíritu Santo mora en el hombre interiormente.*

La primera característica de la obra del Espíritu Santo tiene que ver con la manera en que viene al hombre en los dos períodos, el Antiguo Testamento y el Nuevo; en el Antiguo Testamento el Espíritu de Dios venía sobre el hombre exteriormente, y en el Nuevo Testamento el Espíritu Santo mora dentro del hombre. El Antiguo Testamento a menudo contiene tales dichos como, "El Espíritu de Dios (o el Espíritu de Jehová) vino sobre..." cierta persona. Esto implica que el Espíritu de Dios venía sobre el hombre y movía al hombre a hacer cierta obra. Aunque en el Antiguo Testamento esta acción del Espíritu de Dios de venir sobre el hombre para moverlo a obrar para Dios ocurrió frecuentemente, con todo, fundamentalmente en aquel tiempo el Espíritu de Dios no había entrado en el hombre ni moraba en él ni se había mezclado con él. Ya que el Espíritu de Dios meramente venía sobre el hombre, El podía no contender con el hombre para siempre (Gn. 6:3) y algunas veces El podía ser quitado (Sal. 51:11). No es sino hasta el período del Nuevo Testamento que el Espíritu Santo empieza a entrar en el hombre y a mezclarse con él; más aún, El vive en el hombre para siempre, para no separarse de él jamás; así que el hombre puede disfrutar la bendición del Espíritu Santo eternamente. Por lo tanto, Su morada en nosotros es el rasgo más sobresaliente de la obra del Espíritu Santo en el período del Nuevo Testamento.

B. *En el Antiguo Testamento el Espíritu de Dios venía principalmente para dar poder, mientras que en el Nuevo Testamento el Espíritu Santo ha venido principalmente para ser vida (naturaleza).*

Segundo, debemos ver claramente a la luz de la Biblia, que en el período del Antiguo Testamento el Espíritu de Dios descendía sobre el hombre para moverlo a llevar a cabo la obra de Dios; el énfasis estaba en que el Espíritu de Dios era poder para el hombre. En el Antiguo Testamento de generación en generación, el Espíritu de Dios continuamente descendía sobre el hombre como un poder divino que lo movía a obrar, pelear y hablar para Dios, o como la sabiduría excelente que capacitaba al hombre para manejar asuntos para Dios. Por ejemplo, después de que el Espíritu de Dios descendió sobre Moisés, él fue revestido de poder para pelear contra Faraón y hablar por

Dios. El Espíritu de Dios sobre él también vino a ser su sabiduría, y lo capacitó para manejar los asuntos de Dios, encargarse de la casa de Dios, guiar a los israelitas, gobernar al pueblo de Dios, y edificar el tabernáculo para Dios. Todo este trabajo ejecutado por Moisés no provenía de su poder o sabiduría propia, sino que fue el resultado del descenso del Espíritu de Dios sobre él.

Aunque sobre las personas que se mencionan en el Antiguo Testamento venía el Espíritu de Dios como poder y sabiduría, aún así, en principio ellos no recibieron el Espíritu de Dios dentro de ellos para que se mezclara con ellos para ser su vida. En los tiempos del Antiguo Testamento, el Espíritu de Dios meramente descendía sobre el hombre como poder, pero no entraba en el hombre como vida. El solamente le otorgaba poder divino al hombre, pero no le impartía una naturaleza divina. Por lo tanto, en el Antiguo Testamento vemos varias personas que poseían el poder de Dios, pero que no tenían nada de la naturaleza de Dios. Sansón es el mejor ejemplo (Jue. 14—16). El tenía el poder sobrenatural de Dios sobre él, pero al mismo tiempo no tenía la naturaleza de Dios en ninguna forma. Aquí tenemos un hombre fuerte cuyo poder iba más allá de lo común, pero cuya naturaleza era totalmente incompatible con Dios. Es muy difícil encontrar alguien en el Antiguo Testamento que fuera más fuerte que Sansón; en lo que a fuerza se refiere, Sansón era indudablemente un superhombre. Pero con respecto a su naturaleza y vida, Sansón era el más deficiente de todos aquellos que Dios usó en el Antiguo Testamento. En naturaleza y vida, Moisés y David tenían algo cercano a la presencia del Espíritu de Dios, pero en el caso de Sansón tal condición no existía en ninguna manera. Por lo tanto, con respecto a poder, Sansón estaba lleno del Espíritu de Dios, pero con respecto a la vida, él no tenía el Espíritu Santo. Esto se debe a que en los tiempos del Antiguo Testamento el Espíritu de Dios descendía sobre el hombre como poder, no como vida. El descendía sobre el hombre para que éste tuviera el poder de Dios, pero no Su naturaleza. No es sino hasta los tiempos del Nuevo Testamento cuando el Espíritu Santo formalmente entra en el hombre y llega a ser la vida del hombre, para que el hombre pueda tener la naturaleza de Dios.

C. *En el Antiguo Testamento el Espíritu de Dios fue empleado por el hombre, mientras que en el Nuevo Testamento el Espíritu Santo es el Señor en el hombre.*

Basado sobre los dos puntos señalados podemos concluir que el Espíritu de Dios, el cual descendía sobre el hombre en el Antiguo Testamento, no vino en Su Persona para ser el Señor a fin de que el hombre obedeciera, sino como poder para ser empleado por el hombre. Sabemos que el Espíritu Santo es una Persona, pero en los tiempos del Antiguo Testamento el Espíritu de Dios no descendía sobre el hombre en Su Persona. Si Él hubiera descendido sobre el hombre en Su Persona, Él habría venido como Señor, y el hombre habría tenido que obedecerle. No obstante, en los tiempos del Antiguo Testamento Él descendía como poder sin Su Persona; por eso, parecía que, por el contrario, Él obedecía al hombre y era usado por el hombre.

Tome por ejemplo el combustible para un automóvil; no tiene personalidad. El combustible no es el amo del vehículo para que éste le obedezca. Debido a que el vehículo no tiene poder para moverse por sí mismo, necesita el combustible. Este combustible es lo que causa el movimiento del vehículo y así es utilizado por el vehículo mismo. De igual forma, Dios deseaba que Moisés liberara a los israelitas de Egipto y los guiara a Canaán, pero Moisés estaba carente de poder. A él le faltaba poder para hablar a Faraón en nombre de Dios. También le faltaba poder para guiar a los millones de israelitas a través del desierto. Tampoco tenía poder para gobernar la casa de Israel, ni para edificar el tabernáculo de Dios, conforme al patrón celestial. Indudablemente, Moisés fue enseñado en todo el conocimiento de Egipto y estaba muy capacitado; sin embargo, su aprendizaje y capacidad limitados no eran suficientes para satisfacer la necesidad de esa gran comisión. Por lo tanto, el Espíritu de Dios vino, no para ser su amo a fin de que Moisés obedeciera, sino para suplir su falta de poder y estar bajo su mandato. Moisés era como una bicicleta que sólo podía correr a diez kilómetros por hora, y el Espíritu de Dios era como un motor añadido a la bicicleta, la cual aumentó su velocidad a 100 kilómetros por hora. En realidad, el Espíritu de Dios que venía sobre el hombre en el Antiguo Testamento era como el motor añadido a la bicicleta, el propósito del cual no era convertirse en el amo de la bicicleta ni controlarla, sino llegar a ser el poder que la mueve y que aumenta su eficacia. Este era exactamente el significado de la visión de la zarza ardiendo, la cual Moisés vio cuando fue llamado (Ex. 3:2-3). La zarza era Moisés, y el fuego era el Espíritu de Dios que descendió sobre él. La zarza era de poco valor, pero el fuego que ardía sobre él vino a ser su fuerza.

Por lo tanto, debemos tener presente el principio de que en los tiempos del Antiguo Testamento, a pesar de que el Espíritu de Dios descendía y llegaba a ser un gran poder que movía al hombre, con todo y eso, El no descendía en Su Persona para llegar a ser el Señor del hombre a fin de que éste le obedeciera; sino que descendía sobre el hombre como un poder para ser empleado por él.

Sin embargo, el principio de la obra del Espíritu Santo es enteramente diferente en el Nuevo Testamento. Ahora, cuando El desciende para obrar en el hombre, El no solamente desciende sobre el hombre para ser poder para el hombre, sino que El mora en el hombre y se mezcla con él para ser su vida, impartiéndole así la naturaleza de Dios. Esto significa que ahora El viene en Su persona para morar en el hombre. Ya que El viene en Su persona para morar en el hombre, El viene para ser su Señor, y exige obediencia de parte del hombre. Es interesante que no haya una sola frase en todo el Antiguo Testamento que diga que el hombre debe obedecer al Espíritu de Dios. Pero en el Nuevo Testamento se nos dice que el Espíritu Santo toma control de nosotros (Hch. 16:6-7) y que debemos andar por el Espíritu (Gá. 5:25). En 2 Corintios 3:18 especialmente se llama al Espíritu Santo "el Señor Espíritu". El Espíritu Santo hoy es el Señor, una Persona. El mora en nosotros para ser nuestro Señor; por lo tanto, debemos entregarnos a El y someternos a Su gobierno. El no es solamente nuestro poder, sino también nuestro Señor. El no es solamente el combustible del vehículo, sino el conductor. El no es solamente el motor de la bicicleta, sino el dueño, el que la maneja. No solamente el poder del vehículo depende de El, sino que aun si el vehículo se detiene, avanza o retrocede, está todo bajo Su manejo y operación. Nuestra naturaleza y nuestra vida son de El. El es nuestra vida, nuestra naturaleza y nuestro Señor.

D. *En el Antiguo Testamento el Espíritu de Dios tiene un solo aspecto, mientras que en el Nuevo Testamento el Espíritu Santo tiene doble aspecto.*

Nosotros los que estamos en la dispensación del Nuevo Testamento disfrutamos las bendiciones dobles del Espíritu Santo, a saber, el aspecto de ser poder para nosotros, y el de ser nuestra vida y naturaleza. Aquellos que vivieron en la dispensación del Antiguo Testamento disfrutaron el Espíritu de Dios solamente como el poder externo, mientras que los que están en el Nuevo Testamento también disfrutan del Espíritu Santo como la vida interna. Esto no significa que en los tiempos del Nuevo Testamento Dios termina el aspecto de la obra que fue hecha en el Antiguo Testamento, sino que más bien El continúa con mayor intensidad el primer aspecto y añade otro. En el Antiguo Testamento había solamente un aspecto, pero en el Nuevo Testamento hay dos aspectos; en el Antiguo Testamento sólo se tenía el aspecto externo, pero en el Nuevo Testamento tenemos tanto el externo como el interno. Por lo tanto, en la dispensación del Nuevo Testamento, no sólo podemos depender del Espíritu Santo como el poder externo para llevar a cabo la obra que Dios nos encomendó, sino que por medio del Espíritu Santo como la vida interior, podemos mezclarnos con Dios y ser uno con El. ¡Qué gracia de Dios tan gloriosa es ésta!

II. LA DIFERENCIA ENTRE EXPERIMENTAR EL ESPIRITU SANTO EXTERNAMENTE Y EXPERIMENTARLO INTERNAMENTE

Hemos visto las características de la obra del Espíritu Santo en dos grandes períodos, el Antiguo Testamento y el Nuevo Testamento. Veamos ahora la experiencia que tenemos del Espíritu Santo tanto interna como externamente.

A. La experiencia interna viene primero; luego la externa

Las personas de los tiempos del Antiguo Testamento no tenían la experiencia de que el Espíritu Santo morara en ellas, sino únicamente la de que el Espíritu de Dios descendiera externamente; sin embargo, en los tiempos del Nuevo Testamento el hombre puede tener ambos aspectos. Además, el hombre primero debe experimentar la morada interna del Espíritu Santo y más tarde debe experimentar el descenso externo del Espíritu Santo. Por lo tanto, en los tiempos del Nuevo Testamento el hecho de que el Espíritu Santo more en uno viene a ser la base para Su descenso externo sobre el hombre.

1. El Señor Jesús como modelo

La primera persona del Nuevo Testamento que experimentó esto de que el Espíritu Santo morara interiormente, fue Jesús de Nazaret. Cuando el Espíritu Santo empezó a morar en Jesús de Nazaret, esto fue una gran obra de Dios que marcó el cambio de la era. Desde que la historia de la raza humana empezó, a pesar de que muchos habían experimentado el descenso del Espíritu de Dios sobre ellos, que los movía a llevar a cabo la obra de Dios, no hubo ninguno entre ellos en quien morase el Espíritu Santo, y con quien el Espíritu Santo estuviese mezclado, llegando a ser su vida y naturaleza. Ni Moisés ni David tuvieron tales experiencias, ni tampoco Elías ni Daniel las tuvieron. En cuatro mil años, no hubo ni una sola persona que tuviese semejantes experiencias. No fue sino hasta después de que pasaron cuatro mil años que Jesús de Nazaret apareció, Aquel en quien el Espíritu Santo moró, con quien se mezcló y llegó a ser Su vida y naturaleza. Esto se debió a que la misma vida que estaba dentro de El era del Espíritu Santo.

Ya que el Señor Jesús fue el primero en tener la experiencia de que el Espíritu Santo morase en Su interior, y ya que El es la Cabeza de los creyentes del Nuevo Testamento así como de la iglesia, entonces el Espíritu Santo obra en los creyentes neotestamentarios y en la iglesia de la misma manera que obraba sobre el Señor; el Espíritu Santo obra en el Cuerpo de la misma manera que obró en la Cabeza. La experiencia de nuestra Cabeza, el Señor Jesús, con respecto al Espíritu Santo, llega a ser el mismo modelo o ejemplo para nosotros los creyentes neotestamentarios en cuanto a la experiencia del Espíritu Santo.

La experiencia del Señor Jesús con respecto al Espíritu Santo estaba claramente dividida en dos aspectos: primero la experiencia interna del Espíritu Santo como vida, y luego la experiencia externa del Espíritu Santo como poder. El comenzó a experimentar el Espíritu Santo como vida interna al ser concebido. El Señor Jesús fue concebido por el Espíritu Santo (Mt. 1:20). Fue el Espíritu Santo quien entró en María, quien pertenecía a la vieja creación, y de ella nació Jesús el nazareno. Por lo tanto, desde el momento que el Señor Jesús fue concebido, Su vida y naturaleza interna eran del Espíritu Santo. En otras palabras, podemos decir que desde el día que nació, El fue lleno del Espíritu Santo.

Desde el día en que el Señor nació hasta que se manifestó públicamente para llevar a cabo la obra de Dios —durante estos treinta años— El vivió en la presencia de Dios por el Espíritu Santo como la vida que había en El. Isaías 53:2 dice: "Subirá cual renuevo delante de él, y como raíz de tierra seca..." Esto se refiere a Su vida antes de que tuviera treinta años de edad. Fue enteramente por el llenar del Espíritu Santo como Su vida que El, por un lado, pudo vivir humildemente en la casa de un carpintero pobre como un hijo de hombre, mientras que por otro lado El pudo andar de acuerdo a las leyes de Dios.

Cuando El tenía treinta años de edad y estaba a punto de trabajar para Dios, ocurrió el primer evento externo: mientras El era bautizado en el río Jordán, el Espíritu Santo descendió sobre El como paloma, y fue lleno del Espíritu Santo. Después de cuarenta días de pruebas en el desierto, El estaba aún más lleno del poder del Espíritu Santo y trabajaba para Dios en las varias regiones alrededor de Galilea (Mt. 3:16; Lc. 3:21-23; 4:1-15). Vemos que esta experiencia Suya fue exactamente la misma que aquella que tuvieron otros en el Antiguo Testamento cuando experimentaban el Espíritu Santo. Cuando Ezequiel estaba junto al río Quebar, el Espíritu de Jehová descendió sobre él, y él abrió su boca y habló de parte de Dios (Ez. 1:1-3). De la misma manera, cuando el Señor Jesús estaba en el río Jordán, el Espíritu Santo descendió sobre El, y El abrió Su boca para predicar las buenas nuevas del reino del cielo. Esto prueba que el Señor Jesús experimentó en este tiempo otro aspecto de la obra del Espíritu Santo: el descenso del Espíritu

Santo sobre El como poder divino, capacitándole para llevar a cabo la obra de Dios.

Allí vemos que el Señor Jesús experimentó el Espíritu Santo en dos aspectos: la experiencia del Espíritu Santo por dentro como vida para poder tener la naturaleza de Dios, y la experiencia del Espíritu Santo por fuera como poder, que le capacita para que realice la obra de Dios. El primero experimentó el Espíritu Santo internamente como vida al ser concebido; más tarde, al ser bautizado, experimentó el Espíritu Santo por fuera como poder. En esa ocasión El fue lleno del Espíritu Santo tanto interna como externamente.

Algunos piensan que Juan el Bautista fue el primero en ser lleno del Espíritu Santo en el Nuevo Testamento. No fue realmente así. Con relación a Juan el Bautista, Lucas 1:15 dice: "Y será lleno del Espíritu Santo, aun desde el vientre de su madre". Sin embargo, en el texto original, ser lleno se refiere al aspecto del poder exterior, según el mismo principio en que el Espíritu de Dios descendía sobre los profetas exteriormente en el Antiguo Testamento. Aunque en cuanto a tiempo él recibió el Espíritu Santo mientras estaba en el vientre de su madre, esto, sin embargo, no dejaba de ser un solo aspecto, el aspecto exterior de poder. Esto fue diferente a lo que se recibe en el Nuevo Testamento, lo cual consta de dos aspectos: primero el interno y luego el externo, el aspecto de vida y luego el aspecto de poder. Aunque Juan era el más grande entre los profetas, el Señor dijo que el menor en el reino de los cielos es mayor que él (Mt. 11:11). Por lo tanto, conforme al principio de experimentar la obra del Espíritu Santo, él en cierta medida era como aquellos que estaban en el período del Antiguo Testamento; su experiencia no puede ser considerada completamente dentro del período del Nuevo Testamento.

2. La experiencia de los apóstoles

Inmediatamente después del Señor Jesús, los apóstoles fueron los primeros en experimentar el Espíritu Santo. Ellos también tuvieron primero la experiencia de que el Espíritu Santo morara en ellos, y que luego descendiera externamente. En Juan 14, el Señor prometió a Sus discípulos que El le rogaría al Padre que les enviase otro Consolador, el Espíritu de realidad, para que morase en ellos a fin de que pudiesen vivir como el Señor vivía (vs. 16-20). Esta palabra del Señor indicaba que ellos experimentarían al Espíritu Santo internamente como vida.

En la noche de la resurrección, mientras los discípulos estaban reunidos, el Señor apareció en medio de ellos y "sopló y les dijo: Recibid el Espíritu Santo" (Jn. 20:22). Así el Señor cumplió la promesa que había hecho, al hacer que el Espíritu Santo entrara en ellos y llegara a ser su vida. El día que Dios creó a Adán del polvo, El sopló en él para que tuviera vida y fuera un hombre viviente con un espíritu. Ahora, de la misma manera, el Señor sopló en los discípulos para que ellos pudieran tener vida y llegaran a ser hombres regenerados. Sin embargo, lo que Dios impartió en el hombre con Su soplo cuando lo creó, no era el Espíritu de Dios; por lo tanto, lo que el hombre obtuvo fue sólo su propio espíritu, y una vida creada. En la noche de la resurrección, lo que el Señor impartió con Su aliento en los discípulos fue Su propio Espíritu; por lo tanto, los discípulos obtuvieron el Espíritu Santo y Su vida eterna e increada, para poder vivir por siempre como el Señor mismo. Por lo tanto, hablando en forma estricta, exacta y práctica, Pedro, Juan, Santiago y el resto de los apóstoles llegaron a ser regenerados por medio de obtener la vida de Dios, en la noche de la resurrección. El aliento que el Señor infundió en ellos fue el aliento de vida. Tenía como fin la vida, no el poder.

En el día de Pentecostés, los apóstoles experimentaron el otro aspecto de la obra del Espíritu Santo, a saber, el Espíritu Santo como poder. Hechos 2:1-4 dice: "Cuando llegó el día de Pentecostés, estaban todos unánimes juntos. Y de repente vino del cielo un estruendo como de un viento recio que soplaba, el cual llenó toda la casa donde estaban sentados; y se les aparecieron lenguas repartidas, como de fuego, asentándose sobre cada uno de ellos. Y fueron todos llenos del Espíritu Santo, y comenzaron a hablar en otras lenguas, según el Espíritu les daba que hablasen". Desde entonces, los apóstoles predicaban el evangelio con gran poder, conduciendo a millares y millares a la salvación.

Si comparamos los dos casos de las experiencias de los apóstoles en recibir el Espíritu Santo, podemos ver la diferencia.

El Espíritu Santo de vida, el cual ellos experimentaron la noche de la resurrección, fue representado por el "aliento"; mientras que el Espíritu Santo de poder, el cual experimentaron en Pentecostés, fue representado por tres cosas: "viento", "fuego" y "lenguas". Tanto el viento como el fuego, representan poder, mientras que la lengua sirve para hablar y también está relacionada con el poder. Además, en Pentecostés, el Espíritu Santo se asentó *sobre* cada uno de ellos". El no entró en ellos. Por lo tanto, lo que ellos experimentaron fue el Espíritu Santo sobre ellos exteriormente como su poder. Fue a través de este poder externo del Espíritu Santo que ellos hablaron las lenguas de varias naciones, predicaron el evangelio, y más tarde trabajaron para el Señor en diferentes regiones.

Por lo tanto, en la experiencia de los apóstoles, también podemos ver ambos aspectos de la obra del Espíritu Santo, y que ellos experimentaron el aspecto interno primero, y luego el externo.

B. El aspecto interno y el aspecto externo experimentados al mismo tiempo

Después de Pentecostés, la experiencia del Espíritu Santo tanto interna como externamente fue plenamente cumplida en la Cabeza (el Señor Jesús) así como en el Cuerpo (representado por los apóstoles). Desde aquel entonces, todos aquellos que desean experimentar la obra del Espíritu Santo pueden experimentar al mismo tiempo tanto la morada interna del Espíritu Santo como el descenso exterior. La prueba de esto la vemos en la casa de Cornelio.

En Hechos 10 vemos que Pedro fue enviado a predicar el evangelio en la casa de Cornelio, y mientras él estaba predicando, el Espíritu Santo cayó sobre todos aquellos que escuchaban, haciendo que recibieran no solamente el Espíritu Santo que mora interiormente como vida, sino también el Espíritu Santo como poder, que descendió sobre ellos externamente. Por lo tanto, comenzando con la casa de Cornelio hasta hoy, es posible experimentar la obra del Espíritu Santo por dentro y por fuera al mismo tiempo. La obra del Espíritu Santo por dentro es la base para la obra del Espíritu Santo por fuera; mientras que la obra del Espíritu Santo por fuera es la prueba de la obra del Espíritu Santo por dentro. Esta es la condición más normal.

Por supuesto, a través de las generaciones ha habido muchos que experimentaron el Espíritu Santo solamente como vida por dentro cuando fueron salvos; luego después de cierto período de tiempo experimentaron el Espíritu Santo externamente como poder. Ha habido también algunos que nunca experimentaron el Espíritu Santo externamente como poder. En cualquier caso, en la dispensación del Nuevo Testamento, nadie puede experimentar el Espíritu Santo exteriormente como poder antes de experimentarlo internamente como vida. Tampoco puede alguien experimentar el Espíritu Santo sólo exteriormente sin experimentarle como vida por dentro. Tales cosas nunca pueden ocurrir en la dispensación del Nuevo Testamento.

III. LA MANERA DE SER LLENOS DEL ESPIRITU SANTO

A. El cumplimiento del hecho objetivo

A fin de ser llenos del Espíritu Santo, necesitamos primero conocer que en lo que concierne al hecho objetivo, tanto el aspecto interior como el exterior, han sido realizados por Dios. El Espíritu Santo como vida interior fue dado en la noche de la resurrección, mientras que el Espíritu Santo como poder por fuera descendió el día de Pentecostés. El coro de un himno que escribió A. B. Simpson* dice: "No dudes del Espíritu, quien fue dado hace tiempo". El descenso del Espíritu Santo es como la crucifixión del Señor Jesús; ambos son hechos cumplidos. Hoy el Señor Jesús no necesita ser crucificado de nuevo, ni tampoco el Espíritu Santo necesita descender otra vez. Dios no necesita dar al Señor Jesús al hombre para ser crucificado de nuevo; ni tampoco Dios tiene que enviar el Espíritu Santo de nuevo para llenar al hombre por dentro y por fuera. Dios ya lo ha realizado todo. El problema ahora está en que recibamos esto por fe. A fin de ganar a Cristo y experimentarle hoy, necesitamos solamente recibirle; de la misma forma, a fin de obtener el Espíritu Santo, sea interna o externamente, también necesitamos solamente recibirlo a El.

*Hymns #248, publicado por Living Stream Ministry.

En la medida que recibamos el Espíritu Santo, en esa misma medida el Espíritu Santo nos llenará. Estudiaremos ahora separadamente los dos aspectos de recibir el llenar del Espíritu Santo.

B. La manera de ser llenos del Espíritu Santo internamente

La manera de ser llenos del Espíritu Santo interiormente es la siguiente:

1. Vaciarnos a nosotros mismos

A fin de recibir la regeneración del Espíritu Santo, debemos primero confesar nuestros pecados, arrepentirnos, y aceptar el hecho de que Cristo murió por nosotros. De igual manera, a fin de recibir el llenar del Espíritu Santo, debemos primero aceptar el hecho de que hemos muerto con Cristo. Luego debemos tratar con el pecado, el mundo, la carne, nuestra opinión y nuestra habilidad natural, a fin de que podamos vaciarnos completamente de éstos, no permitiendo que ninguno de ellos tenga ya lugar en nosotros, sino más bien permitiendo que el Espíritu Santo gane todo el terreno en nosotros. Si respondemos a la exigencia del Espíritu Santo, quitando aquello que debe ser quitado y abandonando aquello que debe ser abandonado, quedando así vacíos y dejando que el Espíritu Santo tenga todo el terreno y autoridad en nosotros, entonces automáticamente el Espíritu Santo nos llenará, y nosotros experimentaremos y disfrutaremos subjetivamente el llenar del Espíritu Santo. Por esta razón hemos puesto esta lección de ser llenos del Espíritu Santo después de las experiencias de los diferentes tratos.

2. Creer

Después de que hemos tratado con todo y nos hemos vaciado, debemos creer que el Espíritu Santo está llenándonos desde adentro. Solamente necesitamos creer en el llenar del Espíritu Santo, sin tratar de sentir si hemos sido llenos o no. La fe verdadera no depende de lo que sintamos. Si solamente creemos de esta manera, el Señor hará que el ser llenos del Espíritu Santo sea nuestra experiencia práctica.

C. La manera de ser llenos del Espíritu Santo exteriormente

La manera de ser llenos del Espíritu Santo externamente es la siguiente:

1. Estar dispuestos a ser usados por Dios

Hemos dicho previamente que el descenso del Espíritu de Dios como poder sobre el hombre tiene como fin revestirlo de poder para que el hombre sea competente para la obra que Dios le ha encomendado y para que pueda ser usado por Dios. Comenzando en el Antiguo Testamento, sobre cualquiera que estuviese realmente dispuesto a ser usado por Dios, el Espíritu de Dios descendía como poder. Moisés fue una persona así; igual que Sansón, David, Elías, Eliseo, Ezequiel y otros profetas.

En el Nuevo Testamento el principio sigue siendo el mismo. El Señor Jesús fue el primer ejemplo del Nuevo Testamento sobre quien descendió el Espíritu Santo. La razón por la cual el Espíritu Santo descendió sobre el Señor en el día de Su bautismo fue que el Señor estaba dando testimonio al cielo y a la tierra mediante el bautismo, de que desde ese día El iba a ser oficialmente usado por Dios. En los tiempos cuando a la gente del mundo no le importaba la voluntad de Dios ni Su obra, sino que los hombres vivían para sí mismos, Jesús de Nazaret se levantó delante de todo el universo, declarando que deseaba vivir para Dios, ser usado por Dios y trabajar para Dios. Fue en esa ocasión que el Espíritu Santo descendió sobre El.

Esto fue cierto también en el caso del primer grupo de apóstoles. Originalmente ellos eran pescadores, pero dejaron tanto la pesca como la barca, y con todo su corazón estaban dispuestos a ser usados por Dios. Ellos deseaban continuar la obra del Señor para cumplir la obra de Dios en la tierra. El deseo y la actitud de sus corazones preparó el camino para que Dios derramara el Espíritu Santo sobre ellos en el día de Pentecostés.

Ejemplos de esta clase son innumerables en la historia de la iglesia. Hace unos doscientos años, los hermanos de Moravia tuvieron un gran derramamiento del Espíritu Santo. Antes de aquello, ellos también fueron preparados para ser usados por Dios; por lo tanto, en una reunión de la mesa del Señor, el Espíritu Santo los llenó grandemente. Después de esto ellos fueron usados por Dios en una manera sobresaliente.

De hecho, si desde el principio todos aquellos que han sido salvos hubieran estado dispuestos a abandonar todo por el Señor para ser usados por El, entonces además de ser salvos cada uno estaría en posición de recibir ambos aspectos del llenar del Espíritu Santo simultáneamente, como ocurrió en la casa de Cornelio. Lamentamos decir que hoy día hay muy pocos que están dispuestos a ser usados por Dios después de ser salvos. La mayoría de la gente está satisfecha con sólo poseer vida eterna y no tener que perecer. Ellos pasan por alto completamente la obra de Dios y Su plan; tampoco desean tener poder para trabajar para Dios y cumplir Su plan. Aunque el Espíritu ha operado hasta cierto grado en aquellos que han sido salvos, y éstos tienen un deseo de trabajar para Dios, no obstante, debido a que no están dispuestos a entregarse a Dios para que El los use, restringen el mover del Espíritu Santo y su deseo de trabajar para Dios. Aunque el Espíritu Santo dentro de ellos se mueve constantemente y les hace exigencias, con todo, ellos siguen rehusándose. Cuando Rebeca se comprometió con Isaac, ella no se detuvo, sino que, dejando la casa de su padre, siguió al viejo sirviente para darse a Isaac (Gn. 24). Muchos hoy han creído en Cristo y son salvos, pero rehúsan entregarse a Cristo. Ellos se detienen en su posición original, no estando dispuestos a dejar que el Señor los use. ¡Por consiguiente nuestro Señor siempre parece ser engañado por los hombres! El les dio salvación a los hombres, y aún así ellos le dan la espalda, rehusando darse a El. Tal condición hace que los hombres sean incapaces de recibir el llenar externo del Espíritu Santo después de que han sido salvos.

Ya que el hombre no está dispuesto a ser usado por Dios, pocos alcanzan a ser llenos externamente del Espíritu Santo; esto hace de esta experiencia algo raro y misterioso. De hecho, el aspecto externo del Espíritu Santo de ninguna manera es más preciado o más difícil de obtener que el aspecto interno del Espíritu Santo, ya que el único requisito es que estemos dispuestos a ser usados por Dios.

2. Creer

Una vez que nos hemos entregado y estamos dispuestos a ser usados completamente por Dios, debemos creer en el llenar exterior, el derramamiento, del Espíritu Santo. Esto también debe recibirse por fe más que lo que uno sienta. Si estamos dispuestos a ser usados por Dios y creemos en el derramamiento del Espíritu Santo, entonces el poder externo del Espíritu Santo será manifestado sobre nosotros.

Por lo tanto, no hay necesidad de rogar que seamos llenos exteriormente del Espíritu Santo. Todo lo que necesitamos es levantarnos en respuesta al llamado de Dios, encomendarnos al Señor para estar a Su disposición y decirle: "Señor, sé que me has salvado para poder usarme. Ahora yo pongo mi todo en Tus manos para estar a Tu disposición. También sé que no puedo hacer nada por mi propia fuerza; por lo tanto, necesito Tu Espíritu. Ya que sé que Tu Espíritu ha sido dado, estoy aquí para recibirlo por fe". De esta manera, la experiencia del derramamiento del Espíritu Santo no es un asunto difícil. En cuanto a la manera en que se manifiesta el llenar exterior, debemos permitir que el Espíritu Santo tome plena responsabilidad. Algunos admiran las manifestaciones externas de otros, e insisten en que ellos también hablen en lenguas, en que lloren o se rían como lo hacen otros; si tal es el caso, lo que realmente desean es hablar en lenguas, llorar o reír, y no el derramamiento del Espíritu Santo. Otros insisten en no llorar ni reír, porque temen ser poseídos por un demonio. Esto también es un concepto erróneo. Nuestra insistencia a menudo limita la libertad del Espíritu Santo para obrar. Por lo tanto, mientras experimentamos el derramamiento del Espíritu Santo, necesitamos dar plena libertad al Espíritu Santo, sin insistir en alguna cosa ni rechazarla.

En resumen, el llenar del Espíritu Santo interior y exteriormente es una bendición gloriosa en el Nuevo Testamento. Es también un cumplimiento de la bendición que Dios prometió a Abraham (Gá. 3:14). Que podamos, por un lado, vaciarnos más para que el Espíritu Santo, junto con la plenitud de la Deidad, pueda llenarnos desde dentro y capacitarnos así para manifestar la gloriosa imagen de Dios. Por otro lado, necesitamos darnos más al Señor para ser usados por El, a fin de que el Espíritu Santo pueda descender sobre nosotros ricamente, dándonos poder y dones; entonces podremos servir a Dios, tratar con el enemigo de Dios, y ¡traer el reino de Dios!

LA CUARTA ETAPA — EL CRECIMIENTO PLENO
DE CRISTO EN NOSOTROS

Ahora consideraremos la cuarta etapa de nuestra experiencia espiritual. Esta es la última y la más elevada etapa de nuestra vida espiritual: el crecimiento pleno de Cristo en nosotros.

Después de que hemos pasado por las etapas previas, donde todas nuestras dificultades que se relacionan con el pecado, el mundo, las ofensas en la conciencia, la carne, el yo y la constitución natural han sido ya tratadas y purgadas, no queda nada en nosotros sino Dios. Dios ahora ha ganado un terreno absoluto en nosotros, y todo nuestro ser interior y exterior está completamente lleno del Espíritu Santo. Ahora entramos en la etapa más elevada de la vida, donde Cristo ha crecido completamente y madurado en nosotros. Por eso, hemos llamado a esta etapa más elevada, "el crecimiento pleno de Cristo en nosotros".

Miremos el tipo de esto en el Antiguo Testamento según se muestra en el relato de la partida de los israelitas de Egipto y su entrada a Canaán. En el principio de su viaje al pasar por el mar Rojo, abandonaron Egipto, la tierra del cautiverio, mientras que Faraón y su ejército fueron sepultados bajo el mar. De ahí en adelante, quedaron despojados del mundo con su poder usurpador. Luego pelearon contra los amalecitas, lo cual que era un tipo de su trato con la carne. Entonces los israelitas vagaron por el desierto cuarenta años. El número cuarenta en la Biblia significa pruebas y aflicciones. Dios les llevó a caminar a través del desierto por cuarenta años, porque El deseaba exponer la perversidad de su carne a través de las pruebas y las aflicciones. Su intención era que la carne fuera tratada exhaustivamente. Nuestra experiencia es la misma. Después de ser bautizados no es suficiente que tratemos con la carne una sola vez; debemos ser tratados en la mano de Dios por meses y años. Algunas veces Dios nos dirige a través del desierto no sólo para que nuestro vivir sea difícil, sino para que aun nuestro espíritu esté seco, deprimido y se sienta miserable. La única razón por la cual esto sucede es que a través de la prueba y la aflicción nuestra carne puede ser tratada.

Cuando los israelitas cumplieron sus días de vagar, Dios los condujo a que pasaran el Jordán, y fueron circuncidados en Gilgal. Por un lado, ellos entraron en la tierra prometida de Canaán de una manera práctica. Por otro lado, ellos estaban frente a las siete naciones de los cananeos, y se requería una guerra para aniquilarlos y establecer el reino de Dios. Esto es figura del hecho de que cuando nuestros días de prueba en el desierto espiritual sean completados y hayamos aprendido a dejar que nuestra carne sea tratada hasta cierto grado, Dios nos guiará a cruzar el Jordán espiritual, donde la carne será completamente quitada (Gilgal significa "quitada rodando") y echada fuera (Col. 2:11). De ahí en adelante alcanzaremos la esfera celestial de una forma práctica, por lo tanto, heredaremos toda la plenitud de Cristo. Además, es en este tiempo preciso en que tenemos contacto con las huestes de espíritus malignos en los lugares celestiales y comenzamos a tener la experiencia de la batalla espiritual.

Durante toda su jornada los israelitas pasaron a través de dos aguas: el mar Rojo y el río Jordán. El mar Rojo sirvió para enterrar a Faraón y sus ejércitos, mientras que el Jordán sirvió para enterrar a los propios israelitas. Cuando ellos pasaron el Jordán, trajeron doce piedras consigo y dejaron otras doce piedras en el fondo del río. Estos dos conjuntos de doce piedras representan a las doce tribus. Ellas significan que las doce tribus viejas fueron terminadas en el Jordán, y las doce tribus recién nacidas pasaron al otro lado del río para entrar a la tierra prometida. Estas dos aguas por las cuales pasaron tipifican la muerte de Cristo. El agua del mar Rojo es un tipo del aspecto de la muerte de Cristo que termina con el poder del mundo. El agua del Jordán representa el aspecto de la muerte de Cristo que trae nuestro viejo hombre a su fin. Después de que los israelitas pasaron el mar Rojo, ellos sólo pudieron pelear con los amalecitas; no fue sino hasta que pasaron el Jordán que pudieron combatir con las siete naciones de los cananeos. Esto significa que al principio de nuestra vida espiritual, después de nuestro bautismo sólo podemos tener batallas contra la carne (Gá. 5:17). No es sino hasta que nuestra vida espiritual alcanza su clímax, cuando nuestra carne ha sido completamente enterrada y quitada y todas nuestras dificultades internas resueltas, que estaremos aptos para pelear con el enemigo externo y participar en la batalla espiritual.

Nosotros entendemos, a partir de todos estos tipos, que las primeras tres etapas de nuestra vida espiritual han transcurrido antes de que pasemos el Jordán. La cuarta etapa ocurre después que cruzamos el Jordán y entramos en la tierra de Canaán. Todas nuestras dificultades han sido tratadas en el otro lado del río Jordán y dentro del río Jordán. Ahora llegamos a este lado del río para tratar con las dificultades de Dios, para combatir y destruir totalmente a las siete naciones de los cananeos —las potestades del mundo de estas tinieblas y las huestes espirituales de maldad (Ef. 6:12)— las cuales usurpan la tierra prometida de Dios. Por esto, la batalla espiritual debe ser ubicada en la última y más elevada etapa de nuestra vida espiritual. Sólo al pasar por varios tratos y tener nuestros problemas resueltos podemos participar en la batalla espiritual.

Desde otro punto de vista, Dios tiene un doble propósito para todos Sus redimidos: el primero y el más importante es que seamos llenos de Dios mismo y manifestemos Su gloria; segundo, que gobernemos por Dios y tratemos con Su enemigo. Cuando alcancemos el final de la tercera etapa de nuestra vida espiritual, seremos llenos del Espíritu Santo, o sea, de Dios mismo; éste, el primero y más importante propósito de Dios, habrá sido logrado. Es en este tiempo que Dios desea que aprendamos a combatir por El y a tratar con Su enemigo de modo que Su segundo propósito pueda ser logrado en nosotros. Esto es lo que experimentaremos en esta cuarta etapa de nuestra vida espiritual.

En esta cuarta etapa, abarcaremos estas cinco experiencias: 1) conocer el Cuerpo, 2) conocer la ascensión, 3) reinar con Cristo, 4) la batalla espiritual o traer el reino de Dios y 5) ser llenos de la estatura de Cristo. Vamos ahora a la primera experiencia de esta etapa, a saber, conocer el Cuerpo.

CAPITULO QUINCE

CONOCER EL CUERPO

Todo el que quiera participar en la lucha espiritual debe primeramente conocer el Cuerpo. Nada requiere que conozcamos el Cuerpo con tanta urgencia como la lucha espiritual, porque la lucha espiritual no es un asunto individual; sino un asunto del Cuerpo. Ningún creyente puede pelear contra el enemigo individualmente; esto requiere todo el Cuerpo. Si deseamos conocer la lucha espiritual, primero tenemos que conocer el Cuerpo.

¿Por qué tuvimos que esperar hasta la cuarta etapa para hablar acerca de conocer el Cuerpo? Porque el Cuerpo al que se hace alusión aquí es el Cuerpo místico de Cristo, la iglesia. Este Cuerpo está formado por Cristo como vida en cada uno de nosotros, mezclado con nosotros. Durante la segunda y tercera etapas de nuestra experiencia de vida, seguimos viviendo en nuestra propia vida; por lo tanto, nos es imposible conocer esta vida que se mezcla con nosotros para formar el Cuerpo. Sólo cuando se resuelva por completo el problema de la vida de nuestro yo y tengamos la experiencia de haber pasado el Jordán y de entrar a la cuarta etapa, podremos tocar la realidad de esta vida del Cuerpo y llegar a conocer el Cuerpo.

Todo aquel que es salvo es miembro del Cuerpo de Cristo. ¿Es entonces la vida que está en cada uno de nosotros, una vida que pertenece a los *miembros* o al *Cuerpo*? Tanto la Biblia como nuestra experiencia prueban que aunque cada uno de nosotros es un miembro de Cristo, la vida que hay en cada uno de nosotros no es la vida de un *miembro*, sino la vida del *Cuerpo*. Todos los miembros de nuestro cuerpo participan de una sola vida. Cada miembro participa de la misma vida que los demás miembros, es decir, la vida de todo el cuerpo. Por ejemplo, una oreja, a menos que sea cortada, participa de la misma sangre que fluye a través del ojo, la nariz, y el resto del cuerpo. Del mismo modo, en el Cuerpo de Cristo, cuando un miembro se une al Cuerpo o tiene comunión con el Cuerpo, su vida es la vida del Cuerpo y la vida del Cuerpo es su vida. No es conveniente que él esté separado de los otros miembros, o viceversa, porque la vida que está en él y en los otros miembros, pertenece al mismo Cuerpo; no se puede distinguir ni separar. Es esta vida la que nos une a unos con otros para ser el Cuerpo de Cristo, o en palabras más precisas y enfáticas, es esta vida la que se mezcla con nosotros para que seamos el Cuerpo de Cristo.

Sin embargo, no podemos experimentar esto antes de que las dificultades del yo hayan sido completamente tratadas. Si todavía vivimos según la carne, en nosotros mismos, y servimos al Señor en nuestra habilidad natural, entonces la vida del Cuerpo, que es Cristo mismo en nosotros, no puede manifestarse y no podemos conocer el Cuerpo. Cuanto más vivimos por la carne, menos sentimos la necesidad del apoyo del Cuerpo. Si vivimos por nuestra propia opinión, no vemos ninguna necesidad de sustentar la iglesia. Si servimos con nuestra propia habilidad natural, no percibimos la necesidad de coordinar con los otros miembros. Sólo cuando el problema de nuestra carne haya sido resuelto, la opinión propia haya sido desecha y la vida natural haya sido derrotada, la vida que está en nuestro interior nos llevará a comprender que somos simplemente miembros del Cuerpo y que la vida que está dentro de nosotros no puede ser independiente. Por eso, esta vida requiere que tengamos comunión con todos los demás miembros y que estemos unidos a ellos y también nos introduce en esta comunión y en la experiencia de estar unidos unos con otros. Entonces empezamos a conocer un poco con respecto al Cuerpo y llegamos a estar capacitados para participar en la lucha espiritual.

Por un lado, decimos que si queremos pelear la batalla espiritual y tratar con la dificultad de Dios, debemos tratar primero con nuestra carne, el yo y la vida del alma, y resolver así nuestras propias dificultades; por otro lado, decimos que para pelear la batalla, primero debemos conocer el Cuerpo, y para conocer el Cuerpo y vivir en el Cuerpo, primero debemos tratar con nuestra carne, el yo y la vida del alma. Por lo tanto, ya sea que hablemos desde el punto de vista de pelear la batalla o de conocer el Cuerpo, tenemos que pasar las tres etapas anteriores —salir de la carne, el yo y la vida del alma— para poder llegar a la cuarta etapa de la experiencia de vida.

Ahora debemos considerar el asunto de conocer el Cuerpo, desde varios aspectos, comenzando con el plan de Dios.

I. EL PLAN DE DIOS

El plan de Dios desde la eternidad es tener un grupo de personas que participen de Su vida, tengan Su imagen y estén unidas con El como uno. En el propósito que El tiene en este plan hay dos puntos que debemos observar al conocer el Cuerpo.

A. *Dios quiere forjarse a Sí mismo en el hombre y hacer que el hombre sea semejante a El.*

Este asunto está profundamente relacionado con Su Hijo. La Biblia nos revela que Dios está en Su Hijo; todo lo que Dios es y todo lo que Dios tiene, toda la plenitud de la Deidad, habita en el Hijo (Col. 2:9). Podemos decir que si no existiera el Hijo de Dios, no habría Dios.

El concepto común de un hijo hace hincapié en que el hijo nace del padre, y en que el hijo y el padre existe como entes separados. Pero en la Biblia el énfasis con relación al Hijo de Dios es que El es la expresión de Dios y no puede ser separado de Dios. En Juan 1:18 leemos: "A Dios nadie le vio jamás; el unigénito Hijo, que está en el seno del Padre, él le ha dado a conocer". Este versículo revela que el Hijo de Dios es la expresión de Dios o el Dios expresado. Ningún hombre ha visto a Dios jamás, pero ahora el Hijo de Dios le ha declarado. Cuando un hombre ve al Hijo de Dios, ve a Dios. El Hijo de Dios es la expresión de Dios y la manifestación de Dios. Aparte de Su Hijo, Dios no tiene expresión ni manifestación. Por lo tanto, Dios y Su Hijo son inseparables.

Ya que Dios y Su Hijo no pueden ser separados, tampoco el objeto del plan de Dios puede ser separado de Su Hijo. Dios quiere forjarse a Sí mismo en el hombre, lo cual significa que Dios quiere forjar a Su Hijo en el hombre. Dios desea hacer que los hombres sean semejantes a El mismo, lo cual significa que Dios desea tener hombres semejantes a Su Hijo. Dios quiere que los hombres sean uno con Su Hijo. Génesis 1:26 nos muestra en figura que en la creación Dios quería hombres que tuvieran Su imagen y participaran de Su semejanza. En el Nuevo Testamento está señalado clara y prácticamente que Dios quiere que los hombres tengan Su imagen, lo cual significa que El quiere que sean "conformados a la imagen de Su Hijo" (Ro. 8:29). Cuando los hombres son conformados a la imagen de Su Hijo, tienen la imagen de Dios, porque el Hijo es la imagen de Dios (Col. 1:15).

B. *A la vista de Dios este grupo de personas, que El se propuso que estuvieran unidas con Su Hijo y que llevaran la imagen de Su Hijo, no es un grupo de individuos, sino un cuerpo unido, una entidad corporativa.*

Podemos deducir este pensamiento de las tres formas diferentes en que la Biblia habla con respecto a nuestra relación con Su Hijo:

1. Somos los hermanos del Hijo de Dios (He. 2:11; Ro. 8:29). Es posible que este aspecto indique que nosotros como individuos somos hermanos del Hijo de Dios, pero la Biblia recalca el hecho de que nosotros y Cristo juntamente expresamos a Dios. Antes de que Cristo viniera en carne, Dios tenía solamente un Hijo y una expresión en el universo. Después de que Cristo vino a esta tierra y se hizo carne, El nos impartió Su vida para que fuéramos hijos de Dios y hermanos Suyos. De ahí en adelante, Dios tiene muchos hijos en el universo. Así como este único Hijo es la expresión de Dios, todos los hijos son igualmente la expresión de Dios. Por lo tanto, al decir que somos hermanos de Cristo, el énfasis está en que nosotros y Cristo somos hijos de Dios y somos la expresión de Dios. Aún así, la Biblia no indica que como hermanos somos un grupo de individuos separados. Porque aunque fuimos hechos hermanos de Cristo uno por uno, la Biblia establece además que somos la "casa de Dios" (1 Ti. 3:15). Aun cuando somos los muchos hijos de Dios, el hijo individual no es la entidad completa. La entidad completa es la unión corporativa de todos los hijos, que han sido acoplados como una casa, una familia.

2. Somos la Novia de Cristo (Ef. 5:31-32; 2 Co. 11:2).

Posiblemente algunos piensen que por haber miles de personas salvas, Cristo tiene miles de novias, como en un sistema polígamo; pero la Biblia muestra que Cristo sólo tiene una Novia, la Iglesia, la cual está compuesta de todos los millares de salvos. Cuando la Biblia dice que somos la Novia de Cristo, el énfasis es que hemos salido de Cristo y que somos parte de Cristo, tal como Eva salió de Adán y era parte de Adán. En el principio a Adán no se le sacaron muchas costillas, sino una sola, ésta es la costilla que vino a ser Eva. Del mismo modo, a Cristo no se le han quitado muchos segmentos (un segmento para que un hermano sea salvo, y otro segmento para que una hermana sea salva, etc.), sino que solamente un segmento fue tomado de El, y esto fue para la salvación de la Iglesia. La Iglesia es la única parte que salió de Cristo. Cuando decimos que somos la Novia de Cristo, la idea de una entidad corporativa es expresada más específicamente que cuando nos referimos a nosotros mismos como hermanos de Cristo.

3. Somos el Cuerpo de Cristo. En Efesios 1:23 leemos que la Iglesia es el Cuerpo de Cristo. En 1 Corintios 12:27 leemos: "Vosotros sois el cuerpo de Cristo, y miembros cada uno en particular"; en 1 Corintios 10:17: "nosotros, con ser muchos, somos un Cuerpo". Estos versículos establecen que somos el Cuerpo de Cristo, no que cada uno de nosotros individualmente forma el Cuerpo de Cristo. Estamos unidos unos con otros para ser el Cuerpo místico de Cristo, y como individuos somos miembros de este Cuerpo. El Cuerpo, por lo tanto, puede expresar mejor nuestra unidad corporativa.

El punto que se recalca en cuanto a lo que hemos dicho de nosotros como la Novia de Cristo es que la Iglesia provino de Cristo. Cuando nos referimos a nosotros como el Cuerpo de Cristo, el punto al que se da énfasis es que la Iglesia y Cristo son uno. Así como Eva salió de Adán y fue presentada a Adán para ser una sola carne con Adán, así también la Iglesia salió de Cristo y es presentada a Cristo para ser uno con El. Cristo es la Cabeza; la Iglesia es el Cuerpo; no pueden ser separados. La Iglesia misma es una; la Iglesia y Cristo también son uno. Esto demuestra más claramente que lo que Dios deseó para Su Hijo fue un cuerpo colectivo, no una cantidad de individuos separados.

En resumen, vemos cinco puntos en el plan de Dios: a) Dios deseaba forjarse en el hombre y unirse al hombre para que éste fuera semejante a El. b) Dios está en Su Hijo. Por lo tanto, cuando El quiso forjarse en el hombre, El deseó forjar a Su Hijo en el hombre; cuando El quiso que el hombre estuviese unido con El, El quiso que el hombre estuviese unido con Su Hijo. c) El pueblo que Dios quiso que estuviera unido con Su Hijo son los hermanos de Su Hijo, aquellos que participan de la filiación con Su Hijo y que junto con Su Hijo le expresan. d) Este grupo de personas es la Novia de Su Hijo, parte de El, y algo que procede de El. e) Esta Novia no solamente procede de Su Hijo, sino que es presentada a Su Hijo para ser el Cuerpo de Su Hijo. Cuando este Cuerpo se manifieste, el plan de Dios habrá sido cumplido. En términos sencillos, el plan de Dios consiste en tener un Cuerpo para Su Hijo, y este Cuerpo es la Iglesia. La Iglesia es el Cuerpo de Cristo; ése es el único objeto del plan de Dios. La creación tiene esto como fin; éste es el objetivo de Su redención; el fin de Su obra a través de todas las generaciones es esto mismo. Cuando este propósito haya sido realizado, el Cuerpo de Cristo aparecerá, la Novia aparecerá, y los hermanos aparecerán. Entonces el deseo de Dios será satisfecho, Su meta será alcanzada, y Su plan cumplido. Por tanto, si queremos conocer el Cuerpo, debemos conocer el plan de Dios.

II. LA OBRA CREADORA DE DIOS

En segundo lugar, debemos considerar la obra creadora de Dios. Ya hemos dicho que el deseo que hay en el corazón de Dios es tener un grupo de personas que tengan Su vida y le expresen. Con este propósito, El hizo Su creación. Pero cuando Dios creó el hombre, no creó muchos hombres, sino solamente uno, Adán. Si Dios pudo crear un hombre, también pudo haber creado miles de hombres. ¿Por qué entonces no creó miles de hombres al mismo tiempo, en vez de crear solamente a Adán y permitir que salieran de él miles de hombres? La razón es que el pensamiento de Dios es uno solo.

Desde el comienzo de la historia, ha existido un sinnúmero de seres humanos, pero ya que todos ellos salieron de Adán, a los ojos de Dios sólo hay un hombre. Para Dios no hay más que un hombre en el universo, no millones ni billones de hombres. Podemos probar esto con 1 Corintios 15:45, 47. En este pasaje el apóstol habla de Adán y de Cristo como "el primer hombre" y "el segundo hombre". Este segundo hombre es también "el postrero". Por consiguiente, desde la creación hasta ahora, a los ojos de Dios solamente hay un hombre además de Cristo. Para completar Su propósito y cumplir Su plan, Dios creó solamente un hombre. No estaba en el pensamiento de Dios impartirse a Sí mismo en muchos individuos. Su deseo era impartirse en un hombre corporativo y expresarse a través de este hombre corporativo.

Este mismo principio se mantiene en la creación de la mujer. En la creación Dios hizo una sola mujer, que es Eva. Nosotros sabemos que Eva representa a la Iglesia. El hizo solamente un hombre, lo cual significa que El desea tener solamente un hombre corporativo para que sea Su imagen. El creó una sola mujer, lo cual significa que Dios desea solamente un hombre corporativo, que es la Iglesia, la Novia de Cristo. En conclusión, en la creación, el pensamiento de Dios es uno, y esta unidad es el Cuerpo del cual hablamos.

III. LA OBRA REDENTORA DE DIOS

Tercero, consideremos la obra redentora de Dios. En la obra redentora, el pensamiento de Dios sigue siendo uno solo. Desde el punto de vista de nuestra experiencia, algunos han sido salvos recientemente, otros, hace muchos años, y algunos lo fueron hace cientos de años; algunos fueron bautizados en los Estados Unidos, y algunos en otros países. Pero aun cuando estos eventos han tenido lugar en diferentes tiempos y en diferentes lugares, desde el punto de vista de Dios, El nunca salva individualmente. Cuando El salva, El redime a toda la iglesia.

Un buen ejemplo de esto es la narración del éxodo de los israelitas de Egipto. Cuando toda la casa de Israel iba a salir de Egipto, el cordero fue comido y la sangre aplicada en el mismo lugar y al mismo tiempo. Entonces al mismo tiempo y en el mismo lugar ellos pasaron el Mar Rojo. Desde nuestro limitado punto de vista, algunos comieron la carne y aplicaron la sangre en un lugar, mientras que otros comieron la carne y aplicaron la sangre en otro lugar a una distancia de cien casas.

Cuando pasaron el Mar Rojo algunos estaban al frente de la procesión, y otros estaban en lo último de la misma; ellos tal vez estuvieron separados por cientos de metros. Pero desde el punto de vista de Dios, ellos comieron la carne y aplicaron la sangre simultáneamente en Ramesés (Ex. 12:37); y su paso por el Mar Rojo (Ex. 14:29) fue también un acto simultáneo.

Por ejemplo, cuando una hormiga transporta su comida de una esquina a la otra de una habitación, ella considera que ha recorrido una distancia enorme, pero desde nuestro punto de vista se está moviendo simplemente en la misma habitación. De la misma manera, en nuestro entendimiento, la salvación tiene lugar más temprano o más tarde, aquí o allá; pero para Dios mil años es como un día (2 P. 3:8). Por consiguiente, en la perspectiva eterna de Dios, todos fuimos salvos al mismo tiempo. El no nos salvó uno por uno, individualmente; El nos salvó corporativamente como un solo hombre. Por lo tanto, en Su redención, en Su plan y en Su creación, Su pensamiento sigue siendo uno. El no planeó que Su Hijo tuviera dos cuerpos, sino solamente uno; tampoco creó dos personas para Su Hijo, sino solamente una. Ya sea en el plan de Dios, en Su creación, o en Su redención, el pensamiento es uno y solamente uno, y esta unidad es el Cuerpo.

IV. EN CRISTO

Después de que fuimos redimidos y puestos en Cristo, nuestra posición en Cristo sigue siendo una. En nosotros mismos somos muchos, pero en Cristo somos solamente uno. En Cristo hay una sola Iglesia. En Cristo hay un solo Cuerpo místico. Este Cuerpo místico de Cristo es uno. El significado espiritual del Cuerpo es uno. Siempre que nosotros como cristianos no somos uno, no estamos en el Cuerpo y demostramos que no hemos visto lo que es el Cuerpo.

La Epístola a los Efesios habla especialmente de la Iglesia. Establece que la Iglesia es el Cuerpo místico de Cristo. La Epístola a los Efesios también es el libro que más menciona el asunto de "ser uno". Menciona siete "unos": un cuerpo, un Espíritu, una esperanza, un Señor, una fe, un bautismo y un Dios (Ef. 4:4-6). Siete es el número perfecto. Así que este "uno" perfecto está en el Cuerpo, y este "uno" perfecto es el Cuerpo místico de Cristo.

V. EN EL ESPIRITU SANTO

En Cristo somos uno; además, en el Espíritu Santo somos uno. Esta unidad en el Espíritu Santo es lo que comúnmente llamamos comunión. Si vivimos en el Espíritu Santo, tenemos esta comunión, y tenemos esta unidad, la cual es la realidad del Cuerpo. Cuando perdemos la comunión en el Espíritu Santo, dejamos de tener esta unidad esencial y perdemos la realidad del Cuerpo.

VI. EN VIDA

En vida seguimos siendo uno. Hemos mencionado en otra parte que la vida que hay en nosotros no es una vida dividida, sino una vida completa. Debido a la comunión en el Espíritu Santo, la vida que hay en cada uno de nosotros es completa e íntegra. La vida que hay en mí es la vida que hay en usted y también es la vida que hay en Dios. Por lo tanto, Su vida en todos nosotros es una. Todos nosotros somos uno en esta vida. No sólo los buenos cristianos son uno con nosotros en vida, sino también los fracasados, los débiles y los pobres. Esta unidad en vida es el Cuerpo místico de Cristo.

VII. EN COMUNION

La comunión a que nos referimos aquí es comunión en vida. Puesto que todos somos uno en vida, la comunión que proviene de esta vida es una. Siempre que hay unidad, hay comunión. Donde no hay unidad, no hay comunión. Por lo tanto, cuando estamos en comunión, somos uno. Hoy, en la cristiandad, la gente aboga a menudo por la unificación. Esto prueba ya que no son uno y que no están en comunión; es por esto que necesitan unificación. Si vivimos en comunión, no hay necesidad de unificación, puesto que ya estamos unidos; somos uno. Esta unidad es el Cuerpo de Cristo.

VIII. EN EXPERIENCIA

Ya que los siete puntos mencionados indican la unidad, en nuestra experiencia también debemos ser uno. Si en nuestra experiencia somos uno, estamos conscientes de la unidad, y tocamos dicha unidad. Entonces conocemos el Cuerpo y vivimos en el Cuerpo. Pero en realidad esto no es tan simple. En el plan de Dios, en Su obra creadora, en Su obra redentora, en Cristo, en el Espíritu Santo, en vida y en comunión, todo es uno. No tenemos problemas con estos asuntos, porque de parte de Dios son hechos realizados. Pero de nuestra parte, que seamos uno en experiencia difiere entre individuos. Algunos ya tienen un poquito de experiencia, mientras otros no tienen nada. Lo que recalcamos ahora es esta unidad en nuestra experiencia.

Primero que todo, debemos saber que nuestro conocimiento y experiencia de esta unidad están relacionados indiscutiblemente con nuestra edad espiritual. En el caso de los jóvenes e inmaduros, su conocimiento y consciencia de esta unidad es superficial y ligera; en los que tienen experiencia y madurez, es profunda y tiene peso. Por ejemplo, un recién convertido siente que está mucho más atrasado que los demás hermanos que fueron salvos hace cinco o diez años. Pero cuando este hermano crece en amor al Señor, tiende a pensar que los otros hermanos y hermanas que no aman al Señor no pueden compararse con él. Cuando aprende algunas lecciones espirituales, piensa que es superior a aquellos hermanos y hermanas que no han aprendido. Algunas veces, cuando está en una reunión con hermanos y hermanas jóvenes, cree que las oraciones de ellos no son muy buenas porque son pobres en contenido y expresión; por lo tanto, él no abre su boca. Este sentir continuo de ser diferente a otros prueba que no es consciente de la unidad y que todavía está en una etapa inmadura, y no conoce el Cuerpo.

Sin embargo, ése no es el caso de los hermanos y hermanas que tienen experiencia. Aparentemente hay dos aspectos contradictorios en el sentir de ellos. Por un lado, consideran que estos hermanos y hermanas jóvenes realmente están más atrasados que ellos; pero por otro lado, consideran que son iguales que todos los hermanos y hermanas. Cualquier sentir que tengan los hermanos y hermanas, lo tienen ellos también. Los inmaduros siempre se sienten diferentes de los demás, pero aquellos que están profundamente en el Señor y desarrollados en su experiencia espiritual, no sienten tal diferencia. Por lo tanto, la razón por la cual no podemos ser uno en nuestra experiencia es que somos inmaduros y superficiales. Cuando llegamos a esta cuarta etapa en nuestra experiencia espiritual, no hay sentimiento de diferencia, sino un sentir espontáneo de unidad con todos. Esto es conocer el Cuerpo.

Si hablamos con respecto a lo que experimentamos bajo la mano de Dios, vemos que para conocer el Cuerpo, tenemos necesidad de dichas experiencias, porque esto toca nuestro individualismo. Todos aquellos que no conocen el Cuerpo son individualistas. Sus puntos de vista, sus acciones, su vivir y la obra que realizan son individualistas. Todo este individualismo se debe a que todavía viven en la carne, el yo y la constitución natural. Esto es similar a la enredadera parásita, que se envuelve alrededor del árbol y sólo muere cuando el árbol de la carne, del yo y de la constitución natural, es cortado. Solamente cuando la carne, el yo y la constitución natural hayan sido quebrantados severamente, el individualismo será eliminado. Cuando los hombres no viven más como individuos, ellos llegan a conocer el Cuerpo.

Conocer el Cuerpo no es una doctrina que uno puede entender hablando y escuchando solamente. Conocer el Cuerpo es el resultado de muchas experiencias acumuladas. Habiendo pasado por todas estas experiencias, llegamos al fin a conocer el Cuerpo. Cuando vamos a visitar un lugar de fama, viajamos cierta distancia; al fin llegamos a nuestro destino y vemos el objeto de nuestro viaje. Así es con el conocimiento del Cuerpo. Si deseamos conocer el Cuerpo y tocar la realidad del Cuerpo en nuestra experiencia, debemos caminar cierta distancia y subir ciertas cuestas en la vida espiritual. Debemos comenzar con la experiencia de resolver el problema de nuestro pasado y pasar por las experiencias de tratar con el pecado, el mundo y la conciencia, subiendo diligentemente de una etapa a la siguiente. Debemos ser severos con nosotros mismos aprendiendo las lecciones una por una, especialmente en el trato con la carne, el yo y la constitución natural. Solamente cuando hayamos experimentado las tres primeras etapas de nuestra vida espiritual y hayamos llegado a la cuarta etapa, arribaremos naturalmente al lugar donde podemos conocer el misterio del Cuerpo de Cristo.

Ningún conocimiento espiritual en realidad puede ser obtenido sin la experiencia. Todo está basado en la experiencia. El verdadero conocimiento espiritual no va más allá de las lecciones que hayamos experimentado. Por ejemplo, puede haber una verdad bíblica cuyo significado no podamos comprender plenamente debido a nuestra experiencia limitada; todo lo que tenemos es un pequeño sentir al respecto. Si seguimos ese sentir y tratamos de experimentarlo, un día la verdad será aclarada en nosotros. Por un lado, la verdad trae la experiencia; y por el otro lado, a causa de la experiencia, conocemos la verdad. De esta manera llegamos al verdadero conocimiento espiritual.

Considere otros ejemplos. Si uno no ha experimentado comunión en vida, no conoce el significado de morar en Cristo. Si uno no tiene la experiencia de andar conforme al Espíritu, no conoce la enseñanza de la unción. De la misma manera, si la carne no ha sido tratada, ni el yo ha sido abandonado, ni la constitución natural ha sido quebrantada, no puede uno saber lo que es el Cuerpo. Uno puede conocer un poquito con respecto a la doctrina del Cuerpo, pero no podrá tocar la realidad del Cuerpo. El Cuerpo de Cristo no es una doctrina; es una realidad. Uno debe subir las colinas de la experiencia antes de poder ver y tocar el Cuerpo. Conocer el Cuerpo no depende de nuestras súplicas. Orar y ayunar por tres días y tres noches no nos capacitará para ver el Cuerpo. Esto es inútil. El conocimiento del Cuerpo es el resultado de nuestra experiencia y crecimiento espirituales. Después de tener suficientes experiencias llegaremos a un lugar donde conoceremos el Cuerpo naturalmente.

Nunca olvidaré el mensaje que dio el hermano Watchman Nee en una reunión especial. El subrayó repetidas veces el hecho de que antes de experimentar lo que dice en Romanos 12, uno tenía que experimentar lo que dice en Romanos 8. Uno debe experimentar primero lo que es hacer morir la carne, de lo cual habla Romanos 8, antes de poder conocer el Cuerpo, el cual habla Romanos 12. Por lo tanto, desde el principio debemos ser muy severos al tratar con nosotros mismos, especialmente con respecto a nuestra carne, nuestro yo y nuestra constitución natural. Debemos tomar esto seriamente y ser extremadamente persistentes hasta que tengamos la experiencia de Romanos 8. Si aún no hemos experimentado hacer morir a la carne, mencionado en Romanos 8, no podremos comprender el Cuerpo en Romanos 12. Cuando se le haya dado muerte a nuestro cuerpo (la carne), el Cuerpo de Cristo será manifestado. Esta es una realidad espiritual que no puede fingirse y en la cual no existe falsificación. Puede haber falsificación en otras áreas espirituales, como la humildad, la gentileza, la fe y el amor. Aun podemos aparentar que somos espirituales. Pero no es posible fingir en lo que se refiere a conocer el Cuerpo. Cuando nuestra experiencia haya llegado al grado de conocer el Cuerpo, entonces lo conoceremos. Si en nuestra experiencia aún no hemos llegado a ese grado, no conocemos el Cuerpo; escuchar mucha predicación sobre el tema no beneficia en nada.

IX. PRUEBAS DE QUE CONOCEMOS EL CUERPO

Ya que conocer el Cuerpo es algo tan práctico, ¿cómo podemos estar seguros si conocemos o no el Cuerpo como tal? Podemos demostrarlo en tres maneras por lo menos.

A. Somos incapaces de ser individualistas

La primera prueba de que conocemos el Cuerpo es que no podemos ser individualistas. En los siete puntos que hemos mencionado —el plan de Dios, la creación, la redención, Cristo, el Espíritu Santo, la vida, y la comunión— sólo hay unidad, son inseparables y en ellos no hay individualismo. Si en verdad llegamos a conocer el Cuerpo y nos damos cuenta de la unidad contenida en estos siete asuntos, no puede existir en nosotros individualismo. Antes de que uno conozca el Cuerpo, es individualista y vive como tal. Su vida, sus acciones, su trabajo y su servicio se llevan a cabo de manera individualista. Externamente aparenta ser uno con los hermanos, pero no hay una verdadera coordinación ni entrelazamiento. Sólo al crecer en vida con más profundidad y conocer el Cuerpo en cierta medida, puede ver que ser cristiano es un asunto corporativo y que no puede seguir adelante sin la comunión del Cuerpo, ni tampoco puede apartarse de la coordinación de los miembros. El Cuerpo de Cristo llega a ser un asunto práctico para uno.

En la vida de la iglesia uno no puede ya servir solo. En la parte más profunda del ser, uno siente que necesita ser cristiano en compañía de otros. No solamente en acciones grandes e importantes uno necesita a los hermanos y las hermanas, sino que aún al leer la Biblia, así también como al orar, no lo puede hacer sin los demás miembros. Uno no puede trabajar sin la coordinación de los hermanos y hermanas, y no puede vivir sin el apoyo de la iglesia. Es en esta etapa que él está siendo entretejido espontáneamente junto con todos los santos para llegar a ser un Cuerpo, a fin de no estar ya separado. Por consiguiente, todos aquellos que todavía pueden ser individualistas, no conocen el Cuerpo y todos aquellos que tienen un conocimiento verdadero del Cuerpo, de ningún modo pueden ser individualistas.

B. Discernimos a aquellos que no están en el Cuerpo

La segunda prueba de que conocemos el Cuerpo es la capacidad de discernir si otros están o no en el Cuerpo. Aquel que ha llegado a conocer el Cuerpo no sólo vive en el Cuerpo de una manera muy práctica, sino que también puede discernir si otros viven o no en el Cuerpo.

Esta capacidad de discernir después que uno conoce el Cuerpo se debe absolutamente al grado de profundidad de la comunión que él tiene en el Señor. Nuestra comunión con el Señor se profundiza proporcionalmente a nuestra experiencia de vida, comenzando con el estado inicial de nuestra vida espiritual y continuando hasta la cuarta etapa. El grado de profundidad de la comunión varía grandemente a medida que progresamos en la experiencia de vida. Cuando dos personas que están en diferentes grados de comunión con el Señor se reúnen, el que tiene una experiencia más profunda puede seguir adelante con aquel que tiene una experiencia más superficial y tener comunión con él, pero esa comunión está limitada al grado de la experiencia de éste. Si esta comunión fuera más allá del límite, llegaría a ser más bien incoherente e incomprensible para este último. Aquel que tiene una experiencia más profunda, por lo tanto, puede seguir adelante con el que tiene una experiencia más superficial, pero el más superficial no puede ir adelante con el que tiene más profundidad. Este es un gran principio en la comunión espiritual.

Es debido al principio de que aquellos que son profundos en el Señor reconocen a aquellos que son superficiales, pero los que son superficiales no disciernen a aquellos que son profundos. Si hemos sido llevados por el Señor a la cuarta etapa y tenemos una comunión profunda en esta etapa, podemos mediante la comunión saber si otros también han sido llevados a esta etapa y, por consiguiente, conocen el Cuerpo. Pero si no hemos alcanzado la cuarta etapa y no conocemos el Cuerpo, entonces no tenemos manera de discernir a otros.

Usemos un ejemplo menos profundo. Cuando otros hablaban acerca de la regeneración antes de que naciéramos de nuevo, aquello nos sonaba extraño. Aún más, ni siquiera podíamos reconocer si otros habían nacido de nuevo. Si ya hemos nacido de nuevo, no solamente podemos hablar con otros acerca de la regeneración, sino que podemos discernir fácilmente si otros han nacido de nuevo. Esto prueba que en verdad nosotros hemos nacido de nuevo.

Otro ejemplo: Si ya nosotros nos hemos consagrado y hemos tenido la experiencia de tratar con el pecado, podemos muy rápidamente reconocer a aquellos que no han tenido esta experiencia. Puesto que su comunión con el Señor no ha llegado a esta etapa, ellos no tendrán ni idea de lo que estamos diciendo ni podrán responder. Por el contrario, si no hemos tenido esta experiencia, nosotros tampoco podremos reconocer si ellos se han consagrado o si han tratado con el pecado.

No solamente por medio de la comunión podemos tener la certeza de que otros conocen el Cuerpo, sino que también la experiencia de conocer el Cuerpo es en sí misma un asunto de comunión. Si alguien está en el Cuerpo, está en comunión; si alguien no está en el Cuerpo, él no está en comunión. Muchos cristianos han perdido la posición de comunión, la realidad de la comunión. Esto implica que ellos no ven el Cuerpo y que no viven en el Cuerpo. Vivir en comunión, por lo tanto, prueba que conocemos el Cuerpo. Si verdaderamente conocemos el Cuerpo, podemos saber con certeza si otros están o no en él. Cuando otros no han llegado a vivir en la realidad del Cuerpo, ellos no están en la comunión del Cuerpo. No hay posibilidad de que haya comunión entre ellos y nosotros con respecto a este punto. Necesitamos solamente un contacto, y lo sabemos. Por el contrario, si nunca nos damos cuenta de que otros no están en el Cuerpo, demostramos que no estamos en el Cuerpo. No hemos llegado a conocer el Cuerpo. Nuestro sentir interno al tener contacto con otros, por lo tanto, nos revela si conocemos el Cuerpo o no.

C. Reconocemos la autoridad

La tercera prueba de que conocemos el Cuerpo es que reconocemos la autoridad. Que alguno conozca el Cuerpo o no, depende de si uno reconoce la autoridad o no. Aquellos que no reconocen la autoridad, no conocen el Cuerpo. Conocer el Cuerpo y reconocer la autoridad son dos cosas inseparables. Reconocer la autoridad está relacionado con lo que hemos mencionado en relación con el individualismo en la primera prueba. Si uno reconoce la autoridad, no puede ser individualista. Si uno quiere determinar si reconoce la autoridad o no, simplemente necesita determinar si todavía puede ser individualista o no. Si todavía puede vivir como un individualista y sentir que puede servir a Dios solo sin tener coordinación con otros, demuestra que no reconoce la autoridad, ni ha llegado a conocer el Cuerpo. La autoridad sólo puede ser manifestada en el Cuerpo y en la coordinación. Si un miembro se aísla y es individualista, no tiene relación con otros en lo que respecta a la autoridad. Pero si hemos visto que Dios quiere un Cuerpo, y que nosotros, puesto que somos miembros de este Cuerpo, nunca podremos avanzar solos (pues cuando estamos solos, estamos desunidos), entonces aprenderemos a reconocer la autoridad, a guardar nuestra posición en el Cuerpo, y a tener coordinación con todos los hermanos y hermanas.

¿Qué es la autoridad? La autoridad es simplemente la autoridad de Cristo, la Cabeza, la cual es revelada en el orden del Cuerpo. Tomemos nuestro cuerpo físico como ejemplo. La cabeza es lo más alto y es la autoridad de todo el cuerpo; desde ella, el orden es expresado a través de todo el cuerpo. Debajo de la cabeza están los brazos, el tronco y las piernas. Todos los miembros siguen un orden definido; por lo tanto, cualquier miembro, a menos que no esté unido, está en dicho orden.

Cualquier miembro que esté unido al Cuerpo, de seguro está bajo este orden. Por un lado, él está bajo la autoridad de algunos de los otros miembros, y por otro, algunos miembros están bajo su autoridad. Por ejemplo, el codo está arriba de la palma de la mano, y debajo de la mano están los dedos; el codo tiene autoridad sobre la palma de la mano y la palma de la mano tiene autoridad sobre los dedos. Esta autoridad está de acuerdo al orden respectivo en el cuerpo y también es la autoridad de la cabeza como se muestra en el orden de los miembros. Cuando hablamos de autoridad, nos referimos a la autoridad de Cristo manifestada a través del orden de Su Cuerpo. Debido a que todos nosotros somos miembros del Cuerpo de Cristo, naturalmente tenemos nuestra posición y orden correctos. Si hemos sido enseñados en nuestro espíritu y hemos sido guiados por Dios para reconocer la carne, si nuestro yo ha sido ya tratado y nuestra constitución natural quebrantada, inmediatamente reconoceremos nuestro propio orden cuando seamos puestos entre los hermanos y hermanas. Sabremos quién está delante de nosotros y quién está detrás de nosotros, quién está en autoridad sobre nosotros y sobre quién nosotros tenemos autoridad. La autoridad de la Cabeza en mí y la autoridad de la Cabeza en otros hace claro quién está debajo de mí. Es como una familia, en la que los hermanos y hermanas conocen su propio orden: quién debe someterse a quién, y quién es la autoridad de quién. Este tipo de autoridad no es algo que se asume ni se obtiene por elección, sino que es el orden natural en vida, el cual Cristo, la Cabeza ha manifestado en todos los miembros de Su Cuerpo. Solamente aquellos que viven en la carne, que andan según la opinión propia y su constitución natural, pueden enredarse en conflictos entre unos y otros en competencia por la autoridad. Todos aquellos que han aprendido sus lecciones pueden reconocer la autoridad de la Cabeza sobre el Cuerpo y pueden descansar en su propio lugar de una manera muy natural y satisfactoria. Esto no tiene nada que ver ni con humildad ni con orgullo. Llegar a estar bajo autoridad es un procedimiento natural, muy alejado de forzarse uno mismo a someterse. Este tipo de personas reconoce la autoridad y conoce el Cuerpo porque reconocer la autoridad equivale a conocer el Cuerpo. Por lo tanto, este asunto de conocer el

Cuerpo también puede ser llamado el conocimiento de la autoridad.

Si nosotros no sabemos cuál es nuestro lugar en el Cuerpo, demostramos que en nuestra experiencia de vida no hemos llegado a la cuarta etapa. Si en las tres primeras etapas hemos pasado por varios tipos de trato, siendo serios y cabales, especialmente al tratar con la carne, la opinión propia y la constitución natural, entonces el Espíritu Santo nos guiará interiormente en una manera muy natural a que conozcamos nuestro lugar respectivo en el Cuerpo de Cristo, haciendo que nuestra vida y servicio estén llenos del sabor de la coordinación del Cuerpo. De esta manera el Cuerpo de Cristo se manifestará gradualmente entre nosotros.

En conclusión, al llegar a conocer el Cuerpo, podemos estar conscientes del mismo, aunque quizás no sepamos cuándo obtuvimos este conocimiento; pero si lo tenemos, lo sabremos. Esto es similar a recuperarse de una enfermedad. El tiempo exacto de la recuperación es difícil de determinar, pero sí podemos saber que nos hemos recuperado, porque aun en la apariencia así como en lo que sentimos somos diferentes. De la misma manera, en todo verdadero conocimiento espiritual, es difícil decir con precisión en qué día, hora o minuto tuvimos acceso, pero las repercusiones se pueden discernir claramente. Por lo tanto, si alguno tiene un verdadero conocimiento del Cuerpo, tarde o temprano expresará las tres pruebas que hemos mencionado. Primero, ya no puede ser individualista. Segundo, puede determinar cuándo otros no están en el Cuerpo. Tercero, entre hermanos y hermanas conoce claramente, sin ningún esfuerzo especial, su propio lugar en el Cuerpo, es decir, quién tiene autoridad sobre él y sobre quién tiene él autoridad, o sea, en quién descansa la autoridad de la Cabeza. Estos tres puntos son pruebas de que conocemos el Cuerpo.

Capitulo dieciseis

CONOCER LA ASCENSION

Ahora veremos la decimosexta experiencia de vida, la cual es conocer la ascensión. Aunque esta lección es bastante profunda, aún así, no es difícil de entender. Hablaremos de esto en varios puntos principales.

I. LA NECESIDAD DE CONOCER LA REDENCION DE CRISTO

A fin de conocer la ascensión, necesitamos primeramente conocer la redención de Cristo porque la ascensión está incluida en ésta. Tocante a la redención de Cristo, muchos comprenden sólo Su crucifixión, Su muerte, por nosotros. Algunos ven algo más profundo; se dan cuenta de que la redención de Cristo también incluye la resurrección. Pero si leemos otra vez las Escrituras cuidadosamente y examinamos nuestras experiencias, descubriremos que Su redención incluye también Su ascensión. La redención de Cristo consta de tres partes principales: la muerte, la resurrección y la ascensión. Si alguna de estas partes falta, la redención de Cristo no puede considerarse completa.

En estos tres puntos principales de la redención de Cristo, la muerte de Cristo subraya la liberación de los aspectos negativos. Es decir, nos salva de los pecados, del mundo, de la carne, de aquello que es natural y de todas las cosas que son incompatibles con Dios. La resurrección de Cristo recalca la entrada a los aspectos positivos. Esto es, nos introduce en todas las riquezas de la nueva creación, las cuales Dios tiene en Cristo. La ascensión de Cristo es la gloriosa conclusión de Su muerte y resurrección. La muerte y resurrección de Cristo no son la conclusión de Su redención; Su ascensión sí lo es. No podemos decir que Cristo reposó cuando fue levantado de los muertos. Cristo no reposó en Su muerte ni en Su resurrección; El reposó en Su ascensión. La Escritura no dice que el Señor se sentó en resurrección, sino que El se sentó en los cielos (Ef. 2:6). Sentarse significa que la obra ha sido realizada. Por lo tanto, la obra redentora del Señor sólo se consideró realizada cuando El ascendió a los cielos. Podemos decir que la muerte y resurrección son sólo etapas progresivas de la redención del Señor. La ascensión es la etapa final de la redención del Señor. La muerte y resurrección del Señor son la senda que nos lleva a Su ascensión. Así que la ascensión es la conclusión de Su muerte y resurrección.

Ya que la ascensión del Señor es la conclusión de Su muerte y resurrección, estos tres pasos están íntimamente relacionados. Cuando el Señor se levantó de la muerte y entró en la resurrección, El ya había llegado a la esfera celestial. Inmediatamente después de la muerte y resurrección está la ascensión. En el cristianismo hay un entendimiento incorrecto de que Cristo ascendió cuarenta días después de Su resurrección. En realidad, en la mañana de la resurrección el Señor ascendió a los cielos. Esa mañana, el Señor se le apareció a María Magdalena y le dijo: "No me toques; porque aún no he subido a mi Padre". Y pasó a decir: "Subo a mi Padre" (Jn. 20:17). En la noche de ese mismo día el Señor se apareció otra vez a Sus discípulos y dijo: "Palpad, y ved" (Lc. 24:39). Para entonces el Señor podía dejar que los hombres le tocaran. Esto revela que antes de este momento ya El había ascendido a los cielos y le había ofrecido a Dios la frescura de Su resurrección. Por lo tanto, antes de Su ascensión ante los ojos de Sus discípulos cuarenta días después, El podía decir: "Toda autoridad me ha sido dada en el cielo y en la tierra". Esta autoridad se la dio Dios cuando El ascendió a los cielos la mañana de la resurrección. De este modo vemos que la muerte y resurrección de Cristo están unidas con Su ascensión. No pueden ser separadas. Concluir el grado escolar no puede ser separado de la graduación; cuando uno termina sus estudios, se gradúa. Igualmente, cuando el Señor fue levantado de la muerte, El ascendió.

En la ascensión El trajo a los cielos todo lo que había logrado por medio de Su muerte y resurrección. El trajo el fruto de toda Su obra redentora a la esfera celestial. Así que hoy el Señor, en la posición de Su ascensión, aplica la eficacia de Su redención al hombre. Indudablemente el perdón de pecados que el Señor nos da, está basado en la sangre que El derramó en la cruz. Pero si El no hubiera ascendido a los cielos, no podría aplicar Su muerte ni Su sangre. El llevó a cabo la redención en la cruz, pero es en Su ascensión que aplica Su redención. En la posición de ascensión El da al hombre la salvación. En términos claros, toda la gracia redentora experimentada por la iglesia, desde recibir el perdón de pecados hasta experimentar la ascensión y la obtención de varios dones, está siendo aplicada de una manera práctica por El Señor en Su ascensión. Por esto, la ascensión en la redención de Cristo ocupa un lugar muy importante. Todo lo que Cristo ha logrado a través de Su muerte y resurrección está incluido en la ascensión para aplicarse. Sin la ascensión, nada de lo que está en la salvación de Cristo puede ser aplicado a nosotros de una forma práctica.

II. LA NECESIDAD DE CONOCER LA POSICION DE NUESTRA SALVACION

Para poder conocer la ascensión, necesitamos en segundo lugar conocer la posición de nuestra salvación. Aunque, al ser salvos fuimos salvos de estar bajo condenación y traídos al perdón de pecados, y fuimos vivificados, habiendo sido sacados de la condición de muerte para obtener la vida de Dios, aun así, ni el perdón de pecados ni el obtener la vida pueden ser considerados como la posición de nuestra salvación. Efesios 2:5-6 nos dice que "aun estando nosotros muertos en nuestros pecados, [Dios] nos dio vida juntamente con Cristo … y juntamente con él nos resucitó, y asimismo nos hizo sentar en los lugares celestiales en Cristo Jesús". Esto muestra que cada hombre que es salvo no sólo es uno cuyos pecados le son perdonados, ni es solamente uno que ha sido vivificado y sacado de la muerte y tiene la vida de Dios, sino que también es uno que se sienta en los lugares celestiales, un hombre que está en ascensión. Cuando Cristo nos salva, El hace que ascendamos con El y nos sentemos con El en los cielos. Por lo tanto, la ascensión es verdaderamente la posición final de nuestra salvación.

La posición de ascensión que hemos obtenido descansa no sólo en la ascensión que Dios ha realizado en Cristo, sino en la vida de ascensión que hemos recibido y que está dentro de nosotros. En Colosenses 3:1-4 el apóstol nos pide que pongamos nuestra mente "en las cosas de arriba". Esto se basa en el hecho de que Cristo es nuestra vida. Cristo está sentado en los lugares celestiales a la diestra de Dios. Ya que le tenemos como nuestra vida, estamos escondidos con El en Dios. Esto revela que en Su ascensión, y no en Su muerte ni en Su resurrección, Cristo hizo que nosotros obtuviéramos vida y llegó a ser nuestra vida. Aunque esta vida ha pasado por la muerte y la resurrección, con todo, es en la posición de ascensión que Cristo nos da esta vida. Esta vida es ascendida y celestial, y es dada desde el cielo. Es una vida que llega hasta el cielo. Por lo tanto, una vez que obtenemos esta vida, tenemos comunión con el cielo y estamos unidos al cielo. Aunque, según la condición externa, vivimos en la tierra, con todo y eso, según la vida interna ya estamos en el cielo. Es la misma situación que la del Señor durante el tiempo que estuvo en la tierra. El dijo en aquel tiempo que aunque El "descendió del cielo", aún estaba "en el cielo" (Jn. 3:13). Esto se debía al hecho de que Su vida es celestial y está unida con el cielo.

Por ejemplo, una lámpara eléctrica nos da luz porque la corriente eléctrica está dentro de ella. Esta corriente eléctrica se origina en la planta eléctrica y está unida a la planta eléctrica. Por lo tanto, con respecto a lo exterior, su luz ilumina la habitación; pero con respecto a la corriente eléctrica que hay en la lámpara, su posición está en la planta eléctrica. Igualmente, nosotros como personas salvas podemos ser manifestados en esta era como luces encendidas (Fil. 2:15; Mt. 5:14-16) debido a la vida ascendida que nos salva y que está ahora dentro de nosotros. Esta vida fluye en nosotros desde el cielo, y también está unida con el cielo. Fluye a nosotros desde el cielo y también nos lleva al cielo. Con esta vida que está unida al cielo, somos personas unidas con el cielo. Por lo tanto, así como desde el punto de vista de Cristo, la ascensión es la conclusión de Su redención, de la misma manera desde nuestro punto de vista, la ascensión es la posición de nuestra salvación.

III. LA NECESIDAD DE CONOCER
LAS FUNCIONES ESPIRITUALES

Para poder conocer la ascensión, necesitamos en tercer lugar, conocer las funciones espirituales. Todos los dones espirituales de los cristianos son dados por el Señor, en ascensión (Ef. 4:8) y son para que los apliquemos desde la posición de ascensión. Por lo tanto, si no conocemos la base de ascensión ni nos paramos sólidamente en ésta, no podremos aplicar estos dones espirituales. Las funciones de los dones espirituales sólo pueden ser manifestadas si se basan en la ascensión.

Génesis 1:17 nos dice que Dios puso lumbreras en el cielo para que alumbren sobre la tierra. Esta palabra está llena de sentido figurado. El sol, la luna y las estrellas pueden alumbrar sobre la tierra debido a que están en el cielo. Una vez que se cae una estrella del cielo, pierde su función. Su función iluminadora depende enteramente de su posición en el cielo. Igualmente, ya sea que prediquemos el evangelio, visitemos a las personas, edifiquemos a los santos o administremos la iglesia, la verdadera función descansa completamente en nuestra posición de ascensión. Una vez que perdamos la posición de ascensión, perderemos las funciones espirituales.

Por ejemplo, la razón por la cual muchos hermanos y hermanas han visitado personas sin tener ningún resultado, es que ellos han caído de la posición de ascensión y viven en alguna situación terrenal. Si queremos visitar a las personas y tener mucha eficacia, no es necesario que hablemos mucho ni de que prediquemos muchas verdades; solamente necesitamos mantener la posición de ascensión en nuestro diario vivir; sólo necesitamos tocar continuamente el cielo en nuestro ser interno y vivir en la condición celestial, la atmósfera celestial, la cual, cuando es tocada por otros, les permitirá obtener la provisión celestial. Esto también aplica a las oraciones ofrecidas en las reuniones. Las oraciones de ciertos hermanos y hermanas imparten un sentir de vacío y vejez a otros porque ellos han perdido la posición de ascensión. La terminología que usan en sus oraciones puede ser muy atractiva, pero ante Dios y ante Satanás no tienen peso alguno. Tampoco tienen efecto en el ámbito espiritual. Sin embargo, ése no es el caso de otros hermanos y hermanas. Estos se paran firmes en la posición de ascensión y viven en la vida celestial. Su diario vivir es celestial; por eso, sus oraciones también son celestiales. Cuando abren sus bocas, ellos traen un sabor celestial. Sólo esta clase de oración puede tocar el trono que está en los cielos y sacudir las puertas del infierno, produciendo así muchas consecuencias espirituales. Por lo tanto, independientemente de cuáles sean nuestras funciones espirituales, debemos aplicarlas en la posición celestial y manifestarlas en el ámbito celestial.

IV. LA NECESIDAD DE CONOCER
LA POSICION EN LA BATALLA

Para conocer la ascensión, debemos en cuarto lugar, conocer nuestra posición en la batalla. Nuestra posición espiritual en la batalla está absolutamente en los lugares celestiales. Siempre que perdemos la posición de ascensión, somos incapaces de llevar a cabo alguna batalla espiritual. En el campo de batalla, todas las estrategias militares le prestan atención al problema de la posición. El que ocupa el terreno alto en contra del que está en el terreno bajo, puede ganar la batalla. En el campo de batalla espiritual, este principio es aún más importante. Podemos decir que la lucha espiritual depende solamente del problema de la posición. Si deseamos ganar la batalla, la posición de ascensión debe ser claramente conocida y mantenida.

Debemos ver el hecho de que la lucha espiritual mencionada en el sexto capítulo de Efesios está basada en la posición de ascensión mencionada en el segundo capítulo. El segundo capítulo de Efesios declara que estamos sentados juntamente con Cristo en los lugares celestiales. Luego el sexto capítulo pasa a hablar de nuestra lucha contra las huestes espirituales de maldad en las regiones celestiales (v.12). Esto significa que primeramente debemos ser hombres que están en ascensión y que tienen la posición de ascensión antes de que podamos atacar al enemigo en el aire. Si somos hombres terrenales y perdemos la posición de ascensión, caeremos en las manos del enemigo y no podremos luchar contra él. Por lo tanto, la posición de la lucha espiritual está absolutamente en los cielos.

Génesis 3:14 nos dice que después de que la serpiente sedujo a Eva, Dios le juzgó obligándole a moverse sobre su pecho y a comer polvo todos los días de su vida. Moverse sobre su pecho limita su esfera de actividad. La serpiente sólo puede arrastrarse sobre la tierra. Comer polvo limita el objetivo de su actividad devoradora; sólo puede comer cosas que pertenecen al polvo de la tierra. La serpiente de Génesis 3 es la incorporación de Satanás. Por lo tanto, el juicio contra la serpiente es también el juicio contra Satanás. Hoy, la esfera de la actividad de Satanás es la tierra, y el objeto de su actividad devoradora es el hombre terrenal. En 1 Corintios 15:47-48 se nos dice que Adán y todos los suyos son terrenales. Por eso, siempre que vivimos en la vida terrenal de Adán, somos terrenales y estamos en la tierra. No sólo no podemos luchar contra Satanás, sino que también caemos en la esfera de su actividad y nos hacemos el objeto de su actividad devoradora. Por el contrario, cuando vivimos en la vida celestial de Cristo, somos celestiales y estamos en el cielo. De este modo trascendemos la esfera de actividad de Satanás y ya no somos objeto de su actividad devoradora. Por lo tanto, podemos atacarlo y vencerlo.

Este principio de lucha es también muy evidente en nuestro diario vivir, nuestro vivir práctico. Ya sea en la iglesia, en la casa o en el lugar de trabajo, siempre que somos manchados por el pecado, sentimos algún amor por el mundo, nos enojamos, tratamos con la astucia, o vivimos en la vida terrenal, simplemente no podemos ser fuertes ante el enemigo para luchar contra él. En ese caso, ya somos terrenales y hemos caído en manos del enemigo. Por otro lado, si tenemos comunión constante con el Señor, andamos en el espíritu y vivimos en la vida celestial, somos celestiales y habitamos en la posición de ascensión. Entonces podemos mantenernos en un terreno más alto en nuestra lucha contra el terreno más bajo y tratar con Satanás. En este momento, si la iglesia encuentra dificultades, podemos entregarnos a la oración prevaleciente delante de Dios, pidiéndole a Dios que se levante para juzgar a Su enemigo. Podemos levantarnos para expresar nuestra actitud a Dios, diciendo: "No podemos permitir que estas cosas ocurran en la iglesia". También podemos decirle seriamente a Satanás: "Estamos disgustados con esto. Estamos en contra de esto". Cuando hacemos una declaración tan severa y proferimos una expresión tan fuerte, todas las huestes de Satanás se retirarán, y su obra también será completamente destruida. Pero si vivimos la vida terrenal, usando métodos y medios naturales, nunca podremos resolver estos problemas. Ya hemos caído del cielo y hemos perdido la posición de batalla. No tenemos manera de tratar con el enemigo de Dios y anular sus obras.

¿Por qué la posición de ascensión hace que seamos victoriosos en la batalla? Porque sólo en la posición de ascensión podemos tener la autoridad celestial. Para poder pelear la batalla espiritual, necesitamos depender de nuestra autoridad celestial. Sólo hay un lugar donde podemos obtener la autoridad celestial. Este lugar es el cielo. Si pasamos por la muerte y resurrección para alcanzar el ámbito celestial, indudablemente obtendremos la autoridad celestial. En consecuencia, seremos victoriosos en la batalla.

Muchos cristianos hoy día están muy preocupados con el problema del poder. Pero el Señor nos ha salvado y puesto en la posición no sólo de tener poder, sino también en la posición de tener autoridad. Aquellos que están en el ámbito celestial tienen no sólo poder, sino también autoridad. Aquellos que tienen poder sólo pueden hacer que otros se muevan. Pero aquellos que tienen autoridad no sólo hacen que otros se muevan, sino que sean reverentes y temerosos. Por ejemplo, considere el caso de algunos hermanos y hermanas que aman el mundo y viven conforme a la carne. Cuando éstos ven a los hermanos o las hermanas que aman al Señor, que le buscan y que viven en el espíritu, los admiran mucho y son conmovidos. Esto es un asunto de poder. Pero si encuentran a otros hermanos o hermanas que viven en la esfera de ascensión, ellos no sólo sentirán cierto poder que les conmueve sino también cierto fenómeno que hace que sean reverentes y temerosos. En tales hermanos o hermanas existe una realidad celestial; por consiguiente, ellos también están llenos de la autoridad celestial. Por eso, mientras ellos andan entre los hombres, traen consigo cierta apariencia temible que causa que otros sean reverentes.

Cuando leemos el Cantar de los Cantares en el Antiguo

Testamento, vemos que aquella que buscaba al Señor crece en vida al punto que su expresión es muy noble y respetuosa. En el Cantar de los Cantares 6:10 dice: "¿Quién es ésta que se muestra como el alba, hermosa como la luna, esclarecida como el sol, imponente como ejércitos en orden?" Aquí la luz matutina, la luna y el sol son cosas que están en el cielo. Por lo tanto, para entonces la condición de ésta es enteramente celestial. En otras palabras, su experiencia de vida ha llegado a la esfera de la ascensión. De modo que, su condición le da a otros el sentido de temor. Esto se debe a que ella está en la posición de ascensión y tiene la autoridad celestial. Esta autoridad es la que hace que otros sean temerosos y llenos de reverencia.

La autoridad que obtenemos en la posición de ascensión es la base sobre la cual derrotamos a Satanás y le vencemos. En Lucas 10:19 el Señor dice: "He aquí os doy *potestad* de hollar serpientes y escorpiones, y sobre toda *fuerza* del enemigo, y nada os dañará". Las "serpientes" mencionadas por el Señor se refieren a Satanás, y los "escorpiones" son los espíritus malignos, los mensajeros de Satanás. Estos son nuestros enemigos. Todo lo que tienen es *poder*, pero lo que el Señor nos da es *autoridad*. El Señor nos da autoridad derrotar el poder del enemigo. Podemos mostrar esto con el ejemplo de un automóvil que se mueve a lo largo de la carretera. Aunque tiene mucho poder, el policía tiene autoridad sobre él. Cuando él suena el silbato, el automóvil tiene que detenerse. También es como un ejército, aunque tiene un gran poder, el general tiene la autoridad. Cuando él da una orden, el ejército debe obedecer. Esto prueba que la autoridad está por encima del poder y que puede controlar el poder; por lo tanto, la autoridad es superior al poder.

Pero la autoridad depende enteramente de la posición. Con la posición está la autoridad; sin la posición, no hay autoridad. Un policía sin su uniforme y sin pararse en su puesto correspondiente no tiene autoridad para dirigir el tránsito. Un general que toma unas vacaciones de sus deberes no tiene autoridad para comandar un ejército. Igualmente, nuestra autoridad celestial depende sólo de nuestra posición de ascensión. Siempre que perdemos la posición de ascensión perdemos también la autoridad espiritual. Por lo tanto, para pelear la batalla espiritual, debemos primeramente conocer la posición de ascensión y, en segundo lugar, mantener la posición de ascensión. Sólo entonces podremos tratar con el enemigo.

En el segundo viaje de Pablo, cuando estaba predicando en Filipos, cierta esclava que tenía un espíritu de adivinación le seguía e iba gritando. Pablo, estando ya bastante molesto, se volvió y le dijo al espíritu: "Te mando en el nombre de Jesucristo, que salgas de ella". Y el espíritu salió inmediatamente (Hch. 16:16-18). Pablo aquí estaba parado en la posición de ascensión y ejerció la autoridad celestial para detener el poder perturbador del enemigo. Igualmente, hoy, si nos paramos en la posición de ascensión, podemos dar órdenes directamente al ambiente, reprender las dificultades y destruir todas las obras del enemigo.

Desafortunadamente, las oraciones de la iglesia hoy contienen muy pocas órdenes con autoridad. Al contrario, las oraciones son mayormente lamentos suplicantes. Por lo tanto, no pueden derrotar al enemigo; sólo pueden apelar a la misericordia de Dios. Esto prueba que nuestra posición verdadera todavía es terrenal y aún no ha ascendido a los cielos. Ya que no estamos en la posición de ascensión, no tenemos la autoridad celestial. No podemos aparentar en este asunto. Por otro lado, si un hombre tiene la realidad de la ascensión, no tiene la necesidad de demostrar espectacularmente su poder ni de ser arrogante; está naturalmente vestido con una apariencia celestial; él está lleno de una atmósfera celestial y adornado con belleza como la luna y con pureza como el sol. Esto hace que él se muestre imponente. No sólo los hombres le temerán, sino que hasta los espíritus malignos le tendrán miedo. Sólo este tipo de hombre puede pararse en la posición celestial, ejercer la autoridad celestial y entrar en la batalla espiritual. Por lo tanto, para poder conocer la ascensión, debemos también conocer la posición en la batalla.

V. LA EXPERIENCIA DE LA ASCENSION

Obtenemos la posición de ascensión en el momento que somos salvos. ¿Pero cómo podemos *experimentar* la ascensión? En términos sencillos, la experiencia de la ascensión es el resultado de la experiencia que tenemos de la resurrección a través de la muerte. Tal como Cristo ascendió a los lugares celestiales a través de la muerte y la resurrección, también nosotros podemos experimentar la ascensión a través de la muerte y la resurrección.

Consideremos la historia de los israelitas cuando entraron a la tierra de Canaán. Una vez que dejaron de vagar por el desierto y cruzaron el Jordán, entraron en Canaán. La tierra de Canaán representa al Cristo todo-inclusivo que está en los cielos. Al mismo tiempo esto tipifica la esfera celestial. De modo que cuando los israelitas entraron a Canaán, en tipología, ellos entraron en esta esfera celestial. Cuando cruzaron el Jordán, ellos enterraron doce piedras en el fondo del río, lo cual representa su muerte y sepultura. Luego sacaron doce piedras del fondo del río, lo cual representa su resurrección. Trajeron estas doce piedras a la tierra de Canaán, lo cual representa su paso por la muerte y resurrección, y su entrada a la esfera celestial. Por lo tanto, su entrada a Canaán después de cruzar el Jordán tipifica la experiencia que tenemos de la ascensión a través de la muerte y resurrección. Siempre que experimentamos muerte y resurrección, llegamos a la esfera de la ascensión.

Veamos otra vez a aquella persona que busca al Señor en el Cantar de los Cantares. Ella también, a través de la experiencia de muerte y resurrección, obtiene gradualmente la realidad de la ascensión. En Cantares 1:9, el Señor la alaba por primera vez diciendo que ella es como una "yegua de los carros de Faraón". Una yegua del carro de Faraón es un caballo egipcio. Aunque sea veloz y fuerte, de todos modos es de Egipto, lo cual tipifica el mundo. Esto muestra que, aunque en ese momento era extremadamente veloz y estaba llena de fortaleza en su búsqueda del Señor y en seguirle a El, aún así, ella era mundana. Luego en el capítulo 2, versículo 2, El Señor la alaba cuando dice que es "como el lirio entre los espinos". Esto significa que, aunque como lirio vivía una vida limpia y una vida que recibía el tierno cuidado de Dios, con todo y eso, crecía en la tierra.

Cuando llegamos al capítulo 3, versículo 6, el Señor habla de ella como "ésta que sube del desierto como columna de humo, sahumada de mirra y de incienso, y de todo polvo aromático". El desierto significa el estado del vagar espiritual cristiano. De hecho ella ha estado vagando por el desierto. Ahora ella viene del desierto, dejando atrás su vida de vagar espiritualmente. Al mismo tiempo, está perfumada con mirra en incienso y con todo polvo aromático de los mercaderes. La mirra expresa la muerte de Cristo; el incienso expresa la resurrección de Cristo, y los polvos de los mercaderes significan las riquezas obtenidas por un precio. Ahora que ella ha pagado un precio en su búsqueda, está perfumada con la muerte y la resurrección de Cristo. De ahí que su condición es semejante a una columna de humo que asciende de la tierra. Ella ha pasado por la muerte y la resurrección, y ha comenzado a tener un poco de la experiencia de ascensión. Más adelante, en el capítulo 6, versículo 10, la alabanza del Señor para ella es completamente celestial. Para entonces, la condición espiritual de ella es como la luz del alba, como la luna y como el sol. Ella realmente se asemeja al sol, a la luna y a las estrellas de Génesis 1:16-17, las cuales están ordenadas en el cielo e iluminan toda la tierra, para que la gente en la tierra reciba su suministro. Al mismo tiempo ella tiene consigo la autoridad celestial; es majestuosa e imponente. Ahora ha experimentado plenamente la ascensión.

En conclusión, la ascensión es el resultado de la resurrección de la muerte. Una vez que hemos pasado por la muerte de la cruz y que hemos entrado en la resurrección, llegamos a la esfera de la ascensión. Por eso, si queremos experimentar la ascensión, debemos primero buscar la experiencia de la muerte y la resurrección. Nosotros debemos severamente hacer morir, mediante la cruz del Señor, todo lo relacionado con los pecados, el mundo, el mal genio, la carne, el yo y la constitución natural, y debemos entrar en la resurrección del Señor por el Espíritu Santo. Entonces podremos experimentar la ascensión y ser personas celestiales en la esfera de la ascensión.

CAPITULO DIECISIETE

REINAR

En el capítulo anterior vimos el asunto de conocer la ascensión; ahora seguiremos adelante para ver la experiencia de reinar. Ambas lecciones están estrechamente relacionadas en la experiencia.

I. LA DEFINICION DE REINAR

En términos simples, reinar es ejercer autoridad para Dios: gobernar todas las cosas y en particular tratar con Su enemigo. Hemos mencionado repetidas veces en el pasado que en la creación del hombre Dios tuvo una intención y un deseo dobles. Por un lado, Dios quiere que el hombre tenga Su imagen para que le pueda expresar. Por otro, Dios quiere que el hombre le represente con Su autoridad a fin de tratar con Su enemigo. Por lo tanto, cuando Dios creó al hombre, en un sentido, lo creó a Su imagen y semejanza para que el hombre fuera como El. En otro sentido, Dios hizo que el hombre señorease "en los peces del mar, en las aves de los cielos, en las bestias, en toda la tierra, y en todo animal que se arrastra sobre la tierra" (Gn. 1:26). Esto quiere decir que Dios le dio autoridad al hombre para que reinara por El.

El Antiguo Testamento narra muchos casos de hombres, desde Adán, que reinan para Dios. Exodo 14 dice cómo Dios quiso que Moisés levantara y extendiera la vara para dividir el Mar Rojo. En Josué 10 se nos dice cómo Josué oró a Dios para que el sol permaneciera quieto en el cielo. En 1 Reyes 17—18 se relata cómo Elías oró para controlar la lluvia. En Daniel 6 se cuenta cómo Daniel cerró la boca de los leones en el foso. Todos estos casos nos muestran que a través de todas las edades, dondequiera que haya hombres dispuestos a vivir para Dios, Dios desea darles la autoridad para que todas las cosas estén bajo su dominio.

Este asunto es aún más evidente en el Nuevo Testamento. El primero en el Nuevo Testamento que gobernó para Dios fue el Señor Jesús. El ordenó a las enfermedades que se retiraran (Mt. 8:8-9), echó fuera espíritus inmundos (Mr. 1:27), y reprendió la tormenta y el mar furioso y éstos se calmaron (Mt. 8:26-27). Todos estos incidentes hablan de Su reinado. Más tarde cuando los apóstoles continuaron las obras del Señor, ellos también tuvieron muchas experiencias de reinar para Dios sanando y echando fuera espíritus malignos (Hch. 3:6-7; 14:8-10; 19:12; 16:18). Hasta el día de hoy, esta clase de experiencia es repetida con frecuencia en la iglesia. Más adelante, en el futuro y en el reino, los vencedores reinarán con Cristo y gobernarán las naciones (Ap. 2:26-27). Finalmente en la eternidad todos aquellos que hayan sido salvos reinarán como reyes por los siglos de los siglos (Ap. 22:5). En ese tiempo gozaremos completa y verdaderamente la bendición de reinar para Dios.

Todos estos casos revelan que desde el principio hasta la eternidad, la única intención de Dios es ganar al hombre para que reine para El en el universo. Este era uno de los aspectos del propósito de Dios cuando creó al hombre. Aún más, este fue un aspecto de la intención de Dios al redimir al hombre.

Por lo tanto, desde el punto de vista de la autoridad, la meta final de la salvación de Dios es que reinemos. Esta es la cumbre de nuestra experiencia espiritual. En cuanto a Dios, si El no nos hubiera salvado al grado de que pudiéramos reinar para El en la esfera celestial, la meta de Su salvación no se habría podido considerar consumada por completo. Además, aunque este asunto de reinar no será completamente realizado hasta que venga el reino y en la eternidad, aún así, hoy Dios quiere que tengamos un comienzo en la tierra. En cuanto a nosotros, si algún cristiano no ha alcanzado todavía el grado de reinar para Dios, todavía no ha llegado al nivel óptimo. Un cristiano que ha alcanzado este nivel no sólo ha sido liberado del pecado, ha vencido al mundo, ha sido tratada su carne, y ha sido quebrantada su constitución natural, ha sido lleno del Espíritu Santo, y está sentado en la esfera celestial, sino que incluso está reinando con Cristo en todas las cosas. Ya sea en la obra de Dios, en la iglesia, en la casa o en cualquier encuentro que tenga en su ambiente, él puede reinar y gobernar sobre aquello que Dios quiere que el gobierne. Es necesario que haya tal clase de personas ganadas por Dios para que a través de ellas la autoridad de Dios pueda ser ejercida y el reino de Dios pueda venir sobre la tierra.

II. LA EXPERIENCIA DE REINAR

Debemos buscar la experiencia de reinar. Para esto hay dos cosas que no deben faltar.

A. Conocer nuestra posición

En primer lugar debemos conocer nuestra posición. Dijimos en el capítulo anterior, titulado "conocer la ascensión", que la base de la autoridad espiritual es la posición de ascensión. Tener *poder* depende de la condición de uno, pero tener *autoridad* depende de la *posición* de uno. Un automóvil con suficiente gasolina y caballos de fuerza tendrá *poder*. Esto es un asunto de *condición*. Pero un policía de tránsito parado en el puesto asignado tiene *autoridad* para dirigir los automóviles, para que sigan su curso en orden. Este es un asunto de *posición*. Por lo tanto, la autoridad depende completamente de la posición. Si estamos en la posición de ascensión, tenemos autoridad y podemos reinar. Si no estamos en la posición de ascensión, no tenemos autoridad y no podemos gobernar.

Aun en el caso del Señor Jesús, la base para reinar dependía de Su posición de ascensión. No fue sino hasta después de Su resurrección y ascensión que El obtuvo toda autoridad en los cielos y en la tierra (Mt. 28:18) y tuvo dominio sobre todas las cosas (Ef. 1:20-22). Por lo tanto, si vamos a reinar, debemos estar en la posición de ascensión.

Pero si queremos estar en la posición de ascensión y reinar para Dios, debemos aceptar todos los tratos de la cruz, para que podamos pasar por la muerte y entrar en la resurrección para así experimentar la ascensión. En otras palabras, la experiencia de reinar es el resultado de todas las experiencias pasadas. Sólo después de que hayamos experimentado la muerte, la resurrección, y la ascensión, podremos tener la experiencia de reinar.

Los hijos de Dios hoy muestran muy poco de la realidad de reinar. La razón principal es que no estamos en la posición de ascensión. Muchos todavía viven en una condición terrenal. Todavía están envueltos en pecados y en el mundo. No se han despojado de la carne ni de su mal genio. No han negado su yo ni su constitución natural. Aunque hay algunos que se han despojado de estas cosas y tienen cierta experiencia de ascensión, aún así, debido a que no pueden mantener esta experiencia, se contaminan otra vez con las cosas relacionadas con la vieja creación; así pierden la posición de ascensión. Ambas condiciones pueden hacer que perdamos la posición de reinar, y como consecuencia no podemos gobernar para Dios. Hubo una vez un hermano a quien su esposa constantemente le impedía que se acercara a Dios y le sirviera. Un día no lo pudo soportar más; así que en su enojo regañó a su esposa y la golpeó, diciendo: "Hoy, el Señor quiere que te discipline verdaderamente". Obviamente, esto no es reinar. Debido a que se enojó, perdió la posición de ascensión y cayó en las manos del enemigo. ¿Cómo podría él, en esa condición, tratar con el enemigo? Por tanto, para reinar debemos conocer y mantener la posición de ascensión.

El hecho de que reinemos está basado no sólo en la posición de ascensión, sino también en la posición en el orden establecido por Dios. Por lo tanto, si queremos reinar para Dios, no sólo necesitamos estar en la posición de ascensión sino que también necesitamos mantener la posición en el orden que Dios nos asignó, esto es, someternos a la autoridad a la cual nos debamos someter. Toda la autoridad del policía de tránsito que mencionamos no sólo depende de que esté firme en el puesto asignado, sino también de la sumisión a su superior. Si él deja su puesto asignado, no podrá dirigir el tráfico. Si se rebela en contra de su superior, perderá aun sus derechos oficiales. Por lo tanto, que un policía ejerza su autoridad depende, por un lado, de que mantenga la posición de su deber, y por otro, de que mantenga la posición de su rango. La posición de su oficio equivale a nuestra posición de ascensión, y la posición de su rango equivale a nuestra posición en el orden.

Mateo 8:5-13 nos habla de un centurión que vino a pedirle al Señor que sanara a su siervo enfermo. Su fe estaba basada en su conocimiento de la posición en el orden. El dijo: "Señor, no soy digno de que entres bajo mi techo; solamente di la palabra, y mi criado sanará. Porque también yo soy hombre bajo autoridad, y tengo bajo mis órdenes soldados, y digo a éste: Ve, y va; y al otro: Ven, y viene; y a mi siervo: Haz esto, y lo hace". Como él mismo estaba bajo autoridad, podía dar órdenes a aquellos que estaban bajo él. Por lo tanto, el creyó que el Señor sólo necesitaba ejercer Su autoridad y dar una orden, y el asunto sería hecho. El conocía realmente la relación entre la posición dentro del orden y la autoridad. El sabía que para reinar, tenía que someterse primero al que reinaba. Para ser autoridad, el tenía que someterse primero a la autoridad.

En el principio, cuando Dios creó al hombre, le dio autoridad para que tuviera dominio sobre todas las criaturas que están en el mar, en el aire y sobre la tierra. En aquel entonces, el hombre estaba sometido a la autoridad de Dios; por consiguiente, la autoridad de Dios estaba con él, y todas las criaturas fueron sometidas al hombre. Pero una vez que el hombre cayó y se rebeló contra Dios, reacio como estaba a someterse a la autoridad de Dios, él perdió la autoridad de Dios. Como resultado, todas las criaturas que estaban bajo el hombre dejaron de estar en sumisión a la autoridad del hombre. Por lo tanto, hoy no solamente las serpientes venenosas y las fieras salvajes nos pueden hacer daño, sino que hasta los pequeños mosquitos y las pulgas nos pueden morder. Esto indica que todo el universo caído está lleno de la rebelión e insubordinación de las criaturas.

Pero en este universo rebelde y confuso, siempre que haya uno que todavía esté dispuesto a aceptar la autoridad de Dios, la autoridad de Dios será manifestada sobre él para que éste pueda reinar. Moisés fue un ejemplo. El fue un hombre que se sometió a la autoridad y de este modo reinó para Dios. Casi todas las veces que se enfrentó con la rebelión y las quejas de los israelitas, él se sometió a la autoridad de Dios. Especialmente cuando Coré, Datán y Abiram y los que estaban con ellos se rebelaron y se juntaron contra él, se sometió aún más. Ellos atacaron a Moisés y a Aarón, diciendo: "¡Basta ya de vosotros! Porque toda la congregación, todos ellos son santos, y en medio de ellos está Jehová; ¿por qué, pues, os levantáis vosotros sobre la congregación de Jehová?" (Nm. 16:3). Sus palabras tocaron el asunto de la autoridad de Moisés; la intención de ellos era destruir su autoridad. En aquel entonces Moisés no se consideraba a sí mismo la autoridad ni trató de resolver el problema por sí mismo. Por el contrario, se postró sobre su rostro delante de Dios y dejó que Dios le vindicara. Al postrar su rostro delante de Dios estaba guardando su posición en el orden. El sabía que la autoridad no descansaba en él, sino en Dios. Su sumisión a la autoridad de Dios hizo que otros se sometieran a él. Por lo tanto, el resultado de que él se condujera de esta manera en todo momento, manifestó aún más claramente que la autoridad de Dios estaba sobre él.

Consideremos el caso de David: durante toda su vida, David se sometió no sólo a la autoridad de Dios, sino también, de una manera absoluta, al orden de autoridad. El reconoció que Saúl era el ungido de Dios, que estaba en la posición de rey, y que fue ordenado por Dios para que fuera Su autoridad. El se dio cuenta de que él era solamente un siervo de Saúl. Por lo tanto, no importaba cuanto lo persiguiera y lo odiara como a un enemigo, David nunca se atrevió a rebelarse en contra de él. De esta manera, siempre mantuvo la posición en el orden y fue un hombre que se sometió a la autoridad. Por consiguiente, llegó el día cuando Dios también lo ordenó como rey, para que gobernara para El en la nación de Israel.

Sin embargo, estos hombres que se sometieron a la autoridad de Dios tenían sus propias imperfecciones y debilidades. Sólo cuando el Señor Jesús vino como la Palabra hecha carne hubo en este universo rebelde un hombre que se sometió absolutamente a la autoridad de Dios. En la vida del Señor Jesús, cada palabra y acción, cada paso y cada parada, concordaba con la voluntad de Dios y estaba en sumisión a la autoridad de Dios. Filipenses 2 dice: "Se humilló a Sí mismo, haciéndose obediente hasta la muerte, y muerte de cruz". Por lo tanto, Dios también le exaltó hasta lo sumo, para que se doble toda rodilla de los que están en los cielos, en la tierra, y debajo de la tierra y toda lengua le confiese como Señor, todo en sumisión a su autoridad (vs. 8-11). Debido a que el Señor Jesús se sometió a la autoridad de Dios el Padre y guardó la posición en el orden, El obtuvo autoridad y pudo reinar para Dios.

El Señor ha dado ahora esta autoridad a la iglesia, esto es, a nosotros. Por lo tanto, nosotros también debemos someternos a la autoridad de Dios como lo hizo el Señor. Además, cada uno de nosotros debe someterse al orden de autoridad establecido por Dios, esto es, a la autoridad delegada de Dios. Entonces nosotros, la iglesia, podremos ejercer la autoridad del Señor para gobernar todas las cosas y reinar para Dios. Hoy, en este universo rebelde y confuso, tenemos que seguir al Señor para ser un testimonio de sumisión a la autoridad, donde los más jóvenes se someten a los más viejos, aquellos que son enseñados a los que les enseñan, y todos nos sometemos los unos a los otros; de este modo nos estamos sometiendo a la autoridad de Dios. Cuando nos paremos en nuestra respectiva posición en el orden, la autoridad de Dios será manifestada en nuestro medio; así, podremos reinar para Dios. Por lo tanto, la autoridad que hay en la iglesia no es ni obtenida ni asumida por uno mismo, sino que viene a través de la sumisión. Por ejemplo, los ancianos no deben considerarse más maduros y más viejos que otros; si es así, ellos frecuentemente harán uso de su posición y su título al tratar con los hermanos y hermanas o en su administración. Ellos deben ser como Moisés. Cuando algo ocurra entre los hermanos y las hermanas, ellos inmediatamente deben postrarse delante de Dios, sometiéndose a la posición que tienen en el orden. Por su sumisión a la autoridad de Dios, la autoridad de Dios estará con ellos, y ellos podrán reinar y gobernar para Dios sobre todas las cosas. Si ellos no se someten a la autoridad de Dios, sino que asumen la posición de ancianos, demandando que otros se les sometan, entonces eso es la imposición de la carne, no el reinado de Dios, y será difícil que otros se sometan a ellos.

En conclusión, para poder ganar la experiencia de reinar, primero debemos resolver el problema de la posición. Debemos conocer y mantener la posición de ascensión, y también debemos conocer y mantener la posición en el orden. Conocer la posición de ascensión es la experiencia de conocer la ascensión, la cual ha sido mencionada previamente. Conocer la posición en el orden es la experiencia de conocer el Cuerpo, que también ha sido mencionada. Debemos conocer y experimentar estos dos aspectos antes de poder reinar para Dios. Debemos conocer la posición de ascensión, la cual El nos ha dado en Su salvación, y la posición en el orden, que El ha determinado para nosotros en Su Cuerpo, antes de que podamos ejercer Su autoridad y reinar para El. En palabras sencillas, nosotros debemos estar en la posición de ascensión y en la posición en el orden que hay en el Cuerpo antes de poder tener la experiencia de reinar.

B. El deseo de reinar

Segundo, nosotros debemos tener el deseo de reinar. Esto quiere decir que debemos reinar positiva y activamente para Dios, gobernando sobre todas las cosas. Una vez que alcancemos la posición de ascensión y estamos en el orden, podremos reinar. Si nuestra experiencia ha alcanzado esta etapa, tenemos que reinar. No obstante, algunos hermanos y hermanas no tienen la intención ni el deseo de reinar. Sus espíritus están descuidados y ociosos. Ni siquiera se preocupan por las dificultades que se presentan en la iglesia, ni les importan los problemas que se levantan en la obra del Señor. Simplemente le permiten a Satanás que trabaje y destruya a voluntad. Por esto, aunque pueden reinar, de acuerdo a su crecimiento en vida, en realidad, debido a su indiferencia y su renuencia a reinar, no pueden todavía alcanzar la experiencia de reinar. Por lo tanto, si alguien desea reinar, su espíritu no debe ser indiferente ni tímido, sino deseoso de ejercer la autoridad de Dios, y tratar positiva y activamente con todas las obras del enemigo. Así, la autoridad de Dios será inmediatamente manifestada en la iglesia, y muchas rebeliones y asuntos ilícitos en la iglesia serán subyugados.

Hoy en la iglesia carecemos de personas que deseen reinar. Por lo tanto, a menudo surgen muchas situaciones que no deberían existir. Por ejemplo, algunas de las reuniones de comunión y del partimiento del pan son débiles y confusas. Algunos de los hermanos y hermanas debieron haber orado, pero no lo hicieron; algunos debieron haber hablado, pero se abstuvieron de hablar. Por el contrario, muchas oraciones innecesarias y testimonios sin significado fueron liberados. Así las reuniones son desordenadas y los hermanos y hermanas no son edificados y pierden interés en las reuniones. Esta condición es causada principalmente por aquellos que deberían reinar y no lo han hecho. Ellos se han comportado como espectadores, permitiendo que otros actúen en las reuniones de cualquier manera. Aun ellos consideran que esa manera de ser es muy espiritual, que no es por el esfuerzo del hombre, sino por el mover del Espíritu. Como resultado, hacen que la iglesia sufra una gran pérdida.

Muchas veces decimos que ciertas reuniones están muy muertas y son deprimentes. Este tipo de depresión viene de Satanás, porque Satanás es el diablo, quien tiene la autoridad de la muerte. Por lo tanto, siempre que una reunión esté muerta o sea deprimente, quiere decir que Satanás está reinando allí. En ese momento, alguien se debe levantar a reinar para Dios, ya sea por una palabra, un himno o una oración para controlar la reunión, cambiar la atmósfera, y liberar la vida de Dios, de tal modo que sorba la muerte de Satanás.

Satanás trabaja no sólo en las reuniones sino también en muchas vidas. Algunas veces él envía pobreza y enfermedad innecesarias. Si vivimos en la esfera de la ascensión, podremos decir cuál pobreza o enfermedad es permitida por Dios y cuál es impuesta por Satanás. Una vez que hayamos discernido el asunto, debemos aprender a reinar oponiéndonos y negándonos a la pobreza y enfermedad impuestas por Satanás.

Además, si hemos tenido alguna experiencia en batallas espirituales, podemos ver que todas las cosas que tienden a interrumpir la obra de Dios o a molestar la iglesia son actos de los demonios. Por ejemplo, algunas veces en las reuniones algunos están adormecidos, otros están divagando en su mente, o los niños están corriendo de acá para allá. Todo esto es obra de los demonios. Aun algunas oraciones y mensajes son obra de los demonios. En realidad, cualquier cosa en este mundo, excepto aquello que sea motivado por el Espíritu Santo, puede decirse que viene de los espíritus malignos, o sea de los demonios. Por esto, ¡cuánto necesitamos hombres que estén dispuestos a levantarse y pararse en la posición de ascensión y en el orden, hombres que ejerzan autoridad para

Dios positiva y activamente para gobernar sobre toda situación confusa e ilegal, y para destruir las obras antagónicas del enemigo! No debemos ser como el viejo Elí. En 1 Samuel 3 vemos como él era indiferente y estaba en un sueño profundo. Aquel que sea indiferente y que esté en un sueño profundo no puede reinar para Dios. Si queremos reinar, nuestro espíritu debe ser fuerte y positivo. Un espíritu que reine debe ser fuerte y viviente, activo y no pasivo, positivo y no negativo, diligente y no negligente. Aquel que tenga tal espíritu no sólo mantiene la posición en el orden y se somete a la autoridad de Dios, sino que también tiene una fe fuerte y ejerce la autoridad de Dios consistentemente en la posición de ascensión. Así él reina sobre su ambiente, sobre su trabajo y sobre todas las reuniones y asuntos de la iglesia y los gobierna.

Para poder reinar, debemos expresar nuestra actitud en tres direcciones: primero, hacia Dios; segundo, hacia Satanás; y tercero, hacia las personas, eventos y cosas. Tomemos por ejemplo a un hermano en la iglesia que no se comporta apropiadamente. Los que están reinando necesitan ir delante de Dios y expresar sus actitudes, diciendo: "Señor, acerca de este hermano que se porta mal en la iglesia, nosotros no estamos de acuerdo, ni lo aprobamos". Luego deben también declararle a Satanás que esto viene de su perturbación y que ellos se están oponiendo a esto y juzgándolo. Finalmente, si es necesario, necesitan expresar solemnemente su actitud hacía las personas, eventos y cosas respectivas, diciendo: "No estamos de acuerdo, ni permitiremos que este asunto suceda". Cuando expresemos estas actitudes, Dios obrará y manifestará Su autoridad. Muchas veces la obra de Dios depende de la actitud que le expresemos. Cuando una persona vive en pecado y en el mundo, Dios no respeta su opinión. Pero cuando alguien ha alcanzado la posición de ascensión, su opinión será grandemente respetada por Dios. Cuando alguien alcanza la esfera de ascensión, su opinión es casi la misma que la intención de Dios. Por lo tanto, él puede ser activo y expresar su actitud, y Dios le respetará y confiará en él, y reinará a través de él.

Por lo tanto, con respecto a la meta de la salvación de Dios, necesitamos reinar para El. Con respecto a nuestro crecimiento en vida, necesitamos llegar al estado de reinar. Con respecto a

la obra ilícita de Satanás, necesitamos aún más levantarnos
y reinar. En vista de esto necesitamos con mayor intensidad
prestar atención para aprender esta lección muy bien. Aunque
esta experiencia es bastante elevada y profunda, debido a que
ya tenemos algún comienzo en la segunda y tercera etapa, si
continuamos buscando diligentemente, el Señor nos llevará a
la esfera de reinar. ¡Que el Señor sea bondadoso con nosotros!

CAPITULO DIECIOCHO

LA LUCHA ESPIRITUAL

Hemos visto las primeras tres experiencias con respecto a la cuarta etapa de la vida espiritual: conocer el Cuerpo, conocer la ascensión y reinar. Ahora pasaremos a considerar la cuarta experiencia de esta etapa, la lucha espiritual. Esta es una experiencia importante en la cuarta etapa. La razón por la cual debemos conocer el Cuerpo, conocer la ascensión y reinar es que libremos la lucha espiritual. Por consiguiente, la cuarta etapa es llamada la etapa de la lucha espiritual.

I. BASE BIBLICA

El propósito de la lucha espiritual es traer el reino de Dios. Este es un tema que reviste gran importancia en la Biblia. Seleccionaremos dos pasajes muy importantes como base.

Leamos primero Mateo 12:26, 28-29: "Y si Satanás echa fuera a Satanás, contra sí mismo está dividido; ¿cómo, pues, permanecerá su reino?" ... Pero si yo por el Espíritu de Dios echo fuera los demonios, ciertamente ha llegado a vosotros el reino de Dios. Porque ¿cómo puede alguno entrar en la casa del hombre fuerte, y saquear sus bienes, si primero no le ata? Y entonces podrá saquear su casa". En este pasaje de la palabra del Señor, hay varios puntos importantes relacionados con la lucha espiritual. Primero, el Señor dice aquí que Satanás tiene un reino. No sólo existe el reino de Dios en el universo, sino también el reino de Satanás. Segundo, el Señor dice que si El echa fuera demonios por el Espíritu de Dios, entonces el reino de Dios ha venido a los hombres. Aquí vemos que echar fuera demonios por el Espíritu de Dios es traer el reino de Dios, lo cual es entrar en la lucha espiritual. Tercero, ya que echar fuera demonios es traer el reino de Dios, entonces antes de que los demonios sean echados fuera, el reino de Satanás es el que prevalece. Es a través de los demonios que Satanás usurpa a los hombres y reina. Cuarto, el hombre fuerte que el Señor menciona aquí es Satanás. Satanás es un hombre fuerte; él tiene aquello con lo cual usurpa y obtiene posesión por la fuerza. Quinto, tanto el reino de Satanás, como la casa del hombre fuerte, son mencionados aquí. El reino de Satanás es la casa del hombre fuerte. Por lo tanto, las personas del mundo por un lado son los súbditos en el reino de Satanás, y por otro son posesiones que están en la casa de Satanás. Dice aquí que cierto hombre entra en la casa del hombre fuerte y saquea sus bienes. Esto se refiere a la venida del Señor al reino de Satanás para rescatar a los hombres y sacarlos de la usurpación y posesión de él. Sexto, dice también aquí que para que uno saquee los bienes del hombre fuerte, debe primero atar al hombre fuerte. Esto significa que cuando el Señor viene a rescatarnos, El debe vencer a Satanás y atarlo.

Leamos ahora Mateo 6:9-10: "Padre nuestro que estás en los cielos, santificado sea tu nombre. Venga tu reino. Hágase tu voluntad, como en el cielo, así también en la tierra". Y el versículo 13b añade: "...porque tuyo es el reino, y el poder, y la gloria, por todos los siglos. Amén". Este pasaje de la palabra del Señor acerca de la oración es de gran significado en la Biblia. El significado contenido allí está muy relacionado con la lucha espiritual.

Mientras el Señor nos enseña a orar, El expresa que se "concedan" tres cosas: que Su nombre sea santificado, que venga Su reino y que sea hecha Su voluntad como en el cielo, así también en la tierra. Estos tres "deseos" establecen el significado central de lo que el Señor quiere que nosotros presentemos al orar. Luego al concluir, El dice: "Porque tuyo es el reino, y el poder, y la gloria". Aquí se revelan tres factores otra vez. Los tres "deseos" del principio y estos tres factores de la conclusión nos muestran la meta de la lucha espiritual.

"Santificado sea tu nombre" significa también "sea Tu nombre separado en santidad". La Biblia nos demuestra que el nombre de Dios es de suma importancia. Después de la caída de la humanidad, en los tiempos de Enós (nieto de Adán), los hombres comenzaron a invocar el nombre del Señor (Gn. 4:26).

Dios desea que sólo Su nombre esté sobre la tierra y que los hombres invoquen sólo Su nombre. Pero cuando los hombres construyeron la torre de Babel, rebelándose contra Dios, hicieron a un lado el nombre de Dios y propagaron sus propios nombres (Gn. 11:4). La voluntad de Dios es que Su nombre sea santificado en la tierra y venga a ser el único nombre digno de todo honor. Sin embargo, Satanás unió a la humanidad rebelde para hacer a un lado el nombre de Dios y reemplazarlo con muchos otros nombres. Por eso, el nombre de Dios fue hecho común y ordinario. De ahí que, el nombre de Dios no es santificado ni venerado por los hombres en la tierra hoy; esto es una consecuencia maligna del reinado de Satanás.

Sabemos que el nombre y la autoridad están relacionados. En gran medida un nombre representa autoridad. El nombre de un hombre le sigue a dondequiera que su autoridad va. El hecho de que el nombre de alguien esté en cierto lugar prueba que su autoridad está también allí. En términos generales, el nombre que aparece en cierto objeto identifica al objeto como perteneciente a la persona que lleva ese nombre. Si el nombre de Dios está sobre la tierra, eso significa que la tierra reconoce que Dios tiene el derecho de poseerla. Si el nombre de Dios es rechazado en la tierra, esto significa que la tierra niega ser propiedad de Dios. Ya que la tierra fue creada por Dios, debe tener el nombre de Dios y reconocer que pertenece a Dios. Pero Satanás tomó posesión del hombre haciendo que éste se rebelara contra Dios. Como resultado el nombre de Dios fuera abandonado y ya no fuera santificado.

Por esta razón, cuando Dios obra en esta tierra, le presta atención continua al asunto de que Su nombre sea santificado. Cuando Dios condujo a los israelitas a la tierra de Canaán, les dijo que se reunieran en un lugar para que le adoraran a El; ése fue el lugar que El escogió para poner allí Su nombre (Dt. 12:5-6). Dios hizo esto para que sólo Su nombre fuera santificado entre Su pueblo. Hoy, en la dispensación del Nuevo Testamento, Dios no nos ha dado otro nombre bajo los cielos entre los hombres, en el cual seamos salvos, sino sólo el nombre del Señor (Hch. 4:12). Cuando somos bautizados, somos puestos en el nombre del Padre, del Hijo y del Espíritu Santo (Mt. 28:19). Cuando oramos, lo hacemos en el nombre del

Señor (Jn. 14:13-14; 16:23-24). Cuando nos reunimos, lo hacemos también en el nombre del Señor (Mt. 18:20). Por lo tanto, somos aquellos que pertenecemos al nombre del Señor, y Su nombre está siendo santificado en nosotros. El Señor Jesús vino a esta tierra con el propósito de ganar a los que en ella moran. A través de ellos El desea recobrar posesión de la tierra, de modo que el nombre de Dios sea otra vez el único que sea santificado. En ese día, los hombres verdaderamente alabarán a Dios, diciendo: "¡Oh Jehová, Señor nuestro, cuán glorioso es tu nombre en toda la tierra!" (Sal. 8:1).

Después del nombre, está el reino. El segundo punto al que el Señor quiere que prestemos atención cuando oremos es hacer que el reino de Dios venga. Esto prueba que el reino de Dios aún no está en esta tierra. ¿Qué es el reino de Dios? El reino de Dios es la esfera en donde Dios reina. Cualquier nación, sea grande o pequeña, es una esfera para reinar. Si la tierra no reconoce el nombre de Dios, el reino de Dios no está en ella. Si el nombre de Dios es santificado en la tierra, el reino de Dios o el reinado de Dios viene sobre esta tierra. Por lo tanto, después de que el Señor dijo: "Santificado sea tu nombre", El dijo: "Venga tu reino".

La Biblia revela que hay tres partes importantes en el universo: los cielos, la tierra y el aire. Satanás, al rebelarse contra Dios, tomó posesión del aire y de la tierra, dejando sólo los cielos como el lugar donde Dios tiene completo dominio. Así, Satanás se hizo el príncipe de la potestad del aire (Ef. 2:2), y a través de los mensajeros bajo su mando él rige en el aire y sobre la tierra (Ef. 6:12). Como consecuencia, las personas de la tierra abandonaron el nombre de Dios y rechazaron Su reino.

Aunque Dios no tiene Su reino en la tierra todavía, El no ha abandonado la tierra. Comenzando con Génesis, vemos la línea continua de la obra de Dios en la tierra a través de las generaciones para establecer Su reino y reinar en la tierra. El propósito de Dios al llamar a Abraham era obtener una familia y producir una nación a partir de ella (Gn. 12:1-2). Luego, Dios libertó a los israelitas, los herederos de Abraham, sacándolos de Egipto, para hacer de ellos un reino (Ex. 19:4-6). Así, por medio del tabernáculo, El reinaría entre ellos.

Después de que los israelitas entraron en Canaán, llegó el

día en que rechazaron a Dios nuevamente y rechazaron Su reino. Ellos siguieron a las naciones de la tierra cuando desearon que un hombre los rigiera (1 S. 8:4-7). Debido a esto, Dios se disgustó mucho, porque esto fue un revés para Su reino sobre la tierra, y no tuvo un lugar para reinar sobre la tierra. Después de la muerte de Saúl, David fue levantado. David era un hombre conforme al corazón de Dios; de este modo Dios pudo reinar sobre los israelitas por medio de David. Sin embargo, después de Salomón, los israelitas fallaron nuevamente. Desde entonces Dios no ha podido lograr Su reino en esta tierra, un reino en el cual pueda reinar libremente.

Fue bajo tales circunstancias que Dios envió a un hombre llamado Juan el Bautista. Cuando él comenzó a predicar, sus primeras palabras fueron: "Arrepentíos, porque el reino de los cielos se ha acercado" (Mt. 3:1-2). Luego, cuando el Señor Jesús vino a predicar, Su primera declaración también fue: "Arrepentíos, porque el reino de los cielos se ha acercado" (Mt. 4:17). Más adelante, una vez más, cuando el Señor envió a los discípulos a predicar el evangelio, El les ordenó que dijeran: "El reino de los cielos se ha acercado" (Mt. 10:5-7). Finalmente, lo que el Señor desea que Su iglesia predique por toda la tierra es "el evangelio del reino" (Mt. 24:14; Hch. 8:12; 28:31). Por dos mil años, Dios ha estado enviando hombres a predicar el evangelio, con el propósito de ganar una esfera para reinar en la tierra y de este modo establecer Su reino. Este es el significado del segundo "deseo" expresado en la oración que el Señor nos enseñó.

Finalmente, el Señor desea que tengamos Su tercer "deseo", esto es, "hágase tu voluntad, como en el cielo, así también en la tierra". La voluntad de Dios y Su reino son inseparables. La voluntad de Dios sólo puede hacerse en el lugar en que El reina. La voluntad de Dios sólo puede ser cumplida en los cielos, no en la tierra, porque el reino de Dios aún no está en la tierra para que El pueda reinar. Y el reino de Dios aún no se encuentra en la tierra porque Su nombre no es santificado en ella. Donde es santificado el nombre de Dios, allí está Su reino, allí Su voluntad es hecha. Por lo tanto, al enseñarnos a orar, el interés del Señor es que el nombre de Dios, Su dominio (Su reino) y la voluntad de Dios se extiendan a la tierra.

En la oración que el Señor nos enseñó, la conclusión dice: "Porque tuyo es el reino, y el poder y la gloria". El reino es la esfera para reinar. Dios ejerce Su autoridad o poder en Su reino, y la gloria es manifestada a través de Su reinado. Estos tres asuntos —el reino, el poder y la gloria— son de Dios para siempre. Fue con base en estos tres factores que el Señor oró para que el nombre de Dios fuera santificado, para que Su reino viniera y para que se hiciera Su voluntad, así en la tierra como en el cielo.

Hoy día, aunque el reino de Dios aún no ha sido establecido completamente sobre esta tierra, aunque Dios todavía no ha obtenido una esfera en la cual El pueda ejercer Su autoridad en forma plena, y aunque Su gloria aún no ha sido manifestada plenamente, aún así, hay un pequeño lugar, una pequeña esfera, gracias al Señor, donde existe la condición parcial del reino de Dios, en la cual se manifiesta una porción de la gloria de Dios. Esta es la iglesia. Hoy en día la iglesia es un modelo del reinado de Dios. Lo que Dios desea hoy es extender la esfera de Su reinado de acuerdo con este modelo y a través del mismo. Por medio de la iglesia Dios atará a Satanás y destruirá su poder. Así, Su nombre será honrado en toda la tierra, Su reino será establecido, y Su voluntad será hecha. Esta es la comisión de la iglesia. Este también es el propósito de la lucha espiritual de la iglesia.

II. EL REINO DE DIOS EN
CONTRASTE CON EL REINO DE SATANAS

Hemos dicho que en el universo se encuentran el reino de Dios y también el reino de Satanás. La lucha espiritual de la cual hablamos se lleva a cabo entre estos dos reinos. Por lo tanto, para envolvernos en la lucha espiritual, debemos conocer primeramente la oposición que existe entre el reino de Dios y el de Satanás.

El reino de Dios es eterno, tanto en el tiempo como en el espacio. Ya que Dios mismo existe desde la eternidad hasta la eternidad, así también permanece Su reino, desde la eternidad hasta la eternidad. Además, ya que Dios mismo está en luz, así también Su reino está en luz.

El reino de Satanás no es eterno. En cuanto al tiempo, éste

está limitado al tiempo, en cuanto a espacio, está limitado a los aires y a la tierra. Además, el reino de Satanás está en tinieblas, exactamente lo opuesto al reino de Dios.

Además, hay otra gran diferencia: el reino de Dios es legal, mientras que el reino de Satanás es ilegal. El universo entero fue creado por Dios y le pertenece a El; por consiguiente, Dios tiene el derecho legal de reinar sobre él. Por el contrario, el reino de Satanás se estableció en rebelión contra Dios; por lo tanto es completamente ilegal.

En Isaías 14:12-15 y Ezequiel 28:11-17, usando al rey de Babilonia y el rey de Tiro (quienes fueron instrumentos utilizados por Satanás), Dios narra el proceso de la rebelión de Satanás. Satanás originalmente era un querubín ungido, un arcángel que ocupaba un lugar especial delante de Dios. Por el orgullo de su corazón y su deseo de enaltecerse para igualarse a Dios, se rebeló contra Dios y trató de derribar Su autoridad para así establecer la suya propia. Desde entonces, ha existido en el universo el reino ilegal de Satanás.

El reino de Satanás es la esfera de su dominio. El Señor Jesús una vez se refirió a Satanás como "el príncipe de este mundo" (Jn. 14:30). Esto revela que Satanás no sólo tiene su reino, sino que también tiene dominio sobre él. Además, dentro de su reino se encuentran mensajeros de varios rangos, todos los cuales eran ángeles que siguieron a Satanás en su rebelión contra Dios. Hoy día, estos son los principados, potestades, gobernadores de las tinieblas y huestes de maldad en las regiones celestes, siendo Satanás la cabeza de ellos (Ef. 6:12; 2:2; 1:21).

Además, en el reino de Satanás hay muchos demonios, espíritus malignos, quienes son sus sirvientes. Con base en varios pasajes de la Biblia, podemos asegurar que antes de los seis días de la obra de restauración de los cielos y la tierra (Gn. 1), existió un mundo donde habitaban seres vivientes que tenían espíritu. Cuando Satanás se rebeló contra Dios, todos ellos le siguieron y se rebelaron con él. Por lo tanto, Dios juzgó ese mundo, por un lado apagando el sol y la luna para que no dieran luz, y por otro, destruyendo la tierra y los seres vivientes con agua. Al ser juzgados estos seres vivientes por agua, sus cuerpos fueron separados de sus espíritus. Esos espíritus incorpóreos, que moran en las aguas del juicio, son los demonios y los espíritus malignos mencionados en la Biblia.

Por lo tanto, originalmente hubo tres grupos de personajes en el reino de Satanás: primero, Satanás la cabeza, el gobernante; segundo, los ángeles que le siguieron en su rebelión contra Dios y que le servían como sus ministros y oficiales, gobernando para él en los aires; tercero, los espíritus incorpóreos, o demonios, los espíritus malignos, quienes operaban como sirvientes de Satanás para ejecutar sus mandatos en la tierra.

Después de que los hombres fueron creados, Satanás vino para seducirlos, y logró su propósito. Los hombres se hicieron súbditos de su reino, y fueron manipulados y maltratados por él. Por lo tanto, existen cuatro tipos de personajes en el reino de Satanás hoy día. En el aire están Satanás y sus mensajeros, y en la tierra están sus sirvientes y súbditos, los incontables demonios y miríadas de personas. Durante el tiempo en que el Señor Jesús predicó el evangelio en la tierra, se encontró con personas de todo lugar, quienes estaban poseídas por demonios. Hoy día, todavía hay una gran cantidad de demonios que manipulan a las gentes de este mundo. Aunque su morada está en el mar, les gusta buscar un cuerpo donde habitar. Cuando decimos que una persona está poseída por un demonio usualmente nos referimos a que el cuerpo humano está poseído por un demonio.

En resumen, el reino de Satanás consta de estas cuatro clases de seres. Todos ellos están organizados en un sistema mediante el cual Satanás usurpó los aires y la tierra con el fin de derrocar la autoridad de Dios y así establecer su propio reino. Por lo tanto este reino, organizado por las fuerzas rebeldes de Satanás, es absolutamente ilegal.

No fue sino hasta cuatro mil años después de la caída de la raza humana, en el principio de la dispensación del Nuevo Testamento, que el Señor Jesús comenzó Su ministerio y proclamó: "Arrepentíos, porque el reino de los cielos se ha acercado". Lo que el Señor quiso decir fue que antes de esto, estaba el reino de la tierra, el reino de Satanás, donde éste gobernaba y dominaba, pero ahora, está el reino de los cielos, el reino de Dios, que viene a esta tierra para regir. Más tarde, El enseñó a Sus discípulos a orar: "Venga tu reino". El cumplimiento pleno de este asunto se verá en el futuro cuando suene la séptima trompeta (Ap. 11:15). Entonces el reino de este mundo vendrá a ser el reino de Dios y de Cristo. Asimismo el reino de Dios se establecerá sobre la tierra en forma práctica y completa.

Antes de que llegue ese día, el período en que vivimos es propicio para que el pueblo de Dios luche por El aquí en la tierra. Desde el tiempo en que el Señor Jesús comenzó Su ministerio hasta que El venga por segunda vez, todas las obras que el pueblo de Dios hace para El son ejemplos de la lucha espiritual. El deseo de Dios es rescatar, a través de aquellos que le pertenecen, a todos aquellos que fueron cautivos por Satanás, y recobrar la tierra que fue usurpada por éste. De acuerdo con lo que el Señor nos enseñó en Mateo 12, este rescate y recobro de la tierra es la lucha que se libra entre el reino de Dios y el reino de Satanás.

III. TODA OBRA ESPIRITUAL ES UNA LUCHA

Ya que hay una lucha entre el reino de Dios y el de Satanás, toda la obra espiritual que hacemos para Dios, cualquiera que sea, si toca los asuntos de la esfera espiritual, es una lucha en sí misma. Por ejemplo, la predicación del evangelio, de acuerdo con Hechos 26:18, se da "para que abras sus ojos, para que se conviertan de las tinieblas a la luz, y de la autoridad de Satanás a Dios". Esto nos muestra que la predicación del evangelio tiene como fin no sólo abrir los ojos de los hombres y hacerlos volver de las tinieblas a la luz, sino también librarlos de la autoridad de Satanás. También, Colosenses 1:13 dice: "El cual nos ha librado de la autoridad de las tinieblas, y trasladado al reino del Hijo de Su amor". Ser librado de la autoridad de las tinieblas es ser libertado de la autoridad de Satanás o de su reino. Ser trasladado al reino del Hijo del amor de Dios es ser trasladado al reino de Dios. Por lo tanto, la predicación del evangelio es enteramente una lucha espiritual para desalojar la autoridad de Satanás que está dentro de los hombres y para traer el reino de Dios. Una persona que no cree en el Señor, evidentemente rechaza el nombre de Dios, Dios no reina sobre él, ni él tiene nada que ver con la voluntad de Dios. Al contrario, dicha persona está totalmente bajo el poder de Satanás, y su ser entero está en las tinieblas de su reino. Cuando uno es salvo, primeramente cree en el nombre del Señor; segundo, invoca Su nombre; y tercero, se encuentra dentro del nombre del Señor y le pertenece a El. En consecuencia, uno es libre del poder de Satanás y viene a pertenecer al nombre del Señor. Una vez que el nombre del Señor está sobre uno, le sigue la autoridad del Señor. Una vez la autoridad del Señor viene sobre uno, la autoridad de Satanás es desalojada. Por lo tanto, hablando con propiedad, la predicación del evangelio que trae salvación a los hombres y los guía al Señor, es una especie de lucha espiritual.

La edificación de los santos también es un asunto de lucha espiritual. La edificación de los santos tiene como fin liberarlos del dominio de Satanás, esto es, de los pecados, del mundo, de la carne, y de todo lo que está relacionado con la vieja creación, todos los cuales son utilizados por Satanás para regir al hombre. Así serán mayormente librados del poder satánico de las tinieblas, conocerán el nombre del Señor más profundamente, y permitirán que el Señor aumente Su reino en ellos y de este modo el reino de Dios vendrá más plenamente sobre ellos.

En 2 Corintios 10:3-5 se dice: "Pues aunque andamos en la carne, no militamos según la carne; porque las armas de nuestra milicia no son carnales, sino poderosas ante Dios para derribar fortalezas, al derribar argumentos y toda altivez que se levanta contra el conocimiento de Dios, y al llevar cautivo todo pensamiento a la obediencia a Cristo". Esta palabra nos muestra que aun después de que una persona es salva, es posible que gran parte de su mente y pensamientos sigan siendo fortalezas de Satanás y que muchas de sus ideas y conceptos todavía sirvan como la base usurpada por Satanás. Por tanto, cuando los apóstoles edifican a los santos, lo hacen con el propósito de derribar todas las fortalezas y bases que tiene Satanás en los santos y con el tiempo llevar sus pensamientos cautivos a la obediencia a Cristo. De esta manera, la edificación de los santos también es una especie de lucha espiritual.

Además, aun la administración de la iglesia es una lucha espiritual. El propósito de la administración de la iglesia es librarla del poder de las tinieblas a fin de permitirle que Dios tenga el lugar de dominio en ella, para exaltar el nombre de Dios en la iglesia, para que se haga Su voluntad en ella y para que allí la gloria de Dios se manifieste cada vez más. De este modo, la administración de la iglesia también es una forma de lucha espiritual.

Aun todas nuestras oraciones, ya sean por nosotros mismos, por nuestras familias, por el avivamiento en la iglesia, o por cualquier otro asunto, son hechas con el propósito de librarnos del poder satánico de las tinieblas; de esta manera, esto también es una especie de lucha.

Si nuestros ojos espirituales son abiertos por el Señor, veremos que la naturaleza de nuestra obra en nuestro servicio al Señor es una de lucha. Toda nuestra obra espiritual, ya sea librando a los hombres del pecado, del mundo, de las enfermedades o de sus problemas, tiene una meta final: rescatar a los hombres del poder de Satanás y echar fuera el poder satánico de tinieblas que opera dentro de los hombres, para que Dios llegue hasta ellos y los gane. De este modo, el nombre de Dios será santificado en los hombres, el reino de Dios los alcanzará, y Su voluntad se hará en ellos, y de esta manera, Su gloria será manifestada en los hombres. Por tanto, la naturaleza de toda esta obra es una de lucha espiritual.

IV. LOS PRINCIPIOS DE LA LUCHA ESPIRITUAL

Cuando experimentamos la lucha espiritual de una manera práctica, debemos mantener varios principios básicos:

A. No usar armas carnales

El primer principio de la lucha espiritual es que no podemos usar armas carnales. El apóstol Pablo nos dice esto muy claramente en 2 Corintios 10:3-5, lo cual ya hemos citado previamente. El dice: "Pues aunque andamos en la carne, no militamos según la carne, porque las armas de nuestra milicia no son carnales". Estas armas carnales no sólo se refieren a perder la paciencia, sino que también incluye todas las tretas humanas y los métodos naturales. Por ejemplo, podemos pensar que cierto hermano está en un error y que tal error ya se ha convertido en un problema en la iglesia. Queremos corregirlo, sin embargo, sentimos que no es apropiado hacerlo. Luego recordamos que hay otro hermano que tiene una estrecha relación con él, así que le pedimos a ese hermano que vaya y hable con él. Aun esta clase de maniobra es un arma carnal; ya que con el tiempo veremos que no puede resolver el problema espiritual. En la sociedad y en el mundo de los negocios se emplean muchas estratagemas como éstas, pero en el campo de batalla espiritual no podemos utilizar tales estratagemas. Siempre que usamos los designios de nuestra carne, hemos caído ya en las manos del enemigo. ¿Cómo entonces podremos liberar a otros de las manos del enemigo?

Vemos que Pablo fue un hombre que nunca usó armas carnales. En sus tratos con las iglesias y en sus contactos con los santos, él era perfectamente recto, tan recto como "una flecha". El prefería ser tratado como un necio que emplear estratagemas ingeniosas por un solo momento. Por esta razón él podía ser "poderoso en Dios para la destrucción de fortalezas" y de este modo obtener la victoria en la lucha espiritual.

De esta misma forma, si deseamos ganar la victoria en todas nuestras obras espirituales y ser eficaces, debemos abandonar todas las armas carnales. Por ejemplo, al predicar el evangelio está bien usar folletos ilustrados como ayuda para la presentación, pero si continuamente dependemos de varios métodos o usamos ganancias materiales para atraer personas, eso es usar armas carnales. Cuando mucho esto sólo puede ayudar a las personas a convertirse en miembros de una iglesia; esto no los puede liberar de las garras de Satanás. Por lo tanto, el primer principio de la lucha espiritual es abandonar todas las armas carnales.

B. Mantener la posición de ascensión

El segundo principio de la lucha espiritual es mantener la posición de ascensión. Hemos hablado bastante en cuanto a la lucha espiritual; de hecho, hay solamente una clase de personas que puede participar en una lucha espiritual: aquellos que han recibido la salvación, que han sido levantados de la muerte y que están ahora sentados con Cristo en los cielos. Sólo esta clase de hombres puede atacar al enemigo en los aires desde una posición trascendente en los cielos. Por lo tanto, para poder participar en la lucha espiritual debemos mantener la posición celestial. Cada vez que no somos suficientemente celestiales, cada vez que perdemos nuestra condición celestial, quedaremos descalificados y no podremos participar en la lucha espiritual. Si nuestro evangelio carece de poder, es porque no somos suficientemente celestiales, sino que somos terrenales y estamos usando métodos terrenales y armas carnales para predicar el evangelio. Como resultado, podemos salvar a algunos, pero su condición será de confusión, y no podrán ser liberados completamente del poder de Satanás. Si realmente deseamos librar a los hombres del poder de Satanás, de modo que no sólo sean salvos, sino completamente librados de las manos de Satanás, nosotros que predicamos el evangelio debemos ser hombres que estemos sentados en los cielos y que mantengamos la posición de ascensión.

El mismo principio se aplica con relación a edificar a los santos. Si perdemos la posición de ascensión, no podremos abastecer ni ayudar a los santos. Si los mensajes que predicamos son meras doctrinas y la comunión que tenemos es mero conocimiento, que no contiene ningún elemento de lucha, cuando mucho podremos sólo impartir algunas enseñanzas que equipen la mente y estimulen las emociones; pero no podremos liberar a la gente del poder de Satanás y traerla a Dios en una forma práctica. Por lo tanto, si deseamos que nuestra obra sea una guerra eficaz, una obra que libera hombres de las manos de Satanás, debemos mantener la posición de ascensión y vivir continuamente en la condición celestial. Esta es una clave sumamente importante.

Puesto que muchos de nosotros no hemos alcanzado todavía el ámbito de ascensión en nuestra experiencia, ¿por qué, entonces, es posible que podamos dirigir a otros a ser salvos y a que amen al Señor? Esto se debe al hecho de que a pesar de todo, en nosotros hay una parte que es celestial, que tiene la condición celestial; por lo tanto, desde esa posición podemos ayudarles y edificarlos. A pesar de que estamos contaminados con el pecado, amamos al mundo y seguimos la mente carnal, aún así, parte de nuestra condición es celestial; así, podemos echar fuera parte del poder de las tinieblas en los hombres y hacer que se vuelvan al Señor y le amen. Por lo tanto, el principio sigue siendo el mismo. Sólo aquellos que viven en la esfera celestial pueden hacer frente al poder de las tinieblas que está en el aire y echar fuera al diablo. La ayuda, es decir, la liberación, que les traemos a otros está basada únicamente en aquella parte de nosotros que tiene una naturaleza celestial. La medida en que echemos fuera el poder de las tinieblas depende directamente de nuestra condición celestial. Si tenemos más elemento celestial, podemos participar más en la lucha espiritual. Si tenemos sólo un poco del elemento celestial, de ningún modo podemos tener mucho elemento de lucha espiritual. Los dos están en una proporción directa el uno al otro. Cuando un hombre ha alcanzado totalmente la esfera celestial, entonces todo su ser, su vida, sus obras y sus acciones, están en lucha espiritual. Puede echar fuera el poder de las tinieblas dondequiera que vaya y de todas las personas con las cuales él se encuentre. Por lo tanto, cuando en nuestra experiencia hayamos llegado a la posición de ascensión y podamos reinar, ése será el tiempo en que podremos pelear por el reino de Dios, recobrar para Dios la tierra perdida y traer Su reino.

C. Usar armas espirituales

El tercer principio de la lucha espiritual es que debemos usar armas espirituales. Cuando entramos en la lucha espiritual, no es suficiente que mantengamos nuestra posición celestial; tenemos que poder emplear activamente las armas espirituales. Las armas espirituales son "toda la armadura" mencionada en Efesios 6:10-17, que incluye el cinto de la verdad, la coraza de justicia, el calzado del evangelio de paz, el escudo de la fe, el yelmo de la salvación y la espada del Espíritu. Todas estas armas son espirituales, y cuando las usemos tenemos que estar en el espíritu. Podemos decir que el principio básico para emplear las armas espirituales es que todas nuestras actividades deben llevarse a cabo en el espíritu. La predicación del evangelio, la edificación de los santos y la administración de la iglesia pertenecen al espíritu. Cada una de nuestras actividades, cualquiera que sea, debe pertenecer al espíritu y debe liberar el espíritu. Cualquier cosa que no sea del espíritu, cualquier cosa que concuerde con nuestro punto de vista, o nuestro concepto, nuestra sabiduría y nuestra inteligencia, es indiscutiblemente una especie de estratagema humana y por lo tanto un arma carnal, no espiritual. Por lo tanto, cuando estamos luchando, todas nuestras actividades deben ser del espíritu, y deben tocar el sentir que hay en nuestro espíritu. Esto también es un principio extremadamente básico.

D. Hacer oraciones de lucha

El cuarto principio de la lucha espiritual es hacer oraciones de lucha. Después de que el apóstol mencionó las diferentes clases de armas espirituales en Efesios 6, de inmediato dijo: "Orando en todo tiempo en el espíritu". La lucha espiritual no puede descuidar la oración, ya que la lucha espiritual depende en gran parte de la oración. Lo que Satanás más teme es las rodillas dobladas de los santos ante el Señor o la oración de la iglesia delante de Dios. Aun en el Antiguo Testamento podemos ver varios ejemplos de oraciones de lucha. Por ejemplo, cuando Daniel oró, hubo acción en el trono. Pero cuando la contestación vino desde el trono, encontró resistencia en el aire. Daniel oraba continuamente. Sus oraciones fueron una especie de batalla. La persona que mantiene la posición de ascensión, reina en los cielos. Puede también emplear armas espirituales, y la oración que sale de él puede mucho; puede tocar el trono de Dios y afectar el poder de Satanás. Dios desea que Sus santos tengan esa clase de oración para que laboren juntamente con El y luchen por El.

E. Por medio de la sangre, la palabra del testimonio y no amando la vida del alma

En la lucha espiritual, además de abandonar las armas carnales, de mantener la posición de ascensión, de emplear las armas espirituales y de ofrecer oraciones de lucha, debemos aplicar la sangre, dar testimonio de la palabra y no amar la vida de nuestras almas (Ap. 12:11). Esto también es un principio muy importante en la lucha espiritual.

Participar en la lucha espiritual por medio de la sangre significa aplicar la sangre del Señor como nuestra cubierta y usar la sangre del Señor para contrarrestar las acusaciones y ataques de Satanás. Ya que estamos en la tierra hasta este día y en un cuerpo de carne, no podemos evitar tener algo de contaminación, corrupción, debilidad, fallas ni estar en condiciones indeseables. Cuando luchamos contra Satanás, lo primero que él hace es señalarnos nuestras debilidades y faltas en nuestra conciencia y luego nos acusa y ataca. La acusación de Satanás no sólo es interna sino que a veces él las dice abiertamente. En cierta ocasión, cuando alguien estaba sacando un demonio, el demonio señaló las debilidades escondidas y las reveló públicamente por medio de aquel que estaba poseído. Esta clase de incidente hasta se narra en el Antiguo Testamento. Zacarías 3:1-5 habla de Josué, quien estaba vestido de vestiduras viles, y Satanás vino a oponérsele y a atacarlo. Estas son cosas que el diablo ciertamente hará en la lucha espiritual. En tal ocasión necesitamos conocer el poder y la eficacia de la sangre. De esta manera podemos aplicar la sangre para responderle a Satanás todas sus acusaciones. Podemos decirle: "A pesar de que tenemos esas debilidades, la sangre del Señor ha sido derramada y Dios está satisfecho". Por lo tanto, podemos ser fuertes y tener confianza delante del enemigo y pelear contra él.

Segundo, podemos testificar. Esto es, debemos declarar lo que el Señor Jesús ha hecho: la victoria de la cruz, el logro de la resurrección y la posición de ascensión. Esto no es asunto de predicación, sino de testificar y de declarar con palabras.

Satanás es por cierto un acusador muy sutil. Algunas veces cuando comenzamos a hablar acerca de vencer al mundo, inmediatamente él nos acusa interiormente, diciendo: "¿No estás tú todavía amando al mundo?" En el momento en que él interrumpe y nos hace tal pregunta, flaqueamos interiormente. Este es el momento en que debemos inmediatamente declarar la victoria del Señor. Debemos decir: "A pesar de que aún no he sido liberado del mundo, el Señor Jesús ya ha vencido el mundo". Así podemos resistir estos ataques.

Tercero, no debemos amar nuestras vidas; no debemos amarnos ni preocuparnos por nosotros mismos. Amarnos a nosotros mismos y ocuparnos de nosotros mismos serán la causa de que perdamos la posición de lucha y no podremos luchar. Por esto, para entrar en la batalla, debemos aborrecer la vida de nuestra alma, hasta la muerte.

En conclusión, toda obra espiritual es una especie de lucha espiritual. No hay ninguna ocasión en que al levantarnos para trabajar, no nos encontremos con el ataque del enemigo. En el día en que Nehemías restauró la ciudad de Jerusalén, cada uno de los edificadores trabajaba en la obra con una mano, y en la otra mano tenía la espada, debido al disturbio provocado por el enemigo (Neh. 4:17). Igualmente, nosotros los que servimos hoy al Señor debemos trabajar con una mano y pelear con la otra. No debemos preocuparnos por nuestra ganancia o nuestra pérdida, sino que, mediante la sangre y estando en la posición de ascensión, debemos declarar la victoria del Señor. Así, ejercitando las varias armas espirituales para luchar en contra de Satanás, podremos echar fuera su poder y traer el reino de Dios. No debemos descuidar ninguno de estos principios mientras estemos participando en la lucha espiritual de una manera práctica.

V. LOS RESULTADOS DE LA LUCHA ESPIRITUAL

El primer resultado de la lucha espiritual es que la autoridad de Dios es traída. Cuánto luchemos determina cuánto de la autoridad de Dios será traído. La autoridad de Dios sólo puede ser ejercida en el lugar donde luchamos por El. Si esta lucha sucede en un individuo, entonces la autoridad de Dios llega hasta ese individuo; si ocurre en el hogar, entonces la autoridad de Dios llega hasta el hogar; si tiene lugar en la iglesia, entonces Su autoridad llega hasta la iglesia. Por lo tanto, el primer resultado de la lucha espiritual es que la autoridad de Dios es traída.

El segundo resultado de la lucha espiritual es que Satanás es echado fuera. Esto es cierto en el individuo, en el hogar y también en la iglesia. Igual que en el aire y en la tierra. El lugar donde los santos mantienen la lucha espiritual es también el lugar donde la autoridad de Dios es traída; como resultado, Satanás es echado fuera de ese lugar.

Entre los hijos de Dios no hay suficientes que estén luchando la batalla, y por ende, el elemento de lucha espiritual es muy pequeño; por eso, Satanás todavía gobierna en el aire y en la tierra. Cuando nuestra experiencia espiritual es superficial, nuestro sentido de lucha espiritual es muy débil. Hasta pensamos que nuestro problema es con el pecado, el mundo, la carne, nuestro yo y nuestra constitución natural. Cuando tratamos con éstos y entramos en la cuarta etapa de vida espiritual, nuestra experiencia se profundiza, y vemos que el Cuerpo que Dios usa en el universo es la iglesia. Entonces tenemos un firme sentido de lucha espiritual, sabiendo que cualquier cosa que hagamos —cada una de nuestras acciones, palabras y actitudes— va en contra de Satanás y es un ataque en su contra. Sólo nos daremos cuenta de que nuestro único problema es Satanás y que estamos aquí como guerreros para tratar con este enemigo de Dios. Veremos que cuando predicamos el evangelio no lo hacemos sólo para salvar almas, sino aún más, para echar fuera al diablo; edificar a los santos y administrar la iglesia no tienen como fin meramente edificar la iglesia, sino aún más, pelear por Dios y echar fuera el poder de las tinieblas que usurpa a los hombres. Así que la autoridad de Dios puede venir sobre un grupo de personas o sobre ciertos asuntos y reinar sobre ellas. Al llegar a esta etapa, ya sea que estemos predicando el evangelio, edificando a los santos o administrando la iglesia, nuestra actitud debe ser siempre la de lograr que Satanás sea el blanco de nuestra lucha. Sabemos que lo que entorpece la propagación del evangelio no es el ambiente exterior, sino Satanás. Sabemos que aquello que usurpa a los hombres y hace que no amen al Señor no son ni las ataduras humanas, ni el mundo, ni la carne, sino el poder satánico de las tinieblas. Sabemos también que la razón de toda confusión, lucha, indiferencia y corrupción en la iglesia no es otra cosa que Satanás. Por lo tanto, no tratamos con cosas que están en la superficie, sino mediante la posición y autoridad de ascensión, tratamos con el poder de las tinieblas que se esconde detrás de estas cosas y que reina en la tierra.

En Apocalipsis 12 se revela que una vez que el hijo varón, quien representa a los vencedores, es llevado al cielo, la lucha toma lugar inmediatamente. En el momento en que los vencedores son llevados al cielo, ellos entran en conflicto con Satanás, y lo echan del aire a la tierra. Más tarde, el Señor Jesús viene con ellos en Su descenso a la tierra, y Satanás, quien está en la tierra, es echado al abismo. En ese momento el poder de las tinieblas que está en el aire y sobre la tierra será completamente arrojado, y no quedará rastro de Satanás en el cielo ni sobre la tierra; por consiguiente, el reino de Dios vendrá en una forma práctica. En ese entonces, todos los santos vencedores reinarán juntamente con Cristo y para Dios por mil años.

Por último, al fin del reinado milenario, se soltará al enemigo por corto tiempo, y él se rebelará por última vez. Pero de nuevo el Señor y los vencedores se encargarán de él, y será echado en el lago de fuego que arde con azufre. Todos aquellos que le pertenezcan perecerán con él para siempre. Entonces, el primer cielo y la primera tierra pasarán, y habrá un nuevo cielo y una nueva tierra. Allí, en el nuevo cielo y en la nueva tierra, únicamente el nombre de Dios será honrado; todas las criaturas serán sujetas a la autoridad de Dios; la voluntad de Dios será hecha en todo el universo, y Su gloria será plenamente manifestada. Por lo tanto, mediante la lucha espiritual, el propósito eterno de Dios es plenamente realizado.

CAPITULO DIECINUEVE

LLENOS A LA MEDIDA
DE LA ESTATURA DE CRISTO

Ahora estudiaremos la lección diecinueve tocante a la vida, la cual es también la última experiencia de vida: ser llenos a la medida de la estatura de Cristo. Trataremos el tema en una manera más simple, ya que muchos de los aspectos afines han sido abarcados en los capítulos anteriores, dejando muy poco por decir en este punto. Además, hemos experimentado muy poco esta lección, por consiguiente, no tenemos mucho que decir.

Cuando hablamos de ser llenos a la medida de la estatura de Cristo, nos referimos a que nuestra vida en Cristo ha llegado a la esfera de la madurez completa. Si verdaderamente hemos experimentado todas las lecciones de vida mencionadas previamente, entonces la vida de Cristo puede ser completamente forjada en nosotros. En ese momento, estaremos llenos a la medida de la estatura de la plenitud de Cristo.

El aumento de la estatura de Cristo dentro de nosotros puede ser dividido en cinco pasos. Primeramente, Cristo entra en nosotros para ser nuestra vida. En segundo lugar, Cristo crece gradualmente en nosotros por medio de vivir en nosotros a través del Espíritu Santo. En tercer lugar, Cristo es formado en nosotros. En cuarto lugar, Cristo es manifestado a través de nosotros. Puesto que Cristo crece, es formado y manifestado en nosotros más y más, un día todas las partes de nuestro ser estarán llenas de Sus elementos; entonces alcanzaremos el quinto paso: que Cristo llegue a ser madurado en nosotros, o sea, que nosotros seamos llenos a la medida de la estatura de la plenitud de Cristo. En ese momento, nuestra experiencia de vida en Cristo habrá llegado a la cúspide.

Cada cristiano salvo tiene la experiencia del primer paso, o sea, que Cristo entra en nosotros para ser nuestra vida. Si alguien no ha experimentado este primer paso, no es salvo, ni tampoco puede hablar de las experiencias de vida que siguen. Con respecto al segundo paso —que Cristo viva y crezca en nosotros— todo cristiano ferviente está en el proceso de tener esta experiencia. En cuanto al tercer paso —que Cristo sea formado en nosotros— muchos no han alcanzado esta etapa. Cuando llegamos al cuarto paso, es decir, que Cristo sea manifestado a través de nosotros, son menos aún los que lo han experimentado. Finalmente, en cuanto al quinto paso: que Cristo sea madurado en nosotros y que nosotros maduremos en Su vida y seamos llenos a la medida de Su estatura; personas con esta experiencia rara vez se encuentran en las iglesias en la tierra hoy. Por lo tanto, en esta lección que trata de que seamos llenos a la medida de la estatura de Cristo, no hay mucho que decir. Simplemente enumeraremos algunos puntos principales y los discutiremos brevemente.

I. EN EL CUERPO

En relación con ser llenos a la medida de la estatura de Cristo, debemos primero darnos cuenta de que nadie puede llegar a esta etapa individualmente. Esta experiencia solamente se alcanza en el Cuerpo. Es completamente una experiencia que es ganada en el Cuerpo.

Un cristiano que ha experimentado el quebrantamiento de la carne y de la constitución natural del hombre, automáticamente verá el Cuerpo de Cristo. Desde ese momento en adelante, él comprende profundamente en su experiencia que separado del Cuerpo de Cristo no puede vivir, y tampoco puede vivir en el Señor ni tocar Su presencia. Si es desligado del Cuerpo de Cristo, ni siquiera puede ser un cristiano. Por lo tanto, desde el momento que ve el Cuerpo de Cristo, hasta que llega a ser maduro en la vida del Señor, su vida espiritual está en el Cuerpo, igual que toda su experiencia espiritual. Por consiguiente, ser lleno a la medida de la estatura de la plenitud de Cristo es también una experiencia que se tiene en el Cuerpo.

No solamente es imposible que alguien experimente el ser lleno a la medida de la estatura de la plenitud de Cristo fuera del Cuerpo, sino que aun en la práctica, en el Cuerpo, nadie puede ser lleno a la medida de la estatura de Cristo individualmente. Ser lleno a la medida de la estatura de Cristo es un asunto del Cuerpo. Por lo tanto, solamente el Cuerpo puede estar lleno a la medida de la estatura de Cristo.

Ser lleno a la medida de la estatura de la plenitud de Cristo sólo se menciona una vez en la Biblia, en Efesios 4:13. En este pasaje, el escritor no se está refiriendo a santos individuales, sino que más bien hace notar el hecho de que un día el Cuerpo de Cristo, el cual es la iglesia, alcanzará tal etapa. En Efesios 3:18, leemos que para comprender la anchura, la longitud, la profundidad y la altura de Cristo, necesitamos unanimidad con todos los santos. De estas dos referencias de la Escritura vemos que la estatura de la plenitud de Cristo y las inescrutables dimensiones de Cristo no pueden ser experimentadas por nosotros mismos individualmente, sino por medio de estar en el Cuerpo y de ser unidos con todos los santos.

Por lo tanto, en realidad, la madurez de la vida de un cristiano tiene lugar en el Cuerpo. Nunca debemos esperar que podremos alcanzar la madurez de vida individualmente. De hecho, cuando alguien ve el Cuerpo, ya no puede seguir siendo individual.

II. SER LLENOS DE LA VIDA
Y LA NATURALEZA DE CRISTO

Con respecto al contenido, ser llenos a la medida de la estatura de Cristo significa que estamos llenos de la vida y la naturaleza de Cristo. Cuando la experiencia en vida de una persona alcanza su clímax, la vida y la naturaleza de Cristo ha impregnado todas las diferentes partes de su ser. Las diferentes partes de su espíritu, así como la mente, la voluntad, y la parte emotiva de su alma, están llenas de la vida y la naturaleza de Cristo. Aún su cuerpo físico a veces es sostenido mediante esta fuerza del espíritu. (Por ahora los cristianos no pueden ser llenos del elemento de Cristo en sus cuerpos; esto puede ser logrado solamente cuando seamos arrebatados y transfigurados). En ese entonces su vida llega a la madurez.

Hay muchos entre nosotros que han sido creyentes en el Señor por años, pero hasta este día hay muy poco del elemento de Cristo en ellos. Sus pensamientos están mayormente llenos de sí mismos. Aunque hay poca inmundicia o corrupción en sus pensamientos, hay también poco de Cristo. Esto también significa que en sus pensamientos hay muy poco de la estatura de Cristo. Con respecto a su voluntad, aunque no se rebele contra Dios ni se oponga a El, o no aparente estar equivocada en alguna manera, el elemento que hay en su voluntad es mayormente de ellos mismos y tiene muy poco de Cristo. Con respecto a su parte emotiva, su ánimo, sus deseos, y sus inclinaciones, pueden ser intachables, pero aún así, ellos no están llenos del elemento de Cristo. Esto prueba que la estatura de Cristo dentro de ellos no ha alcanzado la plena medida y que han tenido muy poco progreso en el crecimiento espiritual.

¿Cómo podemos ser gradualmente llenos de la vida y la naturaleza de Cristo? Sabemos que el hombre tiene tres partes: espíritu, alma y cuerpo. El espíritu es el centro, el cuerpo es la circunferencia exterior, y entre estos dos está el alma. Cuando somos regenerados, Cristo como el Espíritu entra en nuestro espíritu. Desde ese momento, El vive y crece en nosotros. Primero El nos llena en nuestro espíritu, luego El se extiende hacia el exterior desde nuestro espíritu a la mente, la parte emotiva y la voluntad de nuestra alma. El usa la cruz para tratar con nuestro yo y con nuestra constitución natural, es decir, para tratar especialmente con la vida del alma, la cual está en nuestra mente, nuestra parte emotiva y nuestra voluntad. Cuanto más nuestra mente, emociones y voluntad sean tratadas y quebrantadas mediante la cruz, tanto más Cristo como el Espíritu vivificante podrá entrar en estas partes. En cierto punto, todos los elementos de nuestra mente, emociones y voluntad serán Cristo; entonces la estatura de Cristo llega a desarrollarse plenamente en nosotros.

En este punto, todas las consideraciones, conceptos, ideas y puntos de vista de nuestra mente, todo el placer, enojo, pena, gozo, deleite e inclinación de nuestra parte emotiva, y todo el juicio, decisión, intención y elección de nuestra voluntad, están llenos del elemento de Cristo. Nuestra mente es como la mente de Cristo, nuestro deleite es Su deleite y nuestra intención es Su intención. En otras palabras, cuando pensamos, es Cristo quien piensa; cuando nos deleitamos, es El quien se deleita; y cuando queremos obrar, es El quien obra. En ese punto, cada parte de nuestro ser interno ha sido tratada por medio de la cruz, y no hay lugar para el yo ni para la constitución natural; todo el terreno ha sido entregado a Cristo. Podemos decir que todo nuestro ser está lleno de la vida y la naturaleza de Cristo.

Es como verter jugo de uva en un vaso de agua, donde el agua nos representa a nosotros, y el jugo de uva tipifica la vida y la naturaleza de Cristo. El que es recién salvo puede ser comparado con un vaso de agua al que se le ha añadido sólo un poco de jugo de uva. Hay cristianos que a veces parecen tener un poco de jugo de uva en el fondo, y otras veces no, haciendo que otros duden de la salvación de ellos. Con otros, uno puede estar seguro de que contienen el jugo de uva, aunque muy poco. Anteriormente, era agua sola; ahora está el elemento del jugo de uva por dentro. Cuando hay más crecimiento en vida, es como si el jugo de uva aumentara, y así el color se hace más oscuro. Anteriormente, al amar a otros, el amor de tal persona provenía solamente de sí mismo; ahora en su amor por otros hay indudablemente un elemento de Cristo que ha sido añadido. Antes, él miraba las cosas en cierta manera y con cierto concepto, ahora el caso es diferente; el elemento de Cristo le ha sido añadido. De igual manera, a su parte emotiva y a su voluntad se les ha añadido el elemento de Cristo. Todo lo que él ama o en lo que se deleita, todo lo que él considera y decide, puede estar aún mezclado con elementos impuros, pero en cierta medida el elemento de Cristo ha aumentado y el color de Cristo se ha intensificado. Esto significa que Cristo ha crecido en él.

Con respecto a que Cristo sea formado en nosotros, podemos usar como ejemplo el jugo de uva cuyo color es lo suficientemente oscuro como para ser fácilmente reconocido. Antes de que Cristo sea formado en nosotros, quizá parezcamos a un jugo de uva que tiene un color tenue, lo cual hace difícil identificarlo. Sin embargo, cuando Cristo está formado en nosotros, los hombres pueden ver claramente el jugo de uva dentro. Con el tiempo, ya no se verá más el agua en el vaso, puesto que será absorbida y oscurecida por el jugo de uva. Esto significa figurativamente que la vida y la naturaleza de Cristo han aumentado en nosotros a tal grado que Cristo ha llegado a ser todo en nosotros y ha oscurecido y absorbido todo nuestro elemento. Lo que se manifiesta es el elemento y el color de Cristo. Esto es lo que llamamos la madurez de vida, o el ser lleno a la medida de la estatura de Cristo.

III. COMPARTIR LA MISMA POSICION CON CRISTO

Cuando una persona llega a la medida de la plena estatura de Cristo, está en la misma posición que Cristo, no solamente como un hecho objetivo, sino también en experiencia. Cristo está sentado en los cielos, así también él; Cristo está en el trono, y así está él. En este momento, él no es fácilmente conmovido, ni tampoco puede caer fácilmente.

Antes de que la vida espiritual de un hombre llegue a la madurez, él no es estable. Es posible que un mes antes, él haya estado grandemente exaltado y celoso por el Señor; al mes siguiente tal vez esté excesivamente deprimido y débil, hasta el punto de no estar dispuesto a ir a las reuniones. Algunos hermanos y hermanas, cuando son bien recibidos y animados, están gozosos y fuera de sí; pero cuando afrontan oposición y problemas, se deprimen y se abaten. Estos altibajos prueban que la vida es todavía inmadura. Sin embargo, cuando la vida del hombre ha llegado a la madurez, y él está sentado con Cristo en el trono en los cielos, él no sube ni cae, ni vacila fácilmente. Cuando usted le da la bienvenida, él es cierta clase de persona; cuando usted se le opone, sigue siendo el mismo. Si usted lo anima, él está en el trono; si le da problemas, él sigue en el trono. Cuando el profeta Elías oyó que Jezabel deseaba matarlo, tuvo muchísimo temor; huyó y se sentó debajo de un enebro, deseando morir (1 R. 19). Esto se debe a que él había descendido del Monte Carmelo. De igual forma, cuando uno desciende de la posición celestial, es fácilmente confundido y amedrentado. Sin embargo, el que ha llegado a la madurez de vida, vive en el espíritu, en la vida de Cristo; él participa de Su posición y no es fácilmente perturbado ni provocado. Tal como Cristo es estable y está seguro en los cielos, así también él. Una persona cuya vida ha llegado a la madurez es estable y firme.

Como Cristo mismo es inconmovible en los cielos, así son aquellos que están llenos a la medida de la estatura de Cristo y que participan de la misma posición que Cristo. El no cambia por causa del lugar o del tiempo; no importa en qué clase de ambiente se encuentra, él permanece inmutable sentado en los cielos. El participa de la misma posición que Cristo. Esta es la condición de uno que está lleno a la medida de la estatura de Cristo.

IV. REINAR CON CRISTO

Otra condición del que está lleno a la medida de la estatura de Cristo es que reina con Cristo. Usted debe alcanzar la posición de reinar con Cristo para que su vida pueda madurar. Si deseamos saber si somos maduros en vida o no, debemos comprobar si podemos reinar en la vida espiritual o no. No podemos pedirle a un niño de seis años que gobierne; aun si lo coronamos como rey y le damos el reinado, y lo sometemos todo a su control, él se iría corriendo a jugar pelota. Si la vida es insuficiente, no hay posibilidad de reinar. Cuando la vida de uno llega a la madurez, uno reina automáticamente. Consideren la doncella del Cantar de los cantares. No fue sino hasta que su vida interna llegó a brillar como el alba, hermosa como la luna y clara como el sol, que ella manifestó su majestad y fue temible como un ejército con banderas (Cnt. 6:10). Si alguno no ha llegado a este estado trascendente y celestial, y aún así, reclama que es experimentado y que está en una posición elevada, él solamente está exhibiendo su propia gloria y poder; es una exhibición desagradable e indudablemente no está reinando. Por lo tanto, reinar no es solamente un asunto de posición, sino también de vida. A fin de reinar, uno necesita la posición y aún más, la vida.

Esto no solamente es cierto en la vida espiritual, sino también en la vida física. Una afirmación hecha por un niño tiene muy poco significado. La misma afirmación, en la misma circunstancia, en el mismo tiempo, hablada por un adulto, tiene bastante peso, y cuando es hablada por un anciano de setenta u ochenta años, tiene aún más peso. El peso de la palabra se mide de acuerdo a la edad. Cuando se alcanza cierta edad, la palabra tiene profundidad. De igual manera, la autoridad está basada en la vida. Cuando la vida madura, puede reinar. Por lo tanto, la experiencia de reinar depende de la madurez en vida.

En Números 17, a fin de probar que Aarón estaba investido de Su autoridad, Dios hizo que su vara echara renuevos, floreciera y produjera almendras. Esta renovación, florecimiento y producción de fruto es la historia de la vida. La vara representa autoridad. Entre las doce varas, solamente una echó renuevos y produjo fruto. Esto prueba que solamente aquellos cuya vida es madura pueden reinar.

Cuando nuestra vida llegue a la madurez y la plenitud, seremos arrebatados y transfigurados. Entonces, nos sentaremos con Cristo en el trono y reinaremos con El. Todo lo que somos estará lleno a la medida de la estatura de la plenitud de Cristo, y todo lo que hagamos lo haremos para reinar con Cristo. El mismo principio se aplica hoy a la madurez de vida. Cuando nuestra vida llega a la estatura plena de Cristo, entonces podemos reinar con Cristo.

V. JUNTAMENTE CON CRISTO TRATAMOS CON EL ENEMIGO

Otro resultado de que uno esté lleno a la medida de la estatura de Cristo es el del tratar, juntamente con Cristo, con el enemigo. Tratar con el enemigo es pelear la guerra. Sin embargo, no debemos usar el término "guerra" aquí, porque no transmite el sentido de plena madurez en vida. Cuando estamos realmente llenos a la medida de la estatura de Cristo y nuestra vida ha llegado a la plena madurez, nuestra lucha espiritual se acaba. Entonces nos sentamos por encima de todo, en una posición victoriosa y solamente nos queda tratar con el enemigo.

Fue en este mismo proceso que el Señor Jesús peleó la batalla. Desde que fue tentado al comienzo de Su ministerio, El continuamente luchó contra Satanás. Pero cuando El ascendió al trono, El cesó de luchar. Sin embargo, El continúa tratando con el enemigo, hasta que finalmente sea sometido bajo Sus pies y sea puesto por estrado de Sus pies (He. 1:13). Cuando llegamos a la etapa en que, juntamente con Cristo, tratamos con el enemigo, ello es una prueba de que nuestra vida ha llegado a su parte más elevada.

Para uno que es victorioso, no hay necesidad de luchar. Todo lo que necesita hacer es estar situado en cierto lugar; entonces todos los ladrones y acechadores desaparecerán completamente, y no se atreverán más a actuar insensatamente ni a hacer mal. Su reputación que causa asombro ha sido ganada por medio de mucha lucha en el pasado. Este ejemplo explica el principio con el que Cristo trata con el enemigo. Si ni Cristo ni Su nombre estuvieran hoy en este universo, ¡imagínense cuán violento sería Satanás! Es simplemente debido a que Cristo está tratando con el enemigo hoy, que dondequiera que el nombre de Cristo es exaltado, el enemigo huye y el poder de las tinieblas se desvanece.

Algunas veces vemos la misma condición en la iglesia o en la obra. Mientras haya uno o más que tengan una vida más profunda, difícilmente los problemas pueden levantarse en la iglesia o en la obra. No obstante, una vez que esas personas se van, surgen muchos problemas. Esto se debe a que ellos, en la autoridad están tratando con el enemigo, juntamente con Cristo. La presencia de ellos subyuga al enemigo. Es como si no hubiera necesidad de tratar, pero en realidad su presencia es el trato. Por lo tanto, tratar con el enemigo es superior a pelear la guerra.

Cuando la vida de un cristiano alcanza esta etapa, cada parte de su ser llega a la madurez. El sólo espera ser arrebatado para entrar en la gloria donde está Cristo. La Biblia usa la siega de la cosecha como ejemplo del arrebatamiento de los santos. Cuando la cosecha está madura, está lista para ser segada. Por lo tanto, no debemos mirar el asunto del arrebatamiento meramente como profecía. El arrebatamiento es un asunto de vida. Mientras la vida de la iglesia o la vida de los santos crece y madura continuamente en Cristo, en cierta etapa llega a estar plenamente madura y, a los ojos de Dios, está lista para ser segada del campo del mundo y llevada al granero del cielo. Esto ocurre cuando el Señor regresa, cuando la iglesia es arrebatada (Ap. 14). Cuando seamos arrebatados, seremos llevados por el Señor a Su gloria para disfrutar la gloria junto con El. De este modo, es cumplido el propósito de la salvación de Dios.

Por lo tanto, cuando la experiencia de vida de un cristiano llega a la medida de la plena estatura de Cristo, ha llegado a su culminación. El participa de la misma posición de Cristo, reina con Cristo y juntamente con El trata con el enemigo. Todo su ser está lleno del elemento de Cristo. Excepto por el hecho de que el cuerpo no ha sido aún transfigurado en el cuerpo de gloria, todo lo demás ha llegado a su punto más alto o final. La experiencia de vida de un santo en Cristo llega así a una conclusión. Aparte de ser arrebatado y entrar en la gloria, no hay nada más que podamos desear.

OTROS LIBROS PUBLICADOS POR

Living Stream Ministry

Títulos por Witness Lee:

La experiencia de vida	978-0-87083-632-9
El conocimiento de la vida	978-0-87083-917-7
El árbol de la vida	978-1-57593-813-4
La economía de Dios	978-0-87083-536-0
La economía divina	978-0-87083-443-1
La economía neotestamentaria de Dios	978-0-87083-252-9
Cristo es contrario a la religión	978-0-7363-1012-3
El Cristo todo-inclusivo	978-0-87083-626-8
La revelación básica contenida en las santas Escrituras	978-1-57593-323-8
La revelación crucial de la vida hallada en las Escrituras	978-1-57593-811-0
El Espíritu con nuestro espíritu	978-0-7363-0259-3
La expresión práctica de la iglesia	978-0-87083-905-4
La especialidad, la generalidad y el sentido práctico de la vida de iglesia	978-0-87083-123-2
La carne y el espíritu	978-0-87083-793-7
Nuestro espíritu humano	978-0-87083-259-8
La autobiografía de una persona que vive en el espíritu	978-0-7263-1126-7
La preciosa sangre de Cristo (folleto)	978-0-7363-0228-9
La certeza, seguridad y gozo de la salvación (folleto)	978-0-7363-0991-2
Los vencedores	978-0-87083-724-1

Títulos por Watchman Nee:

Cómo estudiar la Biblia	978-0-7363-0539-6
Los vencedores que Dios busca	978-0-7363-0651-5
El nuevo pacto	978-0-7363-0064-3
El hombre espiritual	978-0-7363-0699-7
La autoridad y la sumisión	978-0-7363-0987-5
La vida que vence	978-1-57593-909-4
La iglesia gloriosa	978-0-87083-971-9
El ministerio de oración de la iglesia	978-1-57593-908-7
El quebrantamiento del hombre exterior y la liberación del espíritu	978-1-57593-380-1
El misterio de Cristo	978-1-57593-395-5
El Dios de Abraham, de Isaac y de Jacob	978-1-57593-377-1
El cantar de los cantares	978-1-57593-956-8
El evangelio de Dios (2 tomos)	978-1-57593-940-7
La vida cristiana normal de la iglesia	978-0-87083-495-0
El carácter del obrero del Señor	978-0-7363-3278-1
La fe cristiana normal	978-0-87083-779-1

Disponibles en
librerías cristianas o en Living Stream Ministry
2431 W. La Palma Ave. • Anaheim CA 92801
1-800-549-5164 • www.livingstream.com